Votre nom
et son histoire

Correction : Anne-Marie Théorêt, Linda Nantel
Infographie : Chantal Landry

Catalogage avant publication de Bibliothèque et Archives
nationales du Québec et Bibliothèque et Archives Canada

Jacob, Roland

Votre nom et son histoire: les noms de famille au Québec

1. Noms de personnes - Québec (Province). 2. Noms de
personnes - Québec (Province) - Histoire. I. Titre.

CS2700.Z9Q4 2006   929.4'209714 C2006-941405-X

DISTRIBUTEURS EXCLUSIFS :

• Pour le Canada et les États-Unis :
MESSAGERIES ADP*
2315, rue de la Province
Longueuil, Québec J4G 1G4
Tél. : (450) 640-1237
Télécopieur: (450) 674-6237
* filiale du Groupe Sogides inc.,
  filiale du Groupe Livre Quebecor Media inc.

• Pour la France et les autres pays :
INTERFORUM editis
Immeuble Paryseine, 3, Allée de la Seine
94854 Ivry CEDEX
Tél. : 33 (0) 4 49 59 11 56/91
Télécopieur: 33 (0) 1 49 59 11 33
Service commande France Métropolitaine
Tél. : 33 (0) 2 38 32 71 00
Télécopieur: 33 (0) 2 38 32 71 28
Internet : www.interforum.fr
Service commandes Export – DOM-TOM
Télécopieur: 33 (0) 2 38 32 78 86
Internet : www.interforum.fr
Courriel : cdes-export@interforum.fr

• Pour la Suisse :
INTERFORUM editis SUISSE
Case postale 69 – CH 1701 Fribourg – Suisse
Tél. : 41 (0) 26 460 80 60
Télécopieur: 41 (0) 26 460 80 68
Internet : www.interforumsuisse.ch
Courriel : office@interforumsuisse.ch
Distributeur: OLF S.A.
ZI. 3, Corminboeuf
Case postale 1061 – CH 1701 Fribourg – Suisse
Commandes : Tél. : 41 (0) 26 467 53 33
                      Télécopieur: 41 (0) 26 467 54 66
                      Internet : www.olf.ch
                      Courriel : information@olf.ch

• Pour la Belgique et le Luxembourg :
INTERFORUM BENELUX S.A.
Fond Jean-Pâques, 6
B-1348 Louvain-La-Neuve
Téléphone : 32 (0) 10 42 03 20
Fax : 32 (0) 10 41 20 24
Internet : www.interforum.be
Courriel : info@interforum.be

Gouvernement du Québec – Programme de crédit
d'impôt pour l'édition de livres – Gestion SODEC –
www.sodec.gouv.qc.ca

L'Éditeur bénéficie du soutien de la Société de
développement des entreprises culturelles du
Québec pour son programme d'édition.

Le Conseil des Arts du Canada
The Canada Council for the Arts

Nous remercions le Conseil des Arts du Canada de
l'aide accordée à notre programme de publication.

Nous reconnaissons l'aide financière du
gouvernement du Canada par l'entremise du
Programme d'aide au développement de l'industrie
de l'édition (PADIÉ) pour nos activités d'édition.

11-09

Dépôt légal : 2006
Bibliothèque et Archives nationales du Québec

ISBN : 978-2-7619-2262-3

Roland Jacob

Votre nom et son histoire

Les noms de famille au Québec

LES ÉDITIONS DE L'HOMME
Une compagnie de Quebecor Media

À mon épouse, Cécile Dazé,
À mes enfants, Lucie, Isabelle et Dominique,
À leurs conjoints, Robert Schultz, François Trudeau et France Legault,
À mes petits-enfants, Anne-Christine et Louis-Frédéric Trudeau,
Claudia Schultz, Gabrielle et Simon Jacob

Le nom que je porte me vient de mes ancêtres.
Le nom que je me fais, je ne le dois qu'à moi-même.

Le nom de famille, qu'il ait été transmis par les hommes depuis plusieurs générations ou par les femmes depuis quelques décennies, constitue bien plus qu'un simple moyen d'identifier un individu. Depuis toujours le prénom, puis le patronyme, est le propre des êtres humains. Dans les sociétés occidentales, le nom reçu à la naissance et qui nous accompagne jusqu'à la mort est probablement le bien le plus précieux que l'on puisse posséder. Ce patronyme fait partie de la vie de tous les jours et des grands événements de notre histoire familiale. Sa transmission aux générations futures témoigne de l'appartenance à une famille dont le nom s'est perpétué sur plusieurs siècles. Depuis le Moyen Âge, le patronyme a supplanté le prénom pour identifier les individus. Cette pratique s'est par la suite perpétuée jusqu'à nos jours. Les noms de famille des Québécois de souche ont été introduits par les immigrants venus de France aux XVIIe et XVIIIe siècles. En raison du petit nombre de pionniers, 10 000 environ, et de la très faible migration en provenance des autres pays, le nombre de patronymes atteint à peine 2000.

Par rapport à d'autres collectivités, le surnom est omniprésent dans l'histoire généalogique des Québécois d'origine française puisqu'il a été introduit au pays par les immigrants eux-mêmes, surtout par les soldats qui recevaient un surnom ou un sobriquet lors de leur engagement dans les troupes coloniales. C'est ainsi qu'on retrouve des noms reliés par un « dit », comme Rousseau dit Labonté, Gélinas dit Bellemarre ou Brien dit Desrochers. Il y a deux siècles, les habitants employaient régulièrement le patronyme ou le surnom et même les deux à la fois. Cette pratique disparut vers 1870 lorsque les autorités exigèrent que les gens choisissent entre leur patronyme original et leur surnom. Pour ces raisons, il existe aujourd'hui des Malo qui descendent des Hayet, des Sansoucy qui descendent des Goguet et des Lavallée qui ont pour ancêtre un Pasquier.

Le livre que nous présente aujourd'hui Roland Jacob est l'aboutissement de nombreuses années de recherches pour identifier, analyser et présenter une véritable histoire des patronymes en usage au Québec. Dans ce contexte, l'auteur fait œuvre de pionnier en proposant une approche étymologique des noms de famille des Québécois. Sa rigueur scientifique a permis de rédiger un livre qui dépasse tout ce qui a été fait jusqu'à nos jours. Nous sommes bien loin de l'ouvrage publié en 1914 sur le même sujet par Narcisse-Eutrope Dionne. Les généalogistes apprécieront dans le livre de Roland

Jacob les nombreux exemples qui permettent de connaître l'origine des noms, de suivre leur évolution dans le temps et même de comprendre les transformations qui les ont affectés. Que votre nom soit issu d'un vieux nom d'origine française, anglo-saxonne ou germanique ou qu'il ait été remplacé par un surnom, vous y trouverez probablement son origine grâce aux travaux de l'auteur.

En plus des éléments se rapportant à l'histoire des noms de famille depuis l'Antiquité, Roland Jacob présente également dans son livre des cartes, des tableaux et des généalogies qui permettent d'apprécier davantage l'approche pédagogique utilisée pour communiquer ses informations à ses lecteurs. Un glossaire des plus intéressants ainsi qu'un index détaillé se révéleront d'une grande utilité pour en savoir davantage sur l'étymologie des noms de famille ou pour retracer rapidement un patronyme. Bien que ce livre ne soit pas un dictionnaire des noms de famille, ouvrage qui est encore à faire, l'œuvre de Roland Jacob entrera dans l'histoire puisqu'elle permet de découvrir les particularités des noms de famille du Québec. Il deviendra certes un classique qui permettra aux généalogistes québécois d'ajouter des éléments étymologiques à leur histoire de famille.

La Société généalogique canadienne-française est reconnaissante à monsieur Roland Jacob de faire découvrir aux Québécois une nouvelle facette de notre histoire par sa connaissance approfondie des patronymes que nous portons fièrement depuis près de 400 ans.

MARCEL FOURNIER
Membre de l'Académie internationale de généalogie
Président de la Société généalogique canadienne-française

Quel peut bien être l'intérêt d'un livre sur les noms de famille ? Pourquoi un tel ouvrage devrait-il piquer la curiosité…, votre curiosité ? Comment se fait-il que des Québécois aussi francophones que les Beauchamp ou les Bélanger portent des noms à consonance étrangère comme Ryan, Flynn, MacDuff, Petrowski ou Kovacs ? Qu'est-ce qui rapproche les Dutil et les Ducharme ou encore les Bombardier et les Couillard ?

Évidemment, la réponse à chacune de ces questions se trouve dans ces pages. Mais disons avant tout que, d'une part, la majorité de nos noms de famille d'aujourd'hui sont d'anciens surnoms devenus héréditaires et que, d'autre part, près de la moitié des Québécois portent un nom différent de celui qui devrait être le leur. En effet, une forte proportion de nos ancêtres étaient des militaires qui, comme recrues, recevaient un surnom, appelé « nom de guerre ». C'est pourquoi, si vous êtes un Lafontaine, vous devriez vous appeler plutôt Ménard ou Robert, car le premier porteur de chacun de ces noms en Nouvelle-France a été surnommé Lafontaine et ses descendants ont préféré le surnom au nom de famille, dit *patronyme*, puisqu'il est transmis par le père. C'est donc dire que rares sont les Lafontaine dont l'ancêtre se nommait vraiment Lafontaine.

Madame Lafleur de Brossard surpasse sur ce point les Lafontaine, car le surnom Lafleur a été associé à plusieurs dizaines de noms. Madame Lafleur est probablement une Auger, une Béique, une Biroleau, une Brousseau, une Lecompte, une Meunier, une Pinsonneault, une Poirier ou une Sévigny qui s'ignore. En effet, peu de Lafleur descendent d'ancêtres dont le patronyme était Lafleur.

Un Québécois sur deux doit établir sa généalogie et connaître son premier ancêtre, s'il souhaite lever le mystère sur son nom. Si la question est : « Qui est mon ancêtre ? », ce volume apporte-t-il une réponse ? Pas toujours ! Car il ne s'agit pas d'un traité de généalogie, dont l'objectif est la recherche des ancêtres. Vous avez ici une étude systématique des noms de famille. Bien sûr, il y a un lien entre la généalogie et les noms de personnes. Aussi, le lecteur découvrira-t-il ici des pistes, surtout si son ancêtre s'est vu attribuer un ou plusieurs surnoms. Avant tout, le lecteur découvrira d'où viennent les noms et la façon dont s'est progressivement implanté, depuis le

Moyen Âge, le système que nous connaissons aujourd'hui, qui comporte un *prénom* et un *nom de famille*.

Vous connaissez sûrement quelqu'un dont le nom rappelle un métier : MEUNIER, BOUCHER, BOULANGER ou CHARPENTIER. Que viennent faire ces mots dans les noms de famille ? Quel métier exerçait celui qu'on a surnommé LESUEUR, LEMIRE, TESSIER ou BOMBARDIER ? Pour le savoir, consultez ces pages.

Ceux qui portent un patronyme comme SAINT-JEAN, SAINT-PIERRE, SAINT-HILAIRE ou SAINTONGE ont-ils été canonisés prématurément ? Si la couleur des cheveux des LEBLOND, LEBRUN, LEBLANC et LAROUSSE est facile à imaginer, qu'ont en commun les MOREL, MOREAU, MORIN et MORAND ? Pourquoi un ANGERS, un LAFLÈCHE, un LIMOGES et un VILLENEUVE portent-ils un nom de ville ? Quel trait de personnalité unit les BOUFFARD, les GOULET, les PAPIN et les PAPINEAU ? Est-il vrai que votre ancêtre ajoutait *lt* à sa signature parce qu'il était *lieutenant* dans l'armée ? Tous les gens qui portent le même nom, les THIBAULT, les PERRAULT, les LEFEBVRE et les BÉGIN de ce monde sont-ils parents ?

Si l'une ou l'autre des questions qui précèdent vous interpelle, la lecture de ce livre vous donnera satisfaction. Toutes les réponses s'y trouvent et beaucoup d'autres encore.

On y raconte l'histoire fascinante des noms de famille. D'où viennent-ils ? Comment sont-ils devenus héréditaires ? Au fil de la lecture s'ouvrira à vous un monde séduisant, celui des noms de personnes. En feuilletant ces pages, des mots, en apparence familiers, retrouveront leur sens originel et révéleront ainsi leurs secrets perdus dans la nuit des temps. Replacés dans leur contexte premier, ils réservent des surprises souvent étonnantes.

Peut-être cette lecture éveillera-t-elle chez vous une nouvelle passion, celle d'en savoir davantage sur votre nom, sur vos ancêtres et sur leur mode de vie, mais aussi sur celui des gens qui vous entourent. Puissiez-vous retrouver dans ces paragraphes une parcelle de la passion qui a animé l'auteur tout au long de sa recherche et de la rédaction de cet ouvrage.

C'est à la lecture du *Traité de généalogie* de René Jetté que ce projet est né, il y a déjà une dizaine d'années. Son deuxième chapitre dresse un bref et schématique historique de la dénomination des personnes. À propos des noms de famille au Québec, l'auteur écrit : « L'excellente documentation disponible, capable de soutenir une analyse en profondeur, attend encore son ouvrier. » C'est alors que j'ai résolu d'être cet ouvrier.

Tout au long de cette recherche, j'ai découvert notre originalité dans le domaine des noms de famille. Nous avons adopté des façons de faire que personne ne semble avoir observées ailleurs. Une chose est sûre, aucun ouvrage ne mentionne des comportements similaires en Europe. Voilà un autre point d'intérêt de ce livre, puisque cet aspect fait l'objet d'un important chapitre.

Soit dit en terminant, le sujet est loin d'être épuisé. Il reste encore des milliers de noms à expliquer. J'ai simplement entrouvert le coffre aux trésors.

N'aurais-je réussi qu'à vous faire partager un soupçon de la passion qui m'a animé tout au long de la rédaction de *Votre nom et son histoire*, j'aurai atteint mon objectif. Si plus est, qu'un lecteur ou une lectrice décide de poursuivre la démarche et de la mener beaucoup plus loin, je serai un auteur comblé, comme le professeur qui voit son élève le dépasser.

Bonne lecture.

REMERCIEMENTS

Merci à mes premiers lecteurs. Mon épouse, Cécile Dazé, qui m'a toujours soutenu. Elle a accepté mes absences répétées et mes interminables séances d'ordinateur. Je lui offre ce livre avec tout mon amour. Un autre premier lecteur, effacé et discret, dont les commentaires judicieux et pertinents sont à l'origine de nombreux changements, au cours de la dernière mise au point du manuscrit, c'est un ami depuis toujours, Roger. Mon bon ami, Roger Duranceau, merci infiniment.

Plusieurs personnes m'ont fourni de la documentation d'une grande utilité. Je suis reconnaissant à madame Monique Saintonge ainsi qu'à messieurs Carl Hamelin, Guy Chaurette et Maurice Vallée. Je dois à madame Anne-Marie Arel, infographiste, une initiation à certains logiciels qui m'a permis de réaliser les cartes qui jalonnent cet ouvrage.

J'adresse un merci, et non le moindre, à mes sœurs, Gisèle, Yolande, Suzanne, Solange, Jocelyne et même Madeleine et Marie-Marthe, qui ne sont plus avec nous. Vous m'avez constamment encouragé à continuer. Le grand frère que vous avez si souvent stimulé est très conscient que quelques pages de ce livre vous appartiennent.

Merci à mon collègue et ami Jacques Laurin, qui a proposé mon manuscrit aux Éditions de l'Homme ; à Erwan Leseul, Linda Nantel, Diane Denoncourt, Anne-Marie Théorêt et Chantal Landry, qui l'ont ensuite piloté jusqu'à la publication.

Merci, enfin, à monsieur Marcel Fournier, président de la Société généalogique canadienne-française, de l'honneur qu'il m'a fait en acquiesçant à ma demande de rédiger la préface de mon livre.

Introduction

Vous avez déjà lu le Larousse ?
C'est un recueil de noms célèbres complètement inconnus.
Henri Jeanson

Au xxᵉ siècle, il peut sembler banal de désigner une personne par un prénom et le nom de famille de son père. Nommer une personne, c'est la distinguer des autres. La façon de nommer les gens et les règles qui la gouvernent ont varié selon les civilisations. Le système français de dénomination des personnes comportant deux éléments, un prénom et un nom de famille héréditaire, est celui du monde occidental. Il s'est façonné progressivement et uniformisé tout en conservant quelques particularités régionales. La généralisation de ce système plutôt qu'un autre s'explique, en partie, par les migrations de populations de toutes origines vers les pays occidentaux et par leur corollaire obligé, les impératifs de l'uniformisation de l'état civil.

Notre système des noms de famille remonte au Moyen Âge. Son implantation très progressive s'échelonne sur plusieurs siècles à un rythme variable selon les pays et, à l'intérieur d'un pays comme la France, selon les régions. Le caractère héréditaire du patronyme apparaît tardivement au cours de la mise en place du système. Les étapes de son implantation chevauchent le plus souvent, certains peuples adoptant des habitudes particulières.

Au Québec, nos ancêtres étaient surtout d'origine française. Il est normal que notre mode de dénomination des personnes soit celui de l'Europe occidentale qui s'est imposé depuis le Moyen Âge. De son côté, l'anthroponymie québécoise est loin d'être dénuée d'intérêt, et ce, pour de multiples raisons :

Elle dévoile des habitudes, sinon des règles, qui lui sont propres.

L'abondance des recherches démographiques et généalogiques fournit une documentation originale des plus intéressantes grâce à laquelle on est en mesure d'expliquer certains phénomènes caractéristiques des noms de chez nous.

La diversité ethnique favorise des comparaisons avec des systèmes semblables ou différents, ce qui facilite la compréhension du fonctionnement du nôtre.

Les particularités québécoises sont expliquées en détail dans le chapitre intitulé : « Les noms dans une société "distincte" ». Sa lecture permettra au lecteur de vérifier nos assertions à ce propos.

LA TYPOLOGIE DES NOMS DE FAMILLE

Traditionnellement on classe les noms de famille selon divers groupes, chacun se subdivisant à son tour en sous-catégories. C'est l'ensemble de ces regroupements que l'on nomme la *typologie*. Les paragraphes qui suivent présentent une vue d'ensemble des catégories proposées par les spécialistes, pour classer les noms de personnes. Le classement n'est pas toujours facile puisque bon nombre de patronymes prennent place dans un groupe ou dans l'autre, voire dans plusieurs indifféremment, selon les critères retenus. Les pages suivantes définissent succinctement les paramètres de chaque catégorie et chacune est illustrée d'un exemple le plus transparent possible. Par la suite, chaque chapitre sera coiffé d'une note préliminaire expliquant les motifs plausibles d'attribution de tel type de surnom par rapport aux autres.

Le nom individuel devenu patronyme. Avant la création des noms de famille, une personne porte un nom individuel qui la distingue de son voisin. La population d'un village est relativement limitée, au début, et les homonymes sont plutôt rares. Ces noms individuels sont devenus des noms de famille en passant par la filiation.

Nom d'origine germanique : nom emprunté aux Francs : THIBAUD
Nom de baptême chrétien : nom imposé par l'Église
Nom inspiré de l'Ancien Testament : ADAM
Nom inspiré du Nouveau Testament : PIERRE
Nom inspiré de la vie des saints : MARTIN
Nom inspiré de la religion : CHRÉTIEN
Nom inspiré de saintes : MARGUERITE

Le surnom d'origine : le toponyme devenu patronyme. Le surnom d'origine indique la provenance de celui à qui on l'attribue. Parfois, il précise un point de repère permettant de reconnaître son lieu de résidence. Il marque alors la proximité ou utilise un élément caractéristique de la propriété.

Toponyme de provenance, pays ou ses habitants : LANGLAIS
Toponyme de provenance, ancienne province de France : SAVOIE
Toponyme de provenance, région ou ses habitants : DAGENAIS

Toponyme de provenance, localité : LIMOGES
Surnom de proximité, une habitation : GRAND'MAISON
Surnom topographique de proximité : LARIVIÈRE
Surnom évoquant un élément caractéristique de la propriété : DUFRESNE

Le surnom de métier devenu patronyme. Le surnom de métier est le nom du métier proprement dit, souvent dans sa forme dialectale. Parfois, le produit, un outil, un geste typique, le lieu de travail ou la qualité du travail remplacent le métier.

Surnom du métier lui-même : MEUNIER
Surnom tiré du produit : LEPAIN
Surnom tiré de l'instrument : MARTEL
Surnom tiré de la façon de travailler : RATHÉ
Surnom tiré de l'atelier ou du lieu de travail : LAFORGE

Le sobriquet devenu patronyme. Le sobriquet est un surnom inspiré de traits physiques ou moraux de la personne à qui on l'attribue. Les traits de personnalité sont souvent inspirés par comparaison avec les animaux ou, en dérision, par des noms de dignités ecclésiastiques ou des titres nobiliaires.

Trait physique : LEBLOND
Trait moral : LADOUCEUR
Surnom évoquant une habitude de vie : BOIVIN
Surnom d'animal : PIGEON
Surnom anecdotique : LADÉROUTE
Surnom ironique de dignité ecclésiastique : LÉVESQUE
Surnom ironique de titre de noblesse : LEDUC

Surnoms divers

Surnom de parenté : NEPVEU
Surnom de fleur : LATULIPE

Surnoms obscurs

Surnom dont l'origine est encore inconnue : PLOUFFE

Les surnoms à explications multiples. Certains noms polysémiques, c'est-à-dire qui revêtent plusieurs sens, se classent dans plusieurs catégories selon la signification du mot au moment de l'attribution du surnom ou d'après l'individu auquel il est appliqué. Un bel exemple pour illustrer ce phénomène particulier est celui du nom CHEVRETTE, tantôt nom de métier, tantôt sobriquet, tantôt surnom d'origine :

S'il désigne une « petite chèvre », il s'agirait d'un surnom de métier évoquant le berger, gardien de chèvres ; ce surnom s'apparenterait alors à CHEVRIER.

Comme sobriquet évoquant un trait de caractère ou de personnalité, CHEVRETTE rappellerait la fragilité de l'animal.

Si la *chevrette* est plutôt « la femelle du chevreuil », le surnom CHEVRETTE s'appliquerait au chasseur et serait encore un surnom de métier.

Au Moyen Âge, une *chevrette* est aussi un instrument de musique, comme la « cornemuse » dont le sac est en peau de chèvre. Ce sac a donné son surnom à l'instrument et à celui qui en joue. Le surnom CHEVRETTE désigne alors le musicien.

La vie militaire prend une grande importance au Moyen Âge et les machines de guerre y sont nombreuses ; l'une d'entre elles, la *chevrette*, sert à lancer des pierres lors d'une attaque de forteresse ; le dénommé CHEVRETTE désigne le « préposé à la chevrette ».

C'est dire que le classement des patronymes peut prêter à plusieurs interprétations qui ne reposent sur aucune certitude, à moins de trouver quelque document d'époque qui authentifie l'une des options. Même dans ce cas, il faudrait une analyse critique très serrée dudit document qui permette d'appuyer l'explication. Tout au plus, dans un cas précis, peut-on s'en tenir à énoncer des hypothèses toutes aussi valables les unes que les autres. En ce qui concerne le cas CHEVRETTE, deux facteurs pourraient favoriser une hypothèse plutôt que l'autre : la fréquence d'un emploi dans une région donnée ou la généalogie du porteur du patronyme, liée à la connaissance de détails biographiques, éleveur, militaire, habitudes de vie.

UNE ÉTUDE SCIENTIFIQUE

Une étude systématique oblige à renoncer à une description historique linéaire du système, étant donné que son implantation ne s'est pas effectuée au même rythme ni à la même époque dans toutes les régions, même à l'intérieur d'un pays comme la France. Une approche thématique se révèle, à l'évidence, plus facile à suivre et plus simple à comprendre, même si, à l'occasion, une telle démarche laisse l'impression de faire des entorses à l'histoire. Quoi qu'il en soit, la méthode thématique est d'autant plus avantageuse que le système d'aujourd'hui a conservé des vestiges de chaque étape antérieure.

La multiplication des ouvrages portant sur les noms de personnes en Europe est significative de l'importance du nom et de la curiosité qu'il suscite. D'où viennent ces noms ? Quel est leur sens ? Voilà les principales questions auxquelles ces études tentent de répondre. En dehors de la simple curiosité de connaître la signification de son propre nom ou de celui d'une personne chère, l'étude des noms de personnes permet de mieux comprendre comment s'est formé et s'est implanté au cours des siècles le système occidental de dénomination des personnes.

Une étude scientifique des noms de personnes est multidisciplinaire par la force des choses. Elle fait appel, en tout premier lieu, à la linguistique. Elle a recours à l'histoire et à la géographie. Enfin, souvent, seule la généalogie apporte une explication précise concernant le patronyme adopté par une famille.

L'apport de l'histoire. L'anthroponymie a recours à l'histoire et à la géographie puisque, pour retrouver l'origine d'un patronyme, il faut le plus souvent remonter au Moyen Âge et connaître la langue et les coutumes régionales. La ressemblance apparente avec une forme du français d'aujourd'hui peut conduire à une confusion que seule l'histoire permet d'éviter. Les patronymes Sueur et Bombardier en sont des exemples éloquents :

> Le patronyme Sueur ou Lesueur évoque le « cordonnier » médiéval, appelé alors *sueur*, issu du latin *sutorem*. Il n'a rien à voir avec le nom féminin dérivé du verbe *suer*, dont l'origine remonte au latin *sudorem*, devenu *suor*, en ancien français et *sueur*, en français moderne.
>
> Le nom de famille Bombardier ne désigne pas un « avion qui largue des bombes », mais plutôt « le préposé à la bombarde ». Au Moyen Âge, la *bombarde* est une « machine de guerre qui lance des pierres » ; le *bombardier* est son utilisateur. Un Bombardier est aussi le musicien qui joue de la *bombarde*.

L'apport de la généalogie. À l'évidence, le fait que de nombreuses personnes portent le même nom ne signifie pas qu'elles soient apparentées. En effet, un surnom a été attribué à un grand nombre de familles sans lien de parenté vivant à des milliers de kilomètres l'une de l'autre. Comme on le verra en détail plus loin, les noms de famille ont été d'abord des surnoms attribués à des individus ou à des familles pour des motifs variés et dans des circonstances diverses. Pour connaître d'une façon précise ces motifs et ces circonstances, il faudrait remonter jusqu'au premier porteur du surnom dans une lignée d'ascendance donnée. Ce qui suppose, dans la plupart des cas, de dresser sa généalogie au moins jusqu'aux XIe et XIIe siècles, sinon plus loin encore. L'état présent de la documentation en rend la réalisation impossible. Il faut donc se limiter à énoncer des hypothèses. Tout au plus serait-il possible, en dépouillant des documents anciens, de découvrir comment s'est effectué le passage progressif du surnom au patronyme.

Au Québec, l'abondance de la documentation permet d'apporter quelques explications intéressantes à certains comportements qui nous sont propres, mais beaucoup de cas demeurent obscurs.

Les noms retenus. Tout au long du présent ouvrage, nous avons retenu les patronymes dont on atteste l'existence au Québec dans les annuaires téléphoniques disponibles, soit dans Internet, comme l'annuaire *Canada 411*, soit les principaux annuaires papier de Bell Canada, surtout ceux de Montréal et de Québec. Notre outil de référence est l'annuaire *Canada 411*, pour le Québec. Ont été conservés aussi les noms d'ancêtres consignés dans les dictionnaires de généalogie de Tanguay, de Drouin et de Jetté, à cause de leur importance historique. S'ajoutent certains noms qui illustrent bien un procédé de formation ou qui sont connus pour avoir été portés par des personnes qui ont marqué l'histoire. Enfin, un nom qui n'est pas attesté autrement trouvera place ici parce que j'ai rencontré une personne qui le porte.

L'ajout de noms équivalents, mais appartenant à d'autres langues européennes, permettra de comparer nos façons de faire en français avec celles d'autres langues. On tiendra pour acquis que toutes ces formes sont susceptibles d'être portées par des Québécois de langue française, même si le nom conserve sa consonance d'origine. Ainsi en est-il des noms PETTIGREW, RYAN, FLYNN, JOHNSON, SNYDER, FRULA, ORSINI, PETROWSKI, YIACOUVAKIS et YAROSHEVSKAYA, pour ne nommer que ceux-là, que les prénommés *Pierre, Claude, Pierre, Daniel, Julie, Lisa, Marina, Nathalie, Pascal* et *Kim* permettent de relier au patrimoine du Québec francophone des noms de famille d'origine irlandaise, allemande, italienne, polonaise, grecque ou russe.

Les noms français anglicisés. La conquête de l'Angleterre par Guillaume le Conquérant, en 1066, a fait du français la langue d'usage de l'Angleterre pendant plusieurs générations. De nombreux noms français s'y sont implantés et se sont progressivement modifiés en adoptant des traits anglais de prononciation et d'orthographe. Toutes les catégories de noms en ont été affectées. C'est ainsi que BEAUCHAMP est devenu BEECHAM, VERNE, FERN et PICARD, PICKARD. De nombreux autres exemples viendront illustrer ce phénomène dans chaque chapitre.

NOTES PRÉLIMINAIRES

Quelques remarques s'imposent d'entrée de jeu. D'abord des conventions typographiques utilisées tout au long de l'ouvrage et avec lesquelles le lecteur a avantage à se familiariser rapidement pour le consulter. Ensuite, compte tenu des impératifs de l'édition, il a fallu restreindre un peu le nombre de noms consignés ici. On y explique donc les principes qui ont guidé les choix de l'auteur.

Les conventions typographiques. Dans la suite de l'ouvrage, l'emploi de procédés typographiques facilitera la lecture et la compréhension. L'analyse de l'exemple suivant permet d'en expliquer les rôles réciproques :

Fèvre, issu du latin *faber*, « artisan », a donné plusieurs patronymes, parmi lesquels on trouve : FABRE, FAIVRE, FEBVRE, LEFEBVRE et LEFÉBURE.

Le *caractère italique* s'applique à un mot employé comme élément du lexique ou de la terminologie : *fèvre* et *faber*. Il est aussi employé chaque fois que l'on nomme un ancêtre : « Le pionnier *Pierre Dupuis dit Saint-Michel* ».

Les guillemets (« ») encadrent soit la « signification, la définition d'un mot », soit une citation textuelle selon la tradition. Dans notre exemple, le mot latin *faber* désigne un « artisan ».

Un mot écrit en PETITES CAPITALES identifie toujours et exclusivement un mot devenu patronyme ou nom de famille attesté au Québec : FABRE, FAIVRE et LEFEBVRE.

Les crochets ([…]) encadrent, le cas échéant, la prononciation des mots écrite en alphabet phonétique simplifié : le patronyme PAQUET ou PAQUETTE, la plupart du temps se prononce [pâkèt] au Québec.

Un nom et ses variantes. Un même nom revêt souvent plusieurs formes que l'on nomme des variantes. Toutefois, toutes les variantes n'ont pas la même importance. Certaines ne sont que des fantaisies orthographiques, d'autres sont reliées à une évolution phonétique différente ou à des formes syntaxiques ou morphologiques particulières et équivalent à autant de noms distincts. D'autres, enfin, sont des dérivés, des diminutifs affectifs, et sont devenus des noms tout à fait autonomes. Tout au long de cet ouvrage, on tiendra compte de ces nuances. Afin de ne pas alourdir indûment l'exposé, on s'en tiendra, le plus souvent aux principes suivants :

Les variantes qui reposent sur de simples fantaisies orthographiques ne seront pas retenues. À titre d'exemple, de toutes les graphies du nom THIBAUD, seule cette dernière sera conservée, car elle est la seule qui découle de l'évolution normale de la racine germanique

-bald devenue *baud*, en français. Les autres graphies plus ou moins fréquentes, telles que THIBAU, THIBEAU, THIBAULT, THIBEAULT, THIBAUT, THIBEAUT, TIBO et TIBBO sont réputées incluses dans la première. Elles ne seront donc pas conservées ici. De même pour les noms composés de la même racine *baud-* en tête du mot et souvent confondue avec l'adjectif *beau*. Ainsi, des variantes BAUDOUIN, BEAUDOUIN, BAUDOIN et BEAUDOIN, on ne gardera que la première, soit BAUDOUIN, qui correspond à la graphie normale du nom, qu'elle soit ou non la plus répandue. Les autres graphies de la racine finale *-baud* ne seront retenues que dans les cas où la graphie *baud* n'est pas présente au Québec. Ainsi en est-il pour le nom ARCHAMBAULT, dont la graphie normale *Archambaud* n'est pas attestée chez nous.

Les formes régionales, le plus souvent reliées à des caractéristiques dialectales de l'évolution phonétique, ont donné des variantes qui en font des formes distinctes d'un même nom. Par exemple, les noms de famille évoquant le métier de forgeron sont très nombreux, comme on pourra le constater au chapitre qui les concerne. Les variantes FABRE, FAVRE, FAURE, FAIVRE, FÈVRE et LEFEBVRE et de nombreuses autres sont considérées à raison comme autant de noms distincts et apparaissent ici comme tels.

Les variantes qui reposent sur des formes syntaxiques ou morphologiques différentes sont aussi des noms distincts. Les sobriquets BEAU, LEBEAU, LEBEL et LABELLE sont des noms aussi autonomes que le sont RENARD et PAPINEAU. Il en est de même pour tous les composés du mot *pré*, DUPRÉ, BEAUPRÉ, LONGPRÉ, GRANDPRÉ et ROMPRÉ.

Les dérivés sont aujourd'hui des noms tout à fait autonomes et sont consignés. C'est le cas des diminutifs affectifs de GIRARD : GIRARDEAU, GIRARDIN, GIRARDET et GIRARDON. De même, les diminutifs terminés par une consonne et féminisés chez nous, tantôt dans la prononciation, tantôt dans l'orthographe, tantôt dans les deux à la fois : BISSONNET et BISSONNETTE, MARCOT et MARCOTTE, TRUDEL et TRUDELLE.

Les abréviations. De nombreuses abréviations sont fréquemment utilisées dans cet ouvrage. Par exemple, c'est la forme abrégée, entre parenthèses, qui désigne le dialecte ou la langue des diverses variantes d'un même nom. Ainsi, pour un nom particulier, on donnera à la suite les équivalents dialectaux et les équivalents en anglais et en d'autres langues européennes. Quelques autres abréviations utiles ont été ajoutées. Voici donc, dans l'ordre alphabétique, celles qui sont retenues :

(all. et als.), allemand et alsacien

(ang.), angevin

(ar.), arabe

(arm.), arménien

(auv.), auvergnat

(bourg.), bourguignon

(bret.), breton

(bul.), bulgare

(C.), centre de la France

(cast.), castillan

(cat.), catalan

(dan.), danois

(daup.), dauphinois

(E.), est de la France

(écos.), écossais

(esp.), espagnol

(éthio.), éthiopien

(fin.), finnois

(gr.), grec

(guy.), guyennais

(héb.), hébreu

(hon.), hongrois

INSEE, Institut national de la statistique et des études économiques

(irl.), irlandais

(isl.), islandais

(it. et cor.), italien et corse

(lang.), languedocien

(lib.), libanais

(lim.), limousin

(lor.), lorrain

(lyon.), lyonnais

(N.), nord de la France

(néer. et flam.), néerlandais et flamand

(norm.), normand

(norv.), norvégien

(occ.), occitan

(pic.), picard

(poit.), poitevin

(pol.), polonais

PRDH, Programme de recherche en démographie historique de l'Université de Montréal

(prov.), provençal

(ptg.), portugais

(roum.), roumain

(rus.), russe

(S.), sud de la France

(sav.), savoyard

(ser.), serbo-croate

(S-O.) sud-ouest de la France

(suéd.), suédois

(tch.), tchèque

(turc), turc

(ukr.), ukrainien

La généalogie. Les tableaux d'ascendance présentés au fil des chapitres visent à illustrer une particularité concernant un nom, sa transmission et les changements qui l'ont affecté d'une génération à l'autre. L'aspect généalogique proprement dit est accessoire. C'est pourquoi, pour la commodité de la présentation, les dates et lieux du mariage des conjoints sont délibérément omis. Les ascendances ont été établies à partir des registres paroissiaux et des répertoires de mariages. À moins d'avis contraire, elles sont de l'auteur. Celles qui sont empruntées le sont pour les besoins de la démonstration, sans plus.

Chapitre un

Noms de personnes et noms de lieux, témoins de l'histoire

Il n'y a point au monde un si pénible métier
que celui de se faire un grand nom ;
la vie s'achève que l'on a à peine ébauché son ouvrage.
Jean de La Bruyère

L'étude linguistique des noms de personnes s'appelle *anthroponymie*. Avec la *toponymie*, qui s'attache aux noms de lieux, l'*anthroponymie* constitue l'un des deux volets de l'*onomastique*, qui étudie les noms propres. À son tour, l'*onomastique* est une division de la *lexicologie*, qui traite du vocabulaire. Disons d'entrée de jeu que les noms propres sont les témoins privilégiés de l'évolution d'une langue. Ainsi, les noms géographiques marquent-ils, comme les fossiles, les étapes de la transformation d'une langue au cours des siècles.

Un nom de famille d'aujourd'hui s'explique, la plupart du temps, par son origine linguistique, appelée *étymologie*. La forme actuelle de milliers de patronymes correspond à une forme très ancienne, qui remonte le plus souvent au Moyen Âge, et dont elle constitue parfois la seule trace dans la langue d'aujourd'hui. La transformation du mot au cours des siècles peut être le résultat du jeu de nombreux facteurs qui ont affecté l'évolution de la langue en général, celle du français en ce qui nous concerne. Tous les phénomènes qui ont affecté l'évolution du vocabulaire ont joué le même rôle sur les mots qui sont devenus patronymes. Aussi, la connaissance de l'étymologie est-elle primordiale à la compréhension d'un nom de famille d'aujourd'hui, qu'il soit d'origine proprement française ou dialectale. Les paragraphes qui suivent illustrent quelques-uns de ces phénomènes linguistiques parmi les plus déterminants dans l'histoire des noms de personnes : l'usure des mots dans la prononciation, appelée plus précisément *évolution phonétique*, le changement de sens, ou *évolution sémantique*, les deux procédés de coupure de mots, l'*apocope* et l'*aphérèse*, et plusieurs autres dont on trouvera une illustration par la suite.

Tout au long de cet ouvrage, les divers accidents ou procédés linguistiques expliqués ici sont présents. La raison d'être de ce premier chapitre est justement de les regrouper et d'en fournir une explication la plus complète possible pour éviter d'en répéter l'illustration dans chaque cas. Un glossaire des termes techniques complète le tout et facilite une consultation rapide.

MOTS LATINS, SONS FRANÇAIS

La prononciation des mots en français n'a pas toujours été celle que nous connaissons. En passant du latin au français, les mots ont subi diverses influences et leur prononciation s'est modifiée. Les mots se sont usés, de telle sorte que, très souvent, il n'y a plus aucune ressemblance entre le mot français que nous employons tous les jours et le mot latin d'origine. Cette transformation des sons d'un mot, du latin au français, s'appelle l'*évolution phonétique*. Elle décrit les étapes, plus ou moins inscrites dans le temps, des changements de prononciation. Étant donné que l'orthographe française n'a pas suivi l'évolution de la prononciation, il arrive parfois qu'on ne perçoive aucune correspondance entre la prononciation et l'orthographe d'un mot d'aujourd'hui. De nombreux facteurs ont été déterminants dans cette transformation, parmi lesquels apparaissent, au premier chef, la coexistence de plusieurs langues et leur influence réciproque sur l'évolution. Ainsi, le latin a subi des transformations différentes selon la variété de langue gauloise avec laquelle il était en contact au nord ou au centre de la France, car les changements n'ont pas été uniformes dans toutes les régions. Tous ces facteurs ont eu leurs répercussions sur les noms de famille. Certaines formes d'un patronyme présentent des stades plus anciens de la prononciation ou de l'orthographe d'un mot. C'est pourquoi l'explication d'un nom de famille commence par son *étymologie*, c'est-à-dire l'histoire de son origine à partir du latin. Voici deux exemples de l'évolution phonétique, tirés de la langue commune, qui illustrent le passage progressif du latin *fràgilem* au français *frêle*; le second cas est celui des tandems en *-el/ -eau*.

De *fràgilem* à *frêle* :
Le latin *fràgilem*, où le *g* est prononcé *gu*, aboutit à l'adjectif français *frêle*. Voici, en simplifiant à l'extrême, les étapes de cette transformation :
- Le mot latin *fràgilem*, accentué sur la première syllabe, devient *fràgile* avec la disparition de la consonne finale *m* ;

- La syllabe *gi*, non accentuée, perd son *g*, qui disparaît entre deux voyelles. En ancien français, on écrit *fraile* et les deux voyelles se prononcent. Il s'agit d'une diphtongue.
- La diphtongue *ai* se réduit à une seule voyelle, *è*. Le mot s'écrit *fresle*.
- Comme dans plusieurs mots français, l'accent circonflexe ^ remplace la lettre *s*. On écrit aujourd'hui *frêle*.

De *bel* à *beau*:

Un autre cas typique d'évolution phonétique qui a influencé l'orthographe est la transition des mots en *-el* qui se sont modifiés en *–eau*. Illustrons la transformation à l'aide de l'adjectif latin *bellum*, devenu *beal*, puis *beau*:

- Disparition progressive de la syllabe finale *-lum*, un son à la fois, dans l'ordre suivant: *m*, *u* et *l*, ce qui donne, en ancien français: *bel*, prononcé [bèl].
- La voyelle *e*, devant la consonne *l*, se diphtongue en *ea*, alors que la consonne finale *l* se transforme en la voyelle *u*. On obtient donc la suite *-eal*, puis *-eau*, dont les trois voyelles sont prononcées.
- Progressivement, les trois sons se fondent en un seul, le son [o], comme c'est le cas aujourd'hui, où *beau* se prononce [bo].
- Les patronymes BREL, BRÉAL et BREAU représentent les trois stades de l'évolution du même mot devenu patronyme.

De nombreux mots en *-el* ont subi la même transformation en *-eau*. Ce sont, pour la plupart, des dérivés diminutifs. Bon nombre de noms de famille sont des survivances de la forme ancienne en *-el*, beaucoup moins présente aujourd'hui dans la langue courante. C'est le cas des patronymes CHATEL, FOURNEL, HAMEL et RATEL, qu'ont supplantés les nouvelles formes: *château*, *fourneau*, *hameau* et *râteau*. D'autres se retrouvent dans les patronymes, mais sous les deux formes: BLONDEL-BLONDEAU, BOISSEL-BOISSEAU, BUREL-BUREAU, CLAVEL-CLAVEAU, LEBEL-LEBEAU, LOISEL-LOISEAU, MARCEL-MARCEAU, MARTEL-MARTEAU, MONCEL-MONCEAU, MOREL-MOREAU, PINEL-PINEAU, POIREL-POIREAU, ROUSSEL-ROUSSEAU.

Pour certains, seule la forme en *-eau* a survécu dans la langue courante et a formé aussi des patronymes, comme BARBEAU, CORDEAU et LINTEAU. Enfin, plusieurs couples, tels *campel*-CAMPEAU, *drapel*-DRAPEAU et *ramel*-RAMEAU, connus en ancien français, sont sortis de l'usage, ne laissant que les patronymes en *-eau*.

SENS UNIQUE?

Le vocabulaire, à l'instar de la prononciation, a subi de nombreuses transformations au cours des siècles. Selon les besoins, les usagers ont créé des mots de toutes pièces;

ils ont ensuite formé des mots nouveaux en ajoutant un préfixe ou un suffixe à un mot existant ; ils ont coupé un mot pour en obtenir un nouveau ; ils ont composé des mots à l'aide de mots connus ; ils ont donné un sens nouveau à un mot usuel. Tous ces procédés ont été exploités aussi dans les noms de famille. On trouvera dans le glossaire, en annexe, le nom et la description de chacun, illustré d'exemples tirés de la langue courante et des patronymes.

La forme des patronymes. Les patronymes se présentent sous diverses formes : simple, composée ou dérivée. La plus familière est, évidemment, la forme simple, constituée d'un seul mot. Dans la langue courante, des mots comme *maison*, *heureux*, *montagne*, *rivière* et *pays* sont des mots simples. Voici quelques exemples de patronymes simples choisis dans chaque catégorie :

Patronymes issus de noms individuels : BERNARD, GIRARD, JEAN.
Noms de personnes issus de toponymes : ANJOU, BRABANT, CHAMPAGNE.
Surnoms de métier : BOULANGER, CAVALIER, MARCHAND.
Sobriquets : BLANC, MERLE, ROY.

Les usagers recourent à la composition pour créer des mots. Ce procédé consiste à juxtaposer des mots pour en créer d'autres dont les éléments peuvent se souder ou non. À l'écrit, les mots composés relient souvent leurs éléments par un trait d'union. Les mots suivants sont des mots composés : *grand-mère*, *rendez-vous*, *pomme de terre*, *salle à manger* et *portrait-robot*. Le même procédé a été très productif dans le domaine des patronymes en juxtaposant diverses catégories de mots le plus souvent soudés :

Un adjectif et un nom : BEAUCHAMP, PETITCLERC, SAINT-JEAN.
Un nom et un adjectif : BOISVERT, PAINCHAUD, VILLENEUVE.
Un déterminant et un nom : LAFONTAINE, LAMONTAGNE, LEMOYNE.
Deux noms de baptême joints ou non par un trait d'union : JEAN-BAPTISTE, LOUIS-JEAN, MARCAURÈLE.
Une préposition et un nom : AUMONT, DUMESNIL, SANSOUCY.
Un verbe et un nom : BOILEAU, MARCHETERRE, TRANCHEMONTAGNE.
Une combinaison de plusieurs types : DELONGCHAMP, DESTROISMAISONS, VADEBONCŒUR.

Bon nombre de patronymes dérivent d'un mot simple. La *dérivation* consiste à créer un mot en ajoutant un suffixe à un mot déjà existant. On appelle *suffixe* une terminaison ajoutée à la fin d'un mot pour en modifier le sens. Très souvent, le nouveau mot est un diminutif du premier ou lui ajoute une valeur péjorative ou méliorative.

Dans la langue courante, de nombreux suffixes ont contribué à la création de mots dont les suivants :

- Le suffixe -et ou -ette que l'on reconnaît dans *fille-fillette, garçon-garçonnet, jardin-jardinet, sœur-sœurette, maison-maisonnette, maigre-maigrelet, roi-roitelet.*
- Le suffixe diminutif -ot ou -otte comporte parfois une certaine connotation affective : *ange-angelot, cache-cachot, cage-cageot, char-chariot, frère-frérot, île-îlot, jeune-jeunot, pâle-pâlot.*

Les mêmes suffixes ont été très productifs dans les noms de personnes, plus particulièrement pour les noms de baptême, devenus par la suite des patronymes. Ajoutés à un nom ou à une partie de nom existant, les suffixes ajoutent souvent une valeur affective et contribuent à multiplier d'autant le nombre de patronymes. Ces suffixes sont toujours les mêmes, certains étant plus courants dans une région que dans l'autre, de sorte que l'ensemble de dérivés d'un mot forme avec lui une sorte de famille. On ne s'étonnera pas de constater que la multiplication des dérivés à partir des mêmes suffixes ait eu pour conséquence de décupler les homonymes. Il faudra donc être conscient que, dans ces cas d'homonymie, plusieurs explications sont plausibles et l'on pourra rarement trancher pour expliquer le patronyme d'un individu, à moins qu'un document *ad hoc* ne vienne appuyer une hypothèse au détriment de l'autre.

Voici la liste des suffixes les plus courants : *-el* et *-elle, -eau, -et* et *-ette, -ot* et *-otte, -at, -as, -an, -in, -on, -ard* et *-y.* Souvent, le suffixe *-ard* contient une connotation péjorative. Dans la plupart des cas, la série des noms de famille correspondante est plus complète en France qu'ici. Selon notre convention, les noms écrits en petites capitales sont attestés chez nous. Les exemples suivants illustrent la dérivation à partir du nom simple.

- Suffixes *-el, -elle,* et *eau* : PIN-PINEL-PINEAU, MARC-MARCEL-MARCELLE-MARCEAU, CLAVE-CLAVEL-CLAVELLE-CLAVEAU.
- Suffixes *-et* et *-ette* : PIN-PINET-PINETTE, MARTIN-MARTINET, MAURICE-MAURICET-MAURICETTE.
- Suffixes *-ot* et *-otte* : PIN-PINOT, CHARLES-CHARLOT-CHARLOTTE, JEAN-JEANNOT-JEANNOTTE, MARC-MARCOT-MARCOTTE.
- Suffixes *-at* et *-as* : PIERRE-PERRAT-PERRAS, ROBERT-ROBIDAS, ROUX-ROUSSAT.
- Suffixes *-an, -in* et *-on,* ou le *-an* se réalise souvent en *-and* : PIN-PINAN-PINON, ROUX-ROUSSAN-ROUSSIN-ROUSSON, PIERRE-PERRIN-PERRON.
- Suffixes *-ard* : PIN-PINARD, PIERRE-PÉRARD, BLANC-BLANCHARD.
- Suffixe *-y* : BLOND-BLONDY, PIERRE-PERRY, CHARLES-CHARLY.

On pourrait ajouter le suffixe *-oche,* plus fréquent en France que chez nous. Ainsi, à PINEL, PINEAU et PINET correspond PINOCHE ; à BAZEL, BAZET et BAZIN se joint BAZOCHE.

Dorénavant, les exemples de suffixes seront toujours systématiquement présentés dans le même ordre, soit : *-el, -eau, -et, -ot, -at, -as, -an, -in, -on, -ard, -y* et, le cas échéant, *-oche*. Cette observation a pour résultat de démontrer hors de tout doute le caractère systématique du procédé. Le système apparaît assez clairement dans les trois tableaux suivants qui illustrent les dérivés de BODE, PIERRE et MAURE. Dans ces tableaux, les formes en italique sont attestées en France et non ici ; les formes en petites capitales maigres existent chez nous, mais non en France ; les petites capitales grasses indiquent les formes communes à la France et au Québec.

Le **Tableau 1** montre la dérivation d'un nom d'origine germanique à une seule racine. La racine concernée est *bod* ou *bot*, « messager ». Elle aboutit, en français, à deux familles de radicaux. La première est composée de BODE, BOTE, BOE, alors que la seconde a donné BOUDE, BOUTE et BOUE. Chaque radical a sa série de dérivés basée sur la même liste de suffixes.

Tableau 1 : Les diminutifs d'un nom germanique à une seule racine

	bod-	bot-	bo-	*	boud-	bout-	bou-
-el	Bodel	Botel	Boel	*	Boudel	Boutel	Bouel
-eau	BODEAU	Boteau	BOEAU	*	BOUDEAU	Bouteau	Boueau
-et	BODET	Botet	Boet	*	BOUDET	BOUTET	BOUET
-ot	Bodot	Botot	BOOT	*	BOUDOT	BOUTOT	Bouot
-at	Bodat		Boat	*	Boudat	Boutat	Bouat
-as	BODAS	Botas	BOAS	*	Boudas	BOUTAS	Bouas
-an	Bodan	BOTAN	BOAN	*	Boudan	BOUTAN	Bouan
-in	BODIN	BOTIN	Boin	*	BOUDIN	BOUTIN	BOUIN
-on	Bodon	BOTON	BOON	*	BOUDON	BOUTON	Bouon
-ard	BODARD	Botard	BOARD	*	Boudard	BOUTARD	Bouard
-y	BODY	Boty	BOY	*	Boudy	Bouty	Bouy

On aura noté l'absence de BODOCHE, attesté au Québec.

Homonymes : BOUDIN est aussi un surnom de métier de celui qui fabrique du *boudin* ; BOUTON peut être un surnom de marchand de *boutons* ou le sobriquet de la personne qui a un *bouton* très visible dans la figure ; BODY et BOY sont aussi des mots anglais signifiant respectivement « corps », attribué comme sobriquet à celui qui a un « beau corps », c'est-à-dire qui est bien musclé, et « garçon », surnom de parenté.

Le **Tableau 2** porte sur le nom chrétien PIERRE. Il démontre à l'évidence que le système de dérivation est le même. Ce nom compte au moins six radicaux : *pétr-*, *piétr-*, *pierr-*, *perr-*, *pér-* et *pern-*. Chacun a formé sa famille de dérivés affectifs.

Tableau 2 : Les diminutifs du nom chrétien Pierre

	pétr-	*piétr-*	*pierr-*	*perr-*	*pér-*	*pern-*
-el	PÉTREL		Pierrel	Perrel	PÉREL	Pernel
-eau	PÉTREAU			PERREAU	PÉREAU	Perneau
-et			PIERRET	PERRET	PÉRET	PERNET
-ot			PIERROT	PERROT	PÉROT	PERNOT
-at			PIERRAT	Perrat		Pernat
-as	PÉTRAS	PIÉTRAS	Pierras	PERRAS	PÉRAS	Pernas
-an				Perran		
-in	Pétrin		PIERRIN	PERRIN	PÉRIN	PERNIN
-on		PIÉTRON	PIERRON	PERRON	PÉRON	Pernon
-ard			PIERRARD	Perrard	PÉRARD	Pernard
-y	PÉTRY		PIERRY	PERRY	PÉRY	Perny

Homonymes : PÉTRIN, surnom de boulanger ; PERRON, grosse pierre caractéristique du domaine.

Le même procédé de dérivation s'observe aussi dans les autres catégories de surnoms. Le **Tableau 3** l'illustre à l'aide du sobriquet MAURE-MORE-MOURE, dont la famille compte, entre autres, les radicaux *maur-*, *mor-*, *mour-*, *morl-* et *morn-*.

Tableau 3 : Les diminutifs du sobriquet Maure-More-Moure

	maur-	mor-	mour-	morl-	morn-
-el	MAUREL	MOREL	Mourel		Mornel
-eau	Maureau	MOREAU	MOUREAU		MORNEAU
-et	Mauret	MORET	MOURET	MORLET	MORNET
-ot	Maurot	MOROT	MOUROT	MORLOT	Mornot
-at	Maurat	MORAT	MOURAT	Morlat	Mornat
-as	Mauras	MORAS	Mouras	Morlas	Mornas
-an	Mauran	MORAN	Mouran	MORLAN	
-in	MAURIN	MORIN	MOURIN	MORLIN	Mornin
-on	MAURON	MORON	MOURON	Morlon	Mornon
-ard		MORARD	Mourard	Morlard	MORNARD
-y	MAURY	MORY	Moury	MORLY	Morny

Il arrive fréquemment qu'un diminutif forme à son tour sa propre famille de dérivés. C'est ce qui explique la présence de plusieurs radicaux reliés au même nom de départ. Ainsi, ROBIN, diminutif de ROBERT, a des dérivés comme ROBINEAU et ROBINET. Le phénomène pourrait s'illustrer à l'aide d'innombrables exemples. Le **Tableau 3** le prouve avec les cinq radicaux retenus ici, alors qu'on aurait pu ajouter les radicaux *morel-*, *morin-*, *mourel-*, *mourl-*, *mourin-* et *mourn-* qui ont tous leur famille en France.

De plus, bon nombre de suffixes non retenus dans nos tableaux n'en sont pas moins productifs même jusque chez nous. Encore ici, le «cas Morin» le montre très bien. Voici donc une brève liste complémentaire de ces dérivés : *Morac*, MORACHE, MORASSE, *Moraz*, *Morias*, *Morec*, *Morenc*, *Moresson*, MOREZ, *Moriau*, *Moric*, *Moriche*, MORO, *Morod* et MOROZ. La démonstration à l'aide du radical *maur-* aurait été similaire.

Ajoutons que le suffixe *-eau*, qui résulte de la vocalisation du suffixe *-el*, a souvent subi l'influence des racines germaniques en *-ald* devenues en français *-aud* et réécrites en *-aut*, *-ault* et *-eault*, sur lesquelles les surnoms se sont souvent alignés à tort. D'où les nombreuses graphies qui en découlent.

Le genre flottant. Le latin classique disposait de trois genres. Un nom était *masculin*, *féminin* ou *neutre*. Le français n'a conservé que le masculin et le féminin. Au cours de l'histoire, les noms neutres sont devenus féminins ou masculins, mais, pendant un certain temps, le genre est resté hésitant, de sorte que le même mot s'employait tantôt au masculin tantôt au féminin. Nos grammaires scolaires en ont conservé quelques vestiges. Rappelons-nous les emballantes règles concernant *amour*, *délice* et *orgue*, masculins au singulier et féminins au pluriel. Quel délice… !

Bon nombre de noms ont changé de genre au cours des siècles. En voici quelques-uns relevés dans *Le Bon usage* de Maurice Grevisse :
- *Affaire, dent, erreur, horloge* et *ombre* étaient autrefois masculins.
- *Carrosse, comté, évêché, losange* et *navire* étaient autrefois féminins.

Bien sûr, ces noms ont dû traverser une période où le genre n'était pas fixé. Les noms de famille comptent donc de nombreux exemples de ce flottement :
- Sur le nom *val* se sont formés les surnoms d'origine LAVAL et DUVAL.
- Se rattachent au nom *casse*, variante occitane de *chêne*, les surnoms LACASSE et DUCASSE.

Les mots raccourcis ou troncations. De tout temps, la langue courante familière a eu tendance à raccourcir les mots trop longs fréquemment utilisés. Les linguistes appellent ce procédé *troncation*. Si la coupure se fait à la fin, pour ne conserver que le début du mot, on parle d'*apocope*; si, au contraire, on ne garde que la fin du mot, il s'agit d'une *aphérèse*. Dans les deux cas, le nouveau mot devient, avec le temps, tout à fait autonome, au point que le mot original en est complètement oublié. Les deux procédés ont été plus ou moins productifs dans les noms de famille et ont donné naissance à un certain nombre de patronymes nouveaux.

Les exemples suivants illustrent l'*apocope*, dans la langue commune, d'abord, puis dans les patronymes :

Voici deux cas classiques d'apocope : *auto* et *métro* :

- Au moment de son invention, on désigne la voiture sous le nom de *véhicule automobile*. L'adjectif, employé seul avec l'article, est devenu un nom : *une automobile*. Dans la langue familière, l'apocope a donné *auto*, emploi beaucoup plus fréquent qu'*automobile*. L'apocope est chère aux étudiants et étudiantes. Pensons aux mots *prof*, *géo*, *math*, pour *professeur*, *géographie* ou *mathématique*, ou à une création toute récente et si répandue, celle d'*ordi* pour *ordinateur*.
- Le mot *métro* a connu une histoire similaire. On parle, à l'origine, du *chemin de fer métropolitain*, puis du nom autonome, *le métropolitain*. La troncation a fait le reste : seul *métro* a survécu pour désigner ce moyen de transport.

L'apocope est relativement fréquente en français dans les prénoms : *Jos* remplace très souvent JOSEPH ; *Théo* est le raccourci commode de THÉODORE, *Théodule* ou THÉOPHILE. Par ailleurs, elle a laissé peu de traces dans les noms de personnes en français. Le procédé semble plus productif en anglais où il sert à créer des noms affectifs. Pour l'illustration, retenons les cas de DAW pour DAVID que l'on reconnaît dans DAWSON et de NICK pour NICHOLAS, qui est assez transparent dans la forme contractée NIXON. De même, en allemand, BECKER, surnom de boulanger, est parfois tronqué en BECK.

Quant à l'*aphérèse*, moins productive dans la langue courante, elle a laissé de très nombreux patronymes en français, comme le démontrent les exemples suivants :

Dans la langue courante, les cas d'aphérèse ne sont pas légion. La plupart des auteurs citent les mêmes exemples : *autobus* et *autocar*, devenus respectivement *bus* et *car* ; *copieur* pour *photocopieur*.

Par ailleurs, de très nombreux patronymes résultent de la troncation par aphérèse d'autres noms de personnes :

- BASTIEN est l'aphérèse de SÉBASTIEN ;
- NICOLAS a donné de même COLAS, puis, à partir de ses diminutifs, NICOLIN, *Nicolard* et NICOLET, COLIN, COLLARD et COLET, féminisé en COLETTE.

- Monet est l'aphérèse d'un nom terminé par la syllabe -mon, comme Simon ou Aymon, allongé d'un suffixe diminutif en -et, Simonet ou Aymonet. Monette est la forme féminine de Monet.
- Naud, orthographié aussi Nault et Neault, résulte de l'aphérèse de noms d'origine germanique comme Arnaud, Guénaud, Hénaud, Hunaud, Menaud, Raynaud ou Renaud, qui ont connu leur heure de gloire et qui ont été affublés des mêmes fantaisies orthographiques.

L'aphérèse n'est pas l'apanage des noms de famille français, on la rencontre aussi, mais à fréquence variable, en italien, en anglais et en espagnol.

En italien, la multiplication des suffixes diminutifs favorise le recours au procédé de troncation, comme l'illustre le nom Tozzo : Tozzo est l'aphérèse de noms comme Dagobertozzo, Lutozzo, Albertozzo, et la forme Tozzi en est la marque du pluriel ou de filiation.

L'homonymie. Le nombre d'homonymes en français est important. On appelle *homonymes* des mots qui se prononcent de la même façon, mais dont le sens diffère. Lorsque l'orthographe des homonymes est la même, on parle alors d'*homographes*. D'habitude, les homonymes font l'objet d'entrées distinctes dans les dictionnaires. Dans la langue commune, l'homonymie résulte souvent de l'évolution phonétique de mots d'origine différente.

Ainsi cinq mots comportent la suite de sons [s] et [o], prononcée [so] ; ils se distinguent à la fois par l'orthographe et le sens. Ce sont des homonymes.

- *Saut* évoque l'action de bondir : « Je pratique le saut en hauteur. » Du latin *saltum*, « saut ».
- *Sault* désigne des rapides. Il est sorti de la langue courante et ne subsiste qu'en toponymie : *Sault-au-Récollet* et *Sault-Sainte-Marie*. Son étymologie latine est la même que pour le mot précédent.
- *Sceau* est le cachet : « Le notaire appose son sceau. » Du latin *sigellum*, « figurine ».
- *Seau* est le nom d'un contenant : « Julie transporte un seau d'eau. » Du latin *sitellum*, « urne ».
- *Sot* s'applique à une personne stupide : « Tu t'es conduit comme un sot. » Son origine est obscure.

L'exemple classique des homographes est celui du mot *couvent*, issu du verbe *couver* à la 3e personne du pluriel de l'indicatif présent, et le nom *couvent* désignant la maison religieuse.

En anthroponymie, les homonymes sont fréquents. Certains cas découlent de l'évolution phonétique comme dans la langue courante, mais d'autres cas d'homonymie sont dus à des similitudes d'origine dialectale ou simplement à des ressemblances de formes d'une langue à l'autre. Ils sont susceptibles d'induire en erreur dans l'interprétation des noms de personnes. Voici quelques exemples de chaque type d'homonymes :

Deux mots latins aboutissent en français moderne au mot *charme*. L'un, issu du latin *carpinum*, désigne un arbre à bois dur et blanc, de la famille des bétulacées. L'autre, du latin *carminem*, « formule magique », évoque l'attirance, la grâce. Le nom d'arbre est à l'origine du mot *charmille*, alors que *charmant*, *charmer* et *charmeur* se rattachent à la qualité.

Le patronyme DUCHARME serait-il un sobriquet évoquant la personnalité de celui qui « fait du charme », à l'instar des JOLICŒUR, BELAMOUR, BRINDAMOUR, LAMOUR ou LAMOUREUX ? Il semble que non. L'emploi du déterminant *du*, soudé au nom d'arbre *charme*, apparaît plus plausible, compte tenu de la tendance très marquée de ce genre de structure pour les surnoms évoquant la flore : DUCHARME s'inscrit d'emblée dans la suite de DUBOIS, DUBUISSON, DUCHESNE, DUFAU (hêtre), DUFRESNE, DUNOYER, DUPIN, DUQUESNE et DUTIL (tilleul).

D'autres homonymes sont dus au hasard des ressemblances d'une langue à l'autre. On parlera alors d'*homographes ethniques*. Dans ce cas, pour expliquer un surnom, il sera nécessaire de recourir à la généalogie pour connaître la langue d'origine du porteur du nom. Voyons ce qui en est du patronyme BERGER.

En français, BERGER est un surnom de métier. Il désigne le « pasteur, le gardien de moutons ».

Dans les langues germaniques, BERGER est plutôt un surnom d'origine, signifiant « montagnard, celui qui habite dans la montagne ».

Le danger de confusion est d'autant plus réel que, en français, les deux patronymes se prononcent de la même façon [bèrjé]. Or, si le premier porteur d'une lignée de BERGER est d'origine alsacienne, c'est le montagnard qui est évoqué. Si le patronyme est celui d'une personne de langue anglaise ou allemande, le *berger* n'a rien à voir avec les moutons. La généalogie seule peut alors apporter une réponse claire.

Un autre cas d'homonymie est celui du nom de famille LANE. Chez la personne d'origine française, LANE, écrit aussi *lanne*, est la forme gasconne de *lande*, que l'on reconnaît dans LALANDE, dont la forme normande est LALONDE. LANE s'emploie plus souvent avec l'article, LALANNE ou LALANE. Le mot désigne un terrain broussailleux et le surnom, celui qui habite à proximité. Si l'ancêtre nommé LANE est de langue anglaise, il s'agit toujours d'un surnom de voisinage, mais synonyme, cette fois, de nos LARUE, LAVOIE, DUCHEMIN ou RUELLE. En effet, le mot *lane*, en anglais, désigne une voie de communication, un chemin de passage.

Il existe une autre forme d'homonymie, celle qui découle de similitudes entre le français commun et certaines particularités dialectales qui aboutissent à une graphie identique. Ici encore, seule la généalogie élucidera le problème de confusion. En voici un exemple :

Le patronyme ROUSSEL est toujours un sobriquet évoquant la couleur. En français, il vient de *roux* et désigne « une personne à la chevelure rousse ». En langue occitane du Languedoc, *rossèl*, prononcé [rousel], désigne la couleur *jaune* et s'applique à la « personne au teint bronzé ». Quoique ce détail soit peu pertinent aujourd'hui, il n'en demeure pas moins que, pour le chercheur soucieux de précision, l'explication n'est pas forcément superflue. Pour comprendre le sens du surnom, il doit tenir compte de l'origine géographique de l'ancêtre qui le porte. Ainsi, pour l'ancêtre *Timothée Roussel*, originaire du Languedoc, c'est la seconde explication qui prévaut alors que, pour les autres pionniers ROUSSEL, qui viennent de Normandie, ils doivent leur surnom à la couleur de leurs cheveux.

Certains *homophones* sont des homonymes de prononciation. Les mots ont la même prononciation, mais, le plus souvent, une orthographe différente. Dans la langue quotidienne, les exemples d'homophones sont légion. Il existe même des recueils d'homophones. Le cas des homophones en [so] expliqué plus haut est assez éloquent. Le même phénomène joue aussi dans les noms de famille.

Le nom de famille prononcé [delil] peut s'écrire de diverses façons, mais il semble ne devoir évoquer que deux réalités, celle d'une *île*, dont la graphie est DELISLE, et celle de la ville de *Lille*, et le nom s'écrit alors DELILLE. Dans les deux cas, il s'agit essentiellement d'un surnom d'origine. DELISLE s'applique à celui qui est originaire d'une île, comme l'île de *Ré*, l'île de la *Réunion* ou une autre. Il désigne parfois celui qui habite une propriété construite sur une île connue des environs, ou à proximité d'une île qui sert de point de repère pour reconnaître la demeure du porteur. Le surnom DELILLE indique simplement que la personne vient de la ville de *Lille*.

L'agglutination et la déglutination. Un autre phénomène entraîne la modification d'un mot, voire la naissance d'un mot. Il s'agit de l'*agglutination* dont le procédé inverse est la *déglutination*. L'*agglutination* consiste à souder plusieurs éléments pour en former un seul. Par exemple, le déterminant s'unit au nom et donne un nouveau mot. Le procédé est relativement fréquent dans la langue courante. Les exemples suivants tirés de la langue populaire sont très connus :

Le déterminant *l'* s'est soudé au nom *évier*, pour donner, en langage populaire ou enfantin, *lévier* où l'article est, pour ainsi dire, oublié et explique l'ajout d'un autre déterminant, *le lévier*. En ancien français, la « sœur du père » se dit *ante* et, avec le déterminant, *ta ante*, devient *t'ante*, puis *tante*. Ce dernier exige à son tour son déterminant, *ma tante*. Une nouvelle agglutination donne *matante* et, en toute logique enfantine, *ma matante* et *sa matante*. Le même procédé a affecté « le frère du père » : *mon oncle* s'est agglutiné en *mononcle* et explique *le mononcle*, *mon mononcle* et *les deux mononcles*.

L'agglutination est très fréquente dans les noms de famille. Elle concerne souvent le déterminant qui se soude au nom : LAFOREST, DESCHESNES, DUFRESNE, DUPRÉ, DESHAIES, DUPONT, LAMONTAGNE et LAROCHELLE en sont une illustration. Très souvent, c'est l'adjectif qui se soude au nom. Le procédé se reconnaît dans BEAUMONT, GRANDMONT, BEAUPRÉ, LONGPRÉ, BEAUCHAMP et GRANDCHAMP. Il s'agit toujours d'agglutination dans le surnom DÉSAULNIERS, qui devrait s'écrire DES SAULNIERS, *saulnier* étant un surnom de métier qui désigne le « marchand de sel ». Le surnom *Des Saulniers* signifie donc « qui fait partie des saulniers ». La graphie avec l'accent aigu est simplement calquée sur la prononciation, à cause de la consonne *s* prononcée [z] entre deux voyelles.

Le procédé inverse, appelé *déglutination*, consiste à séparer un mot en deux éléments perçus comme distincts. Le cas classique est celui de l'ancien français *ma mie*.

En ancien français, on dit *un ami, une amie, mon ami, ma amie*. Le déterminant s'élide devant la voyelle initiale de *amie* pour donner *m'amie*, perçu ensuite comme *ma mie*, où *ma* est confondu avec le déterminant. Le français moderne a réglé le problème en employant le même déterminant : *mon ami, mon amie*.

Le procédé a joué un rôle aussi dans quelques noms de famille. Un cas évident de déglutination est celui de MONTMORENCY transformé en MORENCY. En effet, l'ancêtre *Guillaume Baucher*, originaire de *Montmorency*, près de Paris, doit son surnom à son lieu de provenance. Par confusion, à moins qu'il ne s'agisse d'ironie, MONTMORENCY a été compris comme « mon Morency », « ton Morency », « son Morency ». D'où le double surnom, MONTMORENCY et MORENCY. La descendance de cet ancêtre compte aujourd'hui des BAUCHER, des MONTMORENCY et des MORENCY, les deux surnoms devenant par la suite autonomes.

La déglutination du surnom MONTMORENCY n'est pas la seule bizarrerie qui affecte cette lignée. En effet, dans l'acte de mariage d'*Étienne Baucher dit Montmorency* et d'*Ursule Provost*, le curé a compris que la mère du marié se nommait CHADIGNÉ et non CHÂTIGNY et l'a écrit *Chadigné*, comme il l'a entendu. Par contre, au mariage d'*Étienne Baucher dit Morency* et de *Marie Chatigny*, le curé nomme le mari BOUCHER au lieu de BAUCHER. Bien sûr les deux noms ont une prononciation voisine. Le fait que le nom Boucher soit déjà très répandu en Nouvelle-France explique la confusion. Rappelons que les premiers intéressés ne sachant ni lire ni écrire, ils n'étaient pas en mesure de vérifier ce qui était écrit sur l'acte.

Généalogie 1. Dans la descendance de *Guillaume Baucher*

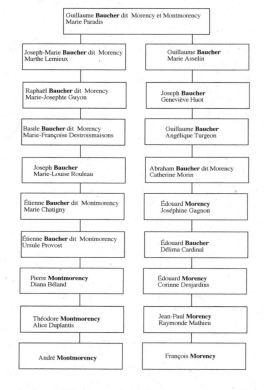

On aura noté que c'est le grand-père du comédien *André Montmorency* qui semble avoir abandonné le nom Baucher, alors que celui de l'humoriste *François Morency* l'aurait conservé comme «nom dit».

Le détournement de préposition. La préposition *de* joue plusieurs rôles dans les noms de famille. Le premier est de marquer la filiation comme dans Depierre, Dejean, DeGeorge, Dalbert, Dejordy.

Le plus souvent, la préposition indique que le nom est un surnom d'origine. C'est le cas dans de Courcy, de Cotret, de Béarn, DeCelles, Deblois, De Villers, Delille, Demontigny, de Chantal, que la préposition soit soudée ou non. Devant un nom commençant par une voyelle, la préposition est réduite à *d'*, le plus souvent sans l'apostrophe : Danjou ou D'Anjou, Davignon ou D'Avignon, Dagenais, Dazé,

DALLAIRE. Au pluriel, on rencontre alors l'article contracté *des*: DESCHAMPS, DESFONTAINES, DESROCHERS, DESMOULINS, DESFORGES.

Dans ce dernier cas, celui de l'article contracté, la préposition est souvent réduite à *dé* et le nom perd même sa marque du pluriel. D'où le «détournement de préposition». On aura ainsi DESROCHES, DESROCHE et DÉROCHE et les formes équivalentes avec DÉROCHER, DÉCHÊNE, DÉCÔTEAU, DÉPRÉ et combien d'autres. Le passage de *des* à *dé* s'explique par la prononciation identique des deux formes.

Lorsque le nom de lieu précédé de la préposition commence par la consonne *s*, c'est le phénomène inverse qui se produit. En effet, les toponymes *Sailly*, *Sorcy* et *Sourdy* expliquent les surnoms d'origine DESAILLY, DESORCY et DESOURDY, les deux derniers s'écrivant parfois DÉSORCY et DÉSOURDY comme les précédents. Or la prononciation [z] de la consonne *s* entre deux voyelles ajoutée au *de* accentué camoufle, pour ainsi dire, le nom de lieu d'origine.

L'attraction paronymique. *L'attraction paronymique* ou *étymologie populaire* est un phénomène relativement fréquent dans la langue commune. Il consiste à confondre des mots qui ont une certaine ressemblance de sons, de forme ou de sens. À cause de ces similitudes, l'usager passe facilement d'une forme à l'autre ou d'un sens à l'autre, surtout lorsque l'un des éléments de consonance voisine est moins familier. Parfois, il s'agit de similitudes entre deux langues. Voici quelques exemples classiques de ce type d'attraction, tirés de l'histoire de la langue ou des noms de personnes.

Le mot *ouvrable* vient du verbe *ouvrer*, qui signifie «travailler». On a rapproché à tort *ouvrable* d'*ouvrir*. C'est ainsi que les *jours ouvrables* sont compris comme les «jours où les magasins sont ouverts» et non comme les «jours travaillés», par rapport aux *jours fériés* où les commerces sont habituellement fermés.

Un autre cas typique de la langue québécoise, la confusion entre *taie* et *tête* dans *taie d'oreiller* devenu chez nous *tête d'oreiller*. Étant donné que l'oreiller sert à y poser la tête, la ressemblance de forme et le lien de sens ont fait basculer de *taie* à *tête*.

Le nom de famille SAINT-MARSEILLE résulte de plusieurs confusions reliées aux différences d'accent qui existent en Nouvelle-France à cause des nombreux dialectes français qui s'y côtoient. Une première confusion est celle de *Saint-Martial* et *Saint-Marcel*. En effet, le surnom ou «nom de guerre» du soldat *Étienne Giroux* est *Saint-Marcel*, alors que le soldat serait originaire de *Saint-Martial* de Limoges, dans le Limousin. Son surnom repose donc sur la ressemblance phonétique entre *Martial* et *Marcel*. La deuxième méprise confond *Marcel* et *Marseille*. Les multiples graphies relevées dans les documents du Québec ancien permettent d'illustrer et de comprendre la transition. On y trouve, dans un premier temps, *St-Marcel* et *St-Marcelle*, puis *St-Marceil* et, enfin, *Saint-Marseil* et ST-MARSEILLE. C'est cette dernière graphie qui s'est imposée jusqu'à aujourd'hui chez les descendants. La troisième erreur est la « canonisation » de *Marseille* qu'il faudrait associer à celle d'*Onge*, dans ST-ONGE ou SAINT-ONGE, au lieu de SAINTONGE. Aucun saint nommé *Marseille* ou *Onge* n'est attesté dans le répertoire des canonisations de l'Église catholique ni dans le Martyrologe romain.

Le nom de famille contemporain MARC-AURÈLE, écrit aussi MARC AURÈLE, MARCAURÈLE et MARCAURELLE, est un autre exemple de ce procédé. Le pionnier qui a implanté ce nom au Québec est l'ancêtre *Jacques Marcourelles*, venu du Languedoc, au sud de la France, où se rencontrent, encore aujourd'hui, bon nombre de MARCOUREL. À l'évidence, la ressemblance entre MARCOURELLES et le nom plus connu de MARC-AURÈLE a facilité le passage de l'un à l'autre, d'autant plus que l'on peut penser que MARC-AURÈLE, nom de l'empereur romain, est plus familier aux notables, notaires et curés, qui rédigent les actes. Au Languedoc, *Marcourel* est un lieu-dit évoquant un point d'eau. Le surnom s'appliquerait donc à celui qui habite à proximité.

Le même phénomène d'attraction explique aussi le passage de CHAURET ou CHORET à CHARET ou CHAREST et, par voie de conséquence, de CHARET à CHARRETTE.

La mutation de consonnes. Le remplacement d'une consonne par une autre s'appelle en linguistique la *mutation consonantique* ou la *mutation de consonnes*. Il s'en produit plusieurs dans les noms de famille.

La consonne *r* se change en *s* :

Le nom GASNIER est intéressant à ce propos. Il s'agit, en fait, du nom d'origine germanique GARNIER dont la consonne *r* s'est modifiée en *s*, pour aboutir à GASNIER. Or les descendants de l'ancêtre *Louis Gasnier* ont confondu le nom avec GAGNÉ et ont adopté ce dernier. C'est là un autre exemple d'attraction à cause de la ressemblance de prononciation.

Le même type de changement a affecté les noms BERNARD devenu BESNARD, puis BÉNARD, ou de CHARLES devenu CHASLES puis CHÂLES.

La consonne *r* se change en *l* :

ROCHEREAU s'est modifié en ROCHELEAU.

Certains auteurs expliquent de cette façon l'origine du nom BÉLANGER, qui viendrait du changement du *r* de BÉRANGER en *l*, pour donner BÉLANGER.

La sonorisation d'une consonne : ce phénomène se produit lorsqu'une consonne sourde devient sonore, parfois d'une façon transitoire, comme étape de l'évolution, parfois d'une façon permanente.

Dans la langue quotidienne, la sonorisation est fréquente. Le phénomène touche habituellement la consonne placée entre deux voyelles et constitue le plus souvent une étape de l'évolution qui conduit à la disparition de la consonne. Ainsi en est-il des exemples suivants :

- Le latin *ripam* est passé par *riba* avant d'aboutir au français *rive*.
- Le latin *nativum* est passé par *nativu* avant d'aboutir à *naïf*.

Dans les noms de famille TRUTEAU, PATENOTE et POUTRET, il y a eu sonorisation du *t* en *d* : TRUDEAU, PATENAUDE et POUDRET.

La *métathèse* est un procédé par lequel l'usager intervertit l'ordre des sons ou des syllabes dans un mot.

Dans la langue courante, on nomme *métathèse* le passage de *formage* à *fromage* et celui de l'ancien français *berbis* devenu *brebis*, alors que le changement n'a pas eu lieu pour le mot *berger*, de même origine.

Dans les noms de famille, le passage de ROLANDEAU à LAURANDEAU résulte de la métathèse des deux syllabes initiales.

CHAPITRE DEUX

AU NOM DU PÈRE...
DU NOM INDIVIDUEL
AU NOM DE FAMILLE

J'avais un nom, je me suis fait un prénom.
LISE PAYETTE

Le nom de famille héréditaire que nous connaissons n'a pas toujours existé. Au Moyen Âge, il est totalement inconnu. On porte alors un nom individuel unique, appelé aussi « nom de baptême ». L'évolution du nom de baptême vers le nom de famille s'est faite très lentement et par étapes successives. Il est très difficile d'en établir la chronologie, car la transition ne s'est pas effectuée au même rythme dans tous les pays occidentaux ni à la même époque. En France même, l'implantation n'a pas été uniforme partout en même temps. Ce qui explique certaines différences régionales. De plus, l'influence variable des dialectes ajoute à la complexité qui en résulte. Toutefois, les patronymes d'aujourd'hui conservent des reliquats de chacune des étapes de cette évolution.

...ET DU FILS LA FILIATION PAR JUXTAPOSITION

Un fait est certain, c'est avant tout en marquant la filiation par le nom du père que le nom individuel se transforme en nom de famille. Plusieurs procédés sont mis à contribution. Sans pouvoir situer cette transition précisément dans le temps, on peut présumer que tout commence en latin pour se poursuivre vers ce qui deviendra le français :

1. La filiation est explicite avec le génitif latin :
   - *Paulus filius* PETRI (*Paul, fils de* PIERRE), aujourd'hui écrit PÉTRI ;
   - *Paulus* PETRI (*Paul* (fils de) PIERRE), écrit aussi *Paul* PÉTRY.
2. La filiation est marquée par les prépositions *de* et *à*, avec ou sans article :
   - *Paul* DE PIERRE ou *Paul* à PIERRE.
3. La filiation est indiquée par la simple juxtaposition du nom du père à la droite de celui du fils. La langue courante a conservé quelques vestiges de cette forme, qui est fréquente en ancien français, dont *Hôtel-Dieu*, pour « Hôpital de Dieu ». C'est cette forme qui s'est généralisée dans les noms de personnes :
   - *Paul* PIERRE, *Jacques* MICHEL, *Maurice* THIBAULT.

L'annuaire téléphonique de Montréal consigne les noms suivants qui correspondent à l'étape (2) : D'ANDRÉ, DELOUIS, DEMARC, DE PAUL, DUPAUL, DUBERNARD et DE PIERRE, de même qu'ADENIS et AUCLAIR. Ce dernier est formé de l'article contracté et du nom de baptême CLAIR, qui n'est plus usité aujourd'hui, sauf dans sa forme féminine *Claire* popularisée par sainte *Claire d'Assise*. Au masculin, on le retrouve encore dans les noms de famille CLAIR, AUCLAIR, SAINT-CLAIR et BOISCLAIR, « le bois appartenant à CLAIR », comme CHARLEBOIS évoque « le bois qui appartient à CHARLES » et BOISBRIAND, celui de BRIAND. BOISCLAIR pourrait aussi, comme BEAUBOIS, BOISFRANC, BOISMENU et BOISVERT, qualifier un bois où les arbres seraient clairsemés.

Les marques diverses de filiation. La filiation ne s'est pas notée de la même façon dans toutes les langues. Selon les cas, les usagers ont eu recours à divers procédés dont notre patrimoine conserve des vestiges, même si le sens de la filiation est aujourd'hui oublié. Ces procédés consistent à ajouter tantôt un suffixe, tantôt un préfixe, tantôt les deux à la fois. Il reste que la méthode la plus fréquente est la juxtaposition du nom de la personne et de celui du père, ce dernier étant toujours à la droite du premier. On notera cependant que, dans plusieurs langues, les marques de filiation sont souvent les mêmes que celles qui indiquent la provenance et que la filiation s'applique parfois aux surnoms de métiers. Ce qui est plutôt rare en français.

La filiation par suffixe. De nombreuses langues marquent la filiation en ajoutant un suffixe au nom de baptême. Certaines disposent de plusieurs suffixes qui sont devenus, au fil des siècles, plus ou moins synonymes.

L'anglais compte quelques suffixes de filiation. Les plus fréquents sont *-son*, souvent réduit à *-s*, *-kins* et *-cock* :

Le suffixe *-son* signifie « fils de… » : ANDERSON, « fils d'ANDRÉ », DAVIDSON, « fils de DAVID », JOHNSON, « fils de JOHN », NICHOLSON, contracté en NIXON, « fils de NICOLAS », PETERSON, contracté en PEARSON, « fils de PETER », SAMUELSON, « fils de SAMUEL », WILLIAMSON, contracté en WILSON, « fils de WILLIAM ».

Réduit à *-s*, le suffixe a la même signification : ADAMS, « fils d'ADAM », ANDREWS, « fils d'ANDREW », MARTINS, « fils de MARTIN », SIMONS, « fils de SIMON », WILLIAMS, « fils de WILLIAM ».

Le suffixe *-kins* est une forme de diminutif ancien qui a pris la valeur de « petit de... » : JEANKINS, « petit de JEAN ». WILKINS, « petit de WILLIAM », WATKINS, « petit de WALTER », PETERKINS et sa forme contractée, PERKINS, « petit de PIERRE ».

WILKINSON combine les deux suffixes *-kin* et *-son* et devait signifier « petit-fils de WILLIAM ».

Le suffixe *-cock* ou *-cox* ajoute au nom une connotation affective qui, elle aussi, a pris une valeur de « cher petit de... » : WILCOCK, WILCOX, HITCHCOCK et LEACOCK sont respectivement « le cher petit de WILLIAM, de HITCH et de LAY ».

Dans les pays scandinaves, le suffixe correspondant est *-sen*, mais on rencontre aussi *-son* et *-sson*. Le nom individuel se reconnaît en supprimant le suffixe :
- ANDERSEN, CHRISTENSEN, DAVIDSEN, MICHAELSEN, PEDERSEN ;
- SVENDSON ou SVENSON **correspondent à** « fils d'ÉTIENNE » ;
- ERICSSON, GUSTAVSSON.

En grec, on ajoute les suffixes *-akis* ou *-opoulos* :
- ANDREAKIS, YIACOUVAKIS, « fils de JACOB », GREGORAKIS, NIKOLAKIS ;
- ELIOPOULOS, « fils d'ÉLIE », GREGOROPOULOS, NIKOLOPOULOS, PETROPOULOS.

En roumain, le suffixe est *-esco* ou *-escu* :
- ALEXANDRESCU, ANTONESCU, ILIESCU, « fils d'ÉLIE », IONESCO, « fils de JEAN » ;
- MARTINESCU, NICOLAESCU, PAVELESCU, « fils de PAUL », SIMONESCU.

En polonais, le suffixe sera *-owski*, au masculin, et *-owska* pour désigner l'épouse :
- MICHALOWSKI, PAWLOWSKI, « fils de PAUL », PETROWSKI ;
- Dont l'épouse sera nommée MICHALOWSKA, PAWLOWSKA, PETROWSKA.

En russe, on aura les suffixes *-off, -ov* et *-ovitch* :
- LAZAROFF, NIKOLOFF, PAVLOFF, « fils de PAUL », PETROFF ;
- ALEXANDROV, MARTINOV, NIKOLOV, PAVLOV, « fils de PAUL » ;
- DAVIDOVITCH, MARKOVITCH, PETROVITCH.

En espagnol, le suffixe est -ez :
- FERNANDEZ, MARQUEZ, MARTINEZ, PEREZ, « fils de PIERRE ».

En arménien, le suffixe sera -ian, parfois écrit -yan ou -jan :
- BEDROSSIAN ; (« fils de PIERRE »), ANTONIAN, BOGOSSIAN, « fils de PAUL », SARKISSIAN, « fils de SERGE » ;
- AGOYAN ou YACOUBIAN, « fils de JACOB », HOVSEPYAN, « fils de JOSEPH », VASSOYAN.

En ukrainien, le suffixe est -enko ou -enco :
- DANIELENKO, FEDORCHENCO, VASCHENCO.

En turc, le suffixe est -oglu, souvent utilisé par les Arméniens réfugiés :
- BARSAMOGLU, APRAHAMOGLU, SINANOGLU.

En serbo-croate, le suffixe est -vic :
- BOGDANOVIC, MICHALOVIC, MILOSEVIC, NICOLIC, PETROVIC.

La filiation par préfixe. Certaines langues préfèrent noter la filiation en plaçant un préfixe devant le nom de baptême.

En hébreu et en arabe, le nom est précédé de ben :
BEN AHMED, BEN DAVID, BEN JACOB, BEN LADEN… Ce dernier n'est pas attesté encore parmi nos abonnés du téléphone, mais il est assez connu pour illustrer le procédé. Les noms signifient donc respectivement « fils d'AHMED », « fils de DAVID », « fils de JACOB » et « fils de LADEN ».

En italien, on ajoute di, d', de ou del :
- DI BATTISTA, DI CAPRIO, DI PIETRO, DI STASIO ;
- D'AMATO, D'AMBROSIO, D'ANGELO, D'ANTONIO ;
- DE CHRISTOFARO, DE FABRIZIO, DE FELICE, DE PIETRO ;
- DEL BIANCO, DEL BOSCO, DEL GIORGIO, DEL ROSARIO.

En écossais, les préfixes fitz- et mac- sont très productifs :
- FITZGERALD, FITZGIBBON, FITZPATRICK, FITZSIMON ;
- MacDOUGALL, MacFARLANE, MacLEAN, MacRAY.

En irlandais, les préfixes mac-, mc- et o' :
- MacDONALD, MacDUFF, MacKAY, MacNEIL ;

- McAdam, McArthur, McLeod, McGregor, McKenzie ;
- O'Brien, O'Connell, O'Hara, O'Keefe, O'Neil (le préfixe *o'* signifierait « petit-fils de... »).

Pour être Francs

À la suite de la conquête de la Gaule par Clovis et ses guerriers francs au ve siècle, les Gaulois ont adopté rapidement la façon de nommer les personnes chez le conquérant. Ce fut alors un véritable engouement. Il faut dire, à la décharge des Gaulois, que le système franc à nom individuel unique était beaucoup plus simple que celui des Romains à noms multiples.

Les Francs font partie des peuples germaniques. Ces peuples ont à peu près le même système de dénomination des personnes, le nom individuel unique. À l'origine, ce nom individuel a une signification. Il repose habituellement sur la combinaison de deux racines. À titre d'exemple, illustrons le modèle à l'aide du nom d'origine germanique THIBAUD.

Le nom THIBAUD se compose de la racine *theud-*, « peuple », qui a évolué en *thi-*, en français, et de la racine *-bald*, « audacieux, courageux », devenue *-baud*, avec la vocalisation du *l*, c'est-à-dire par sa transformation en la voyelle *u*. La racine *theud-* ou *thi-* se reconnaît dans les noms THIBERT, THIVIERGE et THIERRY. On retrouve la racine *bald-* telle quelle au début de BALDWIN, forme anglaise de BAUDOIN, et à la fin d'ARCHIBALD. Elle se rencontre aussi, un peu transformée, en syllabe initiale dans BAUDET et BAUDRY ainsi qu'à la fin de GUILBAUD et ARCHAMBAULT. Remarquons toutefois que l'équivalent de THIBAULT, dans la langue allemande ou alsacienne d'aujourd'hui, est DIEBOLD.

Il est intéressant de noter l'évolution des racines *theud* et *bald* à l'aide des noms qui sont attestés en France par l'INSEE, l'Institut national de la statistique et des études économiques, et qui sont composés de ces deux racines. Apparaissent ici en petites capitales ceux qui font partie de notre patrimoine des noms de famille québécois :

- *Theobade, Thébal*, THEOBALD, *Theobalde, Theobaldi, Theobalt* ;
- *Thébade, Thébald*, THÉBAUD, THÉBAULT, *Thébaut, Thébaux*, THÉBEAU, *Thébeaud, Thébeault* ;
- THIBAL, THIBAU, THIBAUD, *Thibaul*, THIBAULT, THIBAUT, THIBEAU, THIBEAUD, THIBEAULT ;
- *Thibeaut, Thibeaux* ;
- *Thiébau*, THIÉBAUD, *Thiébauld*, THIÉBAULT, *Thiébeau, Thiébeaud* ;
- *Thiébeauld, Thiébeault, Thiébeaut, Thiébeaux*.

Par la racine. Les nombreuses racines germaniques n'ont pas évolué de la même façon dans toutes les langues européennes. Cela a eu pour résultat que le nom d'origine germanique a donné des formes différentes dans les langues autres que le français. À titre d'exemple, voici quelques racines originelles et leurs équivalents en français et dans d'autres langues. Aux fins de l'illustration, seules sont retenues ici quelques racines terminales parmi les plus fréquentes en français. Rappelons, cependant, que la signification des racines a vite été oubliée et qu'on n'en tient pas vraiment compte chez les Gaulois et probablement très peu chez les peuples germaniques eux-mêmes, au temps des invasions. Leur sens a été, pour ainsi dire, reconstitué au cours des dernières décennies, mais plusieurs de ces racines sont demeurées obscures. Tout au long de ce chapitre, leur sens est fourni sous toutes réserves, parce que les porteurs tiennent à savoir ce que leur nom signifiait jadis, comme il m'a été donné de le constater au cours de mes nombreuses rencontres.

La racine *-bald*, « audacieux », devient *-baud*, *-bault* ou *-beault* en français. En anglais et en irlandais, ce sera *-bald*, *-baw* ou *-bod*, mais elle s'est parfois transformée en *-bold*. En alsacien, en allemand, elle donnera *-bold*, en néerlandais et en flamand, *-bold* ou *-bout*. Elle deviendra *-bal* ou *-baldo*, en espagnol, *baldo-* et *-baldi*, en corse et en italien, et *-bal*, en portugais.

La racine *-berth*, « illustre », donne *-bert*, en français. En anglais, elle est restée *-bert* et s'est parfois modifiée en *-bright*. En alsacien et en allemand, elle reste *-bert* ou passe à *-brecht*, mais devient *-baert*, parfois *-paert*, en néerlandais et en flamand. Elle passe en *-berto*, en espagnol et en portugais, en *-berto* et *-berti*, en corse et en italien.

La racine *-frid*, « paix », demeure *-frid* ou devient *-fred*, en français, mais se transforme aussi en *-froy*. En anglais, elle est restée *-frid* ou est passée à *-fred* et à *-ffrey*. En alsacien et en allemand, elle se transforme en *-fried* ou *-frind* et, en néerlandais et en flamand, en *-frid*, *-fridus* ou *-fried*. Elle donnera *-fredo*, en espagnol et en portugais, *-fredo* ou *-fredi*, en corse et en italien

La racine *-hard*, « fort, dur », devient *-ard*, en français. Elle demeure *-hard* ou devient *-hart* en anglais. En alsacien et en allemand, elle se transforme en *-art* ou en *-ert* et passe à *-ard*, *-aert* ou *-aard*, en néerlandais et en flamand. Elle sera en *-ardo*, en espagnol, et en *-ardo* ou *-ardi*, en corse et en italien.

La racine *-hari*, « armée », se transforme en *-er* ou *-ier*, en français et en *-er*, en anglais, en alsacien et en allemand, de même qu'en flamand et en néerlandais. Elle passe en *-ero* ou *-eri* et *-iero* ou *-ieri*, en corse et en italien, en *-aro*, en espagnol et en portugais.

La racine *-helm*, « casque », devient *-aume*, en français. En alsacien et en allemand, elle demeure *-helm*, comme en néerlandais et en flamand, où elle peut revêtir aussi les formes *-elm*, *-elmus* et *-helmus*. Elle donnera *-elmo* et *-elmi*, en corse et en italien.

La racine *-man*, « homme », devient *-mand*. Elle ne change pas en anglais. En alsacien et en allemand, elle donne *-mann*, alors que, en néerlandais et en flamand, on aura *-man* et *-manus*.

La racine *-ric*, « roi, puissant », devient *-ry*, en français. En anglais, elle donne *-ric*, *-rick* ou *-ry*. En alsacien et en allemand, elle se transforme en *-rich* et, en néerlandais et en flamand, elle donnera tantôt *-rik*, tantôt *-erik*. Ce sera *-rique* ou *-rico*, en espagnol et en portugais, et *-rico* et *-rici*, en corse et en italien.

La racine *-wald*, « gouverner » donne *-aud*, *-ault* et parfois *-ot*, en français. L'équivalent anglais sera *-wald* ou *-uald*. Dans les langues anglaise, alsacienne, allemande, néerlandaise et flamande, elle devient *-old*, avec une variante en *-out*, en néerlandais et en flamand. Elle donnera *-valdo*, en espagnol, et *-waldo* et *-waldi*, en corse et en italien

La racine *-ward*, « protéger, garder », donnera *-ouard*, en français. Elle ne change pas en anglais. En alsacien et en allemand, elle passe à *-warn*, mais en néerlandais et en flamand, ce sera en *-uard*. Elle donnera *-gardo*, *-ouardo* ou *-uardo*, en espagnol, et en *-oardo* ou *-oardi* et *-uardo* ou *-uardi*, en corse et en italien.

La racine *-win*, « ami », se transforme en *-ouin* ou *-uin*, en français. Elle fait *-win*, *-vin*, *-wing* ou *-wyn*, en anglais, demeure *-win*, en alsacien, en allemand, en néerlandais et en flamand, avec une variante en *-wijn*, en néerlandais et en flamand.

La racine *-wulf*, « loup », donnera *-olphe*, en français. Dans les langues anglaise, alsacienne, allemande, néerlandaise et flamande, elle devient *-olf* et *-olfo*, en espagnol et en portugais, et *-olfo* et *-olfi*, en corse et en italien.

La consultation des variations affectant les différentes racines germaniques selon les principales langues européennes permet de comprendre la cohérence et l'uniformité relative du système occidental de dénomination des personnes. Elle permet aussi de mesurer l'importance et la constance de l'apport germanique dans l'anthroponymie européenne. Il sera intéressant et instructif de revenir à ces racines pour mieux comprendre les explications qui accompagnent chaque nom. De plus, les divers exemples permettent de reconnaître dans des noms distincts des racines communes.

L'emprunt des noms aux peuples germaniques a été massif et a couvert la France entière pendant plusieurs siècles. Cet engouement des Gaulois pour les noms germaniques s'explique peut-être en partie par le souci de s'attirer les bonnes grâces du conquérant. Quoi qu'il en soit, les noms d'origine germanique sont légion dans les noms de famille qui se sont transmis jusqu'à nous. Les Gaulois ont même créé des noms hybrides combinant une racine germanique et une racine latine. La liste qui suit n'est évidemment pas exhaustive.

Par ailleurs, – est-il besoin de le préciser ? - le fait d'avoir un nom d'origine germanique ne fait pas du porteur un descendant direct des Francs. Les Francs « pure laine » connus sont rares et leur ascendance, difficile à prouver hors de tout doute raisonnable puisqu'il faut remonter parfois jusqu'au Vᵉ ou au VIᵉ siècle. Tous ces noms et beaucoup d'autres sont devenus des noms de famille. Nous verrons comment plus loin.

Les faux lieutenants. Une mise au point s'impose au préalable concernant une tradition orale qui semble fortement ancrée dans certaines familles québecoises dont le nom se termine par les consonnes *lt*, comme, entre autres, dans bon nombre de noms de baptême d'origine germanique. Selon cette tradition, les lettres en question auraient été ajoutées à la signature de l'ancêtre pour marquer son grade d'officier au régiment, celui de *lieutenant*. Si cette hypothèse s'avérait, cela signifierait que le nombre de « lieutenants » dans l'armée était alors effarant, compte tenu de l'abondance des noms en -*lt* dans notre patrimoine et encore davantage en France, d'où nous viennent la plupart de nos noms de famille. On y aurait trouvé « plus de chefs que d'indiens », plus d'officiers que de simples soldats. L'explication est beaucoup plus simple. Le *lt* résulte de la transformation normale des racines germaniques *wald* et *bald* en syllabe finale. En effet, dans un premier temps, l'évolution phonétique a entraîné la vocalisation du *l* devant le *d*. La consonne s'est changée en la voyelle *u*, de telle sorte que, par exemple, RENALD est devenu RENAUD et *Theobald*, THIBAUD. Par la suite, on a rétabli inutilement, selon une tendance très fréquente à la Renaissance, la consonne étymologique *l*, déjà contenue dans le *u*, et qui explique les formes *Renauld* et *Thibauld*, supplantées plus tard par la forme en *ault*. Rien à voir donc avec le titre militaire. La fausseté historique de cette tradition orale est d'autant plus évidente que l'emploi spécialisé du mot *lieutenant* comme grade militaire ne date que du XVIᵉ ou du XVIIᵉ siècle, soit quatre ou cinq siècles après la généralisation des noms de famille héréditaires. À cette tendance s'en est ajoutée une autre qui a multiplié les formes comportant la syllabe finale -*ault*. C'est, d'une part, la création de la finale -*eault* et, d'autre part, l'alignement de mots en -*eau* sur la même finale -*eault*, par simple fantaisie orthographique. C'est ainsi que les noms DAIGNEAU, PERREAU, MOREAU et de nombreux autres en sont venus à s'écrire DAIGNEAULT, PERREAULT et MOREAULT.

UNE RACINE SIMPLE

Un nombre relativement limité de noms de personnes d'origine germanique sont formés d'un seul élément. Comme beaucoup d'autres noms, cependant, ils ont donné lieu à la création d'une famille de dérivés, sous forme de diminutifs, qui ont souvent une connotation affective.

AMEL. AMEL vient du nom germanique *Amelo*, formé de la seule racine *amal*, « laborieux ». Le nom a formé deux séries de dérivés affectifs qui sont représentées au complet dans les noms de famille en France. La première est la famille *Ameleau, Amelet*,

Amelot, Amelat, Amelan, Amelin, Amelon, Amelard et *Amely*. La seconde consiste en la même série de noms tronqués du *a* initial : *Meleau, Melet,* Melot, *Melat, Melan,* Melin, Melon, Melard et *Mely* auxquels s'ajoute Meloche, fréquent ici, mais disparu en France. Comme cela se produit fréquemment, l'article *le* s'est ajouté au nom Melin pour donner Lemelin. Il ne faut pas confondre *Amel* et *Hamel* et leurs dérivés.

Arcand. Vraisemblablement, Arcand serait une variante de la racine *ercan*, « sincère ». C'est la même racine que l'on retrouve dans Archambault.

Asselin. Asselin est un diminutif d'*Adizo*, devenu *Azzo*, issu de la racine *adal*, « noble ». Le nom germanique *Azzo* a d'abord formé une famille de dérivés dont seuls Assel, Assan et Assy se sont implantés ici. À son tour, Assel a eu ses propres dérivés, parmi lesquels se trouvent Asselin et Assely.

Audet. Le nom Audet est un diminutif du nom germanique *Aldo*, issu d'*ald*, « vieux ». Seuls ont survécu le prénom féminin *Aude* et les diminutifs Audet et Audin, Audard, Audoche et Audy. Audet est le plus fréquent au Québec et a été féminisé en Audette, conservant toutefois une seule prononciation avec consonne finale sonore.

Bard. Bard vient du nom germanique *Bardo*, issu de la racine *bard*, « hache d'arme ». Le nom a laissé quelques diminutifs, dont Bardeau, Bardet, Bardin, Bardon et Bardy. Bardeau peut aussi être un surnom de métier, celui du couvreur qui fait les toits de *bardeaux* ou encore celui du charpentier qui utilise le *bardeau*, sorte de hache. Enfin, on peut y voir aussi le surnom de celui qui élève ou garde les *bardeaux*, une espèce de mulet.

Baudet. La racine germanique *bald*, « audacieux », a donné le nom *Baldo*, devenu Bald ou Baud en français. Comme d'autres noms, Baud a laissé des diminutifs affectifs : Baudet, Baudot, Baudin, Baudon et Baudy. Quant au sobriquet évoquant l'âne, il ne peut être retenu, car cet emploi est trop récent. Baudet a été féminisé ici en Baudette. La première syllabe a été confondue avec l'adjectif *beau*, de telle sorte que les formes Beaudet et Beaudette sont beaucoup plus répandues au Québec. Quelle que soit la forme du nom, il n'y a qu'une prononciation qui laisse entendre la consonne finale. Les équivalents de Baudin sont, en anglais, Baldin et, en corse et en italien, Baldino et Baldini.

Bazin. Le nom germanique *Bazo*, formé de la seule racine *badhuo*, « combat », a créé sa famille de dérivés affectifs avec *z* ou *s* : Bazel ou Basel, Baset, Bazan ou Basan, Bazin ou Basin, Bazard et Bazoche, plus rare. Le nom Bazin ou Basin est le plus fréquent chez nous. Il a son propre diminutif, Bazinet.

Berne. Le nom germanique *Berin*, contracté en *bern*, « ours », a pris plusieurs formes dont Berne et Barnes. Berne explique les diminutifs Bernet, Bernat, Bernas, Bernan, Bernin, Bernon et Bernèche. Ceux de Barnes sont Barneau, Barnet, Barnat et Barny.

BERSE. Le nom germanique *Berizo*, contracté en *Berso*, est à l'origine du nom BERSE, plutôt rare chez nous, et qui a donné les diminutifs BERSET, BERSOT, BERSON et BERSY. L'équivalent corse ou italien est BARSOTTI.

BERTH. Comme racine unique, *berth*, «brillant», se reconnaît surtout dans les diminutifs qu'elle a engendrés : BERTHEL, BERTHEAU ou BERTEAU, BERTHET ou BERTET, *Berthat* ou BERTAT, BERTHIN ou BERTIN, BERTHON ou BERTON, BERTY et BERTHOCHE. BERTHEL a ses propres dérivés : BERTHELEAU, BERTHELET et BERTHELOT, féminisé en BERTHELOTTE. On ne peut exclure, toutefois, que les noms de ce groupe résultent de l'aphérèse de diminutifs de noms dont la racine finale est *-berth*. Ainsi, BERTIN peut très bien correspondre à ALBERTIN, *Robertin* ou *Lambertin* tronqués de leur première syllabe.

BOUTIN. La racine *bod* ou *bot*, signifiant «messager», a donné le nom germanique *Bodo*, à l'origine de BODE, BOUDE, BOTE, BOUTE, BOE et BOUE, tous plutôt rares chez nous. Sont apparues ensuite plusieurs familles de diminutifs affectifs qui ont suivi une évolution parallèle dont presque toutes les variantes sont attestées en France et la plupart, chez nous : BODEAU, BOEAU et BOUDEAU ; BODET, BOUDET, BOUTET et BOUET ; BOOT, BOUDOT et BOUTOT ; BODAS, BOAS et BOUTAS ; BOTAN, BOAN et BHOUTAN ; BODIN, BOUDIN, BOTIN, BOUTIN et BOUIN ; BOTON, BOON, BOUDON et BOUTON ; BODARD, BOARD et BOUTARD ; BODY et BOY. Au Québec, les formes BOUTET et BOUTOT ont été féminisées en BOUTETTE et BOUTOTTE. Ajoutons la forme rare BODOCHE.

CHARLES. CHARLES *Legrand*, mieux connu sous le nom de CHARLEMAGNE, a fait l'objet d'un véritable culte populaire. Ce qui explique que son nom ait été très souvent donné comme nom de baptême, soit sous la forme française de CHARLES, soit sous sa forme picarde CARLE, plus près du *Carolus* latin, et écrit parfois CARLES. CHARLES vient du nom germanique *Karl* à une seule racine signifiant «homme». Le nom a connu de très nombreuses variantes. La forme latine explique les CAROL ou KAROL et le matronyme CAROLE. Le nom a laissé plusieurs diminutifs affectifs reliés aux divers radicaux du nom. À partir de CARLE, on a CARLET, CARLIN, CARLON et CARLY. Se rattachent à CHARLES : CHARLEAU, CHARLET, CHARLOT, CHARLAN, le plus souvent écrit CHARLAND, CHARLIN et CHARLY. Enfin, le nom CHARLES s'est transformé en CHASLES et CHASLE, par le passage du *r* en *s*, de la même façon que BERNARD est devenu BESNARD.

Certaines formes sont d'origine régionale : CARL ou CARLE (S.), CHARLEY (bourg.), CARL (pic.). En anglais, on rencontre CHARLES, CHARLIE, CHARLY, mais aussi CARL, CARLE, KARL et KARLE. Les toponymes CARLETON, CARLTON et CHARLESTON en sont des composés. En d'autres langues européennes, les équivalents sont : KARL (all. et als.), KARLOZIAN (arm.), CARLES (cat.), CARLOS (esp.), KAARL (fin.), KAROLY (hon.), CARLO et CARLI et les diminutifs CARLETTI, CARLOTTI, CARLINI et CARLONI (it. et cor.), KHALIL (lib.), CARL (néer. et flam.), KAROL (pol.), CARLOS (ptg.), CAROL (roum.).

DOUESNARD. DOUESNARD est une variante de DOISNARD, lui-même un dérivé de la racine unique *dod*, de sens obscur, qui a donné le nom germanique *Dodo*. Ce nom aboutit en français à DODE, rare au Québec. DODE a laissé plusieurs diminutifs affectifs, dont DODEL, DODIN, DODON et DODARD. La disparition du deuxième *d* entre deux voyelles a réduit DODIN à DOUIN ou DOIN, qui a sa propre famille de diminutifs, dont DOISNEAU et DOISNARD ont traversé l'Atlantique.

DROUIN. DROUIN se base sur le nom germanique *Drogo*, formé de la racine *drog* qui a abouti en français à DREUE. Ce dernier semble n'avoir survécu que dans le nom anglais DREW, de même origine. Comme plusieurs autres noms, DREUE a laissé quelques diminutifs affectifs : DROUET, DROUOT, DROUIN et ses variantes DEROUIN, DROUHIN et DROIN, mais aussi DROUARD.

FAUQUE. Le nom FAUQUE et sa variante FALQUE viennent du germanique *Falco*, formé de la seule racine *falc*, « faucon ». Le nom possède sa famille de diminutifs : FAUQUET et FALQUET, FAUCON et FALCON. On aura compris que FAUCON est aussi un surnom de métier, celui du *Fauconnier*, qui dresse le faucon pour la chasse à l'origine du surom FAUCONNIER.

En anglais, on rencontre FALK et FALCON. En d'autres langues européennes, les équivalents sont : FALK (all. et als.), FALCO et FALCONI (it. et cor.).

FOUQUE. De la racine unique *fulc*, « peuple », sont nés FOLCH, FOLCO, FOUQUE, FOUQUES et le diminutif FOUQUET, féminisé en FOUQUETTE.

GARON. Le nom GARON vient de *Garonem*, cas régime du nom germanique *Garo*, formé d'une racine unique signifiant « prêt ». Le nom a laissé des diminutifs : GAREL, GAREAU, GARET, GARAS, GARIN, GARARD et GARY. Les mêmes noms pourraient être aussi des surnoms de bergers, à partir de l'ancien français *garer*, « garder ».

GASTON. GASTON est le cas régime du nom germanique *Gasto*, formé de la seule racine *gast*, « hôte ».

GAUDET. La racine germanique *wald*, a abouti en français à *gaud*. Plusieurs patronymes en découlent sous forme de diminutifs : GAUDEL, GAUDEAU, GAUDET, GAUDIN, GAUDON, GAUDARD et GAUDY. On rencontre une série parallèle, presque complète, en *god* : GODEL, GODEAU, GODET, GODIN, GODON et GODARD.

Une première hypothèse rattache les surnoms en *gaud* au nom germanique *Waldo*, « gouverner ». Tous les noms de la série sont alors des diminutifs de ce nom. La deuxième explication relie ces noms à la racine *wald*, devenue *gaud*, « forêt, bois ». C'est ce sens qui prévaut, à l'évidence, dans LEGAULT, synonyme de LAFOREST. Les diminutifs indiqueraient alors qu'il s'agit d'un lieu-dit désignant un endroit caractérisé par un petit boisé à proximité duquel habite le porteur du surnom.

La série en *god* oblige à envisager plusieurs hypothèses selon le mot auquel se relient les diminutifs. Disons d'abord que *gode*, en ancien français, signifie « mignon, efféminé ». Le sobriquet GODE ou GODÉ et ses diminutifs stigmatisent les mœurs douteuses de celui à qui on attribue le sobriquet. Toujours en ancien français, le verbe *goder* veut dire « se moquer, faire des blagues ». Le sobriquet GODE est alors un synonyme de MOQUIN et caractérise celui qui aime se moquer des autres.

La graphie *Godet* est récente. Elle peut se rattacher à *godet*, qui, en ancien français, désigne « un gobelet à boire ». Dans ce cas, GODET est un surnom de métier de l'artisan qui le fabrique ou du marchand qui le vend. Par ailleurs, le sobriquet synonyme de BOIVIN, BOILEAU, PICHET ou SOULARD, appliqué au buveur, trop porté à « lever le godet », n'est pas à exclure.

Le nom d'origine germanique GODARD partage inévitablement ses diminutifs avec ceux qui précèdent. En effet, GODARD s'appuie sur la racine *god*, « dieu », qui ne peut que donner des diminutifs homonymes.

Une dernière remarque s'impose toutefois à propos des noms GAUDET et GAUDIN. Au Québec, la graphie de ces noms a changé pour GODET et GODIN d'une génération à l'autre de sorte que, aujourd'hui, les deux graphies sont concurrentes, la forme GAUDET l'emportant sur GODET, et GODIN sur GAUDIN.

GOMEL. Les noms GOMEL, GOMEAU, GOMAS, GOMAN, GOMIN, GOMON, GOMARD et GOMY sont des diminutifs de la racine germanique *gum*, « homme ». On retrouve la même racine au début des noms GOMERY et GOMMIER.

GOSSELIN. Le nom GOSSE, commun au français et à l'anglais, vient de la racine unique, *goz* qui a donné le nom germanique *Gozzo*, devenu *Gosso*. Ce nom évoque tantôt la divinité, comme le *god* anglais, tantôt le peuple *goth*. Le nom a formé sa famille de dérivés : *Gossel*, absent chez nous, GOSSET, GOSSIN et GOSSARD. À son tour, *Gossel* a eu ses propres dérivés, pour la plupart attestés en France, mais dont seul GOSSELIN s'est implanté au Québec, parfois adouci en JOSSELIN. GOOS est l'équivalent flamand ou néerlandais de GOSSE et sa marque de filiation est GOOSSEN ou GOOSSENS.

GOUIN. Ce nom germanique repose sur la racine *win*, « ami ». Le passage de *win* à *gouin* s'explique comme suit. Le son [w] au début de certains mots francs n'a pas d'équivalent en latin ni dans la langue des Gaulois, qui ont de la difficulté à le prononcer. Ils l'ont donc adapté en le prononçant d'abord [g^w]. Par la suite, le son double s'est simplifié en [g]. C'est la même évolution qui explique le passage de *werra* à *guerre*, de *Willhelm* à GUILLAUME et de *win* à GOUIN. L'équivalent anglais de GOUIN est WYNN. Certains auteurs relient aussi ce nom à GODIN, issu du germanique *Godwin*, dont il serait une contraction reliée à l'adoucissement et à la disparition progressive du *d* entre deux voyelles. Le nom aurait abouti à GOIN, attesté chez nous, et GOUIN n'en serait alors qu'une variante orthographique. Quoi qu'il en soit, chaque forme a sa série de dérivés. Celle de GOIN est presque complète en France, mais ne comprend que GOINEAU au Québec. Aucun dérivé de GOUIN ne s'est implanté chez nous. En anglais, la même racine *win* explique les patronymes WINE et WYNE, écrits aussi WINN, WYNN et WYNNE auxquels s'ajoutent les marques de filiation WINES, WYNES et WYNNES, ainsi que ses diminutifs affectifs WINNEL et WINNELL.

GUÉNET. Les noms GUÉNET- féminisé chez nous en GUÉNETTE-, GUÉNIN et GUÉNARD sont des diminutifs du nom d'origine germanique GUÈNE ou GANNE issu de *Wano*, formé de la racine *wan*, « espérance ».

GUÉRIN. La racine germanique *war*, « protéger », est à l'origine de nombreux noms de famille. Cette racine a évolué en [g], au nord de même que dans le Midi, en [j], dans le Lyonnais, en [v], en Normandie et en [w], en Picardie. Ce qui explique les variantes régionales de ces noms, à partir de nombreux radicaux différents. En effet, chaque radical comporte sa famille de dérivés sous forme de diminutifs affectifs comme le démontrent les paragraphes qui suivent.

Le radical *guer* explique GUÉRET, plus fréquent en GUÉRETTE, GUÉROT, GUÉRAS, GUÉRIN, GUÉRON, GUÉRARD et GUÉRY.

La même racine s'est réalisée aussi en *gar* dont les diminutifs sont GAREL, GAREAU, GARET, GARAS, *Garan*-, réalisé en GARAND et GARANT-, GARIN, GARON, GARARD et GARY.

En s'adoucissant, le radical *ger* donne GÉRAND, GÉRIN, GÉRON, GÉRARD et GÉRY.

Le radical *ver* est à l'origine des diminutifs VÉRET, féminisé en VÉRETTE, plus fréquents avec deux *r*, VERRET et VERRETTE, mais aussi de VÉROT, VÉRAS, VÉRAND, VÉRIN, VÉRON et VÉRY.

Du radical *var* découlent VARAS, VARAN, VARIN, VARON et VARY.

Le radical *wer* n'a laissé chez nous que WÉRIN, WÉRON et WÉRY.

Enfin, du radical *war* ne nous viennent que WAROT et WARIN.

Le nom GUÉRIN a donné à son tour quelques diminutifs : GUÉRINEL, GUÉRINEAU, GUÉRINOT.

On aura noté, au passage, quelques homonymes inévitables. GUÉRET est aussi un lieu-dit désignant une terre en jachère. VÉRET et surtout VERRET, comme diminutif de *verre*, est un surnom de métier, synonyme de VERRIER. VÉRON est aussi le sobriquet de celui qui a les yeux *véron*, de deux couleurs différentes. GAREAU peut être relié à GARON. Enfin, les noms germaniques GUÉRARD et GÉRARD se retrouvent dans les noms à deux racines, dont la racine -*hard*, « dur, fort ».

Guy. Du germanique *Wido*, issu de la racine *wid*, «bois», le nom Guy, dont Guyon est le cas régime, a laissé plusieurs diminutifs à partir des radicaux *gui-* ou *guy-*. De *gui-* dérivent Guiet, Guiot, Guion et Guiard. De *guy-* découlent Guyet, Guyot, Guyon et Guyard. Guyon est aussi le cas régime de Guy. C'est le nom de l'ancêtre *Jean Guyon*, dont les descendants, en Amérique, ont vu la prononciation et l'orthographe évoluer en Guion, Guillon, Dion et Yon. La majorité de ces dérivés ont survécu jusqu'à aujourd'hui. Guiard et Guyard se confondent avec leurs homophones formés de la racine finale *hard*, «dur, fort», abordés plus loin.

En anglais, on rencontre aussi Guy. En d'autres langues européennes, les équivalents sont: Guido (esp.), Guido (it. et cor.) Vit (tch.).

Les Dion qui ne descendent pas de *Jean Guyon* portent un surnom d'origine, c'est-à-dire un lieu nommé *Yon* ou *Ion*, précédé de la préposition *d'* soudée au nom du lieu. Dionne en serait la forme féminisée ou encore évoquerait un autre lieu nommé *Yonne* ou *Ionne*, accompagné lui aussi de sa préposition.

Guitté. Le nom Guitté vient du nom d'origine germanique *Witto*, variante de *Wido*, «bois». Quelques rares diminutifs se sont implantés au Québec: Guiteau, Guittot, Guitton et Guitard, qui peut être aussi formé de la racine *-hard*, «dur, fort».

Halde. Halde repose sur une seule racine, *ad*, issue de la racine *adal*, signifiant «noble». En germanique, cette racine a donné naissance au nom de baptême *Ado* ou *Aldo*. La racine *adal* a subi plusieurs modifications. Elle s'est changée en *ad*, en *al*, en *au* et en *ald*, selon le cas. C'est donc cette racine que l'on retrouve dans les noms d'origine germanique Adèle, Adélaïde, Albert, Aldéric, Audry, qui est une variante du précédent. On pourrait ajouter Audet. Dans les documents du Québec ancien, on rencontre plusieurs graphies dont quatre ont survécu. Ce sont, dans l'ordre décroissant de leur fréquence, Halde, Hade, Ade et Adde. Parmi les diminutifs reliés à ce nom, *Adon*, *Adet* et Adin, seul le dernier est attesté au Québec chez les abonnés du téléphone.

Hamond. La racine germanique *haim*, «maison, foyer», réalisée en *ham-* et en *hém-*, est à l'origine d'autant de séries de dérivés dont on retrouve des représentants dans notre patrimoine. *Ham-* explique les diminutifs Hamel, Hameau, Hamet, Haman, Hamon et Hamard. On aura sûrement reconnu Hamel et Hameau, qui désignent aussi un petit village et, à ce titre, sont des surnoms de provenance. Hamelin est lui-même un diminutif de Hamel. Comme le mot dont il dérive, il se classe tout autant dans les noms de baptême d'origine germanique que dans les noms d'origine, puisqu'il désigne les personnes qui habitent en périphérie du village.

Hertel. La racine germanique *hard*, «dur, fort», est à l'origine des noms *Hard* et Hart. Hart est présent au Québec, mais il s'agit plutôt de l'homonyme anglais, variante du sobriquet Heart, «cœur», appliqué à la personne courageuse. Sous sa forme d'origine, la racine *hard-* a donné HARDEL, HARDAT, HARDIN, HARDON et HARDY. Quant à *hart-*, on lui doit HARTEL, HARTAN, HARTIN, HARTON et HARTY. Enfin, la mutation de la voyelle *a* en *e* a donné une série dont tous les éléments sont présents en France, mais représentée chez nous seulement par HERTEL. Ajoutons que HARDEL, HARTEL et HARDY sont aussi des sobriquets. HARDEL et HARTEL sont des diminutifs de l'ancien français *hart*, « corde », désignant la corde du pendu. Le sobriquet est attribué au voyou « digne de la corde ». Rappelons que HARDY est le sobriquet du courageux combattant.

HOUDE. HOUDE vient de la racine *houd*, issue de *hold*, « serviable ». Au temps de la Nouvelle-France, probablement sous l'influence des dialectes, le nom a été perçu comme HOULE, ce qui explique que, parmi la descendance de *Louis* HOUDE, on retrouve les formes HOUDE, HOULE et HOULD. Quelques diminutifs de HOUDE-, HOUDET et HOUDARD- font partie de notre patrimoine. Par ailleurs, HUDON correspond au cas régime du nom HOUDE. Les équivalents anglais de HOUDE sont HOLD, HOULD et HUDD. Ce dernier a donné HUDSON, avec la filiation.

Il est intéressant de noter que le nom HOULE, en Normandie, évoque une grotte. Il serait, dans ce cas, un nom d'origine appliqué à celui qui habite non loin d'une grotte. Toutefois, cette explication ne tient pas pour les porteurs du nom en Amérique, puisqu'ils descendent tous de l'ancêtre *Louis Houde*, originaire du Perche, à moins qu'un lointain ancêtre n'ait émigré du Perche en Normandie. Ce qui demeure toujours plausible. Soulignons que la descendance de cet ancêtre a adopté plusieurs surnoms, vraisemblablement pour distinguer les branches de la famille. Le tableau **Généalogie 2** comprend quatre branches, les HOUDE, les HOULE, les DESROCHERS et les CLAIR. Il faudrait y ajouter les DESRUISSEAUX, les LECLAIR ou LECLERC et les PETITCLERC. Les surnoms DESRUISSEAUX et DESROCHERS sont probablement reliés à un élément caractéristique de la propriété du premier porteur, soit la présence, sur son domaine ou à proximité, de plusieurs ruisseaux, pour l'un, et de rochers imposants, pour l'autre. Quant aux surnoms PETITCLERC, LECLAIR, LECLERC et CLAIR, ils sont dus à *Marie-Jeanne Petitclerc*, épouse de *Gabriel Houde dit Desruisseaux*, petit fils du pionnier.

Généalogie 2. Dans la descendance de *Louis Houde*

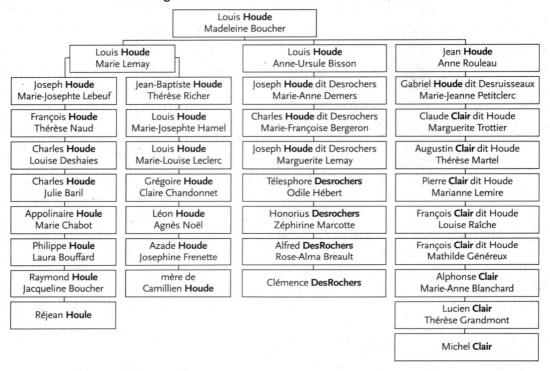

Réjean Houle est ex-hockeyeur des *Canadiens* de Montréal ; *Camillien Houde*, le renommé *Monsieur Montréal*, a été maire de Montréal ; *Clémence DesRochers* est comédienne et humoriste ; *Michel Clair*[1] était ministre du Revenu dans le gouvernement de *René Lévesque*.

---

1. Un grand merci à Maurice Vallée qui a établi l'ascendance de Michel Clair et m'a permis de l'insérer ici.

Camillien Houde

Michel Clair

HUGUES. HUGUES est la forme savante du nom germanique *Hugo*, de *hug*, « intelligence », qui se dit HUC au Roussillon. Cette racine a donné aussi HUE et les diminutifs HUEL, HUAULT, HUET, HUOT, HUAN, HUON et HUARD, ainsi qu'une autre série de dérivés dont HUSSEL, HUSSEAU, HUSSIN et HUSSON. Cette dernière série est aussi reliée à HUS. Selon la tendance persistante au Québec, la prononciation de HUOT laisse entendre le *t* final, mais la graphie féminine *Huotte* n'est pas attestée, contrairement à d'autres noms tels que CADOTTE, MARCOTTE et TURCOTTE. Enfin, HUGUET, diminutif de HUGUES, est plus connu comme prénom féminin, *Huguette*. Parmi les diminutifs de HUGUES, on compte HUGUENIN et HUGUENARD. Ce dernier a pu donner GUENARD, par aphérèse, mais GUÉNARD est lui-même un nom d'origine germanique. La forme du cas régime *Hugon* a été tronquée en *Gon* et ce dernier a formé sa propre famille de diminutifs affectifs : GONEL, GONEAU, GONET, GONIN et GONON.

En anglais, on rencontre HUGH, HUGHES, HEWES, HOW, HOWE et, pour marquer la filiation, FITZHUGH. L'équivalent néerlandais ou flamand est HUYGHE.

HUS. HUS est l'équivalent français du nom d'origine germanique *Huso*, basé sur la racine *hus*, « maison ». Ses diminutifs sont HUSSEL, HUSSEAU, HUSSIN et HUSSON, qui sont communs avec le nom HUE, dont la forme savante est HUGUES. L'ancêtre *Paul Hus dit Cournoyer* est à l'origine d'un nom proprement québécois, PAULHUS ou PAULUS, créé par ses descendants en soudant son prénom et son nom. Un aperçu de sa généalogie apparaît au chapitre sur les particularités québécoises.

LANTIN. La racine germanique *land*, « pays », a laissé les diminutifs LANDEL, LANDEAU, LANDON et LANDY. Sous la forme *lant*, on retrouve LANTOT, LANTIN et LANTON.

MADON. MADON repose sur la racine *madal*, signifiant « conseil, réunion ». En germanique, cette racine a donné naissance au nom de baptême germanique *Mado*, devenu MADE en français. Le nom a sa famille de dérivés : MADEL, MADEAU, MADET, MADAN, MADON et MADY. MADELIN est un diminutif de MADEL et MADELEIN en est une variante.

PÉPIN. PÉPIN est formé de la racine *pipin*, « trembler ». Le nom a été popularisé par *Pépin le Bref*, roi des Francs et père de Charlemagne. Il n'est pas exclu que PÉPIN puisse être aussi un surnom de jardinier, sens que le mot avait en ancien français.

RACETTE. Le nom RACETTE n'est pas attesté en France. Il s'agit d'une adaptation québécoise du nom RASSET, qui compte quelques porteurs dans l'Hexagone. Par ailleurs, RASSET est lui-même un diminutif affectif de RASSE, issu du nom d'origine germanique *Radizo*, devenu *Rasso*. Ce dernier est formé d'une seule racine, *rad* ou *rat* et signifie « conseille ». RASSET pourrait être aussi un diminutif de l'ancien français *rasse*, qui désigne une scie. Il s'agirait alors d'un surnom de métier de celui qui utilise cet outil, comme le nom MARTEL a pu s'appliquer à un forgeron ou à un casseur de pierres. Dans ce sens, RASSE a laissé quelques diminutifs dont nous avons des traces au Québec. RASSEL, RASSON et RASSY sont des surnoms de métier de celui qui scie du bois, comme le bûcheron.

RAFFIN. Le nom germanique *Raffo*, issu de la racine *raf*, « arracher », n'a pas fait souche au Québec. Il ne se reconnaît que dans les diminutifs RAFFA et RAFFIN.

RAGUENEAU. Du nom germanique *Ragon*, issu de la racine *ragin*, « conseil », RAGUENEAU en est un diminutif, de même que le nom RAGOT.

ROCH. *Hrocho*, de la racine *hrok*, « corneille », aboutit en français à ROCH. Ce nom de baptême a été popularisé, au Moyen Âge, par plusieurs saints. Comme nom de famille, il semble être plutôt le prénom d'un ou de plusieurs ancêtres que certains descendants ont adopté comme patronyme. C'est le cas de *Roch Thouin*, ancêtre des THOUIN et d'une branche de ROCH. *Mathurin Fuseau dit Roch* est peut-être, lui aussi, l'ancêtre d'une autre lignée de ROCH. Les éventuels dérivés de ROCH sont, de toute évidence, les mêmes que ceux du surnom ROCHE et sont forcément confondus avec eux sans possibilité de les départager. On tiendra donc pour acquis que nous les considérons comme de la famille des cailloux.

ROL. Le nom ROL est d'origine germanique, mais aussi scandinave. Il a pour cas régime ROLON et a formé de nombreux dérivés qu'il partage avec ROLAND, un autre nom d'origine germanique : ROLEAU, ROLET ou ROLLET, ROLAN ou ROLLAN, ROLIN ou ROLLIN, ROLON ou ROLLON ainsi que ROLY.

SAINDON. Du nom germanique *Sando*, issu de la racine *sanths*, « vérité », qui explique SAND. Le cas régime de *Sando* est *Sandon* et SAINDON en est une variante régionale de la Bretagne.

TALON. TALON, écrit aussi TALLON, est le cas régime du nom germanique *Talo*, formé de la racine unique *tal*, «vallée». On rencontre aussi les dérivés TALLET, TALAT, TALAS et TALLARD.

TRUTEAU. TRUTEAU est un nom d'origine germanique à une seule racine, *trut*, «force», encore attestée dans les noms de famille en France et au Québec, sous la graphie TRUT. Le nom a laissé des diminutifs dont seuls TRUTEAU et TRUTET sont présents chez nous. TRUDEL et TRUDEAU seraient alors des variantes de *Trutel* et TRUTEAU, avec l'adoucissement du second *t* en *d* entre deux voyelles. Il ne s'agirait pas d'un cas unique de modification de consonne. Le cas TRUDEL-TRUDEAU est abordé plus loin.

WALLOT. Le nom d'origine germanique *Wallo*, basé sur la racine unique *walh*, «étranger», a créé quelques dérivés diminutifs, tels que WALLET, WALLOT, WALLAS, WALLIN et WALLON, homonyme du nom ethnique, habitant de la Wallonie. Comme d'autres noms d'origine germanique commençant par *w*, la mutation de *w* en *g* explique probablement GALLET et GALLOT. Certains auteurs relient VALIQUET, féminisé en VALIQUETTE, au Québec, à la même racine. Quant à WALLET, plus fréquent en anglais, il peut correspondre à l'adaptation du surnom de métier OUELLET ou OUELLETTE chez des Franco-Américains revenus au Québec, la patrie d'origine de leurs ancêtres.

UNE RACINE DOUBLE

Pour la plupart, les noms de personnes d'origine germanique sont formés de la combinaison de deux éléments. De plus, comme les noms à une seule racine, un bon nombre d'entre eux ont leur contingent de dérivés affectifs.

Avant d'aborder ces noms individuellement, observons les **Tableaux 4** et **5**. Sont réunies ici deux familles de noms formées de la racine germanique *buc*, dont le sens est obscur. Les noms de la première combinent les racines *buc-* et *-wald*; ceux de la deuxième, les racines *buc-* et *-hard*.

Tous ces noms ont été relevés dans la liste des *Noms de France* de l'INSEE. Ils se rencontrent à fréquence très variable dans diverses régions de la France. Seules les formes en petites capitales sont attestées au Québec. Chaque colonne montre les diverses graphies de la seconde racine. Chaque rangée illustre celles de la première.

Tableau 4. De *Boucaud* à *Bujaud*

Boucau	BOUCAUD	BOUCAUT	BOUCAULT	Boucaux
Bouchau	Bouchaud	Bouchaut	Bouchault	Bouchaux
Bougeau			Bougeault	Bougeaux
	Boujaud			
Bucau	Bucaud			
	Buchaud	Buchaut	Buchault	
	BOUGAUD	Bougaut	Bougault	Bougaux
	Bugaud	Bugaut	Bugault	Bugaux
Bugeau	BUGEAUD	Bugeaut	Bugeault	Bugeaux
BUJEAU	Bujeaud			
Bujau	Bujaud		Bujault	

Tableau 5. De *Boucard* à *Bujard*

Boucar	BOUCARD	Boucart
BOUCHAR	BOUCHARD	BOUCHART
Bougar	BOUGARD	Bougart
	BOUGEARD	Bougeart
		Boujart
Bucar	Bucard	
Bugar	Bugard	
Bugear	Bugeard	
Bujar	Bujard	

Quelques observations s'imposent ici. Les deux séries présentent un cheminement parallèle. On aura noté que toutes les variantes de la partie supérieure des deux tableaux ont modifié la racine *buc-* en *bouc-* et que la consonne *c* s'est adoucie en passant du phonème [k] à [ch] puis à [j]. La partie inférieure illustre les formes en *buc-* où la consonne *c* subit les mêmes changements. Deux formes, BUJEAULT et BUJOLD, sont absentes du premier tableau. Elles sont propres au Québec.

La forme BUJOLD semble s'être calquée sur une autre série, anglaise celle-là, comme dans la liste suivante où la variante de droite est attestée surtout en anglais :

ARNAUD	ARNOLD
BERTHAUD	BERTOLD
RAYNAUD	RAYNOLD
GÉRAUD	GEROLD
BUJAUD	BUJOLD

Cet alignement sur l'anglais est d'autant plus plausible que le nom BUJOLD a été implanté au Québec par des Acadiens immigrés chez nous à la suite du Grand Dérangement. De plus, pendant plusieurs décènnies, la prononciation du nom BUJOLD faisait entendre les deux consonnes finales. C'est la célébrité de la comédienne *Geneviève Bujold* qui a contribué à régulariser en [jo] la prononciation du nom.

ACHARD. ACHARD est formé des racines -*ac*, « lame d'épée », et -*hard*, « dur, fort ». ACAR et AKAR en sont des variantes.

ADHÉMAR. Le nom ADHÉMAR est presque disparu de notre patrimoine comme patronyme. Il est resté comme prénom. Le nom vient du germanique *Ademar*, formé des racines *ada-*, « père », et -*mar*, « célèbre ». On le retrouve au sud sous la forme ADÉMA et ailleurs, en AZÉMAR.

ADOLPHE. ADOLPHE vient du nom d'origine germanique *Adalwulf*, formé des racines *adal-*, « noble », et -*wulf*, « loup », et a été reconstitué à partir de l'allemand ADOLF.

En anglais, on rencontre ADOLPH et ADOLFSON. En d'autres langues européennes, les équivalents sont : ADOLF (all. et als.), ADOLFO (it. et cor.), ADOLFO (ptg.).

AGER. AGER et ses variantes AGIER et ATGER viennent du nom germanique *Adigari*, formé des racines *adal-*, réduite à *ad-*, « noble », et -*gari*, « prêt ».

ALARY. Le nom ALARY est issu du germanique *Alaric*, formé des racines *ala-*, « tout », et -*ric*, « puissant ». Il existe plusieurs variantes du nom comme ALLARY, ALARIE, ALLARIE, ainsi que les formes contractées ALRIC et ALRIQ.

ALBERT. Issu du nom de personne germanique *Adalberth*, formé des racines *adal-*, « noble, ancien », et -*berth*, « illustre, brillant », ALBERT se rencontre aussi, mais plus rarement, avec la forme DALBERT, marquant la filiation. L'élément *adal-* apparaît dans les prénoms féminins *Adèle*, *Adeline* et *Alice*, très fréquents chez nos ancêtres. Seuls les noms ADELINE et ALICE sont attestés comme patronymes. La transformation de la consonne *l* en la voyelle *u* (phénomène de *vocalisation*), a donné AUBERT et sa variante AUBER. De ce dernier sont dérivés les noms AUBÉ et les diminutifs AUBLET et AUBERTIN, dont l'équivalent est ALBERTIN, au Dauphiné. Il est plausible que BERTIN soit une aphérèse d'AUBERTIN.

En anglais, on rencontre ALBERT et ALBRIGHT. En d'autres langues européennes, les équivalents sont : ALBERT et ALBRECH (all. et als.), ALBERTO ou ALVARO (esp.), ALBERTO et ALBERTI, mais aussi ALBERTINO et ALBERTINI, ALBERTONI (it. et cor.), ALBRECHT (néer. et flam.), ALBERTO (ptg.).

ALFRED. D'*Aelfraed*, formé des racines *aelf-*, « elfe », et -*red*, « conseil », le nom ALFRED a été popularisé par le roi d'Angleterre *Alfred le Grand*. AUVRAY en est une variante. ALFREDO se rencontre en espagnol, en italien et en portugais.

ALIX. Du nom germanique féminin *Adahaid*, formé des racines *adal-*, « noble », et *-haid*, « lande », qui aboutit en français à ADÉLAÏDE et ALICE. ALLAIS et ALIX en sont les formes masculines. En anglais, l'équivalent est ALLIS ou, avec la marque de filiation, ALLISON.

ALLARD. Le patronyme ALLARD est l'aboutissement du nom germanique *Adalhard* ou ADÉLARD, dont il est une forme contractée. Il résulte de la combinaison des racines *adal-*, « ancien, noble », et *-hard*, « dur, fort ». ALLARD a formé sa série de diminutifs à valeur affective dont seul ALLARDIN est attesté au Québec.

ALPHONSE. Le nom ALPHONSE nous vient d'*Adalfuns*, formé d'*adal-*, « noble », et *-funs*, « impatient ». La forme provençale *Amphous*, a été féminisée en *Amphousse*. Avec la marque de filiation, le nom est devenu DAMPHOUSSE et s'est implanté ici sous cette forme.

Dans certaines langues européennes, les équivalents sont : ALFONSO (esp.), ALFONSO ou ALONZO (it. et cor.), AFONSO (ptg.).

ANCTIL. Du nom germanique *Ansketell*, formé des racines *ans-*, qui rappelle un dieu germanique, et *-ketell*, « chaudron », le nom ANCTIL est une contraction de ANQUETIL. Parmi les diminutifs de ce nom, seuls ANQUETIN et *Anquetot* sont attestés au Québec. *Anquetot* y est présent précédé de l'article soudé et contracté en LANCTÔT.

ANGER. ANGER ou ANGIER vient du nom germanique *Ansgari*, formé des racines *ans-*, nom d'un dieu païen, et *-gari*, « prêt ». Combiné à l'adjectif *bel*, il explique le nom BÉLANGER. L'homonyme ANGERS est un surnom d'origine attribué à celui qui est originaire de la ville d'*Angers*, dans la province d'Anjou.

ANSELME. D'*Anshelm*, formé de *ans-*, évoquant une divinité, et *-helm*, « casque », le nom ANSELME a été popularisé par saint *Anselme*, l'un des Pères de l'Église. Il a donné quelques diminutifs comme ANSEL ou ANCEL et ANSON. ANCEL a aussi sa famille de dérivés, dont ANCELOT et ANCELIN. Dans les actes du Québec ancien, ANCELIN a souvent été confondu avec ASSELIN.

ANSELME donnera en anglais ANSEL, HANSEL, en portugais, ANSELMO et, en italien et en corse, ANSELMO et ANSELMI.

AQUIN. AQUIN ou ACQUIN vient du nom germanique *Acwin*, formé des racines *ac-*, « lame d'épée », et *-win*, « ami ». Au Québec, il a parfois adopté la forme HAQUIN. Le nom germanique ACHIN est la variante picarde du même nom. En corse et en italien, l'équivalent est AQUINO.

ARCHAMBAULT. Le nom ARCHAMBAULT vient du germanique *Ercambald*, qui combine les racines *-ercan*, « sincère », et *-bald*, « audacieux ». On le retrouve en anglais sous la forme d'ARCHIBALD.

ARMAND. *Hardman*, d'après les racines *hard-*, « dur, fort », et *-man*, « homme », aboutit en français à HARMAND et ARMAND. Il en est tout autrement en anglais où le nom a laissé des variantes multiples : Hardman, Harman, Hartman, Hartmann, Harmond, se confondant même avec Hermand et Hermond, dont la première racine serait plutôt *hari-*, « armée ». Par ailleurs, on rencontre Armando en espagnol et Herman, en flamand ou en néerlandais.

Arnaud. Arnaud est l'aboutissement du nom germanique *Arnowald*, qui réunit les racines *arn-*, « aigle », et *-wald*, issue de *waldan*, « gouverner ». Le nom Naud vient d'un nom comme Arnaud, Renaud ou Hunaud dont on a retranché, par aphérèse, la première syllabe. Arnaud a laissé plusieurs diminutifs : Arnaudeau, Arnaudet et Arnaudin.

Certaines formes sont d'origine régionale : Arnal (lang.), Arnould (N.). En anglais, on rencontre Arnold. Dans d'autres langues, les équivalents sont : Arnopoulos (gr.), Arnaldo et Arnaldi ou Arnoldo et Arnoldi (it. et cor.), Arnould (néer. et flam.), Arnaldo (ptg.).

Arnolphe. Arnolphe vient du nom germanique *Arnwulf*, formé des racines *arn-*, « aigle », et *-wulf*, « loup ». Arnoux en est une variante.

Arsenault. Arsenault est une déformation d'*Archenault* ou *Archenaud*, du nom d'origine germanique *Archenwald*, formé des racines *ercan*, « sincère », et *wald*, « qui gouverne ».

Astier. Le nom Astier, plus rare sous la forme Astié, est l'aboutissement du nom germanique *Asthari*, formé des racines *ast-*, « lance », et *-hari*, « armée ».

Aubry. Aubry est issu d'*Albaric*, formé des racines *alb-*, « elfe », et *-ric*, « puissant ». Le *l* devant consonne s'est vocalisé en *u*. Comme dans la plupart des noms germaniques en *-ric*, cette racine en position finale s'est réduite à *-ry* en français. Ce qui explique le passage d'*Albaric* à Aubry. Le nom compte quelques dérivés affectifs, dont seul Aubriot est attesté chez nous.

Aucoin. Du nom de personne *Algwin*, formé des racines *alg-*, « temple », et *-win*, « ami », le nom est devenu Alcuin et Aucoin. L'équivalent anglais est Aylwin, très fréquent chez les Irlandais et les Anglais.

Audibert. Audibert vient du nom germanique *Aldeberth*, formé des racines *alde-*, « vieux », et *-berth*, « illustre ».

Audoin. Audoin ou Audouin vient d'*Aldowin*, formé des racines *ald-*, « vieux », et *-win*, « ami ».

Audouard. Audouard est l'aboutissement du nom germanique *Aldoward*, formé des racines *ald-*, « vieux », et *-ward*, « gardien ».

Audry. Le nom Audry vient d'*Alderic*, formé des racines *ald-*, « vieux », et *-ric*, « puissant ». On peut le comparer à Aubry. Audry a formé des dérivés, Audras, Audran et Audrin.

Aufray. Du nom germanique *Adalfrid*, formé des racines *adal-*, « noble », et *-frid*, « paix », Auffray, écrit parfois Aufray, a un diminutif, Auffret. En France, ce nom est porté surtout en Bretagne.

Auger. Le nom germanique *Adalgari*, d'*adal-*, « noble », et -*gari*, « lance », a donné, en français, Auger, Augey, Augé et Augier. Augot et Augereau en sont les diminutifs.

Authier. Authier vient du nom germanique *Aldhari*, formé des racines *ald-*, « vieux », et -*hari*, « armée ».

Bardoux. Le nom d'origine germanique *Bardwulf* a donné en français Bardou, Bardoux, ainsi que la variante Bardoul. Il est formé des racines *bard-*, « hache », et -*wulf*, « loup ».

Baudoin. Du nom germanique Baldwin, resté tel quel en anglais, formé de *bald-*, « audacieux », et -*win*, « ami ». Le même nom comprend plusieurs variantes orthographiques, dont Baudouin, Baudoin, Bauduin et Beaudoin, cette dernière résultant d'une confusion avec l'adjectif *beau*, qui entre dans la composition de nombreux patronymes, comme Beauchamp et Beaumont.

Certaines formes sont d'origine régionale : Baudouy (S.-O.). En anglais, on rencontre Baldwin. En d'autres langues européennes, les équivalents sont Baldovino et Baldovini (it. et cor.), Bauwens (néer. et flam.).

Baudry. Baudry vient de *Baldric*, formé des racines *bald-*, « audacieux », et -*ric*, « puissant ».

Béland. Le patronyme Béland est une variante de Berland où le *r* s'est changé en *s* pour donner Besland, puis Béland, à l'instar de Besnard qui est devenu Bénard à partir de Bernard, pour la même raison. Berland est l'aboutissement du nom germanique *Beriland*. Il résulte de la combinaison des racines *ber-*, « ours », et -*land*, « pays ». Une autre forme de Béland est attestée au Québec. Il s'agit de Belland, qui est une autre variante de Berland, où le *r* s'est assimilé au *l*, phénomène fréquent entre deux consonnes voisines.

Béliard. Béliard vient du germanique *Biligard*, formé des racines *bili-*, « doux, aimable », et -*gard*, « enclos, maison ».

Belouin. Belouin ou Beloin, du nom germanique *Biliwin*, combine les racines *bili-*, « doux, aimable », et -*win*, « ami ». Au Québec, le nom Belouin s'est surtout contracté en Blouin.

Bérard. Bérard, du germanique *Berhard*, est formé des racines *ber-*, « ours », et -*hard*, « fort, dur ». La dissimilation des deux *r*, le premier se changeant en *l*, a entraîné la création de Bélard, parfois contracté en Blard. Bérard a laissé au Québec les dérivés Bérardeau et Bérardan.

Béraud. Le nom Béraud, connu sous diverses graphies, est issu du nom germanique *Berwald*, formé des racines *ber-*, « ours », et -*wald*, « gouverner ». Le nom se serait contracté en Braud, lui aussi sous diverses graphies. Barrault est une variante de Béraud, mais Bareau, plus fréquent sous la forme de Barreau, résulte de la vocalisation de Barrel, diminutif de Barre. Au Moyen Âge, on surnomme Barre celui qui habite une maison entourée d'une *barrière*, c'est-à-dire d'une clôture.

Bergevin. Le nom germanique *Bergwin*, formé des racines *berg-*, « montagne », et *-win*, « ami », a abouti en français à Bergevin. Ce nom pourrait aussi découler d'une forme hybride où le premier élément serait plutôt la racine gauloise *barica*, « berge ».

Bernard. Bernard et Besnard sont deux formes du même nom germanique, *Bernhard*. La racine *bern* est une variante de *ber-* et signifie « ours », alors que l'élément *-hard* veut dire « fort, dur ». La forme Besnard, devenue Bénard, en français moderne, résulte de la mutation de la consonne *r* en *s*. Bernard et Bernad ont chacun sa famille de dérivés affectifs dont certains éléments sont présents chez nous : Bernardeau, Bernardin, Bernardon, mais aussi Bernadel, Bernadeau, Bernadet, Bernadotte et Bernadin. La sainteté de *Bernard*, fondateur de l'abbaye de Clairvaux, a contribué à répandre ce nom de baptême. La forme composée Dubernard marque la filiation.

Certaines formes sont d'origine régionale : Bernad (S.), Bernat (lang.). En anglais, on rencontre Barnard, Barnet et Barnett. En d'autres langues européennes, les équivalents sont : Bernart ou Bernhardt (all. et als.), Bernardo (esp.), Bernardo et Bernardi, Bernardino et Bernardini, ces deux derniers tronqués en Dino et Dini (it. et cor.), Bernaert (néer. et flam.), Bernt (suéd.).

Bernier. Bernier vient de *Bernhari*, formé des racines *bern-*, « ours », et *-hari*, « armée ». Comme Bernard est devenu Besnard lorsque le *s* a remplacé le *r*, de même s'est créé le nom Besnier à partir de Bernier.

Bertaud. Issu du nom de personne germanique *Berhwald*, Bertaud comprend la racine *berth-*, « brillant, célèbre », et la racine *-wald*, réduction de *-waldan*, « gouverner ».

Berthiaume. Berthiaume est l'aboutissement du nom *Berthelm*. Il résulte de la combinaison des racines *berth-*, « brillant, célèbre », et *-helm*, « casque ».

Berthier. Berthier est issu du germanique *Berthari*, formé de *berth-*, « brillant », et de *-hari*, « armée ».

Berthou. Du nom germanique *Berthwulf*, Berthou est formé des racines *berth-*, « brillant, célèbre », et *-wulf*, « loup ».

Bertrand. Issu du germanique *Berthram*, formé de deux éléments, *berth-* « brillant », et *-ram*, « vigoureux », Bertrand a laissé quelques dérivés qui ne se sont pas implantés en Amérique.

En anglais, on rencontre, outre Bertrand, apporté en Grande-Bretagne par les Normands, les variantes à l'anglaise que sont Bartram et Battram. En d'autres langues européennes, les équivalents sont : Bertram (all. et als.), Beltran (esp.), Bertrando (it. et cor.), Beltrano (ptg.).

BIDAUD. BIDAUD vient du nom germanique *Bidwald*, formé des racines *bidan-*, « espérer », et *-wald*, « gouverner ». BIDEAU peut aussi être un surnom de métier, diminutif de *bide*, « coursier », désignant le domestique responsable des courses.

BILLARD. Le nom germanique *Bilihard* est à l'origine de BILLARD. Il est formé des racines *bili-*, « doux, aimable », et *-hard*, « dur, fort ». Ce peut être aussi une aphérèse du nom germanique ROBILLARD. BILLARD a laissé chez nous un seul diminutif, BILLARDON.

BILODEAU. Le nom BILLAUD est l'aboutissement en français du nom germanique *Biliwald*, qui résulte de la combinaison des racines *bili-*, « doux, aimable », et *-wald*, « gouverner ». Parmi les diminutifs laissés par BILAUD, seul BILAUDEAU, aujourd'hui orthographié BILODEAU, s'est implanté en Amérique.

BLANCHARD. BLANCHARD vient du nom germanique *Blankhard*, formé des racines *blank-*, « brillant », et de la racine *-hard*, « dur ». Le même nom peut s'expliquer aussi comme un dérivé de *blanc*. Il est alors un sobriquet attribué à celui qui a les cheveux blancs, avec, en filigrane, une connotation péjorative, souvent rattachée au suffixe *-ard*.

BOLLAND. Le nom BOLLAND ou BOLAND est l'aboutissement du nom germanique *Bololand*, qui combine les racines *bol-*, « ami, frère d'armes », et *-land*, « pays ».

BOUCHARD. BOUCHARD est issu du nom germanique *Burghard*. Il résulte de la combinaison des racines *burg-*, devenue *buc-*, « forteresse », et *-hard*, « fort ». L'équivalent anglais est BUTCHARD. Par ailleurs, le suffixe *-ard* s'emploie souvent dans un sens péjoratif, dans les adjectifs et les sobriquets comme *bavard*, BOUFFARD, *braillard, criard, gueulard, nasillard, salopard*, SOULARD. Il est donc permis de croire que BOUCHARD puisse aussi représenter un sobriquet, à partir du mot *bouche*, stigmatisant ainsi celui « dont la bouche est démesurément grande », au sens propre, bien sûr, mais aussi, pour les esprits tordus, au sens figuré.

BOUDREAU. Le nom BOUDIER vient du germanique *Boldhari*. Il combine les racines *bold-*, une variante de *bald*, « audacieux », et *-hari*, « armée ». Comme bon nombre de noms, BOUDIER a formé des dérivés diminutifs, dont BOUDRET et BOUDROT. *Michel Boudrot*, ancêtre des BOUDREAU et BOUDREAULT d'Amérique, a fait souche d'abord en Acadie. C'est par sa descendance, à la suite de la Déportation, que les BOUDREAU se sont établis au Québec.

BOULARD. BOULARD et BOLARD sont deux variantes du même nom et viennent du nom germanique *Bolohard*, formé des éléments *boll-*, « ami, frère », et *-hard*, « fort, dur ».

BOURGOUIN. Le nom germanique *Burgwin* aboutit en français à BOURGOUIN ou BOURGOIN. Il est formé des deux racines *burg-*, « forteresse », et *-win*, « ami ». Le nom peut aussi être un surnom de provenance, synonyme de BOURGUIGNON, « originaire de la Bourgogne ».

BOUVARD. BOUVARD vient du nom germanique *Bovhard*, formé des racines *bov-*, venue du franc *bube*, « enfant, garçon », et *-hard*, « fort, dur ». BOUVARD peut être aussi un diminutif désignant un jeune bœuf. Il s'agit alors d'un surnom de métier, celui de l'éleveur ou du gardien de bovins. Il n'est pas exclu d'y voir aussi le sobriquet de celui qui est corpulent, rondelet comme un jeune bœuf.

CHABERT. Le nom CHABERT, plus rare sous la forme CHABBERT, vient du nom germanique *Cariberth*, formé des racines *caro-*, «prêt à combattre», et *-berth*, «brillant, illustre».

CONRAD. CONRAD, du germanique *Conrad*, est formé des racines *con-*, «audacieux», et *-rad*, «conseil».

On retrouve ce nom dans certaines langues européennes: KONRAD et ses diminutifs KURT et KURZ (all. et als.), CONRADO (esp.), CORRADO et CORRADI et son dérivé, CORRADINI (it. et cor.), KUNC (tch.).

DODIER. Les racines germaniques *dod-*, de sens obscur, et *-hari*, «armée», ont donné le nom germanique *Dodhari* qui aboutit en français à DODIER et, après l'amuïssement du *d* entre voyelles, à DOYER. DOYON est un diminutif affectif de DOYER, mais ce peut être aussi un surnom de provenance de celui qui est originaire d'un lieu nommé *Oyon*.

ÉDOUARD. Le nom ÉDOUARD vient du nom germanique *Eadward*, qui unit les racines *ead-*, «richesse, félicité», et *-ward*, «garder».

En anglais, il donnera EDWARD, puis EDWARDS et EDWARDSON. Dans les autres langues européennes, on aura: EDUARD (néer. et flam.), EDUARDO (it. et cor.) et (esp.), EDUARDO, mais aussi DUARTE (ptg.).

EDMOND. EDMOND, du germanique *Eadmund*, est formé des racines *ead-*, «félicité», et *-mund*, «protection». En anglais, l'équivalent est EDMUND ou, avec la marque de filiation, EDMUNDS.

ÉMARD. Le nom ÉMARD est la forme méridionale de HÉMARD ou AYMARD, aboutissement du nom germanique *Haimhard*. Il combine les racines *haim-* ou *heim-*, «maison», et *-hard*, «dur, fort». ÉMARD est la seule forme du nom à s'être implantée au Québec. Il faut toutefois y ajouter deux dérivés de HÉMARD, dont la finale a été tronquée pour faire place au suffixe diminutif, HÉMEL, HÉMON, écrit aussi HÉMOND et ÉMOND.

ÉTHIER. ÉTHIER vient du nom germanique *Asthari*. Il résulte de la combinaison des racines *ast-*, «lance», et *-hari*, «armée». La prononciation a changé ASTHIER en ESTHIER. Lorsque la consonne *s* a cessé de se prononcer, elle a été remplacée par l'accent aigu, de la même façon qu'*espine*, *escole* et *estude*, de l'ancien français, ont donné *épine*, *école* et *étude*, en français moderne. On ne peut toutefois exclure que le nom ÉTHIER puisse être une variante du nom de métier *hastier*, le fabricant ou le vendeur de *hastes*, «broches à rôtir». Par analogie, le surnom aurait subi les mêmes transformations que le nom germanique.

ÉVRARD. Le nom ÉVRARD, du germanique *Eberhard*, est formé des racines *eber-*, «sanglier», et *-hard*, «dur, fort». On le rencontre sous diverses formes comme EUVRARD et EVRAT. Les variantes alsaciennes et allemandes, EBERHARD et EBERHARDT, sont aussi présentes ici, où sont attestés quelques diminutifs affectifs, dont EBERLIN et ÉBERLÉ, parfois écrit HÉBERLÉ. Quelques rares ÉBER et HÉBER sont reliés à cette racine et se distinguent de leur homonyme HÉBERT, autre nom d'origine germanique. Par ailleurs, OUVRARD cache une variante d'ÉVRARD, mais certains préfèrent y reconnaître le verbe *ouvrer* de l'ancien français, de sorte qu'OUVRARD serait alors un surnom de métier désignant un artisan. EVERAERT est l'équivalent flamand ou néerlandais d'ÉVRARD.

FALARDEAU. Le patronyme FALARDEAU n'est consigné dans aucun ouvrage traitant des noms de famille consultés à ce jour. De plus, le nom semble disparu en France puisque l'INSEE n'y relève que 4 naissances de ce nom, entre 1890 et 1990. Peut-être s'agit-il de parents québécois qui, au cours d'un séjour dans l'Hexagone, ont donné naissance à ces bébés, en Charente et Moselle.

Voici une hypothèse d'explication de l'origine du nom. La finale -*ardeau*, commune à plusieurs patronymes dont GIRARDEAU, GÉRARDEAU, BERNARDEAU, RENARDEAU et RICHARDEAU, tous attestés, permet de reconnaître la racine germanique -*hard*, signifiant « dur, fort », avec le suffixe diminutif -*eau*. Il reste à expliquer la racine *fal*- dont l'origine serait *wald*-, issue de *waldan*, « gouverner, commander ». En français, la racine *wald* s'est transformée en *gal*-, *gau*-, ou *fau*-, que l'on reconnaît respectivement dans GALERAND, GAUTHIER et FAUBERT. La racine *fal*-, plus rare, correspond à la racine *fau*-, avant que la consonne *l* ne se soit transformée en la voyelle *u*, de la même manière que *gal*- est passé à *gau*-. Le nom FALARDEAU serait donc un diminutif affectif du nom *Falard*, attesté en France, mais absent de notre patrimoine. Issu du nom germanique *Waldhard*, il résulte de la combinaison des racines *wald*-, « gouverner, commander », et -*hard*, « fort, dur ».

Ce qui vient appuyer cette hypothèse, c'est la présence en France de plusieurs noms d'origine germanique formés de la racine *fal*-, combinée à d'autres racines comme -*berth*, pour *Falibert*, -*hari*, pour *Falier*, -*ward*, pour *Falouard*, et *wulf*, pour *Faloux*.

FARIBAULT. FARIBAULT vient du nom germanique *Faribald*, formé des racines *fari*-, « domaine de famille », et -*bald*, « audacieux ».

FAUCHER. Le nom FAUCHER, souvent écrit FAUCHÉ, est l'aboutissement en français du nom germanique *Falchari*, formé des racines *falc*-, « faucon », et -*hari*, « armée ». On le rencontre parfois sous les formes FAUQUIER, en langue picarde, et FAUCHIER, en provençal. Le mot peut être aussi un surnom de métier évoquant le *faucheur*, engagé à la tâche. Le nom a laissé quelques diminutifs dont seul FAUCHERET est connu ici.

FERDINAND. Le nom FERDINAND, d'origine germanique, a subi un sort particulier. En effet, il vient du nom *Fridunand* devenu *Fredinand*, puis, par métathèse, FERDINAND. Il combine les racines *frid*-, « paix », et -*nand*, « hardi ». Il s'est ensuite contracté en FERNAND. En espagnol et en catalan, les équivalents sont respectivement FERNANDO et HERNANDO ou, en marquant la filiation, FERNANDEZ et HERNANDEZ.

FLAHAUT. FLAHAUT, écrit aussi FLAHAULT, vient du nom germanique *Fladwald*, formé des racines *flad-*, « éclat, beauté », et *-waldan*, « gouverner ».

FOUCAUD. Le nom FOUCAUD, issu du germanique *Folcwald*, est formé des racines *folc-*, « peuple », et *-wald*, « gouverner ».

FOUCHARD. Les noms FOUCHARD, FOUCARD et FOUCART sont des variantes issues du nom germanique *Folchard*, formé des racines *folc-*, « peuple », et *-hard*, « dur, fort ».

FOUCHER. Le nom FOUCHER, écrit aussi FOUCHÉ, vient de *Folchari* et est formé de la racine initiale *folc-*, « peuple », combinée à la racine finale *-hari*. FOUQUIER, qui est l'équivalent dialectal de FOUCHER, au nord et dans le Midi, a comme diminutif FOUQUEREAU, contracté en FOUCREAU, écrit parfois FOUCRAULT. L'équivalent alsacien et allemand de FOUQUIER est WOLKER.

FRÉDÉRIC. FRÉDÉRIC vient du germanique *Fridric*, dont les racines sont *frid-*, « paix », et *-ric*, « puissant ». FERRY en est un diminutif.

En anglais, on rencontre FREDERICK. En d'autres langues européennes, les équivalents sont : FRIEDRICH, FRIDRICH et sa forme contractée FRITZ ou FRITSCH (all. et als.), FEDERICO (it., cor., esp. et ptg.), BEDRICH (tch.).

FRÉMOND. Les noms FRÉMOND et FRÉMONT viennent du nom germanique *Fridmund*, formé des racines *frid-*, « paix », et *-mund*, « protection ».

GAIRAUD. Le nom GAIRAUD, écrit aussi GAYRAUD ou GAYRAL, vient du nom germanique *Gairwald*, formé des racines *gair-*, « lance », et *-wald*, « gouverner ».

GARAUD. GARAUD et ses variantes viennent du nom germanique *Garwald*, formé des racines *gar-*, « prêt », et *-wald*, « gouverner ». GARAUDY est le seul diminutif représenté chez nous. GAREAU et GARREAU seraient plutôt des surnoms de bergers, à partir de l'ancien français *garer*, « garder », appliqué au troupeau que l'on garde dans un parc. On ne peut exclure le sobriquet de celui qui porte des vêtements bigarrés, c'est-à-dire de deux couleurs mal assorties, de l'ancien français *garré*, « de deux couleurs ».

GARNIER. Du nom germanique *Warinhari*, formé de *warin*, « protéger », et *-hari*, « armée », GARNIER a ses variantes régionales, WARNIER, VARNIER et VERNIER. Avec le passage du premier *r* en *s*, comme dans BERNARD-BESNARD, le nom s'est écrit parfois GASNIER. Or, sous cette forme, ce nom a eu un sort particulier au Québec. En effet, à cause d'une analogie de prononciation, les descendants de *Louis Gasnier* sont devenus des GAGNÉ. C'est encore la prononciation qui explique la confusion qui s'est produite chez nous entre les patronymes GARNIER et GRENIER, dont les porteurs passaient allègrement de l'un à l'autre en changeant de génération. Les équivalents anglais, alsaciens et allemands de GARNIER sont WARNER et WERNER.

GAUCHER. GAUCHER vient du nom d'origine germanique, *Walahari*, qui combine les racines *walh-*, « étranger », devenu *galh-* en français, et *-hari*, « armée ». Les noms de famille remontant au Moyen Âge, il serait donc erroné de voir dans GAUCHER un sobriquet inspiré de l'adjectif *gaucher*, qui date du XVIe siècle.

GAUDRY. GAUDRY, du nom germanique *Waldric*, est formé des éléments *wald-*, «gouverner», transformé en *gaud-* en français, et *-ric*, «puissant». VAUDRY en est la variante normande. GAUDRY est aussi un diminutif de GAUTHIER.

GAUMOND. GAUMOND, issu du nom germanique *Gaudmund*, est formé des racines *gaud-*, «goth», et *-mund*, «protection». GAUMOND peut être aussi un nom de lieu rappelant l'endroit d'où vient le porteur.

GAUTHIER. Le nom GAUTHIER est l'aboutissement français du nom germanique *Waldhari* devenu *Walthari*, qui a donné WALTER en anglais. Il résulte de la combinaison des racines *wald-*, «gouverner», et *-hari*, «armée». En dérivent plusieurs séries de diminutifs dont bon nombre sont présents au Québec : *Gauthereau*, contracté en GAUTREAU et adouci en GAUDREAU ; GAUTHEROT ou GAUTROT ; GAUTRIN, VAUTERIN, VAUTRIN, VAUDRIN ou WATRIN ; GAUTHERON, GAUTRON, GAUDRON ou VAUDRON ; GAUDRY ou VAUDRY.

> Certaines formes sont d'origine régionale : VAUTIER et VAUTHIER (norm.), WATIER et VATIER (pic.). En anglais, on rencontre WALTER. En d'autres langues européennes, les équivalents sont : WALTER et WALTTIER (all. et als.), GALTER (cat.), WOLTER ou, avec la marque de filiation, WOLTERS (flam. et néer.), GUALTIERI (cor. et it.).

GEOFFROY. Le nom de personne germanique *Godfrid*, formé des racines *god-*, «dieu», et *-frid*, «paix», est à l'origine de deux noms qui se ressemblent, GEOFFROY et GODEFROY. À GEOFFROY correspondent les diminutifs GEOFFRÉ, GEOFFRAY, JOFFRE et GEOFFRION.

> Certaines formes sont d'origine régionale : GEFFROY (bret.), GEOFFRAY (daup.). En anglais, on rencontre JEFFRAY et GODFREY. En d'autres langues européennes, les équivalents sont : GÖTZ (all. et als.), GODOFREDO (esp.), GOFFREDO (it. et cor.), GODFRID et GODFRIND (néer. et flam.).

GÉRALD. GÉRALD, GÉRAUD, GIRAUD, écrit parfois GÉROD, et GUIRAUD ont la même origine germanique, *Gerwald*, qui combine la racine *gari-*, «lance», devenue *gir-* ou *ger-*, en français, et la racine *wald-*, «gouverner». GIRAL· en est la forme méridionale. Chacun a sa propre famille de dérivés. À GÉRALD correspondent : GÉRALDEAU et GÉRALDET. Ceux de GÉRAUD ne se sont pas implantés chez nous, alors que GIRAUD est plutôt productif : GIRAUDEL, GIRAUDEAU et GIRAUDON.

> En anglais, on marque la filiation avec FITZGERALD. En corse et en italien, on aura GERALDO et GERALDI, de même que GIRALDO et GIRALDI, et, en portugais, GERAL ou GERALDO.

GERBEAU. Le nom GERBEAU, écrit parfois GERBAULT, est l'aboutissement en français du nom germanique *Gerbald*. Il résulte de la combinaison des racines *ger-*, «lance», et *-bald*, «audacieux». Le nom GERBEAU pourrait être aussi un surnom de métier, celui du moissonneur, « qui lie les gerbes ». En effet, GERBEAU représenterait alors la forme plus récente de l'ancien français *gerbel*, désignant une « petite gerbe ».

GERBERT. Le nom GERBERT vient du nom germanique *Gerberth*, qui combine les racines *ger-*, « lance », et *-berth*, « brillant ».

GIARD. Le patronyme GIARD est une variante de deux noms germaniques, GUILLARD ou GUYARD. GUILLARD vient de *Willihard*, formé des racines *will-*, « volonté », et *-hard*, « dur, fort ». Les formes dialectales de GUILLARD sont WILLARD, WIARD, VILLARD, VIARD et GIARD. GUYARD vient de *Widhard*. Il résulte de la combinaison des racines *wid-*, « bois » et *-hard*, « dur, fort ». Comme GUILLARD, GUYARD a des variantes régionales parmi lesquelles on retrouve WIARD, VIARD et GIARD. C'est donc dire que l'évolution de la prononciation des noms GUILLARD et GUYARD a abouti à des formes homonymes qui justifient les deux explications.

GILBERT. Sept noms d'origine germanique sont très voisins. GIBERT, GILBERT, GUIBERT, GUILBERT, VIBERT, VILBERT et WILBERT partagent, à l'évidence, la même racine *-berth*, « brillant, illustre ». Quant au premier élément, il provient de la racine *will-*, « volonté », passée à *gi-*, *gil-*, *gui-*, *guil-*, *vi-* ou *vil-*, selon les régions et les caprices de l'évolution phonétique. En somme, le point de départ est toujours le nom germanique *Willberth*. Les premiers existent aussi en anglais et y ont donné naissance à un diminutif affectif, GIBB, qui a formé GIBSON en marquant la filiation. Est né ensuite un diminutif de GIBB, GIBBON, avec lequel on a créé FITZGIBBON, marquant lui aussi la filiation.

GIRARD. Les noms GÉRARD, GIRARD et GUÉRARD sont l'aboutissement du nom germanique *Gerhard*. Ils résultent de la combinaison de la racine *gari-*, « lance », devenue *ger-*, *gir-* et *guir-*, et de la racine *-hard*, « dur, fort ». GÉRARD a laissé certains diminutifs : GÉRARDEAU, GÉRARDIN et GÉRARDY. Le nom GIRARD a fait de même avec GIRARDEAU, GIRARDET, GIRARDOT, GIRARDIN et GIRARDON. Les diminutifs correspondants de GUÉRARD ne se sont pas implantés au Québec. Ajoutons aussi le GIRERD du Dauphiné.

En anglais, on rencontre GERARD, GERRARD et son diminutif GERRY. En d'autres langues européennes, les équivalents sont : GERHARD (all. et als.), GERARDO et GIRARDO (esp. et ptg.), GERARDO et GERARDI, GIRARDO et GIRARDI (it. et cor.).

GIROUARD. GIROUARD vient du germanique *Giroward*, à partir des racines *gari-*, « lance », devenue *gir-*, et *-ward*, « protéger ».

GIROUX. GIROUX se rattache au nom germanique *Girwulf*, par les racines *gari-*, « lance », devenue *ger-* ou *gir-*, en français, et *-wulf*, « loup ». GÉROUX en est une variante, qui s'est contractée en GROUX, écrit aussi GROU et, le plus souvent, GROULX.

GODARD. GODARD est issu du nom germanique *Godhard*, formé des racines *god-*, « dieu », et *-hard*, « fort, dur ». GODDAERT en est l'équivalent flamand ou néerlandais.

GODBERT. Les noms GODBERT et GOBERT sont l'aboutissement en français du nom germanique *Godaberth*, formé des racines *god-*, « dieu », et *-berth*, « illustre ». GOBIN en est un diminutif.

GODBOUT. Le nom GODBOUT, contraction de GODEBOUT, vient du germanique *Godbold*, formé des éléments *god-*, « dieu », et *-bold*, variante de *-bald*, « audacieux ». Le PRDH a relevé plus de soixante graphies du nom dans les documents du Québec ancien parmi lesquelles les plus fréquentes sont GODBOU, GODBOUT, GODEBOUT et *Gotbou*. Seule la dernière n'est pas attestée parmi les abonnés du téléphone.

GOHIER. GOHIER vient du nom germanique *Godhari*, d'après les racines *god-*, « dieu », et *-hari*, « armée ». Le *d* entre deux voyelles s'est amuï, c'est-à-dire qu'il est devenu muet. La présence du *h* signale la prononciation distincte, *hiatus*, des voyelles *oi*. Il existe un homonyme à ce nom. Il s'agit de GOYER, dont l'histoire est tout autre. En effet, on a affaire dans ce dernier cas à un surnom de métier. Au Moyen Âge, il existe un outil appelé *goi* qui désigne une espèce de couteau dont se servent les tonneliers et les vignerons. Le surnom s'applique donc à celui qui travaille avec cet outil ou encore à son fabricant. À remarquer qu'un « petit goi » est un GOYET, féminisé ici en GOYETTE. Ajoutons enfin que GOHIER est aussi un surnom d'origine de celui qui vient d'un endroit portant ce nom.

GOMERY. Les racines germaniques *gum-*, « homme », et *-ric*, « puissant », ont donné le nom de baptême germanique *Gumaric* qui a abouti en français et en anglais à GOMERY.

GOMMIER. Du nom germanique *Gumhari*, le nom GOMMIER est formé des racines *gum-*, « homme », et *-hari*, « armée ».

GONTHIER. GONTHIER est l'aboutissement français du nom germanique *Gunthari*. Il résulte de la combinaison de la racine *gund-*, devenue *gunt-*, puis *gond-* ou *gont-*, « combat », et de la racine *-hari*, « armée ». Dans les textes du Québec ancien, on a confondu facilement les noms GONTHIER et GAUTHIER, soit à la suite d'une mauvaise lecture, soit à cause d'une confusion auditive reliée aux accents dialectaux des ancêtres. C'est pourquoi bon nombre de descendants du pionnier *Bernard Gonthier* portent aujourd'hui le patronyme de GAUTHIER. En anglais, l'équivalent est GUNTHER.

GRIMARD. Les racines *grim-*, « cruel », et *-hard*, « fort, dur », ont donné le nom de personne germanique *Grimhard*, devenu, en français, GRIMARD.

GRIMAUD. GRIMAUD vient du nom germanique *Grimbald*, formé de *grim-*, « cruel », et *-wald*, « gouverner ». L'équivalent italien est GRIMALDI.

GUÉNARD. GUÉNARD vient du nom d'origine germanique *Wanhard*, formé de *wan-*, « espérance, attente », et *-hard*, « dur ». Ce peut être aussi un diminutif du nom d'origine germanique GUÈNE.

GUICHARD. Le nom GUICHARD vient du germanique *Wichard*, formé des racines *wig-*, « combat », et *-hard*, « dur, fort ». GUICHON en est un diminutif.

GUIGNARD. GUIGNARD est une variante de GUINARD et vient du nom germanique *Winhard*, formé des racines *win-*, « ami », et *-hard*, « dur, fort ».

GUILBAUD. Les noms GUIBAUD, GIBAUD et GUILBAUD, qui comptent plusieurs graphies, se rattachent à un nom germanique commun, *Willbald*, d'après les racines *will-*, « volonté », et *-bald*, « audacieux ». Comme pour GIBERT, GUIBERT et GUILBERT, la racine initiale a subi une évolution phonétique différente selon les régions. On trouve donc aussi, plus rarement, WIBAULT et VIBAUD. GIBELIN est un dérivé de GIBEAU.

GUILLARD. GUILLARD vient de *Willihard*, formé des racines *-will*, « volonté », et *-hard*, « dur », avec le changement de la racine *will* en *guill*. Les équivalents dialectaux WILLARD et VILLARD montrent des étapes intermédiaires de cette évolution.

GUILLAUME. Le nom GUILLAUME est l'aboutissement en français du nom germanique *Willhelm*. Il résulte de la combinaison de la racine *will-*, devenue *guill-* en français, « volonté », et de la racine *-helm*, « casque ». GUILLAUME a laissé un grand nombre de dérivés sous forme de diminutifs affectifs : GUILLEN, GUILLERME, GUILLAUMET, GUILLAUMAT, mais aussi GUILLEMET, féminisé en GUILLEMETTE, et contractés en GUILMET et GUILMETTE, GUILLEMOT et GILLEMARD, contracté aussi en GUILMARD. Ajoutons GUILLET, féminisé en GUILLETTE, GUILLOT et son propre diminutif GUILLOTEAU, GUILLON, GUILLARD, GUILLOCHE et GUILLY.

Certaines formes sont d'origine régionale : VUILLAUME (E.), GUILLERM et les diminutifs GUILLO, GILLON, GUILLOU et GUILLOUX (bret.), VILLAUME (lor.). En anglais, l'équivalent est WILLIAM, dont les formes marquant la filiation sont multiples : WILLIAMS, WILLIAMSON, contractée en WILSON, ainsi que WILLIS, WILKINS et WILKINSON, ce dernier signifiant alors « petit-fils de WILLIAM ». WILL et WILLIE sont des diminutifs affectifs de WILLIAM. En d'autres langues européennes, les équivalents sont : WILHELMY (all. et als.), GUILLERMO (esp.), VILMOS (hon.), GUGLIHELMO et GUGLIHELMI (it. et cor.), WILLEM (néer. et flam.), GUILHERME (ptg.).

GUIMOND. GUIMOND vient du nom germanique *Wigmund*, formé de la racine *wig-*, devenue *gui-*, « combat », et la racine *-mund*, « protection ». VIMONT est une variante dialectale du même nom. Contrairement à d'autres noms germaniques qui ont formé des diminutifs affectifs, GUIMOND n'a pas laissé de dérivés.

GUYARD. GUYARD vient du nom germanique *Widhard*, C'est une variante orthographique de GUIARD qui résulte de la combinaison de la racine *wid-*, devenue *guy-* en français, « bois », et *-hard*, « dur, fort ». Comme les noms commençant par une racine à initiale *w*, *Widhard* a évolué, dans les mêmes sphères géographiques, en GUYARD, WIARD et VIARD. La forme apparentée GUILLARD se rattache plutôt à la racine *will*, à moins qu'il ne s'agisse, dans certains cas, que d'une autre variante orthographique adoptée par des GUYARD.

HANGARD. Le patronyme HANGARD est l'aboutissement du nom germanique *Engehard*. Il résulte de la combinaison des racines *enge-*, « pointe de lance » et *-hard*, « dur, fort ». La racine *enge-* est plutôt rare.

HÉBERT. HÉBERT est l'aboutissement du nom germanique *Hariberth*, HERBERT, adouci en HÉBERT. Il résulte de la combinaison de la racine *hari-*, devenue *heri-*, « armée », et de la racine *-berth*, « illustre ». En anglais, on rencontre HERBERT.

HÉNAULT. Le nom HÉNAULT, quelle que soit sa graphie très variable, vient de *Haginwald*, où la racine *hagin-*, « enclos », se combine avec la racine *-wald*, « gouverner ». On ne peut exclure d'emblée le surnom d'origine de celui qui vient de la province belge du HAINAUT. Le cas de l'ancêtre *Toussaint Hunault dit Deschamps* apparaît mystérieux. En effet, selon René Jetté, l'ancêtre serait originaire de la Picardie. Mais certains de ses descendants sont nommés *Hunault dit Hénault*. S'agit-il d'un simple paronyme ou veut-on indiquer qu'il serait originaire du Hainault ?

HENRY. HENRY vient du nom germanique *Haimric*, formé des racines *haim-*, « maison, foyer », et *-ric*, « puissant ». Le même nom a donné aussi HÉMERY, devenu ÉMERY. Le nom a deux graphies, HENRI, plus fréquente pour le prénom, et HENRY pour le nom de famille. HENRI a laissé des diminutifs, dont HENRIOT et HENRION, mais aussi HENRICHON et, HENRIPIN, dont l'origine est obscure, mais qui partage le suffixe *-pin* avec d'autres noms comme *Jospin*, HENNEPIN, *Jupin*, *Lupin* et *Villepin*. HENRIPIN signifierait alors « le petit Henri » ou « le petit de Henri ».

Certaines formes sont d'origine régionale : HAMEURY (bret.), HENRICH (lor.). En anglais, on rencontre HENRY et les diminutifs affectifs HARRY et HARRIS, ainsi que HARRISSON et la forme EMERY, qui a donné, avec la marque de filiation, EMERSON et EMPSON. En d'autres langues européennes, les équivalents sont : HEINRICH et ses diminutifs HEINZ et HENKEL, ainsi qu'EMERICH (all. et als.), ENRIQUE et ENRIQUEZ (esp.), ENRICO (it. et cor.), HENDRYCK et EMRICK (néer. et flam.), HENRIQUES ou ENRIQUES et HENRICO (ptg.).

HÉROUX. HÉROUX est l'aboutissement en français du nom germanique *Hariwul*, composé des éléments *-hari*, devenu *-heri*, « armée », et *-wulf*, « loup ».

HUARD. Même si on rencontre plusieurs noms d'oiseaux dans les noms de personnes, dont PINSON, ROSSIGNOL et LEMERLE, le nom HUARD n'a rien à voir avec le plongeon de chez nous, qui tire son nom de son cri. Il faut voir ici un nom d'origine germanique, *Hugard*, formé des racines *hug*, « intelligence », et *-hard*, « fort, dur ».

HUBERT. HUBERT vient de *Hugberth*, nom d'origine germanique formé des racines *hug-*, « intelligence », et *-berth*, « brillant, illustre ».

En anglais, on rencontre HUBERT, HUBBERT et HUBBARD. En d'autres langues européennes, les équivalents sont : HUBRECHT (all. et als.), HUBERTO (esp.), UBERTI (it. et cor.).

HUGER. Le nom *Hughari* aboutit en français à HUGER. Il est composé des racines *hug-*, « intelligence », et *-hari*, « armée ». Un seul diminutif du nom, HUGERON, contracté ensuite en HUGRON, s'est implanté au Québec.

HUMBERT. Le nom germanique *Hunberth* est à l'origine du nom HUMBERT et est formé des racines *hunn-*, « ours », et *-berth*, « brillant, illustre ». L'équivalent corse ou italien est UMBERTO. En portugais, on aura HUMBERTO.

HUNAULT. Le nom HUNAULT est l'aboutissement français du nom germanique *Hunwald*. Il résulte de la combinaison des racines *hun-*, « ours, géant », et *-waldan*, « gouverner ».

IMBAUD. IMBAUD vient du nom d'origine germanique *Imbald*, formé des racines *im-*, « immense », et *-bald*, « audacieux ».

IMBERT. Le nom IMBERT est issu du nom germanique *Imberth*, formé des racines *im-*, « immense », et *-berth*, « illustre ».

ISNARD. ISNARD vient du nom germanique *Isnhard*, composé des racines *isan-*, « fer », et *-hard*, « dur, fort ».

JALBERT. JALBERT, écrit aussi JALABERT ou JALLABERT, et GALIBERT viennent du nom germanique *Waldberth*, formé des racines *wald-*, « gouverner », et *-berth*, « brillant ». Ce nom explique JAUBERT ou JOBERT, par la vocalisation du *l*, c'est-à-dire le changement de la consonne *l* en la voyelle *u*, comme cela s'est fréquemment produit. Comme ROBIN est un diminutif de ROBERT, JOBIN l'est de JOBERT. Notons cependant que certains auteurs rattachent JAUBERT à JOUBERT. Le nom GALIBERT a pu se contracter en GALBERT et, avec la vocalisation de la consonne *l* en *u*, aboutir à GAUBERT. Ajoutons toutefois que JOBIN est aussi un diminutif du nom biblique JOB.

Une remarque s'impose toutefois concernant le nom JALBERT au Québec. Les porteurs actuels du nom JALBERT, comme la chanteuse *Laurence Jalbert*, sont des descendants de *Mathurin Gerbert*. Or GERBERT est aussi un nom de baptême germanique vu plus haut. Le passage de GERBERT à JALBERT a dû s'effectuer en deux étapes. D'abord, la prononciation de la première syllabe de [jèr] à [jar], très répandue dans certaines régions du Québec, comme dans « de l'herbe verte », prononcé [de l'arbe varte]. Ensuite, le *r* de *jar* est devenu un *l*.

Généalogie 3. L'ascendance de *Laurence Jalbert*

Mathurin **Gerbert** Élisabeth Targer
Jacques **Gerbert** Marie Pelletier
Joseph **Gerbert** Marie-Élisabeth Aubertin
Antoine **Gerbert** Geneviève Morin
Louis **Gerbert** Marie-Thérèse Proulx
Jean-Baptiste **Jalbert** Émilie Métivier
Jean-Baptiste **Jalbert** Élisabeth Caron
Pierre **Jalbert** Rose-Dalilas Paquet
Adelme **Jalbert** Vilda Dufresne
Robert **Jalbert** Edna Dumaresq
Laurence **Jalbert**

Laurence Jalbert est une chanteuse populaire. Le tableau montre bien que, jusqu'à la 6ᵉ génération, la graphie du nom *Gerbert* n'était pas modifiée. Cependant, la prononciation de [jèr] à [jar] devait déjà être fréquente.

JODOIN. JODOIN vient de *Waldwin*, formé des deux racines *wald-*, «gouverner», et *-win*, «ami». La racine *wald-* s'est modifiée en *gaud-*, la plupart du temps, mais, au sud, cette racine est parfois devenue *jaud-* ou *jod-*. C'est ainsi que les noms *Gaudoin* et JAUDOIN sont attestés en France, alors que seule la forme JODOIN existe en Amérique.

JOUBERT. Le nom JOUBERT vient du nom germanique *Gautberth*. Il est formé de la racine *gaut-*, représentant le nom du peuple des Goths, et la racine *-berth*, «brillant, illustre». Il se peut aussi que JOUBERT ne soit qu'une variante de JAUBERT.

LAMBERT. LAMBERT est l'aboutissement du nom germanique *Landberth*, formé des racines *land-*, «pays», et *-berth*, «illustre, brillant». LAMBERTOT, LAMBERTON, LAMBERTY, mais aussi LAMBIN, LAMBINET et LAMBELIN sont des diminutifs de LAMBERT.

En anglais, on rencontre LAMBERT, LAMBERTS et LAMBERSON. En d'autres langues européennes, les équivalents sont : LAMBERTO et LAMBERTI (it. et cor.), LAMBERT et LAMBRECHT (all. et als.), LAMBAERT ou LAMBRECHT (néer. et flam.).

LANDRY. Le nom LANDRY vient du nom germanique *Landric*. Il résulte de la combinaison des racines *land-*, « pays », et *-ric*, « puissant ».

LANGELIER. Le nom LANGELIER est une forme particulière du nom germanique ANGELIER précédé de l'article qui lui est soudé. Il s'agit probablement d'une ancienne forme, *Alangelier*, marquant la filiation comme AUCLAIR, qui équivaut à ALECLAIR et ALAMARTINE. La disparition de la préposition *à* a réduit ces noms respectivement à LANGELIER, LECLAIR et LAMARTINE. ANGELIER vient du nom germanique *Angalhari*, formé des racines *angil-*, « pointe de lance », et *-hari*, « dur, fort ».

Toutefois, on ne peut écarter l'hypothèse que le nom LANGELIER puisse aussi représenter un surnom de métier. En effet, en ancien français, le mot *langel*, diminutif de *lange*, désigne un petit morceau d'étoffe en laine servant à des usages variés. LANGELIER serait alors le marchand qui le vend ou l'artisan qui le fabrique.

LANTHIER. LANTHIER vient du nom germanique *Landhari*, formé des racines *land-*, « pays », et *-hari*, « armée ».

LÉGER. Contrairement à ce que l'on pourrait croire, le nom LÉGER est rare comme sobriquet évoquant la frivolité du porteur. Il s'agit plutôt du nom germanique *Leodgari*, qui repose sur les racines *leod-*, « peuple », et *-gari*, « lance ». Populaire, au Moyen Âge, grâce à saint *Léger*, évêque d'Autun et martyr, le nom LÉGER a été féminisé dans la prononciation acadienne et nous a apporté la forme LÉGÈRE. Existe aussi le nom SAINT-LÉGER, plus rare, comme surnom d'origine.

LIBERGE. LIBERGE vient du nom germanique féminin *Lietberga*, formé des racines *leot-*, « peuple », et *-berga*, « préserver ».

LOUIS. LOUIS, écrit parfois LOUYS, LOUY ou LOYS, est l'aboutissement du nom d'origine germanique *Hlodowig*, formé des racines *hlodo-*, « renommée », et *-wig*, « combat ». La racine initiale, difficile à prononcer en gaulois, s'est transcrite de plusieurs façons. Ce qui explique la grande variété de noms, aujourd'hui distincts, qui en découle. Transcrite *clod-*, la première racine donne *Clovis*, que l'on ne retrouve pas comme nom de famille au Québec, mais qui existe en France. Écrite *lod-*, elle justifie la forme savante LUDOVIC, ainsi que LOUIS, ses variantes et ses diminutifs, *Louiset* et LOUISETTE, LOUISON et LOUISY.

À l'instar de JEAN et de PIERRE, LOUIS s'est juxtaposé à de nombreux « prénoms » pour former des noms composés : LOUIS-AIMÉ, LOUIS-CHARLES, LOUIS-JACQUES, LOUIS-JEAN, LOUIS-JEUNE et LOUIS-PIERRE. Ces patronymes composés sont fréquents surtout dans la communauté haïtienne.

En anglais, on rencontre LOUIS et LEWIS, LODWICK et LUDWICK. En d'autres langues européennes, les équivalents sont : LUDWIG, LUDVIG et le diminutif LUTZ (all. et als.), LUIS (esp.), LUIGI, LUDOVICO et LUDOVICI (it. et cor.), LODWICK (néer. et flam.).

MACHARD. Le nom d'origine germanique *Maghard* a donné en français MACHARD et MACARD. Le nom est formé des racines *mag-*, « force, puissance », et *-hard*, « dur, fort ».

MAGNIER. MAGNIER et sa variante MAGNER viennent du nom germanique *Maginhari*, issu des racines *magin-*, « puissance », et *-hari*, « armée ».

MAHEU. Le nom germanique féminin *Mathild* est formé des racines *mat-*, « force », et *-hild*, « combat ». Deux formes populaires de ce nom, MAHEU et MAHAUT, sont passées dans les noms de famille. Le nom *Mathilde* a été popularisé par *Mathilde de Flandre*, épouse de Guillaume le Conquérant ainsi que par plusieurs saintes du Moyen Âge, dont sainte *Mathilde*, impératrice d'Allemagne.

Une autre hypothèse voit dans le nom MAHEU, écrit aussi MAHEUX, un diminutif affectif du nom de baptême chrétien MATHIEU, comme c'est le cas pour MAHEY, MATHEY, MATTON et plusieurs autres.

MAILLARD. MAILLARD est issu du nom d'origine germanique *Magilhard*, formé des racines *magil-*, « puissance », et *-hard*, « dur, fort ». Il peut s'agir aussi d'un surnom de métier de celui qui travaille avec un MAILLET ou encore du percepteur de la *maille*, une taxe royale.

MALBEUF. Nom germanique, *Madalabod*, formé de la racine *madal-*, contractée en *mal-*, « réunion », et *-bod*, « messager ». La prononciation de la syllabe *bod* s'est modifiée pour aboutir à *-beu*. La confusion avec *bœuf* était inévitable. Le passage de *Malbeu* à MALBŒUF et MALBEUF n'a pas tardé.

MARCOUX. Le nom MARCOUX est l'aboutissement du nom germanique *Marcwulf*. Il résulte de la combinaison des racines *marca-*, « marche, frontière », et *-wulf*, « loup ». On ne peut cependant exclure l'hypothèse que MARCOUX soit un surnom d'origine. En effet, plusieurs localités en France portent aussi ce nom. Il serait donc plausible qu'une personne venue d'un de ces lieux soit affublée de ce surnom qui permet de la distinguer d'un homonyme.

MAUGER. MAUGER vient du nom germanique *Madalgari*, formé des racines *madal*, « conseil », et *-hari*, « armée ». MAUGIN en est un diminutif.

MÉDARD. Le nom de baptême germanique *Medard* est formé des racines *med-*, issue de la transformation de la racine *mat-*, « force », et *-hard*, « dur ». Notons cependant que, au cours des siècles, MÉDARD s'est contracté en *Mard*, que l'on reconnaît dans le grec MARDAKIS et l'italien MARDINI. Plus tard, la confusion avec MARC et MARS, y compris dans les noms de lieux, a conduit à SAINT-MARC et SAINT-MARS, les trois noms ayant une prononciation identique, [mar]. Passé dans les noms de famille, vraisemblablement comme surnom d'origine, SAINT-MARS s'est transformé en son homophone CINQ-MARS. De nombreux lieux, en France, portent le nom de *Saint-Mars* ou *Saint-Marc*. L'ancêtre *Louis Guillet* et ses descendants sont dits tantôt *Saint-Mars*, tantôt *Saint-Marc* et même *Saint-Mard*. Quant à l'ancêtre *Marc-Antoine Gobelin*, il est dit *Saint-Mars* et *Cinq-Mars*. Les pionniers de ces deux souches seraient-ils originaires d'un lieu portant ce nom? Rien pour l'instant ne permet de l'affirmer, mais cela reste plausible, jusqu'à plus ample informé.

MÉNARD. Le nom germanique *Maginhard* est à l'origine du nom MÉNARD, écrit aussi MAYNARD. Il combine les deux racines *magin-*, «force», et *-hard*, «dur». Le seul diminutif du nom qui existe ici est MÉNARDY.

MILLARD. MILLARD vient du nom germanique *Milhard*, qui combine les racines *mil-*, «généreux», et *-hard*, «dur».

MINEAU. MINEAU est une variante de *Menaud*, lui-même un nom d'origine germanique issu de *Maginwald*, formé des racines *magin-*, «force», et *-wald*, «gouverner».

MOTARD. Le nom germanique *Modhard* est à l'origine du nom MOTARD. Il est formé des racines *mot-*, «cœur, courage», et *-hard*, «dur, fort». Toutefois, à l'instar de MOTEL et MOTIN, MOTARD est aussi un diminutif de *Mote*, à l'origine du nom LAMOTHE, qui désigne un talus sur lequel est édifiée une forteresse.

NIVARD. NIVARD vient du nom d'origine germanique *Niward*, composé des racines *niwi-*, «nouveau», et *-hard*, «dur, fort». NIVET, NIVIN et NIVON en sont les diminutifs affectifs.

NORBERT. Le nom germanique *Nordhberth*, formé des racines *nord-*, «venu du Nord», et *-berth*, «illustre», a donné en français et en anglais NORBERT.

NORMAND. Du nom germanique *Northman*, NORMAND comprend la racine *nord-* et la racine *-man*, «homme». Les diminutifs NORMANDEAU et NORMANDIN sont très répandus chez nous. À ceux-là, il faut ajouter la forme composée LENORMAND, qui a été souvent au cours des siècles alignée sur NORMAND. Rappelons que tous ces derniers noms sont aussi des surnoms d'origine indiquant que les porteurs sont venus de la Normandie.

PACAUD. PACAUD vient du germanique *Pacwald*. Il comprend les racines *pac-*, «lutter», et *-waldan*, «gouverner». Le nom semble avoir été transmis par *Marie Pacaud*, épouse de *Simon Chapacou*.

PHILIBERT. Le nom PHILIBERT est l'aboutissement du nom germanique *Filiberth*. Il combine les racines *fili-*, «beaucoup», et *-berth*, «brillant». PHILIBERT se rencontre parfois en contraction, PHILBERT et FILBERT. En corse et en italien, l'équivalent est FILIBERTI.

RAIMBAUD. Le nom germanique *Raginbald*, formé des racines *ragin-*, «conseil», et *-bald*, «audacieux», explique RÉGIMBALD, plus récent, dont RAIMBAUD représente une forme contractée plus ancienne.

RANGER. RANGER vient du germanique *Rangari*, formé des racines *rank-*, «sinueux», et *-hari*, «armée». La graphie avec un *s* final ne s'explique que comme une fantaisie orthographique injustifiée, probablement calquée sur ANGERS. ANGERS est le surnom d'origine de celui qui est originaire de la ville d'Angers, en Anjou.

RATIER. Le nom germanique *Rathari*, formé des racines *rat-*, « conseil », et *-hari*, « armée », est à l'origine du nom RATHIER.

RAULT. Le nom germanique *Radwulf*, formé des racines *rad-*, « conseil », et *-wulf*, « loup », a abouti, en français, à RAULT et à RAOUL. RAULET et RAULIN en sont les diminutifs. L'équivalent breton est RAOULT.

En anglais, il a donné de nombreuses formes, dont RALPH, RAU et RAW sont les plus répandues. On trouve en espagnol RAUL.

RAYMOND. Formé des racines *ragin-*, « conseil », et *-mund*, « protection », le nom germanique *Ragmund* a évolué en français en RAIMOND ou RAYMOND, dont RAYMONEAU est un diminutif. L'équivalent de RAYMOND en espagnol est RAMON ou RAIMUNDO et en corse ou en italien, RAIMONDO et RAIMONDI.

RÉGNIER. Le nom germanique *Raginhari*, qui combine la racine *ragin-*, « conseil », et la racine *-hari*, « armée », donne en français RÉGNIER et ses variantes RÉGNER et RÉNIER. Ce peut être aussi le surnom d'origine de celui qui vient du « pays de Régnier », en Auvergne.

RENARD. Contrairement aux apparences, le nom RENARD n'est pas, à l'origine, un nom d'animal. Il s'agit plutôt d'un nom de personne d'origine germanique, *Raginhard*, contracté en *Ragnard*, et composé des racines *ragin-*, « conseil », et *-hard*, « dur ». Le nom est passé progressivement de RAYGNARD à RÉGNARD, puis à RENARD. Dans une importante œuvre littéraire du Moyen Âge intitulée *Le Roman de Renart*, le personnage principal, appelé jusque-là GOUPIL, se nomme *Renard*. Par la suite, RENARD devient un nom commun et supplante *goupil*. Ce dernier ne survivra dorénavant que dans les noms de famille.

En anglais, on rencontre REYNARD, mais aussi FOX, pour l'animal. En d'autres langues européennes, les équivalents sont : REINHARDT, mais aussi FUCHS, pour le nom de l'animal (all. et als.), VOLPI (it. et cor.), REYNAERT, pour le nom de baptême et VOSS ou DEVOS, pour le nom de l'animal (néer. et flam.).

RENAUD. Le nom RENAUD, issu du germanique *Raginwald*, formé de la racine *ragin-*, « conseil », et de la racine *-waldi*, « gouverner », est connu sous plusieurs graphies, dont RENAULT, RAYNAULT, RAYNAUD, REYNAUD et quelques rares RENALD, RAYNALD et RAYNAL. Ce nom a laissé des diminutifs comme RENAUDET et RENAUDIN. En concurrence avec d'autres noms comme ARNAUD et MENAUD, il a donné aussi, par aphérèse, les noms suivants : NAUD, NAULT, NAUDET, NAUDOT et NAUDIN. Le nom RÉGINALD est une forme plus récente refaite sur le nom germanique.

En anglais, on rencontre REYNOLD, souvent marqué de la filiation, REYNOLDS, en corse et en italien, ce sera RENALDO et RENALDI ou RINALDO et RINALDI.

RENOU. Le nom germanique *Raginwulf* est à l'origine des noms français RENOUF, RENOU et RENOUX. Ils sont formés des racines *ragin-*, « conseil », et *-wulf*, « loup ».

RENOUARD. RENOUARD, plus fréquent sous la forme moderne RENOIR, vient du nom germanique *Raginward*, formé des racines *ragin-*, « conseil », et *-ward*, « garder ».

RICHARD. RICHARD, RICARD et RIGARD sont trois formes issues du même nom germanique *Richard*, formé des racines *ric-*, « puissant », et *-hard*, « dur ». RICARD se rencontre surtout en normand-picard et en occitan. Seuls les deux premiers ont des diminutifs implantés ici : RICHARDEAU, RICHARDET, RICHARDOT, RICHARDIN, RICHARDON, RICARDEAU. Ceux-ci sont à l'origine, par aphérèse, des noms CARDIN, CARDON, CARDEY, CARDI, CARDOT, CHARDIN, CHARDON et CARDOCHE. À son tour, CHARDON explique le diminutif CHARDONNET.

En anglais, à RICHARD et RICKARD s'ajoutent, avec la marque de filiation, RICHARDS et RICHARDSON, ainsi que les diminutifs RICKET et RICKERD. D'autres variantes de RICHARD se reconnaissent dans RICHIE et RITCHIE, ou dans le diminutif RITCHOT, féminisé au Québec en RITCHOTTE. Aussi surprenant que cela puisse paraître, DICK est souvent, en anglais, un diminutif affectif de RICHARD et, à ce titre, a donné les filiations DICKS, DICKSON et DIXON. Il en est de même des noms HICK, HICKEY, HICKSON et HICKMAN. Quant à HIGGINS ou HIGGINSON, toujours avec la marque de filiation, il est lui-même un diminutif affectif de HICK, avec sonorisation de la consonne finale. En d'autres langues européennes, les équivalents sont : RICHARD et RICKERT (all. et als.), RICARDO (esp.), RICCIARDO et RICCIARDI, RICARDO et RICARDI (it. et cor.), RICARDO (ptg.).

RICHAUME. RICHAUME vient du nom germanique *Richelm*, qui combine les racines *ric-*, « puissant », et *-helm*, « casque ».

RICHER. RICHER, parfois écrit RICHÉ, est l'aboutissement en français du nom germanique *Richari*, basé sur les racines *ric-*, « puissant », et *-hari*, « armée ». La variante normande est RIQUIER, dont le diminutif est RIQUET.

RIGAUD. Le nom RIGAUD vient du nom germanique *Ricwald*, formé des racines *ric-*, « puissant », et *-wald*, « gouverner ». Il a une variante, RICAUD, et des diminutifs comme RIGAUDEAU et RIGAUDIE. RIGAUD est aussi un nom de lieu assez répandu à travers la France. Il peut donc se classer dans la catégorie des surnoms d'origine et s'appliquer alors à celui qui vient d'un lieu portant ce nom.

RINFRET. Le nom RINFRET, écrit aussi RINFRETTE, est l'aboutissement du nom germanique *Raginfrid*. Il résulte de la combinaison de la racine *ragin-*, « conseil », et de la racine *-frid*, « paix ». La forme « normale » du nom était RAINFRAY, RAINFREY ou RAINFROY, comme l'attestent plusieurs documents du Québec ancien. La prononciation des graphies *-ay*, *-ey*, *-ai*, *-ais* et *-et* étant uniformisée en [é], en syllabe finale, la graphie du nom s'est alignée sur les noms en *-et*. Il ne restait au nom qu'à suivre la tendance forte de féminisation en RINFRETTE.

ROBERGE. Le nom ROBERGE vient du nom germanique *Hrodberga*. Il résulte de la combinaison des racines *hrod-*, «gloire», et *-berga*, «qui préserve». ROBERGE a laissé en France quelques dérivés sous forme de diminutifs, dont seul ROBERGEAU est attesté chez nous.

ROBERT. ROBERT, issu du germanique *Hrodberth*, résulte de la combinaison des racines *hrod-*, «gloire», et *-berth*, «illustre». Il possède sa famille de dérivés sous forme de diminutifs affectifs reliés à plusieurs radicaux: *robert-*, *rob-*, *robi-*, *robin-*. Se rattachent au radical *robert-* ROBERTON et ROBERTY; à *rob-*, ROBEL, ROBAN, ROBIN et, avec filiation, ROBINSON, ROBARD, ROBY, ainsi que ROBELIN, contracté en ROBLIN, ROBREAU et ROBRET; à *robi-*, ROBIDAS, ROBIDOUX, ROBILLARD, ROBITAILLE; à *robin-*, ROBINEAU, ROBINET et ROBINETTE auxquels il faut ajouter, en France, *Robinoche*. Ces derniers noms ont été tronqués en BINEAU, BINET, BINETTE et BINOCHE. Pour BINET et BINETTE, on ne peut écarter le nom de métier de celui qui «bine la terre» avec une *binette*. Un dérivé à part est *Robiche*, qui s'est implanté au Québec par deux de ses diminutifs, ROBICHEAU et ROBICHON.

ROBICHEAU, plus souvent écrit ROBICHAUD, est très répandu au Canada. Les ROBICHAUD québécois descendent de *Louis Robichaud* par ses fils, *Étienne* et *Charles*, qui, venus de leur Poitou natal, se sont établis en Acadie où ils ont fait souche. À la suite du Grand dérangement, leur lignée s'est répandue en Amérique.

Certaines formes sont d'origine régionale dont ROBIC, en breton. En anglais, il existe plusieurs équivalents de ROBERT, dont ROBART, et autant de diminutifs affectifs. ROBB en est un, auquel se joignent les marques de filiation ROBSON et ROPKINS; ajoutons ROBINS, ROBBINS et ROBINSON; HOBB en est un autre et comporte plusieurs variantes, toutes affectées d'une marque de filiation: HOBBES, HOBBS, HOPSON et HOPKINS. En d'autres langues européennes, les équivalents sont: RUPERT (all. et als.), ROBERTO (esp.), ROBERTO (it. et cor.), ROBAERT et ROPAERT (néer. et flam.), ROBERTO (ptg.).

RODRIGUE. Du nom germanique *Hrodric*, formé des racines *hrod*, «gloire», et *-ric*, «puissant», le nom RODRIQUE s'est surtout implanté en Espagne sous la forme de RODRIGO, dont le dérivé marquant la filiation est RODRIGUEZ. L'équivalent en portugais est RODRIGUES, mais, en néerlandais et en flamand, on aura RODERICK ou RODRICK.

ROGER. ROGER, ROGIER et ses variantes du Midi, ROUGIER, ROUGER et ROUGERIE sont l'aboutissement en français du nom germanique *Hrodgari*. Il combine la racine *hrod-*, «gloire», et la racine *-gari*, «lance».

L'équivalent anglais RODGER est plus fréquent en RODGERS, alors que le corse et l'italien ont RUGGIERO et RUGGIERI.

ROLAND. Le nom d'origine germanique *Hrodland* a abouti en français à ROLAND, écrit ROLLAND comme nom de famille. Il s'appuie sur les racines *hrod-*, «gloire», et *-land*, «pays». Le nom a eu quelques diminutifs affectifs, dont ROLANDEAU. Par métathèse, c'est-à-dire par interversion de syllabes, ROLANDEAU est devenu, en Nouvelle-France,

LAURENDEAU. Ainsi le pionnier *Jean Rolandeau* est-il l'ancêtre des LAURENDEAU d'Amérique, alors que ROLANDEAU semble disparu de notre patrimoine. ROLAND partage avec ROL, un autre nom d'origine germanique, un certain nombre de diminutifs : ROLEAU, ROLET ou ROLLET, ROLAN ou ROLLAN, ROLIN ou ROLLIN, ROLON ou ROLLON et ROLY.

En anglais, on rencontre ROWLAND. En d'autres langues européennes, les équivalents sont : ORLANDO (esp.), ORLANDO (it. et cor.), ROELANDT (néer. et flam.).

ROSTAND. ROSTAND et ROSTAING viennent du nom germanique *Hrodstain*, qui combine les racines *hrod-*, « gloire », et *-stain*, « pierre ».

ROUAULT. Les noms ROUAULT et ROUAUD sont l'aboutissement en français du nom germanique *Hrodwald*, formé des racines *hrod-*, « gloire », et *-wald*, « gouverner ».

SARAULT. Le nom germanique *Sarwald* est à l'origine du nom SARAULT. Il est formé des racines *sar-*, « cuirasse », et *-wald*, « gouverner ».

SAVARD. SAVARD vient du nom germanique *Savhard*, formé de la racine *sav-*, dont l'origine est inconnue, et *-hard*, « dur, fort ». Toutefois, un homonyme *savard*, de l'ancien français, désigne une terre en friche, la même que l'on nomme *artigue*, dans le Sud. D'où les surnoms SAVARD et LARTIGUE qui évoquent ce type de terre caractéristique du domaine habité par les porteurs.

SAVARY. Le nom SAVARY vient du nom germanique *Savaric*, formé des racines *sav-*, d'origine inconnue, et *-ric*, « puissant ». SAVARIA en est une variante.

SÉGUIN. Le patronyme SÉGUIN et sa variante SIGOUIN sont l'aboutissement du nom germanique *Sigwin*. Il résulte de la combinaison des racines *sig-*, « victoire », et *-win*, « ami ». Le seul diminutif de SÉGUIN implanté au Québec est SEGUINEL. On y rencontre aussi les variantes SEGUI et SEGUY.

SÉNARD. Le nom SÉNARD vient du germanique *Sinhard*, composé des racines *sin-*, « vieux », et *-hard*, « dur ». Il peut s'agir aussi d'un surnom d'origine, car SÉNARD se rencontre comme lieu-dit. SENET est un diminutif de SÉNARD.

SICARD. SICARD vient du nom germanique *Sichard*, formé de la racine *sig-*, « victoire », et *-hard*, « dur ».

THABAULT. Le nom germanique *Tatbald* a abouti, en français, à THABAULT, écrit aussi TABAULT. Il est formé des racines *tat-*, « fait, action », et *-bald*, « audacieux ».

TANCRÈDE. Nom de personne d'origine germanique, TANCRÈDE vient de *Tancrad*, qui combine les racines *tanc-*, « pensée », et *-rad*, « conseil ». L'équivalent est TANCRED, en anglais, et TANCREDO et TANCREDI, en corse et en italien.

THÉROUX. Le nom THÉROUX vient du nom germanique *Thurwulf*. Il résulte de la combinaison des racines *thur-*, devenue *thér-*, « géant », et *-wulf*, « loup ».

THIBAUD. Le nom THIBAUD a été abordé plus haut, en introduction du présent chapitre. À titre complémentaire, il faudrait ajouter certains diminutifs attestés chez nous :

THIBAUDEAU et THIBODEAU, venus du Poitou en passant d'abord par l'Acadie, et THIBAUDAT. Une variante, THIBOUT, plutôt rare au Québec, explique le diminutif THIBOUTOT, dont la consonne finale est toujours sonore chez nous.

En anglais, on rencontre THEOBALD et de nombreuses variantes qui n'ont pas traversé l'Atlantique.

THIBERT. Nom de personne d'origine germanique, THIBERT vient de *Thiedberth*, composé de deux éléments, la racine *thied-*, « peuple », et la racine *-berth*, « illustre ». L'équivalent en corse et en italien est TIBERIO.

THIERRY. Thierry vient du nom germanique *Thiedric*, formé de la racine *thied-*, « peuple », et *-ric*, « puissant ». THIERRY compte plusieurs diminutifs, dont THÉRAN, THÉRON, THÉRY ; THÉRIAULT, THÉRIOT ; THIRIET, THIRION et THIRY. DIETRICH est l'équivalent allemand ou alsacien de THIERRY, alors que DIERYCK l'est en flamand et en néerlandais.

THIVIERGE. L'ancêtre des THIVIERGE d'Amérique est *Hippolyte Thibierge*. Le patronyme THIBIERGE est l'aboutissement du nom germanique *Theodberga*. Il résulte de la combinaison des racines *theod-*, « peuple », et *-berga*, « préserver ». Au Québec, le nom a deux variantes, THÉBERGE et THIVIERGE, réparties également, alors que THIBIERGE est, à toutes fins utiles, disparu.

THOUIN. Le nom THOUIN est l'aboutissement du nom germanique *Theodwin*. Il résulte de la combinaison des racines *theod-*, « peuple » et *-win*, « ami ». À l'instar de plusieurs autres cas, certains descendants du pionnier *Roch Thouin* ont adopté comme nom de famille le prénom de leur ancêtre, de sorte que celui-ci est à l'origine de deux lignées, l'une de THOUIN et l'autre de ROCH.

THUAUD. THUAUD vient du nom germanique *Thudwald*, formé des racines *theud-*, « peuple », et *-wald*, « gouverner ». Les formes THUON et THUOT en sont des diminutifs. Notons que la prononciation de THUOT laisse généralement entendre la consonne finale, comme dans HUOT.

TOUGAS. Le patronyme TOUGARD est l'aboutissement du nom germanique *Thorgard*. Il résulte de la combinaison des racines *thor-*, désignant le dieu Thorr, et *-gard*, « enclos », et évoque le dieu protecteur. Le passage à la prononciation [ga] de la syllabe finale est une particularité régionale. Quant à l'orthographe *gas*, elle découle de l'alignement sur une série de noms qui finissent en *-as*, entre autres, DUGAS, DUMAS, GÉLINAS, NICOLAS.

TRÉBERT. Le nom TRÉBERT vient du nom germanique *Trasberth*. Il est formé des racines *tras-*, « prompt au combat », et *-berth*, « brillant ».

ULRIC. Les noms ULRIC et sa variante OURY sont rares chez nous. ULRIC est plus fréquent, quoique vieilli, comme prénom. Les deux viennent du nom d'origine germanique *Odalric*, qui combine les racines *othal-*, « patrie », et *-ric*, « puissant ». L'équivalent en allemand et en alsacien est ULRICH, alors que, en néerlandais et en flamand, on aura plutôt ULRICK.

VALLERAN. Le nom VALLERAN correspond à la forme normande de GALLERAN, lui-même issu du nom germanique *Walhran*, formé des racines *walh-*, « étranger », et -*hramn*, « corbeau ». Selon les régions, l'évolution phonétique de la racine *walh* a été différente : elle est passée de [w] à [v] et à [g]. On rencontre le même phénomène dans les variantes de GAUTHIER et de GUILLAUME.

WIDMER. Le patronyme WIDMER est l'aboutissement du nom germanique *Widmar*. Il résulte de la combinaison de la racine *wid-*, la plupart du temps transformée en *guid-* ou *guit-*, en français, et signifiant « bois », et de la racine -*mar*, « célèbre ».

LES NOMS HYBRIDES

Les noms d'origine germanique empruntés aux Francs par les Gaulois ont été très nombreux, comme le démontrent les pages qui précèdent. La plupart du temps composés de deux racines, ces noms favorisaient de multiples combinaisons. Or les Gaulois ont créé quelques noms en réunissant des racines d'origines différentes, l'une latine et l'autre germanique. Ce qui explique cette catégorie de noms que l'on dit « hybrides ».

BONNARD. BONNARD est formé de l'adjectif *bon*, du latin *bonum*, « brave », et de la racine germanique -*hard*, « dur ».

BONNAUD. Nom hybride, *Bonwald*, latin et germanique, composé de l'adjectif *bon*, du latin *bonum*, « brave », et de la racine germanique -*wald*, « protection ». BONNAL en est une variante

BONNIER. Nom de personne, *Bonhari*, formé de l'adjectif *bon*, du latin *bonum*, « brave », et de la racine germanique -*hari*, « armée ».

LÉONARD. LÉONARD est l'aboutissement français du nom hybride *Leonhard*, formé du nom chrétien LÉON et de la racine -*hard*, « dur, fort ».

> En anglais, on rencontre aussi LEONARD. En d'autres langues européennes, les équivalents sont : LIÉNARD et LENART (all. et als.), LEONARDO (esp.), LEONARDO et LEONARDI (it. et cor.), LEYNAERT (néer. et flam.).

MALARD. MALARD est formé de l'adjectif *mal*, du latin *malum*, et de la racine -*hard*, « dur ». C'est en somme l'antonyme ou le contraire de BONNARD.

MARTIMBAULT. Le nom MARTIMBAULT, quelle que soit sa graphie, combine le nom de baptême chrétien MARTIN et la racine germanique -*bald*, « audacieux ».

RÉMILLARD. RÉMILLARD est l'aboutissement en français du nom hybride *Remihard*, formé du nom chrétien RÉMI et de la racine -*hard*, « dur, fort ».

AU NOM DU CHRIST

L'engouement pour les noms germaniques a fait place à la domination de l'Église qui a incité les fidèles à donner des noms chrétiens à leurs enfants. Pour la plupart, ces noms chrétiens sont nos «prénoms» d'aujourd'hui. Ils ont été popularisés par des chrétiens qui, à divers titres, ont fait l'objet d'une grande vénération, soit par quelque action d'éclat, comme la fondation d'un ordre religieux, soit à cause de leur rôle important au sein de l'Église pour répandre ou expliquer sa doctrine, soit par une vie jugée exemplaire. Plusieurs porteurs de noms d'origine germanique ont été reconnus pour leur sainteté. Parmi ceux-là, rangeons les saints *Anselme*, *Albert*, *Bernard* et bon nombre d'autres. Ils ne seront pas repris ici puisqu'ils apparaissent dans leur catégorie.

Traditionnellement, on regroupe les noms dits «chrétiens» en plusieurs sous-groupes. En premier lieu prennent place les noms inspirés des personnages de la Bible, ceux de l'Ancien Testament et ceux du Nouveau Testament. Viennent ensuite les saints qui ont vécu au Moyen Âge et ont été honorés en leur temps. Ainsi, le nom de baptême VINCENT doit sa popularité à saint *Vincent*, martyr espagnol du IIIe siècle. Saint *Vincent de Paul*, qui a vécu au XVIIe siècle, longtemps après l'implantation des noms de famille, n'a pas influencé les noms de famille. Enfin, s'ajoute un groupe un peu en marge, le surnom qui s'inspire de la vie chrétienne ou liturgique.

Pour chacun de ces noms, on donnera, le cas échéant, les équivalents dialectaux et ceux d'autres langues européennes ainsi que les formes affectives, sans oublier les marques de filiation.

L'ANCIEN...

On peut donc présumer que la plupart des noms de cette catégorie ont connu une faveur populaire très particulière. En effet, les noms de l'Ancien Testament ont été adoptés systématiquement par la communauté juive. Ce qui ne veut pas dire pour autant que tous les porteurs de ces noms soient d'origine juive. Les protestants, par exemple, pour se démarquer des catholiques ont choisi des noms de l'Ancien Testament, de préférence à ceux du Nouveau. Toutefois, les mêmes noms se rencontrent aussi chez les catholiques, quoique à une fréquence moindre.

ABEL. ABEL est le second fils d'Adam et Ève. Le nom n'est pas très répandu chez nous. Peut-être les porteurs sont-ils des descendants de *Pierre Benoît dit Abel*, dont le surnom ABEL vient du prénom de son père, *Abel Benoît dit Laforest*.

ABRAHAM. ABRAHAM, sous la forme ABRAN ou ABRAM, rappelle le patriarche biblique, le père du peuple araméen, qui n'hésite pas à sacrifier son fils Isaac par obéissance à son Dieu.

Porté par les juifs et les chrétiens, le nom se rencontre dans plusieurs langues, très souvent avec la marque de filiation.

> En anglais, à ABRAHAM s'ajoutent ABRAM, ABRAHAMSON, ABRAHAMS, ABRAMS, ABRAMSON, tronqué aussi en BRAMSON. En d'autres langues européennes, les équivalents sont : ABRAHMS, tronqué en BRAHMS (all. et als.), IBRAHIM (ar.), ABRAM, ABRAMIAN, APRAHAMIAN et APRAHAMOGLU (arm.), ABRAN (esp.), ABRAHA (éthio.), ABRAMOPOULOS (gr.), ABRAMO et ABRAMI, mais aussi D'ABRAMO (it. et cor.), BRAHAM (néer. et flam.), AVRAM et AVRAMESCU (roum.), ABRAMOFF, ABRAMOV, ABRAMOWICZ ou ABRAMOVITCH (rus.), ABRAMOVIC (ser.).

ADAM. ADAM désigne le premier homme de la création. Il trouve sa place dans les noms de famille dans la majorité des langues occidentales, le plus souvent en marquant la filiation. Parmi les diminutifs, on ne retrouve ici qu'ADAMAN.

> Certaines formes sont d'origine régionale : ADENOT, contracté parfois en ADNOT (N.), ADAMUS (E.), AZAM et AZAN (prov.). En anglais, la tendance à multiplier les diminutifs se manifeste ici d'une façon particulière : ADAM, ADAMSON et ADAMS, ADDIS, ADE, ADCOCK, ADDISON et ADESON. En d'autres langues européennes, les équivalents sont : ADAMIAN ou ATAMIAN (arm.), ADÀN (esp.), ADAMOPOULOS (gr.), MACADAM (irl.), ADAMO et ADAMI (it. et cor.), ADAMS (néer. et flam.), ADAMSKI (pol.), ADAMOV (rus.), ADAMOVIC (ser.).

BENJAMIN. BENJAMIN est le fils cadet de Jacob. Devenu nom commun, il désigne le plus jeune enfant de la famille. BENJAMIN peut donc être un nom d'origine biblique ou un surnom désignant le rang dans la famille, ce surnom étant, par la suite devenu héréditaire. On le rencontre sous la même forme en espagnol et dans plusieurs langues européennes.

BESNER. Le nom BESNER résulte de la contraction de BÉZANAIRE, BÉZANÈRE. Son origine demeure obscure et le nom n'est consigné dans aucun ouvrage traitant des noms de famille consultés à ce jour. La piste espagnole avancée jusqu'ici, si elle s'avérait justifiée, permettrait peut-être d'énoncer une nouvelle hypothèse, sans doute audacieuse, mais pas du tout farfelue, celle d'une origine marrane déjà suggérée. Cette hypothèse consisterait à voir dans BÉZANAIRE une métathèse, interversion de syllabes ou de sons, de BENAZER, nom qui correspond très bien à la fois à la tradition judaïque et à celle des marranes. Le préfixe *ben* marque la filiation chez les juifs et AZER est un nom hébraïque.

En effet, les marranes sont des juifs convertis de force au catholicisme par l'Inquisition, mais restés fidèles en cachette à la religion juive. Ils sont alors expulsés de l'Espagne et du Portugal et trouvent refuge dans les pays du nord de l'Europe, en France, en Hollande et en Angleterre, ainsi qu'au Maghreb, en Afrique du Nord.

L'un des traits dominants de l'anthroponymie marrane consiste à camoufler les noms traditionnels, ce qui pourrait expliquer le passage de BENAZER à BÉZANAIRE. De plus, les marranes ont respecté la tradition de donner comme prénoms à leurs enfants des noms bibliques ou des noms symboliques qui les représentent. Or, dans la généalogie des BESNER, publiée dans Internet, on relève quelques noms hébraïques, parfois à répétition : BENJAMIN, MOÏSE, ÉLÉAZER, EMMANUEL, ÉLIE, GÉDÉON et même RUTH, sans oublier LÉON, nom symbolique de la tribu de Juda. On peut présumer que le nombre d'occurrences semble trop élevé pour qu'il ne s'agisse que d'une simple coïncidence.

DANIEL. Prophète de l'Ancien Testament, DANIEL a laissé son nom à bon nombre de familles, toutes langues confondues. En français, le nom a donné plusieurs diminutifs affectifs tels que DANIS, DANIAU, DENIAU, DENEAU, DANEAU et DAGNEAU. Au Québec, la plupart de ces derniers ont abouti à une même forme, DAIGNEAU.

DANIÉLOU est l'équivalent breton. En anglais, en plus de DANIELS, DANIELLS et DANIELSON, le nom s'est révélé productif en dérivés affectifs : le plus familier, DAN, se reconnaît dans DANSON, DANKINS et DANKINSON. En d'autres langues européennes, les équivalents sont : DANEL (all. et als.), DANIDES (gr.), DANIELE, DANIELLO ou DANIELLI (it. et cor.), DAAN et DANNEL (néer. et flam), DANILESCU (roum.), DANILOV ou DANILOVITCH (rus.), DANILO (ser.), DAN (suéd. et tch.), DANIELANKO (ukr.).

DAVID. Le roi DAVID a popularisé son nom, qui compte plusieurs diminutifs : *Davieau*, surtout écrit, DAVIAULT, DAVIET et DAVY.

Certaines formes sont d'origine régionale : DAVET (lang.), DAVIN (prov.). En anglais, le nom DAVID prend de nombreuses formes : DAVIS, DAVIES, DAVE, DAWE et DAW, sans compter celles qui marquent la filiation, DAVIDSON, DAVISON, DAWSON ou DAWKINS. En d'autres langues européennes, les équivalents sont : DAOUD ou DAUD (ar.), DAVIDIAN ou TAVIDIAN (arm.), DAWIT (éthio.), BEN DAVID (héb.), DAVIDE ou DAVIDOVICI (it. et cor.), DAVIDSEN (norv.), DAVIDOVITCH (rus.), DAVIDOVIC (ser.).

ÉLIE. Le nom du prophète ÉLIE n'est pas fréquent comme patronyme. On le voit en HÉLIE, mais aussi en ÉLIAS, vraisemblablement dans la communauté hébraïque.

En anglais, on rencontre ELLIS et ELLISON, ELIAS, ELLIOT. En d'autres langues européennes, les équivalents sont : HELI (ar.), ILYAS (éthio.), ELIESCU (roum.).

EMMANUEL. Plutôt rare comme nom de famille, EMMANUEL semble réservé surtout aux Juifs. On lui a préféré MANUEL, aphérèse du premier, que l'on retrouve aussi dans l'italien MANUELE et l'arménien MANUELYAN. Dans la Bible, EMMANUEL est le nom donné au Messie.

ISAAC. Le nom du fils d'Abraham n'a pas été prolifique dans les noms de famille, sauf dans la communauté juive, ISAAC, ISAC, ISAK et ISHAK, où on le rencontre, en anglais, avec la marque de filiation, ISAACSON, parfois réduite à ISAACS.

ISRAËL. ISRAËL est le surnom biblique de Jacob et a été adopté comme nom de famille chez les Juifs. Le surnom d'origine appliqué à une personne venue du pays d'Israël n'est pas possible puisque ce pays n'existe que depuis 1948.

JACOB. Les noms JACOB et JACQUES ont la même origine latine, *Jacobus*. Aussi n'est-il pas évident de distinguer l'un de l'autre dans les documents anciens le plus souvent écrits en latin. Le premier évoque le personnage de la Genèse, fils d'Isaac et père de douze fils qui donneront leur nom aux douze tribus d'Israël. JACQUES est le nom de deux apôtres de Jésus que l'on retrouvera plus loin.

Comme on l'a souligné un peu plus haut, chez les catholiques, les noms empruntés à l'Ancien Testament sont moins fréquents que ceux qui viennent du Nouveau Testament, comme PIERRE, PAUL, ANDRÉ et ÉTIENNE. La religion juive oblige ses fidèles à adopter des noms de la Thora. On les retrouve aujourd'hui, comme prénoms, d'une génération à l'autre. Pour se démarquer des catholiques, les protestants ont opté pour la tradition hébraïque. Certains auteurs prétendent que tous les JACOB de France sont d'origine juive. La généralisation apparaît un peu hâtive. Du moins pour ce qui a trait aux JACOB francophones d'Amérique. En effet, d'une part, la généalogie d'*Étienne*, de *Jean*, de *Thomas* et de *Jean-Baptiste Jacob dit Langlois*, qui sont les quatre ancêtres des JACOB francophones du Québec, ne relève aucun prénom issu de l'Ancien Testament comme l'exige la tradition juive séculaire, sauf un *Samuel*, dans la descendance de *Jean*, et un *Lévi*, dans celle de *Thomas*. D'autre part, pour vérifier cette ascendance avec certitude, il faudrait relier les JACOB d'Amérique aux marranes d'avant l'Inquisition espagnole du XIVᵉ siècle. Les *marranes* désignent des juifs convertis de force au catholicisme par l'Inquisition, mais restés fidèles en cachette à la religion juive. Ils sont alors expulsés de l'Espagne et du Portugal et trouvent refuge dans les pays du nord de l'Europe, en France, en Hollande et en Angleterre, ainsi qu'au Maghreb, en Afrique du Nord. L'état présent des archives ne permet pas de pousser la recherche au-delà du XVIIᵉ siècle en ce qui concerne les ancêtres québécois. Ce qui porte à croire que, dans un avenir prévisible, la vérification de cette thèse ne pourra aboutir à des résultats concluants. À moins de découvrir des documents inédits, les tenants de l'hypothèse hébraïque ne l'ont pas encore démontrée.

Si le nom JACQUES a laissé un grand nombre de diminutifs, il n'en a pas été de même de JACOB, dont les seuls dérivés attestés chez nous sont JACOBIN et JACOBY.

En anglais, on rencontre JACOB, JACOBS et JACOBSON. En d'autres langues européennes, les équivalents sont: JAKOB ou JACOBS (all. et als.), YACOUB (ar.), HAGOP, HAGOPIAN et YACOUBIAN (arm.), JAKOB et JAKOBSEN (dan.), IACOBO (esp.), YAQOB (éthio.), JAAKKO (fin.), YIACOUVAKIS (gr.), JAKAB (hon.), IACOB (irl.), JAKOB (isl.), GIACCOBBE et de nombreux diminutifs IACOBACCIO et IACOBACCI, IACOVELLI, IACOVINO, IACOVONE et IACOVOZZI (it. et cor.), COP, par aphérèse, et son diminutif, COPPEN, et, avec la marque de filiation, JACOBS ou JACOBSOONE (néerl et flam.), JACKOWSKY (pol.), JACOME (ptg.), IACOB et IACOBESCU (roum.), JAKOB et YACOVITCH (rus.), JAKOB et JACOBSEN (suéd.).

Au Québec, une souche originaire d'Angleterre, avec l'ancêtre *Samuel Jacob*, a donné une lignée de marchands d'ascendance israélite.

JOB. Le patriarche pourchassé par le malheur n'a pas une place importante dans le patrimoine des noms de famille. S'il existe quelques JOB, c'est surtout par ses diminutifs JOBIN et JOBIDON que la mémoire du saint homme est rappelée. L'équivalent arabe est AYOUB, alors que, en anglais, on aura JOBE et JUPP.

LÉVI. LÉVI est le nom d'un des douze fils de Jacob. Les *lévites*, qui sont préposés au service religieux, lui doivent leur nom. Le surnom, souvent écrit LÉVY, plus répandu dans la communauté juive, s'est appliqué surtout à ceux qui exerçaient cette fonction. Il a connu plusieurs variantes, dont LÉVIS, LEWIN, LEVITTE et LÉVITAN. En anglais, le nom est devenu LEWIS, confondu ainsi avec LOUIS, LEVINE et, en polonais, LEWIN et LEWINSKI. Les noms VEIL et WEIL ne sont probablement que des anagrammes du même nom.

MACHABÉE. Ce patronyme rappelle les frères MACHABÉE qui, sous la direction de leur frère *Judas*, ont combattu contre *Antiochus Épiphane* qui persécutait les Juifs.

MICHEL. MICHEL évoque l'archange saint *Michel* qui, selon la tradition, a terrassé Lucifer. Le nom compte plusieurs diminutifs affectifs basés sur quatre radicaux : *mich-*, *michel-*, *migu-* et *miqu-* : MICHE, MICHEL, MICHEAU, MICHOT, MICHAS, MICHON et MICHARD ; MICHELET, MICHELOT, MICHELIN, MICHELON ; MIGUE, MIGUEL et MIGUET ; MIQUEL, MIQUET et MIQUETTE. Le nom CHOTARD est une aphérèse de *Michotard*, diminutif de MICHOT et MICHAUD, une variante de MICHEAU.

Certaines formes sont d'origine régionale : MIQUEL et MIQUELON (nor.), MIGEON (poit.), MIQUEL (prov.). En anglais, le nom a été des plus productifs : MICHAEL, MICHAELSON et MICHAELS, mais aussi MITCHEL, MIKES. En d'autres langues européennes, les équivalents ne sont pas moins nombreux : MICHAEL ou MICHLER (all. et als.), MIKAELIAN (arm.), MIQUEL (cat.), MIGUEL, (esp.), MIKO (fin.), MICHALOPOULOS (gr.), MIHALY (hon.), MCMITCHEL ou MACMITCHEL (irl.), MICHELE (it. et cor.), MIKHAIL (lib.), MICHIELS (néer. et flam.), MIGUEL (ptg.), MIHAIL et MIHAILESCU (roum.), MIKHAILOVITCH et MIKHAILOV (rus.), MICHALOVIC (ser.), MICHAELSEN (suéd.).

MOÏSE. Il n'est pas étonnant que MOÏSE, le grand libérateur du peuple juif, voie son nom devenir populaire. Aussi, à l'instar des ABRAHAM et des ADAMS, le retrouve-t-on, sous des formes très variées, dans les noms de famille de toutes les langues occidentales : en français, outre MOÏSE, on aura MOYSE et MOCHÉ, mais parfois, chez les Juifs, on le remplacera par MAURICE.

MOISAN est l'équivalent breton de MOÏSE. En anglais, ce sera MOSES, MOSS, MOSSEL, MOYSE et MOYSON. En d'autres langues européennes, les équivalents sont : MOUSSA (ar.), MOSHOPOULOS (gr.), MOSE, MOSSELLI et MOSCHETTI (it. et cor.), MOZES et MOOS (néer. et flam.), MOSCHINSKI (pol.), MOISESCU (roum.), MOSEYEV ou MOSCOVITCH (rus.).

NATHAN. Le prophète NATHAN n'a pas vraiment laissé sa marque dans les noms de personnes, sauf comme prénom et comme nom de famille de la communauté juive. On rencontre donc NATHAN, NATHANSON et, en allemand, NATHASHON.

RAPHAËL. RAPHAËL est le nom de l'archange, protecteur de *Tobie*. Il n'est pas très productif comme nom de famille. À part RAPHAEL, avec ou sans tréma, on a RAFFALI, en corse et en italien.

SALOMON. Fils de David et successeur de son père sur le trône, *Salomon* est devenu symbole de la sagesse. Le nom de famille, sous la forme de SALOMON, SALAMON ou SOLOMON, se rencontre surtout chez les Hébreux. Il devient SOLIMAN en arabe, SALAMA, en éthiopien, et SALAUN ou SALIOU, en breton.

SAMSON. Personnage biblique, célèbre pour sa force herculéenne, le héros de l'Ancien Testament a une place restreinte dans les noms de famille sous la forme de SAMSON et SANSON. En anglais, SAMSON s'est transformé en SAMPSON. C'est donc plutôt comme sobriquet ironique qu'il faut l'interpréter dans la plupart des cas.

SAMUEL. SAMUEL est un autre prophète biblique dont le nom a été adopté comme patronyme par de nombreuses familles juives. En anglais, on rencontre le diminutif SAM et les formes marquant la filiation, SAMUELSON et SAMUELS.

ET LE NOUVEAU...

Le Nouveau Testament fournit de nombreux noms de baptême qui ont inspiré les chrétiens. En première place se classent les noms des apôtres choisis par Jésus au début de sa vie publique. Traditionnellement, on compte parmi les apôtres le nom de saint *Paul*. S'ajoutent à ceux-là les évangélistes et les premiers disciples identifiés comme tels dans les Évangiles. Certains noms parmi ces derniers et ceux des saints qui viendront par la suite se retrouvent en combinaison avec plusieurs autres pour former une série de noms composés, du type PIERRE-JEAN ou JEAN-PAUL, le plus souvent à titre de prénoms, mais aussi comme nom de famille. Ce procédé semble relativement récent. Il se voit rarement chez nos ancêtres, mais il est particulièrement productif dans la communauté haïtienne.

ANDRÉ. L'apôtre *André* est le frère de *Pierre*. Il a été le premier à répondre à l'appel de Jésus. Saint *André* a été martyrisé en Grèce, crucifié sur une croix en X, à laquelle il a donné son nom, la «croix de Saint-André». En français, on rencontre ANDRÉ, SAINT-ANDRÉ et LANDRÉ, qui a formé le diminutif LANDRIAULT. DANDRÉ marque la filiation. ANDRÉ est à l'origine de plusieurs diminutifs dont ANDREAU, ANDRAS et ANDRY sont attestés au Québec.

Certaines formes sont d'origine régionale: ANDREAU (anj.), ANDRES (bret.), ANDREY (E.), ANDRAL (guy.), ANDRIEUX (pic.), ANDRIEU est aussi tronqué en DRIEU (S.). L'anglais multiplie les formes: ANDERS, ANDERSON, ANDREW, ANDREWS, ANDUS et ANDISON. En d'autres langues européennes, les équivalents sont : ANDREAS (all. et als.), ANREASSIAN (arm.), ANDREU (cat.), MACANDREW (écos.), ANDRADE (esp.), ANDREOU, ANDREAKIS et ANDROPOULOS (gr.), MCANDREW (irl.), ANDREANO et ANDREANI, ainsi que les diminutifs ANDRELLI, ANDREOLI, ANDREOZZI et ANDREOTI (it. et cor.), ANDRIES (néer. et flam.), ANDRADE (ptg.), ANDREESCU (roum.), ANDREI (rus.), ANDERSEN (suéd.).

BALTHAZAR. BALTHAZAR est le nom d'un des trois Rois mages qui, selon la tradition, sont venus de leur lointain pays d'Orient rendre visite à Jésus et lui apporter des présents.

BAPTISTE. Ce nom vient du surnom de *Jean le baptiste*, précurseur du Messie, qui a baptisé Jésus dans le Jourdain. BAPTISTE, écrit aussi BATISTE, est peu répandu chez nous comme nom de famille, tout comme BAPTISTA ou BATISTA, l'équivalent espagnol et le BAUTISTA castillan.

BARNABÉ. Saint *Barnabé* est un disciple de saint *Paul*. Il est originaire de l'île de Chypre, qu'il a évangélisée. Le nom est devenu BARNABY, en anglais. BARABÉ et BÉRUBÉ seraient des déformations régionales de BARNABÉ.

BARTHÉLEMY. BARTHÉLEMY, parfois contracté en BARTHELMY ou tronqué en BARTHOL, est le nom d'un des douze apôtres du Christ. Le nom a laissé quelques diminutifs affectifs comme BARTHELET et BARTHELOT.

Plutôt rare au Québec, le nom BARTHÉLEMY se voit parfois dans quelques variantes dialectales, BARTHOLOMEUS et BARTHOLOMY (N.), BARTHOMEUF (S.), BERTHOMIEUX (lang.). En anglais, on rencontre BARTHOLOMEW et le diminutif BARTLET. En d'autres langues européennes, les équivalents sont : BARTHOLOMÉ et BARTL (all. et als.), BARTOLI, BARTOLUCCI, BARTOLOMEO, BARTOLOMEI et BATOLOMUCCI (it. et cor.), BARTHOLOMEW ou BAERT, par apocope (néer. et flam.), BARTOLOVIC (serb). En écossais et en irlandais, BARTHÉLEMY est méconnaissable en MACFARLANE.

ÉTIENNE. Nom du premier martyr chrétien, lapidé par les Juifs de Jérusalem. Le nom ÉTIENNE ou ESTIENNE, dont la forme savante est STÉPHANE, est l'aboutissement en français de l'évolution phonétique du nom grec *Stephanos*, emprunté par le latin *Stephanum*. La plupart des formes qu'a prises ce nom dans son évolution phonétique, tout au long des siècles, se retrouvent dans les noms de personnes, soit dans les dialectes français, soit dans les langues occidentales. En français, le nom a formé plusieurs dérivés qui ont été ensuite tronqués, par aphérèse. Ce sont ces formes tronquées qui ont survécu. Ainsi, STÉVENIN, *Sthévenot*, *Stévenard* expliquent THÉVENET, THÉVENOT, THÉVENIN, THÉVENON et THÉVENARD.

Certaines formes sont d'origine régionale : STEBEN (S.O.), STEVAN et STÉPHAN (bret.), ESTÈVE ou ESTÉBAN (lang.), ESTÈFE (occ.), ESTIENNE et ESTÉVAN (prov.). En anglais, les variantes sont nombreuses, souvent multipliées par les filiations : STEPHEN, STEPHENS et STEPENSON, contractée en STEPHSON ; STEVEN, STEVENS ou STEVENSON, et STEVENTON. En d'autres langues européennes, les équivalents sont : STEFFEN, STEFAN et STEVEN (all. et als.), STEPAN et

STEPANIAN (arm.), ISTEBAN (cat.), SVEN et SVENDSEN (dan.), ESTEBAN et ESTEVEZ (esp.), STEFANO, STEFANI et DE STEFANO ou DI STEFANO (it. et cor.), STEVENS (néer. et flam.), ESTEVAO et ESTEVES (ptg.), STEPANOV (rus.), STEVOVIC (ser.), SVEN (suéd.).

GABRIEL. Du nom de l'archange qui a annoncé à Marie qu'elle donnerait naissance à Jésus, le nom GABRIEL apparaît tel quel en français, mais aussi en anglais et en espagnol. GABRIOT, GABRY et GABY en sont les diminutifs.

En anglais, on aura la forme affective GABY et la marque de filiation GABRIELS. En d'autres langues européennes, les équivalents sont : GHOBRIAL (ar.), GAVRILOPOULOS (gr.), GABOR (hon.), GABRIELE, GABRIELLO et GABRIELLI (it. et cor.), GAVRILENKO (ukr.).

GASPARD. GASPARD est le nom d'un des trois Rois mages qui, selon la tradition, sont venus de leur lointain pays d'Orient rendre visite à Jésus et lui apporter des présents. Il y a trois équivalents en alsacien et en allemand : GASPAR, KASPAR et JASPER. Ce dernier se retrouve aussi en anglais.

JACQUES. Deux apôtres de Jésus portaient le nom de JACQUES et ont été l'objet d'un culte populaire. De plus, la forme latine de ce nom, *Jacobus*, a pu entraîner une confusion avec JACOB, qui a la même origine latine, surtout pendant la longue période où les documents administratifs étaient rédigés en latin. Très répandu dans toutes les régions de la France, JACQUES a vu naître un très grand nombre de dérivés dont les suivants se sont implantés chez nous : JACQUEL, JAQUET, JACQUOT ou JACOT, JACQUAT, JACQUIN, JACQUARD. On pourrait ajouter JACQUEMART, JACQUEMET, JACQUEMOT, JACQUEMIN, JACQUELIN, JACQUIER, JACQUINOT. Un diminutif de JACOT, JACOTTON, tronqué de sa première syllabe, expliquerait COTTON.

Une remarque s'impose au sujet du nom JAMME au Québec. C'est le nom de l'ancêtre *Pierre Jamme dit Carrière*, dont les descendants ont modifié la graphie d'une génération à l'autre, de JAMME à GEMME, en passant par JAMMES et JAMES. Certains descendants américains ou ontariens ont même adopté la prononciation anglaise. Une lignée de descendants ont préféré le surnom de l'ancêtre en devenant des CARRIÈRE.

Certaines formes sont d'origine régionale : JAMES (gasc.), JAUME, JAMMES et le diminutif JAMET (S.), JAME (lim.), JACK et JACKEL (lor.), JACOD (lyon.), JACCOUD (sav.). En anglais, l'équivalent de JACQUES compte plusieurs variantes à partir de JAMES, dont JAMESON, JAMIESON et JAMISON, ainsi que JACK et JACKSON. En d'autres langues européennes, les équivalents sont : JACK et JACKEL (all. et als.), JAKIAN ou JAMAKIAN (arm.), DIEGO et DIAZ (esp.), GIACOMO ou GIACOMINI (it. et cor.), JAIME et DIAS (ptg.).

JEAN. Le nom JEAN rappelle celui de « l'apôtre que Jésus aimait ». Il est l'auteur de plusieurs textes des Écritures, l'*Évangile*, trois *Épîtres* ainsi que l'*Apocalypse*. Très populaire, ce nom a donné d'innombrables variantes, selon les régions, les dialectes et les langues. Le nom JEAN connaît plusieurs radicaux parmi lesquels on peut retenir *jean-, jan-, jann-, joan-* et *jeand-*. Chaque radical a formé sa famille de dérivés.

De *jean-* viennent : JEANNEL ou JEANNELLE, JEANNEAU, JEANNET ou JEANNETTE, JEANNOT ou JEANNOTTE, JEANNIN et JEANNARD.

Se rattachent à *jan-* : JANEL ou JANELLE, JANEAU, JANET, JANOT, JANAS et JANIN.

Se greffent au radical *jann-* : JANNEL ou JANNELLE, JANNAT et JANNARD.

De *joan-* sont dérivés : JOANEL, *Joanet*, devenu au Québec JOANETTE et JOANNETTE.

À partir de *jeand-*, on rencontre JEANDEL, JEANDET et JEANDOT.

Il existe plusieurs autres familles toujours rattachées à ce nom : JEANNERET, JEANNEROT, JEANSON et JEANSONNE. Du matronyme JEANNE, aussi nom de famille, sont issus JEANNETON et JEANNETOT. HENNEQUIN, contracté en HENQUIN, vient d'une forme *Jehennequin* dont la première syllabe a été supprimée.

Phénomène plutôt rare, le même nom est entré en composition de plusieurs façons. Cela contribue à en augmenter les variantes. Combiné à l'article et à une préposition, il marque la filiation : DEJEAN, DESJEAN et DAUJEAN. Joint à un adjectif, il forme BEAUJEAN, BONJEAN, GRANDJEAN, PETITJEAN et JEAN-LEGROS ou GROSJEAN.

Enfin, JEAN se juxtapose à quantité de « prénoms » pour former un patronyme composé, avec ou sans trait d'union : JEAN-ANTOINE, JEAN-BAPTISTE, JEAN BOSCO, JEAN BRICE, JEAN CALIXTE, JEAN-CHARLES, JEAN-CLAUDE, JEAN-DENIS, JEAN-FÉLIX, JEAN-FRANÇOIS, JEAN-GILLES, JEAN-JACQUES, JEAN-JOSEPH, JEAN-JUDE, JEAN-JULIEN, JEAN-LAURENT, JEAN-LOUIS, JEAN-MARC, JEAN-MARIE et JEAN-MARY, JEAN-MICHEL, JEAN-NOËL, JEAN-PAUL, JEAN-PHILIPPE, JEAN-PIERRE et JEAN-SIMON. Tous ces noms doubles sont attestés parmi les abonnés du téléphone. Il semble que ce type de noms composés soit caractéristique d'une tendance chez les Haïtiens.

Certaines formes sont d'origine régionale : JOANIS, JOANISSE, JOANNET, JOANNETTE (S.), JAHAN, JOAN, JEHAN et JOHAN (C.), JOUAN, JOUANNE, YAN, YANN et YANNIC (bret.). En anglais, on rencontre JOHN, JOHNS et JOHNSON, JONE, JONES et JONESON. Enfin, il ne faut pas négliger JOHNSTON et JONESTON, surnoms d'origine basés sur le même nom de baptême. En d'autres langues européennes, les équivalents sont : HANS, HANSE, HÄNZEL, JOHANN et JOHANNES (all. et als.), HANNA (ar.), IBAN et IBANEZ (cat.), JANSSEN (dan.), JUAN (esp.), GIANNOPOULOS et GIANNAKIS (gr.), IVÀN et JÀNOS (hon.), GIOVANNI ou DA GIOVANNI (it. et cor.), HANNA (lib.), JAN et JANS (néer. et flam.), JOAO (ptg.), IONESCO ou IONESCU, IVANESCU (roum.), IVAN, IVANOV, IVANOFF et IVANOVITCH (rus.), JOHAN, JOHANSEN et JOHANSSON (suéd.), IVANKO (ukr.), IVAN et JANKO (tch.).

JOSEPH. Le nom JOSEPH a été popularisé, dans l'Ancien Testament, par le fils de Jacob et, dans les Évangiles, par l'époux de Marie. Aussi n'est-il pas étonnant qu'on le retrouve dans la majorité des langues.

En anglais, on rencontre JOSEPH, auquel on ajoutera JOSEPHS et JOSEPHSON. En d'autres langues européennes, les équivalents sont : JOSEF (all. et als.), YOUSSEF, YOUSSOUF et BEN

Youssef (ar.), Hovsepian (arm.), José et Josep (esp.), Joshua ou Ben Joshua (héb.), Jozsef (hon.), José (ptg.), Josepovic (ser.).

Lazare. _Lazare_, dans l'Évangile, est dit l'ami de Jésus, le frère de Marthe et Marie. C'est lui que Jésus a ressuscité. Rare comme nom de famille, il se voit, en français, sous les formes Lazar, Lazare, Lazarre et Lazarus.

En anglais, on rencontre Lazar et Lazaris. En d'autres langues européennes, les équivalents sont : Lazaro (esp.), Lazarescu (roum.), Lazarov, Lazaroff, Lazarowitz et Lazarovitch (rus.), Lazarovic (ser.), Lazarenko (ukr.).

Luc. Le nom Luc a été popularisé par l'évangéliste saint _Luc_. Il est plus rare aujourd'hui que ses dérivés, souvent communs à plusieurs langues. Sont connus chez nous quelques rares diminutifs : Luquet et Lucas.

En anglais, on rencontre Luck et Lucas. En d'autres langues européennes, les équivalents sont : Lukas (all. et als.), Lucas (esp.), Loukas (gr.), Lukacs et Lukas (hon.), Luca et De Luca (it. et cor.), Louca (lib.), Lucas (ptg.), Luca (roum.).

Marc. Autre nom d'évangéliste, Marc est d'origine latine. Il a laissé de nombreux dérivés affectifs : Marcel, Marceau, Marquet, Marcot, féminisés en Marquette et Marcotte, au Québec, Marcas, Marcin, Marcon et Marcy. La forme Marcault semble être une variante orthographique de Marcot qui permet d'assurer la prononciation de la finale en [o], sans sonorisation de la consonne [t]. En composition, ce nom a donné Marc-Aurèle, écrit aussi Marcaurelle. Demarc vient indiquer la filiation.

En anglais, on rencontre Mark ou Marks. En d'autres langues européennes, les équivalents sont : Marcus ou Mark, mais aussi Marx (all. et als.), Markossian (arm.), Marcos et Marquez (esp.), Markos (gr.) Marco et Marconi (it. et cor.), Morcos (lib.), Marcus ou Mark (néer. et flam.), Marek ou Markow ou encore, en indiquant la filiation, Markiewicz et Markowicz (pol.), Marques (ptg.), Marcu (roum.), Markoff, Markov ou Markovitch (rus.), Markovic (ser.).

Le nom Marcel, mentionné plus haut, est devenu autonome. Plusieurs saints nommés _Marcel_ ont fait l'objet d'un culte populaire au cours des siècles, dont deux papes. Ajoutons les diminutifs de Marcel, soit Marcelet, qui s'est transformé en Marsolet, aujourd'hui plus fréquent sous la forme Marsolais, ainsi que Marcelin, transparent dans l'italien Marcelino.

Matthieu. Nom d'un des douze apôtres de Jésus et auteur d'un Évangile, Matthieu, écrit plus souvent Mathieu, a formé sa famille de diminutifs à partir de quatre radicaux différents : _math-_, _mat-_, _matt-_ et _mah-_. Voici les quatre séries : Mathel, Matheau, Mathot, Mathan, Mathon, Mathard et Mathy ; Matel, Mateau, Matet, Matas, Matan, Matin, Maton et Maty ; Mattel, Matteau, Mattat, Mattas, Mattan, Mattin, Matton, Mattard et Matty ; Mahel, Mahot, Mahat, Mahan, Mahon et Mahy.

Certaines formes sont d'origine régionale : MATHON (C.), MACÉ, MAHEU, MAHÉ et MAZE (bret.), MATISSE (lor.), MAHEU ou MAHÉ (norm.). En anglais, on rencontre MATHEW, MATHEWS, MATHEWSON, MATHE, MATHESON. En d'autres langues européennes, les équivalents sont : MATTHÄUS (all. et als.), MATOS et MATOSSIAN (arm.), MATEU (cat.), MATEO (esp.), MATTA (éthio.), MATHIOPOULOS (gr.), McMAHON (irl.), MATTEO et MATTEI (it. et cor.), MATTHYS et, par aphérèse, THYS (néer. et flam.).

MELCHIOR. MELCHIOR est le nom d'un des trois Rois mages qui, selon la tradition, sont venus de leur lointain pays d'Orient adorer Jésus et lui apporter des présents. Le nom n'est pas très répandu.

NICODÈME. NICODÈME est ce pharisien devenu disciple de Jésus. Le nom est très rare au Québec, sauf sous la forme NICODEMO, en italien et en corse.

PAUL. Ce nom a été popularisé par l'apôtre *Paul*. C'est lui qui a ouvert l'évangélisation aux gentils, c'est-à-dire aux non-juifs. PAUL est peu fréquent en français comme nom de famille. DEPAUL marque la filiation. Il se voit plutôt dans ses dérivés sous trois radicaux, *paul-*, *pol-* et *poll-* : PAULET, POLET ou POLLET, POLAT, PAULAS et POLLAS ou POLAN, PAULIN ou POLIN, POLARD ou POLLARD et PAULY, POLY ou POLLY.

Certaines formes sont d'origine régionale : POL et son diminutif POLET ou POLLET ainsi que PAULEZ (N.), PAULOU (S.), PAULY (S.-E.), PAULET (C.), PAU (prov.). En anglais, on rencontre POOL, POOLE, POWELL et POWLE. En d'autres langues européennes, les équivalents sont : PAULUS (all. et als.), BOGOS et BOGOSSIAN (arm.), PAU (cat,), POUL et POULSEN (dan.), PABLO (esp.), PAVLOS et PAVLOPOULOS (gr.), PAL et PALKO (hon.), PAULSEN (irl.), PAOLO, PAOLI, PAOLINO et PAOLINI (it. et cor.), BOULOS (lib.), PAUWELS (néer. et flam.), PAAL et PALSEN (norv.), PAWEL (pol.), PAULO (ptg.), PAVEL (roum.), PAVEL et PAVLOV (rus.), PAVEL et PAVLOVIC (ser.), PAVEL (tch.), PAVLENKO (ukr.).

PHILIPPE. L'un des Douze, saint *Philippe*, serait mort sur une croix, comme saint *André*. PHILIPPE a donné de nombreux diminutifs en français : PHÉLIP, PHILIPPEAU, PHILIPPET, PHILIPPOT, PHILIPPAS, PHLIPPIN et PHILIPPON. PHILIPPOT s'est contracté, en français et en anglais, en PHILPOT et, au Québec, la consonne finale est prononcée.

Les équivalents anglais sont nombreux, avec ou sans filiation : PHILIP, PHILIPP, PHILIPS, PHILIPSON, PHILIPPS et son diminutif LIPS, PHILIPPSON ; en anglais, POTTS et POTTLE sont des diminutifs par aphérèse de PHILPOT. En d'autres langues européennes, les équivalents sont : PHILIPP et, par aphérèse, LIPP (all. et als.), FELIPE (esp.), FELIPPAS et PHILIPPOPOULOS (gr.), FÜLOP (hon.), MACKILLOP (irl.), FELIPO, FELIPI, FELIPELLI, FILIPONE et DI FELIPO (it. et cor.), LIPPENS avec la marque de filiation (néer. et flam.).

PIERRE. Le nom PIERRE a déjà été évoqué à propos du passage du nom individuel au nom de famille, particulièrement par la filiation. Il a été popularisé par l'apôtre *Simon*, surnommé *Pierre* par Jésus quand il lui dit : « Pierre, tu es Pierre et, sur cette pierre je bâtirai mon église. » Comme nom de baptême chrétien, PIERRE est devenu l'un des plus fréquents, toutes langues confondues. C'est peut-être aussi celui qui a formé le plus grand nombre de dérivés affectifs, dont la plupart sont aujourd'hui des noms de famille, souvent avec plusieurs variantes orthographiques. À partir du latin *Petrus* jusqu'aux formes dialectales, le nom en est arrivé à constituer de multiples séries de dérivés, chacune étant basée sur un radical différent. Toutes les variantes qui en découlent ne sont pas attestées chez nous. On se reportera au **Tableau 2** pour en avoir une idée plus complète. Voici donc les formes retrouvées ici : PÉTREL et PÉREL ; PÉTREAU, PERREAU et PÉREAU ; PIERRET, PERRET, PÉRET et PERINET contracté en PERNET ; PIERROT, PERROT, PÉROT et PERNOT ; PIERRAT ; PÉTRAS, PIÉTRAS, PERRAS et PÉRAS ; PÉTRIN, PIERRIN, PERRIN, PÉRIN et PERNIN ; PIÉTRON, PIERRON, PERRON et PERÓN ; PIERRARD et PÉRARD ; PÉTRY, PIERRY, PERRY et PÉRY.

À l'instar du nom JEAN, il ne faut pas négliger les composés qui joignent un autre nom à PIERRE, avec ou sans trait d'union. Voici les noms doubles relevés parmi les abonnés du téléphone : PIERRE-ANTOINE, PIERRE-CHARLES, PIERRE JACQUES, PIERRE-JEAN, PIERRE LOUIS, PIERRE-MARCELIN, PIERRE-NOËL, PIERRE PAUL, PIERRE-RENÉ, PIERRE-ROSEMOND, PIERRE-ULYSSE et PIERRE VICTOR. De même que pour les autres noms doubles, les patronymes qui comprennent l'élément PIERRE semblent être plus répandus chez les Haïtiens.

Certaines formes sont d'origine régionale : PÉRIN (N.), PÉRON (bret.), PIETRO, PÉRIGNON (lor.), PÉROTTE (poit.), PEYRE (prov.), PEROUD (sav.). En anglais, on rencontre PETER, PETERS, PETERSON, ainsi que de nombreux diminutifs, PIERCE, PEARS et PEARSON, PETERKINS et PERKINS, mais aussi PARKIN, PARKINS et PARKINSON. En d'autres langues européennes, les équivalents sont : PETER (all. et als.), BEDROS et PETROSSIAN (arm.), PERE (cat.), PEDRO, PEREZ (esp.), PETRI (fin.), PETRO (gr.) MACFEETERS (irl.), PIETRO et les diminutifs PETRUCCI, PEROTTO et PEROTTI (it. et cor.), BOTROS (lib.), PIEREN, PEETER et PEETERS (néer. et flam.), PIOTR, PÉTROWSKI (pol.), PEDRO (ptg.), PETRU et PETRESCU (roum.), PIOTR, PETROV (rus.), PETROVIC (ser.).

Rappelons toutefois que plusieurs noms sont issus du nom commun, *la pierre*, au sens de « caillou », comme PERRIER et PERRIÈRE. Il en sera question dans un chapitre ultérieur. Certaines formes, dont PERRON, sont communes aux deux.

SIMON. SIMON, écrit parfois CIMON, est le nom de plusieurs personnages de l'Ancien Testament, mais aussi de l'apôtre à qui Jésus donnera une marque de grande confiance en modifiant son nom en celui de *Pierre*. SIMON est une variante de SIMÉON. Plusieurs diminutifs sont issus de ce nom : SIMONEAU, SIMONET, SIMONOT, SIMONIN, SIMENON et SIMONY. Par aphérèse, c'est-à-dire en retranchant la première syllabe de SIMONET, SIMONOT, SIMONIN et SIMONY, naissent les noms MONET, MONOT, MONIN et MONY. Le plus répandu est sans contredit MONET, surtout sous sa forme féminine MONETTE.

En anglais, on rencontre SYMON, avec les diverses filiations, SIMONS, contracté en SIMS, ainsi que SYMONS et SIMPSON. En d'autres langues européennes, les équivalents sont :

SIMONIAN (arm.), JIMENEZ ou GIMENEZ (esp.), SIMONI ou SIMONETTI (it. et cor.), SIMOENS (néer. et flam.).

THOMAS. L'apôtre THOMAS, l'incrédule, a popularisé ce nom, dont THOMASSE est une variante. Au Québec, la famille des dérivés n'est pas complète. On ne rencontre que THOMASSET, THOMASSIN et THOMASSON. Cependant, plusieurs des diminutifs du nom se retrouvent chez nous sous la forme tronquée par aphérèse : MASSE, MASSEL, MASSEAU, MASSET, MASSOT, MASSAT, MASSAS, MASSAN, MASSON et MASSY. Le nom MASSE, souvent assimilé à MASSÉ, peut aussi être un surnom de métier de celui qui porte une MASSE, c'est-à-dire une MASSUE. C'est là aussi le sens de MASSÉ. Pour sa part, MASSON a eu son propre diminutif, MASSENET. Il n'est pas exclu que quelques artisans exerçant le métier de *maçon* aient confondu, par l'orthographe, leur surnom de métier avec les MASSON. Par ailleurs, MASSY est aussi un surnom d'origine de celui qui vient d'un endroit portant ce nom. De même, MASSICOT, féminisé au Québec en MASSICOTTE, est un autre diminutif de THOMAS.

Certaines formes sont d'origine régionale : THOMASSON (ang.), THOMAZET (auv.), THOMASSET (daup.), THOMASSIN (lor.), TOMAS (prov.), THOMÉ (sav.). En anglais, on rencontre THOMAS, THOM, TOMMY, THOMPSON et THOMSON, THOMPKINS et THOMPKINSON. En d'autres langues européennes, les équivalents sont : THOMAS, TOMA et THOMANN, ainsi que les diminutifs DOMKE, DOHM et MAAS (all. et als.), THOMOPOULOS (gr.), MCTAVISH, MACTAVISH et MCCOMBIE correspondent à *MacThomas* et indiquent la filiation, en irlandais et en écossais à l'aide de diminutifs affectifs (irl.), TOMAS, TOMASO et TOMASI, TOMASINI ainsi que DITOMASO (it. et cor.), MAES, aphérèse de THOMAS (néer. et flam.), TOME et TOMAS (ptg.).

LES SAINTS DU PEUPLE

Un grand nombre de saints ont fait l'objet d'un culte populaire à une époque donnée de l'histoire ou dans une région particulière. C'est pourquoi, leurs noms se sont répandus comme noms de baptême, puis, comme patronymes. Est-il besoin de préciser que la liste qui suit n'est pas exhaustive ? Ont été retenus ceux qui sont consignés dans les dictionnaires de généalogie québécois ou dans les annuaires téléphoniques.

ALAIN. Plusieurs saints au Moyen âge ont contribué à répandre le nom de baptême ALAIN qui, à l'origine, était un nom de peuple, les Alains, envahisseurs de la Gaule, au début du Ve siècle et chassés par les autres conquérants dits «barbares». ALAIN a été plus fréquent en Bretagne.

Certaines formes sont d'origine régionale : ALAN (bret.), ALA (lang.). En anglais, on rencontre ALLAN, ALLAIN, ALLEN, ALLEYN, ALLEYNE, ALLIN. En d'autres langues européennes, les équivalents sont : ALANO, ALANIZ, ALANIS (esp.), ALLEN, MCALLEN (irl.).

ALEXIS. Saint *Alexis*, né d'une riche famille romaine du Ve siècle, a choisi de consacrer sa vie à la prière et de vivre dans le plus grand dénuement. Mieux connu après sa mort, il a fait l'objet d'une véritable vénération populaire qui explique que le nom ALEXIS ait eu une si grande notoriété. Le nom ALEX est le diminutif affectif d'ALEXIS ou d'ALEXANDRE.

AMBROISE. AMBROISE vient du nom de saint *Ambroise*, docteur de l'Église qui a vécu au IVe siècle. D'AMBROISE est la marque de filiation.

> En anglais, on rencontre AMBROSE et AMBRUS. En d'autres langues européennes, les équivalents sont : AMBROGIO, AMBROSI, AMBROSIO et AMBROSI (it. et cor.), BROZ, par aphérèse (ser.).

ANTOINE. Plusieurs saints ont porté le nom d'ANTOINE et ont fait l'objet d'un culte populaire. N'évoquons que le célèbre ermite, saint *Antoine le Grand*, et le disciple de saint *François*, docteur de l'Église par surcroît, saint *Antoine de Padoue*. Chez nous, le nom est plutôt rare en français où l'on voit toutefois D'ANTOINE, qui marque la filiation.

> Certaines formes sont d'origine régionale : ANTOUN (gasc.), ANTONAZ (sav.). En anglais, on rencontre ANTHONY et son aphérèse, THONY. En d'autres langues européennes, les équivalents sont : ANTON (all. et als.), ANTONIO (esp.), ANTONATOS, ANTONIOU, ANTONAKAKIS, ANTONAKOPOULOS (gr.), ANTAL (hon.), ANTONIO et plusieurs diminutifs affectifs, ANTONACCI, ANTONARELLI, ANTONELLI, ANTONIAZZI, ANTONINI, ANTONUCCI, TONI (it. et cor.), TANNOUS (lib.), ANTOON (néer. et flam.), ANTONIAK (pol.), ANTONESCU (roum.), ANTONOV (rus.).

AUBIN. Saint *Aubin*, évêque d'Angers en Anjou, a été vénéré en son temps. Le nom de baptême AUBIN vient d'ALBIN, dont le *l* s'est vocalisé, c'est-à-dire que la consonne *l* s'est changée en la voyelle *u*, comme dans ALBERT devenu AUBERT. Le surnom SAINT-AUBIN a été associé à plusieurs noms des pionniers et il a supplanté parfois le nom de famille de l'ancêtre. Ainsi est-il permis de présumer que bon nombre des AUBIN et des SAINT-AUBIN d'Amérique sont des descendants de *René Aubin dit Saint-Aubin* venu de sa Saintonge natale. AUBANEL se voit dans le Sud. En anglais, on rencontre ALBAN et ses variantes ALBON, ALLEBONE. En italien et en corse, les équivalents sont : ALBINO et ALBINI.

AUGUSTIN. AUGUSTE et AUGUSTIN sont deux noms de saints qui se sont illustrés au Moyen Âge. Le premier, *Auguste*, au VIe siècle, est abbé à Bourges, dans le Berry, alors que le second, *Augustin*, Père de l'Église et évêque d'Hippone en Numidie, est l'auteur des célèbres *Confessions*. AUGUSTE est aussi le nom de l'empereur romain qui a ajouté un mois portant son nom au calendrier julien, le mois d'août. *Août* est l'aboutissement du latin *augustum*, en passant par l'ancien français *avoust*, puis *aoust*. On reconnaît cette dernière forme dans le nom DAOUST, qui désigne le fils d'*Aoust* ou l'enfant « né au mois d'août », à moins qu'il ne s'applique à celui que l'on engage « à la tâche », pour les moissons du mois d'août. GUSTIN est l'aphérèse d'AUGUSTIN.

Certaines formes sont d'origine régionale : AUGUSTIN se contracte en AUSTIN ou AUTIN (N.). En anglais, on aura AUGUST, AUGUSTINE, contracté en AUSTIN ou AUSTEN. En d'autres langues européennes, les équivalents sont : AGUSTIN ou AUGUSTO (cat,), AUGUSTO (esp.), AUGUSTAKIS (gr.), AGOSTON (hon.), AGOSTINO et AGOSTINI, AUGUSTINO, AGOSTINELLI, AGOSTINUCCI (it. et cor.), AUGUSTYNIAK (pol.), AGOSTINHO (ptg.), AUGUSTINOVIC (ser.).

BASILE. Saint *Basile le Grand*, évêque de Césarée, en Cappadoce, et Père de l'Église, est à l'origine du nom BASILE ou BAZILE, dont l'orthographe compte de nombreuses variantes, parmi lesquelles BAZIRE. Des diminutifs de BASILE, seuls BASILAN et BASILLAIS sont représentés ici. En anglais, on rencontre BASLEY, BASIL, BASSILL et BAZEL.

En d'autres langues européennes, les équivalents sont : VASSILIAN (arm.), BASILIO (esp.), VASSILIOU, VASSILAKIS, VASSILOPOULOS (gr.), BASILIO, BASILICO et BASILICI (it. et cor.), BASSILI (lib.), WAILEWSKI (pol.), VASSILESCU (roum.), VASSILEV (rus.), VASSILICHENKO (ukr.).

BENOÎT. À l'instar de saint *Bernard*, saint *Benoît* a édifié ses contemporains et les chrétiens de plusieurs générations comme fondateur de l'ordre des Bénédictins et a vu se répandre le nom BENOÎT. Il a comme diminutifs au Québec BENETEAU et BENETON.

Certaines formes sont d'origine régionale : BENECH (C.), BENECH (prov.). En anglais, on rencontre BENEDICT, BENNET et BENSON. En d'autres langues européennes, les équivalents sont : BENTZ et BENZ (all. et als.), BENITEZ ou BENTEZ (esp.), BENEDEK (hon.), BENEDICT, mais aussi BLESSING (irl.), BENITO, BENETTI, BENEDETTO et BENEDETTI (it. et cor.).

BLAISE. Le nom BLAISE rappelle saint *Blaise*, martyrisé au IVᵉ siècle. Il comporte plusieurs variantes, dont BLASI, BLAS et BLAIS, ainsi que certains diminutifs : BLAISEL ou BLAIZEL, BLAISON et BLAZOT. Dans les documents du Québec ancien, le nom BLAY ou BLAYE, qui évoque une plantation de blé, s'est vite confondu avec BLAIS à cause de la ressemblance de prononciation.

En d'autres langues européennes, les équivalents sont : BALAZS (hon.), BIAGGI et ses diminutifs BIAGINI, BIAGIONI, BIAGIOLI (it. et cor.), BLAZEJ (pol.).

BRICE. Au Vᵉ siècle, saint *Brice* succède à saint *Martin* à titre d'évêque de Tours. Le nom BRICE a pris diverses formes, comme BRIX, BRÈS et BRESSE, qui ont laissé les diminutifs : BRISSEAU et BRESSEAU, BRISSET, qui s'est féminisé en BRISSETTE chez nous, BRESSAN, BRISSON et BRESSON. En anglais, l'équivalent est BRYCE ou BRYSON, avec la filiation.

CHRISTOPHE. Certains noms de baptême évocateurs sont jugés susceptibles d'attirer la protection divine : RENÉ, « né de nouveau », THÉODORE et DÉODAT, « don de Dieu ». CHRISTOPHE entre dans cette catégorie. Venu du grec en passant par le latin, *Christophorus*, « qui porte le Christ », est devenu en français CHRISTOPHE.

En anglais, on rencontre CHRISTOPHER et CHRISTOPHERSON. En d'autres langues européennes, les équivalents sont : KRISTOF ou STÖFFEL (all. et als.), CHRISTOBAL (esp.), KRISTOF (hon.), CRISTOFORO et CHRISTOPHI (it. et cor.), STOFFEL (néer. et flam.), CRISTOVAO (ptg.).

CLAIR. Quelques saints ont été célèbres pendant un certain temps et sont ensuite tombés dans l'oubli. C'est le cas de saint *Clair*, évêque de Nantes, en Bretagne, au IIIe siècle. Ce nom de baptême n'a survécu que dans sa forme féminine de *Claire*, grâce à *Claire d'Assise*. Au masculin, il s'est conservé dans le nom de famille CLAIR et ses diminutifs CLAREL, CLAIRET ou CLARET et CLARY ainsi que dans le toponyme SAINT-CLAIR, attribué aussi comme surnom d'origine. Outre le patronyme en titre, on reconnaît le même nom de baptême dans AUCLAIR, où la préposition *au* marque la filiation, «fils de CLAIR», dans BOISCLAIR ou CLERBOIS qui rappelle «le bois de CLAIR», ainsi que dans deux autres composés, BEAUCLAIR et PETITCLAIR, plus fréquemment écrit PETITCLERC. En composition, on rencontre aussi *Bonclair*, attesté en France, et son contraire MAUCLAIR, modifié en MONTCLAIR. Quant à LECLAIR, il peut reposer sur une confusion avec LECLERC, surnom de fonction de celui qui est membre du *clergé* ou qui sait écrire. À moins qu'il ne faille le rattacher à ALECLAIR, signifiant «à le CLAIR», avant sa contraction en AUCLAIR, et tronqué en LECLAIR. Cette hypothèse, théoriquement plausible est peu probable. Il s'agirait plutôt d'une fantaisie orthographique de quelques descendants d'ancêtres nommés LECLERC.

CLAUDE. Saint *Claude*, moine célèbre au VIIe siècle, dirigeait le monastère de Saint-Oyand, dans le Jura en France. Le nom CLAUDE a eu quelques diminutifs peu répandus chez nous, dont CLAUDAIS, CLAUDIN, CLAUDINON, CLAUDON et CLAUDY. Mais c'est CLAUDEL qui est le plus célèbre, grâce à l'écrivain *Paul Claudel* et à sa sœur, *Camille*.

L'équivalent CLAUDIO est le même en corse, en italien, en espagnol et en portugais. Le MACLEOD ou MCLEOD écossais ou irlandais correspond à *McCleod* et signifie «fils de CLAUDE».

CLÉMENT. Plusieurs papes et de nombreux évêques nommés *Clément* ont vécu au Moyen Âge et expliquent la popularité du nom de baptême chrétien CLÉMENT. Les diminutifs CLÉMENCEAU, CLÉMENSON sont peu représentés au Québec, de même que le féminin CLÉMENCE, sauf comme prénom.

En anglais, on rencontre CLEMAN et CLEMENTSON. En d'autres langues européennes, les équivalents sont : MCCLEMENS (irl.), CLEMENTE et CLEMENTI (it. et cor.).

CONAN. Saint *Conan* a été très populaire en Bretagne au VIIe siècle. Son nom s'est vite répandu comme nom de baptême sous les formes CONAN et CONNAN.

CONSTANT. Saint italien du Ve siècle, *Constant* était réputé pour la profondeur de sa foi. À CONSTANT s'ajoute le diminutif CONSTANTIN, rendu célèbre par l'empereur, et dont CONSTANTINEAU est à son tour un dérivé. CONSTANCE est le matronyme correspondant.

Certaines formes sont d'origine régionale: CONSTANS et CONTANT, écrit aussi CONTENT (S.), CONSTANS (bourg.), COUTANT et son diminutif COUTANCINEAU (poit.). En anglais, le nom devient CONSTANTINE. En d'autres langues européennes, les équivalents sont:

CONSTANTINOU, KONSTANTINIDES, CONSTANTINOPOULOS (gr.), CONSTANTINO et CONSTANTINI (it. et cor.), CONSTANTINESCU (roum.).

CORNEILLE. Plusieurs saints au Moyen Âge ont popularisé le nom CORNEILLE, qui vient du nom latin CORNELIUS, plus fréquent. Il existe aussi d'autres formes plus rares comme CORNIL et CORNELY.

CYR. Parmi les saints qui ont fait l'objet d'un culte populaire à une époque ou l'autre de l'histoire ou dans une région particulière, il y a saint *Cyr*, martyrisé au IVe siècle. Le nom CYR n'a survécu que dans les noms de famille et dans le nom de lieu SAINT-CYR, qui est aussi un nom de personne. Cependant, dans les documents du Québec ancien, les graphies SYRE et SIRE sont fréquentes. Ce nom vient du latin *senior* et signifie «seigneur». Il s'agit alors d'un sobriquet ironique appliqué à celui qui joue au seigneur ou d'un nom de fonction désignant celui qui est au service du seigneur.

CYRILLE. Le nom CYRILLE ou CYRIL vient du grec *Kurillos* et a été rendu célèbre par plusieurs saints du Moyen Âge. Il est peu fréquent en français.

DENIS. Malgré son origine mythologique, de *Dionysos*, dieu du vin, le nom DENIS, écrit aussi DENYS, doit au premier évêque de Paris, au VIe siècle, d'avoir été adopté comme nom de baptême. Il a formé quelques diminutifs, comme DENIZEAU, DENIZET, DENIZOT, DENISON ou DENIZON et DENIZARD. ADENIS est la marque de filiation et NIZAN résulte de l'aphérèse de *Denizan*, absent au Québec.

Certaines formes sont d'origine régionale: DENÈS ou DENEZ (bret.), DAUNÈS (lang.), DANIS (lor.). En anglais, le nom a adopté plusieurs variantes, dont certaines se sont implantées au Québec: DENNIE, DENNIS et DENNISON. En d'autres langues européennes, les équivalents sont: DENES (hon.), DIONISIO (ptg.).

DIDIER. DIDIER, dont la forme ancienne est DESDIER, vient du latin *Desiderium*, «désir». C'est un nom de baptême que l'on donne pour attirer les faveurs divines sur l'enfant «désiré par Dieu». Au moins trois évêques du Moyen Âge ont popularisé ce nom, qui a laissé plusieurs diminutifs affectifs, dont *Diderot*, DIDOT, DIOT et son féminin DIOTTE.

DOMINIQUE. Le nom DOMINIQUE, popularisé par saint *Dominique*, fondateur de l'ordre des Dominicains, a revêtu de nombreuses formes selon les régions à cause, particulièrement, de son évolution phonétique depuis le latin *dominicus*. Outre la forme DOMINIQUE, de loin la plus répandue, on a eu DEMANGE en Lorraine, *Demonge*, dans le Bourbonnais, et *Demouge*, en Franche-Comté. Chaque forme dialectale a eu ses dérivés, mais on ne les retrouve pas tous chez nous: DEMANGEL, DEMANGEAU, DEMONGEAU, DEMOUGEOT, DEMANGEAT, DEMANGIN, DEMANGEON, DEMONGEON. Les noms suivants ne sont que des aphérèses, c'est-à-dire des noms dont on a supprimé la syllabe initiale: MANGE, MONGE, MANGEL, MANGEAU, MONGEAU, MOUGET, MANGEOT, MONGEOT, MOUGEOT, MANGIN, MONGIN, MOUGIN et MONGEON.

Certaines formes sont d'origine régionale : DOMERGUE ou DOMERCQ (S.), DEMONGE (bour.), DOMINGUE (guy.), DOMENEC (lang.), DEMANGE ou DEMANCHE (lor.). En anglais, on rencontre DOMINICK. En d'autres langues européennes, les équivalents sont : DOMINIC (bul.), DOMENECH (cat.), DOMINGO et DOMINGUEZ (esp.), DOMONKOS (hon.), DOMENICO et DOMENICI ou DOMINICO et DOMINICI (it. et cor.), DOMINGOS (ptg.).

DURAND. Saint *Durand* est un autre saint populaire au Moyen Âge. Venu du latin *durandum*, « vigoureux, endurant, obstiné », le nom est un sobriquet qui rappelle la force, le courage et l'endurance du porteur. Il a pris les formes de DURAN, DURAND et DURANT. DURAND a laissé quelques dérivés, sous la forme de diminutifs affectifs, entre autres, DURANDEAU, DURANDET et DURANDARD. La forme DANDURAND résulte de la soudure de *Dom Durand*, en *Domdurand*, comme dans les noms de lieux DOMPIERRE, *Dommartin* et *Domrémy*. DOMPIERRE est aussi un surnom d'origine. Le préfixe *Dom*, issu du latin *dominum*, « seigneur », est devenu au Moyen Âge un équivalent de *saint*. De même que les toponymes *Dompierre*, *Dommartin* et *Domrémy* équivalent à SAINT-PIERRE, SAINT-MARTIN et SAINT-RÉMY, *Domdurand* correspond à *Saint-Durand*. La variante DANDURAND est donc un surnom de provenance, indiquant que le premier porteur venait d'un lieu dédié à saint *Durand*.

Certaines formes sont d'origine régionale : DURANT (N.), DURAN (lang.). En anglais, on rencontre DURANT et DURRANT. En d'autres langues européennes, les équivalents sont : DURANTE et DURRANI (it. et cor.).

ÉMILE. Saint *Émile*, martyre du IIIe siècle, en Afrique du Nord, fut célèbre au Moyen Âge et a contribué à répandre le nom de baptême ÉMILE et ses diminutifs affectifs *Émilet*, *Émilot* et *Émilard*. Ces derniers ont été tronqués, par aphérèse, en MILET, MILOT et MILARD. Le nom MILET s'est aussi écrit MILLET et les deux formes se sont féminisées au Québec en MILETTE et MILLETTE. Quant à MILARD, il est plausible d'y reconnaître une autre graphie du nom d'origine germanique MILLARD. Toutefois, au Québec, une lignée de MILLET ou MILLETTE se rattache plutôt à l'ancêtre *Paul Hus dit Cournoyer* qui cultivait le *millet*, et dont la descendance a adopté ce surnom.

EUGÈNE. Le nom de baptême EUGÈNE rappelle saint *Eugène*, évêque de Cathage, au Ve siècle, et grand défenseur de la foi chrétienne contre les Vandales. Il est peu répandu comme nom de famille. Le seul dérivé présent chez nous est EUGÉNIN. Toutefois, d'autres diminutifs, tronqués par aphérèse, font partie de notre patrimoine : GENET, GENOT, GENIN et GENY. Notons que GENET est aussi une variante de GENEST. À ce titre, il est un lieu-dit désignant un endroit planté de *genets*. L'équivalent anglais a pris plusieurs formes dont la plus fréquente est EWEN qui donne, en irlandais, MCEWEN.

EUSÈBE. Le nom de baptême EUSÈBE semble absent en France et est très rare au Québec. Il est inspiré de plusieurs saints du Moyen Âge, parmi lesquels se trouvent quelques papes. On le voit aussi sous sa forme italienne EUSÉBIO.

ÉVEN. ÉVEN est un nom de baptême breton rendu célèbre par saint *Éven* au VIe siècle. Le nom breton d'origine est *Euun* et a été latinisé en *Evenus*, qui explique la forme actuelle ÉVEN. Le dérivé ÉVÉNO est rare.

FORT. Nom de baptême chrétien popularisé par saint *Fort*, évêque de Bordeaux, FORT a laissé quelques diminutifs, dont FORTIN et FORTON se sont implantés chez nous. À noter que FORT peut-être aussi un sobriquet désignant un homme fort. Dans ce cas, les diminutifs FORTIN et FORTON ont une valeur ironique se moquant de celui qui «se croit fort».

FRANÇOIS. Précédé de l'article, sous la forme LEFRANÇOIS, le nom désigne l'origine franque et est synonyme de «le français» et de LEFRANC. FRANÇOIS évoque plutôt le *Poverello* d'Assise, fondateur des Franciscains.

En anglais, on rencontre FRANCIS, FRANKLIN et FRANK. En d'autres langues européennes, les équivalents sont: FRANTZ, FRANK et FRANKEL (all. et als.), FRANCISCO et FRANCO (esp.), FERENC (hon.), FRANCESCO ou FRANCESCI (it. et cor.), FRANKEL et FRANKEN (néer. et flam.), FRANCISCO et FRANCO (ptg.).

GEORGES. Le nom de GEORGES nous vient d'un saint dont on connaît mieux la légende que la biographie. Il s'agirait d'un légionnaire romain converti à la foi du Christ et mort martyr vers le IVe siècle. La tradition lui attribue des miracles, dont le terrassement d'un dragon avec sa lance. Après les Croisades, saint *Georges* est l'objet d'un culte particulier en Angleterre. Les Anglais l'adoptent comme patron. Les diminutifs affectifs sont GEORGET et son féminin GEORGETTE, GEORGIN et plusieurs autres qui ne se sont pas implantés au Québec. DEGEORGES et DEJORDY sont la marque de filiation.

Certaines formes sont d'origine régionale: JOIRE et JORIS (C.), JORE et ses diminutifs, JORAY, JORET, JORIN et JORON (norm.), JORDY (prov.). En anglais, on rencontre GEORGE, GEORGESON et JORY. En d'autres langues européennes, les équivalents sont: GEORG, JÖRG et JÜRGEN (all. et als.), GORGISSIAN, KEVORKIAN (arm.), JORDY et JORDI (cat.), GEORG, JÖRGEN et JÖRGENSEN (dan.), JORGE (esp.), GEORGIOU, GEORGIAKIS et GEORGIOPOULOS (gr.), GYÖRGY (hon.), GIORGIO et GIORGI, DE GIORGIO (it. et cor.), JORGE (ptg.), GEORGIU et GEORGESCU (roum.), IGOR (rus.).

GERMAIN. Saint *Germain l'Auxerrois* est, entre autres, l'un des saints du Moyen Âge à qui l'on doit la popularité du nom. Il est décédé au Ve siècle et a été évêque d'Auxerre, son lieu de naissance. GERMAIN n'a pas laissé beaucoup de dérivés au Québec, mais on y trouve parfois la forme féminine, GERMAINE. Par ailleurs, quelques équivalents sont attestés, comme GERMAN, en anglais, GERMA, en catalan, GERMANO et GERMANI, en corse et en italien. Une remarque s'impose, cependant: GERMAIN est aussi un nom ethnique évoquant l'origine germanique.

GERVAIS. Le nom GERVAIS évoque le martyr des deux frères, *Gervais* et *Protais*, au début de l'ère chrétienne. La forme féminine GERVAISE a été implantée en Nouvelle-France par

Jean Gervaise, mais le nom s'est, par la suite, aligné sur Gervais. L'équivalent anglais est Jarvis ou Jervis.

Généalogie 4. De *Gervaise* à *Gervais*

| Urbain **Gervaise** |
| Jeanne Hérisse |

| Jean **Gervaise** |
| Anne Archambault |

| Louis **Gervaise** |
| Barbe Pigeon |

| Philippe **Gervaise** |
| Louise Gauthier |

| Jean-Baptiste **Gervais** |
| Amable Lemay dit Delorme |

| Charles **Gervais** |
| Marie-Josephte Tessier |

| Charles **Gervais** |
| Adèle Monty |

| Charles-Olivier **Gervais** |
| Alphonsine Lanoue |

| Charles-Édouard-Olivier **Gervais** |
| Marie-Blanche Lacasse |

Il a fallu quatre générations après *Urbain Gervaise* pour que ce nom s'assimile à *Gervais*, qui semble l'avoir totalement supplanté, puisque le nom *Gervaise* n'apparaît plus parmi les abonnés du téléphone.

GILLES. Saint *Gilles* a vécu au VIIᵉ siècle. Né à Athènes, de famille riche, il se fait moine et s'établit en Provence où il mène une vie édifiante qui lui vaut l'admiration de tous. Les dérivés de Gilles sont légion : Gillet et son féminin, Gillette, Gillot ou Gilliot, Gillan, Gillon, Gillard et Gilly. Le diminutif français Gilesson s'est contracté en Gilson.

Certaines formes sont d'origine régionale : Giles (N.), Gille (Î-de-F.), Gill (lor.), Gilli (prov.). En anglais, on rencontre Gill, Gillis, Giles et Gilson. En d'autres langues européennes, les équivalents sont : Gill (all. et als.), Gil (cat.), McGill (irl.), Gillen (néer. et flam.).

GRÉGOIRE. Le nom Grégoire doit sa fréquence surtout à saint *Grégoire le Grand*, qui fut le premier pape de ce nom et qui a fait l'objet d'une grande vénération au Moyen Âge.

Au sud, les équivalents régionaux sont Grégori et Grégory. En anglais, on rencontre Gregory, mais aussi les diminutifs, Gregg, Gregson et Gregor ou Griggs. En d'autres langues européennes, les équivalents sont : Gregor (all. et als.), Krikorian (arm.), Gregorio (esp.), Gregoriou et Gregoriopoulos (gr.), Gergely (hon.), MacGregor (irl.), gregorio et Gregori (it. et cor.), Gregorio (ptg.).

HERVÉ. Saint *Hervé* est honoré dans sa Bretagne natale où on l'invoque surtout pour la guérison de problèmes de vision. HERVÉ est un nom breton qui a formé quelques diminutifs : HERVIEUX, qui nous vient de la Normandie, est plus répandu chez nous que le nom HERVÉ lui-même ou que ses autres dérivés, comme HERVET, HERVEY ou HERVOUET. Les ancêtres *Sébastien Hervé* ou *Hervet* et sa sœur *Renée*, épouse d'*Hippolyte Thibierge*, ont implanté ce nom en Amérique. À la troisième génération, les HERVÉ sont devenus des HARVEY. Le changement du *e* en *a* devant le *r* est fréquent dans la prononciation. C'est ainsi que l'on entendra sous l'influence dialectale « la *sarviette*, un *ciarge* ou un *sarmon* ». Une tendance cependant se remarque au Québec, celle de prononcer le nom HARVEY à l'anglaise, peut-être à cause de sa finale en *ey*, plus fréquente en anglais. Toutefois, même si le même nom existe en Angleterre et aux États-Unis, il est indubitable que le nom HARVEY soit d'origine française et devrait se prononcer comme tel.

HILAIRE. Le nom HILAIRE seul est rare chez nous comme nom de famille. Il est plus fréquent sous la forme SAINT-HILAIRE sur laquelle on reviendra plus loin. C'est à saint *Hilaire*, évêque poitevin et apôtre du Poitou, que nous devons qu'il ait été adopté comme nom de baptême. Plusieurs auteurs d'ouvrages sur les noms de personnes ont entériné l'explication d'Albert Dauzat qui veut que le nom ALLAIRE ne soit qu'une forme populaire régionale du nom HILAIRE. Voir le nom ALLAIRE dans le chapitre sur les noms d'origine où une explication différente apparaît plus plausible et plus satisfaisante. Parmi les diminutifs du nom HILAIRE, seul HILERET s'est implanté partiellement en Nouvelle-France grâce à l'ancêtre *François Hileret*. Le nom s'est ensuite modifié par métathèse en *Héliret*, puis, il a été tronqué en LIRET. C'est la forme féminine LIRETTE qui a survécu jusqu'à aujourd'hui.

JOSSE. Au VIIe siècle, saint *Josse*, d'origine bretonne, a fait l'objet d'un culte populaire. JOSSE est la forme bretonne du nom latin *Judocus*. Il a formé, avec le temps, sa famille de dérivés affectifs parmi lesquels JOSSET, contracté en JOST, JOSSAN, JOSSON, JOSSARD et JOSSY, qui sont attestés au Québec. On le rencontre aussi sous les formes JOUSSE, avec son diminutif JOUSSET, JOOST et JOOSTEN. En Bretagne, les équivalents de JOSSE sont JÉGU et JÉGOU.

JULIEN. Plusieurs saints ont rendu célèbre le nom JULIEN. L'un d'eux, *Julien l'hospitalier*, qui a vécu au IVe siècle, était originaire d'Antioche, en Syrie, se consacra au soin des malades et mourut martyr. Les seules variantes que l'on trouve au Québec sont JULIAN, qui peut être la forme méridionale ou l'équivalent anglais, ainsi que JULIENNE, au féminin, très rare, à quoi on peut ajouter JULIANO et JULIANI, en corse et en italien.

LAUR. Le nom LORD nous vient de l'Acadie. Il a été implanté en Nouvelle-France par les descendants de *Julien Laur dit Lamontagne*, pionnier de Port-Royal. La graphie originale du patronyme est LAUR et celle d'aujourd'hui semble influencée par l'anglais. Or LAUR est un nom de baptême chrétien dont seule le féminin *Laure* a survécu jusqu'à maintenant. Saint *Laur* a été honoré au Moyen Âge et plusieurs lieux de culte lui sont consacrés. Les noms de famille LAUREL, LAUREAU et LAURIN sont des diminutifs de LAUR. Au Québec, toutefois, le nom LAURIN n'est qu'une variante graphique de LORRAIN et désigne celui qui vient de la Lorraine.

LAURENT. Célèbre martyr du IIIᵉ siècle, saint *Laurent* a été vénéré pour son grand courage sous les supplices. Le nom LAURENT connaît plusieurs variantes : LAURANT, le féminin LAURENCE et ses diminutifs LAURENCEAU et LAURENCELLE. LAURENT a aussi ses diminutifs LAURENTIN et LAURENDEAU. Cependant, le nom LAURENDEAU, chez nous, a une tout autre origine. En effet, il résulte d'une métathèse de ROLANDEAU.

En Bretagne, le nom se dit LORENT. En anglais, on rencontre LAWRENCE et LAWRENSON et les diminutifs LAW et LAWSON ou LAURIE ainsi que LARKIN. En d'autres langues européennes, les équivalents sont : LORENZ, LORENTZ, souvent contractés en LENZ (all. et als.), LORENTE (esp.), LÖRINC (hon.), MACLAREN (irl.), LORENZO, LORENTINO, LORENTIS, LORENZETTI, LAURENTINO et LAURENTINI, LORENZON et LORENZONI (it. et cor.), LAURENS (néer. et flam.), LORENÇO (ptg.).

LIBOIRON. Saint *Liboire*, 4ᵉ évêque du diocèse du Mans, en France, a vécu au IVᵉ siècle. Son nom ne s'est pas implanté au Québec parmi les noms de famille. Seul son diminutif LIBOIRON est attesté ici.

MAGNE. Les noms chrétiens MAGNE et MAGNUS, issus du latin *magnus*, « grand », étaient populaires au Moyen Âge. On reconnaît le premier dans CHARLEMAGNE. Plusieurs saints ont porté ce nom à cette époque et ont contribué à le répandre comme nom de baptême.

MARIEN. MARIEN vient du latin *Marianus*. C'est saint *Marien d'Auxerre*, vénéré par le peuple, qui a contribué à le répandre. On le rencontre aussi sous la forme MARIAN et, en corse et en italien, en MARIANO et MARIANI.

MARIN. Le nom de baptême MARIN, répandu comme *cognomen* ou surnom chez les Romains, *Marinus*, « qui aime la mer », a été porté par plusieurs saints qui, au Moyen Âge, ont connu leur heure de gloire. En français, le nom a formé nombre de dérivés sous forme de diminutifs affectifs : MARINEL, MARINEAU, MARINET et MARINAS.

On rencontre aussi quelques équivalents de langues européennes : MARINAKIS (gr.), MARINO, MARINI et MARINELLI (it. et cor.), MARINESCU (roum.), MARINOFF et MARINOV (rus.).

MAROUN. Le système de dénomination des personnes, dans le monde arabe, diffère de celui des peuples occidentaux. Il repose surtout sur le nom individuel, souvent accompagné d'une marque de filiation ou d'un surnom. Le nom de famille y est moins répandu que chez nous et y a été implanté par les colonisateurs avec un succès mitigé. Toutefois, l'importance croissante de l'émigration vers l'Europe et les exigences de l'état civil ont entraîné la généralisation du système occidental. Aujourd'hui, une partie du nom arabe est considérée comme le prénom et l'autre comme le nom de famille.

Chez les chrétiens du Moyen-Orient, l'influence religieuse dans les noms est déterminante. On y rencontre les mêmes noms inspirés de la Bible, particulièrement de l'Ancien Testament, pour la plupart, adaptés à la langue arabe : ADAM, ABRAHAM, devenu IBRAHIM, DAOUD pour DAVID, YAKOUB correspondant à JACOB, MOÏSE adapté en MOUSSA, ainsi que SOLIMAN pour SALOMON.

D'autres noms évoquent des personnages du Nouveau Testament et ont subi aussi des adaptations locales. Au Liban : PAUL devient BOULOS, PIERRE se dit BOTROS, GABRIEL se transforme en GHOBRIAL, LUC en LOUCA, MICHEL en MIKHAIL, JEAN en HANNA et MARC en MORCOS.

Des saints ont fait l'objet d'un culte particulier et ont vu leurs noms adoptés par un grand nombre, mais pour ainsi dire libanisés : BASSILI pour BASILE, GORGHI pour GEORGES, SERKIS pour SERGE. Saint *Maroun*, francisé en *Maron*, fondateur des Maronites, explique le nom MAROUN et sa variante MAROUNI, qui s'est modifiée en MOURANI par métathèse. Ce nom est assez répandu au Moyen-Orient où il sert à distinguer les maronites des musulmans là où les deux groupes se côtoient.

MARTIAL. Le nom MARTIAL est peu fréquent comme nom de famille. Il rappelle saint *Martial*, évêque de Limoges, vers le IVe siècle. Il est connu surtout comme prénom. Nous avons quelques MARÇAL catalans et MARCIAL provençaux.

MARTIN. Saint *Martin* a été l'un des saints les plus vénérés au Moyen Âge. S'il fut très populaire en France, c'est qu'il est considéré comme l'apôtre de la Gaule et que sa générosité est devenue légendaire, la tradition voulant qu'il ait partagé son manteau avec un pauvre qui s'est révélé être le Christ lui-même. Le nom MARTIN, combiné à ses différents dérivés et équivalents, est sûrement l'un des noms de famille les plus répandus en France, mis à part ceux qui évoquent le métier de forgeron. C'est dire la vénération vouée au personnage à l'origine de cette expansion. Les dérivés affectifs de MARTIN sont légion : MARTINEL, MARTINEAU, MARTINET, MARTINOT, MARTINAT et MARTINON.

Certaines formes sont d'origine régionale : MARTINEZ (N.), MARTY (S.-E.), MARZIN (bret.), MARTI ou MARTY (prov.). En anglais, on rencontre MARTIN, MARTENS, MARTINS et MARTINSON, parfois contracté en MARSON. En d'autres langues européennes, les équivalents sont : MARTZ (all. et als), MARTOYAN (arm.), MARTI (cat.), MACMARTIN (éco.), MARTINEZ (esp.), MARTON (hon.), MCMARTIN (irl.), MARTINO et MARTINI, DE MARTINO ou DI MARTINO, MARTINELLI, MARTUCCI (it. et cor.), MAERTENS, MARTENS, MARTIJN (néer. et flam.), MARTINHO (ptg.), MARTINU et MARTINESCU (roum.), MARTINOV et MARTINOVITCH (rus.), MARTINOVIC (ser.), MARTINU (tch.).

MAURICE. Plusieurs saints ont porté le nom de MAURICE, dont un légionnaire romain du IIIe siècle, martyrisé avec ses soldats par l'empereur Maximien. Le nom s'écrit MAURICE, ou MORIS, selon les régions. Certains dérivés sont plus ou moins répandus au Québec. Sous le radical *maur-*, nous ne voyons que MAURICETTE et MAURICIN. Le radical *mor-* a donné, avec un ou deux *r*: MORISSEAU, MORISSET, plus souvent féminisé en MORISSETTE, MORISSAT et MORISSON. On aura compris que, chez nous, on distingue difficilement le MORISSON français du MORISSON anglais portant la marque de filiation. Il existe aussi une série de diminutifs en *moriz-*, dont seuls MORIZET et MORIZOT font partie de notre patrimoine.

Certaines formes sont d'origine régionale: MORICE (O. et bret.), MEURISSE (norm. et wal.). En anglais, on rencontre MORRIS, MORRISON et FITZMORRIS. En d'autres langues européennes, les équivalents sont: MORIS et MORITZ (all. et als.), MAURICIO (esp.), MAURIZIO (it. et cor.), MAURICIO (ptg.).

NICOLAS. Le grand saint *Nicolas* fut, au IVe siècle, évêque de Myre en Asie Mineure. D'une générosité exemplaire, il est l'ancêtre, pour ainsi dire, de notre père Noël, *Santa Claus*, en anglais. Très en vogue à travers l'Europe, le nom NICOLAS, écrit aussi NICOLA, a produit de nombreux dérivés: NICOLET, *Nicolin*, NICOLLON, *Nicolard* et NICOLY, avec un ou deux *l*. Le matronyme NICOLE ou NICOLLE est aussi présent. Cependant, toutes ces formes ont été tronquées, par aphérèse, et ont donné COLAS, COLET et leur féminin COLETTE, COLIN, COLARD et COLON, sans oublier la forme féminine COLE. COLLIGNON est, à son tour, un dérivé de COLLIN.

Certaines formes sont d'origine régionale: NICOUD (S.-E.), NICOL et NICOLE (C.). En anglais, NICHOLAS n'est pas moins prolifique, compte tenu des marques de filiation qui s'ajoutent à n'importe quelle forme: NICHOL, NICHOLS et NICHOLSON, contracté en NIXON, NICKEL, NICKELS et NICKELSON. Comme en français, on obtient, par aphérèse, COLE, COLES et COLESON, COLIN, COLINS et COLINSON. En d'autres langues européennes, les équivalents sont: KLAUS ou KLAAS (all. et als.), NICOLIAN (arm.), NIKOLAEV (bul.), MACNICOLL (éco.), NICOLOPOULOS (gr.), MIKLOS (hon.), McNICOLL (irl.), NICOLO et NICOLI, NICOLETTO et NICO-LETTI (it. et cor.), CLAUS, CLAES, COOLS ou CLAEYS, par aphérèse, ainsi que CLAESSENS, avec la filiation (néer. et flam.), NICOLESCU (roum.), NIKOLAÏ ou NIKOLOFF (rus.).

PATRICE. Saint *Patrice* est connu comme celui qui a évangélisé l'Irlande, qui l'a, par la suite, adopté comme patron. Les formes les plus courantes du nom sont PATRICE, PATRICK, PATRY et PARIS, que certains considèrent comme une contraction de PATRICE. PARISSE, plus rare, est la variante féminine de PARIS. PATRIE semble une fantaisie orthographique de PATRY. Des diminutifs de PATRICE, on ne voit chez nous que PATRICOT.

En anglais, PATE, PATTE et PATEY sont des diminutifs affectifs de PATRICK, alors que PATERSON, PATTERSON, PATTISON et FITZPATRICK en sont la marque de filiation. L'italien et le corse ont PATRIZIO et PATRIZI.

PONS. Les noms chrétiens PONS, PONCE et, au nord, PONCHE viennent du nom latin *PONTIUS*. Comme noms de baptême, ils ont été popularisés dans le Midi par deux saints portant ce nom, martyrisés au IIIe siècle. Le nom a laissé quelques diminutifs dont certains sont des homonymes de diminutifs de *pont*: PONCET, PONSOT, PONCIN, PONSON et PONSARD.

QUENTIN. Le nom QUENTIN, du latin *Quintinus*, «cinquième», dont l'orthographe s'est modifiée en CANTIN, rappelle ce jeune martyr romain du IIIe siècle qui a œuvré à la conversion de la Gaule à la foi chrétienne. QUINTIN en est la forme bretonne. Il compte un diminutif, QUINTON ou CANTON. Le nom ne semble pas exister en anglais, mais l'italien et le corse ont le tandem CANTINO et CANTINI.

RÉMY. Saint *Rémi*, quinzième évêque de Reims, élu par les fidèles à l'âge de 22 ans, est entré dans l'histoire pour avoir baptisé Clovis, le roi des Francs. Le nom RÉMY ou, plus proprement, REMY a laissé quelques dérivés, dont RÉMION et REMAUD.

ROMAIN. Du nom de plusieurs saints célèbres au Moyen Âge, parmi lesquels saint *Romain de Condat*, ermite français, fondateur de monastères, qui vécut au Ve siècle. Homonyme de l'habitant de la ville de Rome, le nom a pris les formes ROMAIN, ROMAN et ROMAND.

En anglais, on rencontre ROMAN et ROMANS. En d'autres langues européennes, les équivalents sont: ROMANO et ROMANI, auxquels il faut ajouter les diminutifs affectifs ROMANELLO et ROMANELLI, ROMANETTO et ROMANETTI (it. et cor.), ROMANOWSKI (pol.), ROMÀO (ptg.), ROMANOV (rus.).

SÉBASTIEN. Saint *Sébastien* fut martyrisé, en 288, sous l'empereur Dioclétien, dont il était un brillant et fidèle soldat. SÉBASTIEN n'est pas très répandu chez nous comme nom de famille. Cependant, la forme tronquée par aphérèse, BASTIEN est beaucoup plus présente.

Certaines formes sont d'origine régionale: SÉBASTIAN (occ.), BASTIN, par aphérèse (wal.). En anglais, on rencontre surtout BASTIAN et ses variantes BASTIN et BASTEN. En d'autres langues européennes, les équivalents sont: SÉBASTIAN et BASTIAN (all. et als.), SEBESTYEN (hon.), SEBASTIANO et SEBASTIANI ou BASTIANO et BASTIANI (it. et cor.), SEBASTIÃO (ptg.).

SYLVESTRE. Pape du IVe siècle, saint *Sylvestre* a convoqué le concile de Nicée et baptisé l'empereur Constantin. Le nom SYLVESTRE se présente sous diverses formes: SILVESTRE, SIVESTRE et SEVESTRE. Des diminutifs du nom on ne connaît au Québec que SYLVESTRIN.

En anglais, on rencontre SYLVESTER, comme en allemand. SZILVESZTER (hon.), SILVESTRO et SILVESTRI (it.) sont rares.

TANGUAY. Saint TANGUY a vécu au Finistère, en Bretagne, au VIe siècle. Devenu moine, il a fondé, entre autres, l'abbaye de Saint-Matthieu. Le nom TANGUY, dont TANGUAY est une variante, est un nom typiquement breton. Il est donc d'origine celtique et est formé de deux racines: la première est *tan*, «le feu», la seconde, *ki*, devenue *guy*, «chien». Le nom représente probablement un nom de guerre.

URBAIN. Plusieurs papes ont popularisé le nom URBAIN.

URBAN en est l'équivalent occitan et anglais. En d'autres langues européennes, les équivalents sont: ORBAN (hon.), URBANO et URBANI (it. et cor.), URBANSKI (pol.), URBANESCU (roum.), URBANOVITCH (rus.).

VALENTIN. VALENTIN est un diminutif du nom VALENS. Il rappelle le saint martyr romain du même nom, mort au IIIe siècle, et honoré depuis comme le patron des amoureux.

En anglais, on rencontre VALENTINE. En d'autres langues européennes, les équivalents sont : VELTIN et FELTEN (all. et als.), VALENTE (esp.), BALINT (hon.), BALLENTYNE (irl.), VALENTINO et VALENTINI (it. et cor.).

VINCENT. De nombreux saints nommés VINCENT ont favorisé l'adoption de ce nom de baptême, mais le plus célèbre, saint *Vincent de Paul*, n'a pas pu y contribuer, car il a vécu au XVIIe siècle alors que le nom de famille existait depuis plusieurs siècles. En effet, pour justifier le passage au nom de famille, il faut remonter au Moyen Âge et retrouver saint *Vincent de Saragosse*, martyr, et d'autres *Vincent* de la même époque. VINCENT a formé des dérivés. Plusieurs sont présents au Québec, mais rares, comme VINCENDEAU, VINCENDON et VINÇONNEAU. Seul VINCELET, féminisé en VINCELETTE, a une fréquence plus importante.

En anglais, on rencontre VINCENT, VINCE, VINCETT et VINSON, qui marque la filiation. En d'autres langues européennes, les équivalents sont : VICENTE (esp.), VINCE (hon.), VINCENTI, VINCENZI ou VINCENZO (it. et cor.), VICENTE (ptg.).

VITAL. Plusieurs saints ont rendu populaire le nom de baptême VITAL. Parmi eux, saint *Vital*, martyrisé au 1er siècle sous Néron. Son nom, issu du latin *Vitalis*, « relatif à la vie », évoque la renaissance baptismale. Il a subi de nombreuses transformations dont on retrouve des vestiges dans un grand nombre de noms d'aujourd'hui. La disparition progressive de la consonne *t* explique les formes VIDAL, VIDEAU, VIAL, vocalisée en VIAU. VIEL est une contraction de VIDAL particulière à la Normandie. VITALE, VITALO et VITALI en sont les variantes corses et italiennes.

VIVIEN. Le nom de famille VIEN, écrit aussi VIENS, est l'aphérèse de VIVIEN, prénom de trois ancêtres, dont deux ont pour nom *Vivien Jean* et le troisième, *Vivien Rochereau* ou *Rocheleau*. Les deux *Vivien Jean* ne sont pas apparentés. Dans chaque lignée, le surnom VIEN ou VIENS est associé à la descendance. Toutefois, seuls les descendants de *Vivien Jean* et d'*Isabelle Drouet* ont transmis le nom VIEN jusqu'à nos jours.

LES SAINTES, DES PERLES RARES

Une tradition séculaire veut que ce soit le père qui transmette son nom à la génération qui le suit. C'est pourquoi ce nom est dit *patronyme*. Toutefois, quelques noms de baptême féminins se sont glissés dans le patrimoine des noms de famille. Lorsqu'il est transmis par la mère, le nom est un *matronyme*. Au Québec, ce n'est que depuis l'adoption du nouveau *Code civil* que la mère peut donner son nom à son enfant.

Quand cet accroc à la tradition se produit-il ? Trois motifs semblent le justifier. Le premier est relié à la naissance d'un enfant naturel d'une mère célibataire qui élève seule son enfant. Le second serait celui d'une veuve qui, après la mort de son mari, a atteint une certaine importance sociale, a repris son nom à la naissance qu'elle a ensuite transmis à ses enfants. Le troisième est particulier au Québec. En effet, nous verrons plus loin qu'il existe certains cas spéciaux, disséminés dans les documents du Québec ancien, où des descendants, pour des raisons inconnues, ont changé leur « patronyme » pour adopter le nom de la femme de leur ancêtre. Par la suite, ce « matronyme » est redevenu un « patronyme », puisqu'il a été retransmis par le père.

Dans les paragraphes qui suivent, nous nous en tiendrons aux noms individuels féminins devenus « prénoms », puis noms de famille et dont la présence est attestée chez les abonnés du téléphone.

CÉCILE. Le nom de baptême CÉCILE est rare comme nom de famille. Il rappelle la patronne des musiciens, morte pour sa foi au IIIe siècle. On rencontre aussi CÉCIL, dans le Midi.

FOY. *Sainte-Foy* nous est beaucoup plus familier comme toponyme évoquant un arrondissement de la nouvelle ville de Québec que comme nom de famille FOY. Deux martyres chrétiennes sont à l'origine de ce nom. Chez nous, le nom est plus fréquent précédé de la préposition, DE FOY, marquant la filiation.

LUCE. Le nom LUCE rappelle sainte *Luce* ou *Lucie*, dont le martyre particulièrement sadique, sous le règne de l'empereur romain Dioclétien, en a fait un personnage légendaire.

MADELEINE. MADELEINE est un nom de famille peu fréquent au Québec. Il se présente parfois précédé de l'article, soudé ou non : LAMADELEINE, LAMADELAINE. Il est encore plus rare sous la forme DE LA MADELEINE. Dans tous les cas, il évoque le personnage évangélique *Marie de Magdala*, mieux connue sous le nom de *Marie-Madeleine*, qu'une longue tradition chrétienne assimile à la pécheresse. Toutefois, le nom de famille, en Nouvelle-France, est arrivé sous la graphie MAGDELAINE, pour bifurquer ensuite vers MADELEINE. Avec l'article, il s'agit d'un surnom d'origine qui désigne la seigneurie de la famille d'Ailleboust, ou un lieu en France portant ce nom.

MARGUERITE. Martyre du IIIe siècle, sainte *Marguerite* est à l'origine du nom de famille MARGUERITE et de ses diminutifs MARGOT et MARGUERIE, les trois se révélant plutôt rares chez nous.

MARIE. Le nom de la mère de *Jésus* n'a pas laissé beaucoup de traces dans notre patrimoine anthroponymique, mis à part quelques rarissimes MARIE ou MARIA. La forme SAINTE-MARIE, beaucoup plus répandue au Québec, est un surnom d'origine devenu nom de famille, catégorie qui fera l'objet d'un chapitre important. MARIE a laissé plusieurs diminutifs affectifs : MARIELLE, MARIETTE, plus fréquent comme prénom,

MARIOTTE, MARIAT, MARIAN, MARION, mais aussi MAROT, féminisé en MAROTTE, au Québec. En anglais, on rencontre MARY ou MARRY.

MARTINE. Plutôt rare comme nom de famille, le nom MARTINE rappelle la sainte qui fut décapitée pour sa foi au IIIe siècle. Le nom *Lamartine*, absent au Québec, a été rendu célèbre par le poète romantique français *Alphonse de Lamartine*.

MATHILDE. Le nom MATHILDE est peu fréquent chez nous. Il a été popularisé par *Mathilde de Flandre*, épouse de *Guillaume le Conquérant* ainsi que par plusieurs saintes du Moyen Âge, dont sainte *Mathidle*, impératrice d'Allemagne.

LES NOMS... LITURGIQUES

Certains noms, même s'ils ne rappellent pas la vie d'un saint, n'en sont pas moins une évocation religieuse. Quelque-uns sont reliés à l'année liturgique, d'autres sont, pour ainsi dire, des espèces de symboles religieux. En voici quelques exemples.

ANGE. L'*ange* a toujours eu une place importante dans l'imaginaire chrétien. C'est pourquoi il se retrouve parmi les noms de baptême sous diverses formes : ANGE, ANGEL et ANGELOT. Il est plus fréquent en corse et en italien, ANGELO, ANGELIS, et, avec la marque de filiation, D'ANGELO, DE ANGELIS ou DI ANGELIS.

CHRÉTIEN. Il n'est pas étonnant que le mot générique CHRÉTIEN, aussi sous la forme de l'ancien français, CHRESTIEN, ou, dans sa forme savante, CHRISTIAN ou CHRISTIN, soit passé de nom de baptême à nom de famille.

En anglais, on rencontre CHRISTIAN et ses diminutifs CHRISTIE, CHRISTY, CHRISTIN et CHRISTINE, sans oublier la marque de filiation CHRISTIANSON ainsi que le composé CHRISTMAN. En d'autres langues européennes, les équivalents sont : KRISTIAN ou CHRISTIAN (all. et als.), KRISTEN (dan.), CHRISTIE (éco.), CRISTIANO (esp.), CRISTOPOULOS (gr.), CRISTIANO ou CRISTIANI (it. et cor.), CHRISTIAENS (néer. et flam.), CRISTO et CRISTIANO (ptg.), CRISTESCU (roum.), HRISTOV (ser.), CHRISTIANSEN et CHRISTENSEN (suéd.).

JOURDAIN. JOURDAIN ou ses variantes, JOURDAN, JOURDENAIS, JOURDANET, rappellent le nom du fleuve où Jésus a été baptisé par Jean-Baptiste.

Certaines formes sont d'origine régionale : JOURDAN (S.-E.), JOURDE (E.), JORDAN ou GIORDAN (occ.), GIORDAN (prov.). En anglais, on rencontre JORDAN. En d'autres langues européennes, les équivalents sont : IORDANOV (bul.), IORDANIDIS (gr.), GIORDANO et GIORDANI (it. et cor.), JORDAENS (néer. et flam.), JORDAO (ptg.), IORDANOV (rus.).

NOËL. Ce nom évoque, de toute évidence, la naissance du Christ. Il a pu être attribué comme surnom à un enfant né ce jour. NOËL se présente sous plusieurs costumes. En effet, venu du latin *natalis*, NOËL s'écrit parfois sans tréma.

Certaines formes sont d'origine régionale : NEDELEC (bret.), NATALE (cor.), NADAL, qui explique NADEAU (occ.), NEEL (orl.). En anglais, on rencontre quelques rares CHRISTMAS. En d'autres langues européennes, les équivalents sont : NAVIDAD (esp.), NATALE (it. et cor.), NATAL (ptg.).

OLIVIER. Le nom OLIVIER ou OLLIVIER et sa forme bretonne OLIER rappellent le mont des Oliviers de l'Évangile, mais pourraient tout autant évoquer le compagnon de Roland dans l'épique *Chanson de Roland*. Le nom se reconnaît dans les équivalents OLIVER, en anglais, OLIVAR et OLIVARES, en espagnol, OLIVEIRA, en portugais, OLIVERO et OLOVERI, en corse et en italien.

OZANNE. OZANNE est un autre nom relié aux célébrations de l'année liturgique. En effet, au Moyen Âge, le jour des Rameaux se nomme *Osanne*, formé sur l'acclamation *Hosanna*, entonnée ce jour-là. Peut-être attribué à celui qui est né le jour des Rameaux, le nom est devenu, à l'instar de NOËL, un nom de baptême.

PARADIS. Le surnom PARADIS est d'inspiration chrétienne s'il évoque le *paradis terrestre* de l'Ancien Testament ou s'il rappelle le *paradis* éternel. Toutefois, le surnom peut très bien désigner le personnage d'un mystère médiéval qui personnifie par allégorie le Paradis, opposé à l'Enfer. Enfin, on ne peut exclure l'emploi métaphorique du mot *paradis* qui caractérise un lieu verdoyant. Dans ce cas, il s'agit d'un surnom d'origine de celui qui vient d'un lieu ainsi nommé. L'équivalent corse ou italien est PARADISO, alors que l'anglais préférera HEAVEN.

PASCAL. L'un des temps forts de l'année liturgique est la fête de Pâques. De plus, cette fête coïncide avec l'arrivée prochaine du printemps et la renaissance de la nature. Il n'est donc pas étonnant que cet événement trouve un écho important dans les noms de baptême et pour autant de motifs. Plus particulièrement, le nom sera donné à l'enfant né à cette période de l'année. L'adjectif découlant de Pâques est PASCAL. D'autres dérivés se sont ajoutés, comme PASQUIER, PAQUET, écrit aussi PASQUET, et son féminin PAQUETTE. Mais ces derniers peuvent tout autant désigner un pâturage. Certains rattachent aussi à la fête de Pâques le nom PAQUIN.

Certaines formes sont d'origine régionale : PASCHAL (N.), PASCAU, PASCAULT et PASCOT (S.), PASCUAL (S.-E.), PASQUET et PASQUETTE (C.), PASCA (occ.), PASCAUD, PASQUEREAU (poit.), PASCHAL, PASQUALI (prov.). En anglais, on rencontre PASCOE et PASKELL. En d'autres langues européennes, les équivalents sont : PASCUA et PASCUAL (esp.), PASQUA, PASQUALE, PASCALE et PASCALI et quelques diminutifs, PASQUARELLO et PASQUARELLI (it. et cor.), PÀSCOAL (ptg.).

SAINT. On a pu constater que la sainteté a eu une grande influence sur les noms de famille. La fête liturgique de la TOUSSAINT est sûrement à l'origine du surnom de celui qui est né ce jour-là. Le surnom a pour équivalent DOS SANTOS, en espagnol, et DE SANTIS, en corse et en italien. SAINT peut désigner une personne pieuse ou, par ironie, celle qui en prend les attitudes. Quant à DESSAINT, il s'agit d'un nom de lieu de provenance ou de voisinage évoquant un endroit de culte dédié à plusieurs saints. Le nom SAINT a été très répandu en Gascogne où il a pris diverses formes : SANS, SANZ, SENS, SANT. Le surnom a laissé quelques dérivés qui varient selon le radical auquel ils se rattachent : SANSOT et SANSON, qui peut être une variante du nom biblique SAMSON ; SANTEL, SANTAS, SANTIN et SANTON.

L'équivalent espagnol SANCHE, qui donne SANCHEZ avec la marque de filiation, est assez fréquent au Québec où l'on rencontre aussi la variante SANTOS. Par ailleurs, le corse et l'italien nous ont donné plusieurs SANTO, SANTE et des diminutifs comme SANTINI et SANTUCCI.

SAUVÉ. Se sont aussi réservé une place particulière les noms de baptême presque fétichistes, susceptibles d'attirer sur l'enfant la bénédiction divine. Ce sont les surnoms théophores, pour ainsi dire « portés par Dieu » : THÉODORE, DIEUDONNÉ et son synonyme DÉODAT. Le surnom SAUVÉ semble devoir se rattacher à ce dernier groupe de noms de baptême, car il en est un. Peut-être était-il attibué à un enfant « sauvé in extremis », à la suite d'un accouchement ardu. On ne peut pas exclure d'emblée une autre hypothèse, celle du sobriquet anecdotique qui rappelle un événement particulier au cours duquel le porteur a eu la vie sauve, par exemple à la suite d'une escarmouche militaire, comme c'est vraisemblablement le cas pour d'autres surnoms de ce genre comme LADÉROUTE et LABRÈCHE. La forme SALVAT, plus près du latin, est occitane.

Quant à SALVADOR, d'origine espagnole, il équivaut au français SAUVEUR, attribué comme nom de baptême pour attirer sur le nouveau-né les bonnes grâces du ciel. Encore une fois, le surnom anecdotique de celui qui a contribué à un sauvetage ou qui prétend l'avoir fait est plausible. Par ailleurs, le surnom d'origine SAINT-SAUVEUR n'est pas rare chez nous.

Il en est de même d'un autre nom de baptême, BIENVENU, écrit aussi BIENVENUE, qui indique que l'enfant est chaudement désiré ou que l'on veut, en le baptisant ainsi, qu'il soit bien accueilli par son entourage. Les porteurs du nom au Québec descendent soit de *François Bienvenu dit Delisle*, soit de *Pierre Fontaine dit Bienvenu*.

TIPHANE. La fête des Rois, appelée *Épiphanie*, a eu aussi sa part. On reconnaît le mot dans le nom ÉPIPHANE, alors qu'il est moins flagrant dans TIPHANE ou TIPHAINE, nom de cette même fête, en ancien français. On écrivait aussi *tifaine* ou *tiffaine*. Un diminutif affectif du surnom est TIFFAULT, qui connaît de nombreuses graphies, dont THIFAULT est, de loin, la plus répandue au Québec.

DANS L'HISTOIRE ET DANS LES LIVRES

Quelques noms de famille dérogent de la tradition chrétienne ou germanique. Leur origine s'explique par le fait qu'ils ont été rendus célèbres par un personnage qui a marqué l'Histoire ou une œuvre littéraire médiévale.

ALEXANDRE. C'est sûrement *Alexandre le Grand*, roi de Macédoine et grand conquérant de l'Antiquité, qui a popularisé le nom ALEXANDRE, beaucoup plus que les nombreux saints homonymes, quoique ces derniers ne puissent être exclus d'emblée. Le nom a formé des diminutifs affectifs, dont ALEX et ALEXANDRIN. Il s'est aussi tronqué en LISSANDRE, au sud, en SANDRE, SANDOR et SANDRIN, ailleurs.

En anglais, on rencontre ALEXANDER, qui s'est transformé, par aphérèse, en SANDER et SANDAR, auxquels il faut ajouter les formes marquant la filiation, SANDERS et SANDERSON. En d'autres langues européennes, les équivalents sont : ALEXANDER (all. et als), ALEKSANIAN (arm.), ALEJANDRINO (cat.), ALEJANDRO (esp.), ALEXANDRÈS, ALEXANDROPOULOS et ALEXANDRAKIS (gr.), ALESSANDRINO et ALESSANDRINI (it. et cor.), ALEXANDER (néerl.), ALEXANDRU et ALEXANDRESCU (roum.), ALEXANDROV, ALEXANDROFF et ALEXANDROVITCH (rus.), ALES (ser.).

ARTHUR. Peu courant comme nom de famille, ARTHUR a été surtout utilisé comme prénom. Il rappelle *Arthur*, roi celtique des Brittons, héros des romans épiques qui racontent l'histoire des chevaliers de la Table Ronde. Évidemment, on retrouvera la même forme en anglais, à laquelle s'ajoutera aussi la marque de filiation ARTHURS, sans négliger pour autant les formes écossaise, MACARTHUR, et irlandaise, MCARTHUR.

Le surnom GAUVIN, écrit parfois GAUVAIN et, plus rarement, GOVIN ou GOVAIN, rappelle le neveu du roi *Arthur*. Le nom du personnage est devenu nom de baptême comme ceux d'autres héros des mêmes œuvres, tels FERGUS et, avec la filiation, FERGUSON. TRISTAN, MERLIN, l'enchanteur, LANCELOT et PERCEVAL dit aussi PERCIVAL, qui ont laissé leur marque dans l'anthroponymie et qui se sont implantés au Québec à des degrés divers. GAUVIN a donné quelques diminutifs affectifs dont un seul s'est implanté au Québec, soit GAUVREAU.

CÉSAR. De toute évidence, le nom CÉSAR est inspiré du grand conquérant de la Gaule et empereur romain, *Jules César*. Ce peut être aussi un sobriquet attribué à celui qui aime commander ou « jouer à l'empereur ». Le nom CÉSAR semble plus répandu en italien et en corse où il a constitué une famille de diminutifs : CESARE, CESARIO et CESARI, CESARATTO et CESARATTI.

JULES s'inspire du même personnage, de même que de saint *Jules*, qui fut pape au IVe siècle. Le nom a sa famille de diminutifs affectifs : JULAN, JULIAN ou JULLIAN, JULIARD et JULY. Ce dernier pourrait se confondre avec l'anglais JULY, correspondant à notre JUILLET, mois estival ainsi nommé par *César*, d'après le nom de la famille *Julia*.

DAUPHIN. Nom de baptême porté par les comtes d'Albon qui a donné son nom à la province du Dauphiné, le nom DAUPHIN a désigné le fils aîné du roi de France, appelé à lui succéder. DAUPHIN est aussi le surnom de celui qui vient de la province du Dauphiné, mais le plus fréquent en ce sens est DAUPHINAIS. S'il rappelle le cétacé, DAUPHIN est alors un sobriquet qui évoque la noblesse, l'intelligence et son rapport amical avec l'homme, qualités attribuées traditionnellement à l'animal. C'est le sens de la forme dialectale DELPHIN, comme celles de l'anglais DOLPHIN et DUFFIN.

GALLIEN. Ce nom d'un empereur romain a été adopté comme nom de baptême pour rendre hommage à celui qui, au IIIᵉ siècle, a mis un terme aux persécutions contre les chrétiens. Au nom GALLIEN s'ajoutent les formes corses et italiennes GALLIANO, GALLIANI, écrites aussi GAGLIANO, GAGLIANI.

ISABELLE. Nom de baptême féminin, en Espagne, popularisé par plusieurs souveraines, dont *Isabelle de Castille*, le nom ISABELLE, écrit aussi ISABEL, n'existe chez nous que sous ces seules formes.

SALADIN. Le nom SALADIN rappelle le temps des croisades. C'est le nom du sultan *Salah ed-Din*, qui a combattu les croisés avec bravoure. Il est attribué comme sobriquet à quelqu'un qui se conduit en despote.

TURPIN. Personnage de la *Chanson de Roland*, l'évêque *Turpin* a popularisé le nom TURPIN, devenu nom de baptême, puis nom de famille.

CHAPITRE TROIS

LE SURNOM D'ORIGINE, DU TOPONYME AU NOM DE FAMILLE

Les titres ne servent de rien pour la postérité :
le nom d'un homme qui a fait de grandes choses
impose plus de respect que toutes les épithètes.
VOLTAIRE

L a toponymie et l'anthroponymie, c'est-à-dire les noms de lieux et les noms de personnes, se sont enrichies mutuellement à la façon des vases communicants. En effet, bon nombre de noms de lieux sont issus de noms de personnes : une ville de l'ancienne Gaule doit souvent son nom au peuple gaulois qui l'a fondée (*Paris* vient de *Parisii*) ; des villages et des hameaux tirent leur nom d'un domaine associé au nom de son propriétaire (*Savignac*, du latin *Sabiniacum*, est le domaine de *Sabin*, en latin, *Sabinius*). Inversement, des noms de lieux ont été attribués comme surnoms à des personnes et sont devenus des noms de famille. C'est à ce groupe, appelé « surnoms d'origine », que sera consacré ce chapitre.

Cette catégorie réunit plusieurs types de noms que l'on pourrait subdiviser en deux grandes classes, les *surnoms de provenance*, qui rappellent la localité, la région, l'état, réels ou fictifs, d'où le porteur est originaire ; les *surnoms de voisinage*, qui s'appuient sur un élément caractéristique du paysage, de la maison, de l'environnement où elle se situe, et qui servent de point de repère pour localiser la résidence du porteur. Résumons en disant que les surnoms de provenance sont des toponymes au sens propre et désignent les lieux mêmes ou leurs habitants, alors que les surnoms de voisinage sont des noms communs qui prennent une valeur de toponyme, pour désigner des points de repère à proximité de la demeure du porteur du surnom.

En simplifiant à outrance, imaginons que nous sommes dans l'armée ou dans un village, au temps où le nom de famille n'existe pas encore. Il nous faut distinguer cinq homonymes dont le nom individuel est *Jean*. Voici comment des surnoms d'origine nous facilitent la tâche :

Jean LANGLAIS désignera celui qui a servi contre les Anglais, qui a déjà effectué un voyage outre-Manche ou prétend l'avoir fait ;

Jean SAINTONGE se dit ou est originaire de la province de Saintonge ;

Jean CASAVANT habite la maison (la *case*) située juste *avant* le pont ;

Jean LARIVIÈRE désignera celui qui réside le long de la rivière ;

Jean BEAUCHESNE sera le surnom de celui dont la propriété se reconnaît au majestueux chêne séculaire qui se dresse à l'entrée du domaine.

DES NOMS SANS FRONTIÈRES

Les surnoms qui rappellent l'état ou la région d'origine sont soit le nom de lieu proprement dit, soit le nom de ses habitants. Faisons ensemble un petit tour du monde rapide où nous rencontrerons des gens qui ont beaucoup voyagé.

Plusieurs motifs peuvent expliquer ces surnoms :

- Le surnom rappelle la patrie du porteur ;
- La personne ainsi nommée a ou prétend avoir voyagé à l'étranger, particulièrement dans le pays dont on lui attribue ironiquement le nom ;
- Au régiment, le surnom désigne le militaire qui a fait campagne hors de France ;
- Par ironie, le surnom est attribué à celui qui baragouine la langue.

Voyons donc comment s'effectue la mutation d'un nom de pays au surnom d'origine.

France. À tout seigneur tout honneur, commençons par LAFRANCE. Appeler un Français LAFRANCE, DEFRANCE ou FRANCE n'est pas, à première vue, le trait distinctif le plus original. À moins de se reporter au Moyen Âge où la France se limite à la partie réduite de la Gaule dominée par les Francs. Au régiment, le surnom s'applique aussi à un soldat originaire de la province de l'Île-de-France. Par ailleurs, FRANC, LEFRANC, son diminutif FRANCON, ainsi que LEFRANÇOIS et même FRANÇOIS, variante de *français*, s'appliquent à celui qui est d'origine franque ou, pourquoi pas ?, par ironie, au « vendu », trop collé à l'envahisseur. Comme nom de baptême chrétien, *François* a été porté par de nombreux saints, mais il s'est popularisé surtout vers le XIIIᵉ siècle avec *François d'Assise*. Par ailleurs, le surnom LAFRANCE est souvent attribué, au régiment, à celui qui est prénommé *François*. C'est le cas des ancêtres *François Daragon, François Dubois, François Jourdain, François-Xavier Pinel* et *François-Antoine Rougier.*

En Alsace et en Lorraine, les formes FRANCK, FRANK et FRANCQ sont les équivalents régionaux de FRANC, alors que FRANKEL en est un diminutif. La Bretagne ne fut annexée définitivement à la France qu'au XVIᵉ siècle. Aussi, avant cette date, le nouvel émigré originaire de la France se voit-il affublé d'un surnom rappelant son ancienne patrie : GAL, GALL, GALLO ou LE GAL, LE GALLIC, GALLOIS ou LEGALLOIS et leurs variantes GALLAIS et LEGALLAIS. Ajoutons cependant que GALLOIS et GALLAIS sont aussi des sobriquets du « joyeux luron ».

En anglais, on rencontre FRENCH, évidemment, mais aussi FRANCES et FRANCIS, attestés au Québec. Par ailleurs, FRANKLIN et FRANKLAND ne sont pas des surnoms ethniques. Ils désignent plutôt le non-noble qui possède une terre « franche », c'est-à-dire une terre libre de droits seigneuriaux. Quant à *Francis,* il se voit de plus en plus fréquemment comme prénom équivalant à *François.* En d'autres langues européennes, les équivalents sont : FRANCIA ou FRANCÈS (esp.), FRANCESE (it. et cor.), FRANÇA ou FRANCES (ptg.).

Carte 1. L'Europe des noms

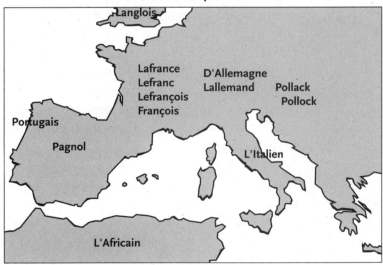

Ont été reportés sur cette carte la plupart des noms ethniques mentionnés dans le présent chapitre. *(Carte de l'auteur)*

Afrique. Le nom L'AFRICAIN semble transparent. Il s'applique à celui qui est né en Afrique ou qui a fait un voyage sur ce continent. Le nom L'AFRICAIN n'est pas attesté en France. Il a été implanté en Nouvelle-France par l'ancêtre *Jacques Tribauld dit L'Africain et Jousselot.* Aucun indice connu ne permet à ce jour d'expliquer autrement ce surnom.

Allemagne. On surnommera D'ALLEMAGNE, LALLEMAND, ALEMAND, aussi contracté en ALMAN, ALEMANY, ALLEMANN et parfois GERMAIN, la personne qui vient de l'Allemagne ou qui y a séjourné. Ajoutons, toutefois, qu'il existe un village nommé Allemagne-en-Provence, qui pourrait aussi justifier D'ALLEMAGNE.

En anglais, on rencontre GERMAN, GERMANN, JARMAN et JERMYN. En d'autres langues européennes, les équivalents sont : DEUTSCH (all. et als.), YERMANIAN (arm.), ALEMÀN (esp.), TEDESCO ou TEDESCHI, sinon GERMANO (it. et cor.).

Angleterre. Émigré de l'Angleterre, le porteur sera surnommé LANGLE, LANGLAIS, L'ANGLAIS ou LANGLOIS et parfois LANGLEY. S'il vient de l'Écosse, il sera nommé LESCOT, correspondant au SCOTT anglais et au SCHOTTE allemand et alsacien. De même, au Royaume-Uni, les nouveaux venus reçoivent-ils comme surnom celui de leur région d'origine : les Écossais sont des SCOTLAND des SCOLLAN ou, plus simplement, des SCOTT, écrit parfois SCUTT.

Certaines formes sont d'origine régionale : LE SAUX, forme locale de *saxon* (bret.), ANGLÈS et LANGLÈS (prov.). En anglais, on rencontre ENGLAND, ENGLISH ou INGLIS. En d'autres langues européennes, les équivalents sont : ENGLANDER (all. et als.), INGLÈS (esp.), INGLESE ou INGLESI (it. et cor.), ENGELAND (néer. et flam.), INGLÈS (ptg.).

Espagne. L'Espagne proprement dite est peu représentée dans notre patrimoine de noms de famille. PAGNOL est une réduction de l'*espagnol*, par aphérèse. Le surnom L'*Espagne* s'est vraisemblablement réduit à LÉPAGNE. En italien et en corse, l'*Espagnol* se verra surnommer SPAGNUOLO ou SPAGNUOLI, SPAGNOLO ou SPAGNOLI ou par son diminutif SPAGNOLETTO, SPAGNOLETTI. Au Languedoc, on surnomme CATALA, écrit aussi CATHALA, alors qu'on dira tout simplement CATALAN ailleurs, les immigrés d'origine catalane ou espagnole.

Hollande. On retrouve la Hollande dans nos noms de famille sous les formes HOLAND, HOLLAND, HOLLANT et HOLLANDER.

Italie. L'origine italienne des porteurs explique quelques noms de famille. Chez nous, le nom L'ITALIEN, écrit aussi LITALIEN, est le plus important. Il s'agit du surnom de l'ancêtre *Jacques Bonaventure Stalla dit L'Étoile et L'Italien*, ancêtre des L'ÉTOILE, des DE L'ÉTOILE et des L'ITALIEN. Les équivalents corses et… italiens sont ITALIANO et ITALIANI. Quant à LOMBARD, il rappelle la région de Lombardie, bien sûr, mais il pourrait aussi représenter un sobriquet peu élogieux d'un usurier. Ce sobriquet est commun au français et à l'anglais. En effet, au Moyen Âge, les Lombards étaient des banquiers réputés impitoyables en affaires et des prêteurs sur gages sans merci. En corse et en italien, on rencontre LOMBARDO et LOMBARDI.

Pologne. Si l'on retrouve plusieurs noms d'origine polonaise dans le patrimoine québécois des noms de famille, les noms ethniques évoquant leur pays d'origine sont peu nombreux et semblent s'être implantés par l'intermédiaire de l'anglais. POLLACK, écrit aussi Polak, et Pollock sont les plus fréquents. Sont aussi attestés les noms suivants, de même sens : Poland, l'italien Polanco et… le polonais, Polanski.

Portugal. C'est au pionnier *Pedro Dasilva dit Portugais* que l'on doit le nom Portugais. Il est l'ancêtre des Dasilva, quelle que soit l'orthographe, Dasilva, Da Silva, DaSilva ou Da Sylva, et celui des Portugais.

Suisse. Ce pays est peu représenté dans les noms de famille, sauf par le nom de son habitant, rendu célèbre sous sa forme allemande, Schweitzer.

Turquie. Le nom Turcotte, forme féminine de Turcot, serait un diminutif de *turc*, un surnom rappelant l'origine ethnique ou un sobriquet évoquant la force physique, comme on dit couramment : « fort comme un Turc ». Dans ce cas, le diminutif porterait alors une marque d'ironie et s'appliquerait à celui qui voudrait bien être fort comme un Turc.

Un tour de la France provinciale

Dans son livre intitulé *Le Français d'ici, de là, de là-bas*, Henriette Walter illustre dans son premier chapitre la complexité des divisions géographiques qui ont jalonné l'histoire de la France, au gré des envahisseurs et des administrateurs du royaume. Elle y dresse des listes dans lesquelles le même toponyme désigne, selon l'époque, un *terroir*, un *pays*, une *province*, une *région*, un *département*, sans pour autant que ce nom corresponde aux mêmes limites territoriales. Ainsi, la dénomination des *provinces* et leur nombre varient-ils. Au XVIIIe siècle, la France compte environ une cinquantaine de provinces alors que la Révolution en dénombre plus de quatre-vingts. Pour nous y retrouver, nous aborderons d'abord les « provinces » des XVIIe et XVIIIe siècles, telles qu'elles apparaissent sur la carte reconstituée ci-après, celle qui est familière aux généalogistes québécois. Rappelons que les noms des « anciennes provinces » ont peu en commun avec les départements d'aujourd'hui, sinon une partie du territoire. La *province* d'alors peut chevaucher sur plusieurs départements actuels et un *département* couvrir partiellement plusieurs anciennes provinces. Sans entrer dans ces détails où la chatte la mieux avisée perdrait ses chatons, entendons-nous sur les termes : le nom d'une *province* correspond à une division territoriale du siècle de Louis XIV et désignera, le cas échéant, le dialecte qui lui correspond, selon cette même carte. Pour la commodité de l'exposé, le *Poitou* est la province où l'on parle le *poitevin*, même si la réalité observée ne correspond pas toujours.

Les surnoms inspirés des provinces d'origine sont attribués aux soldats comme « noms de guerre » à leur arrivée au régiment. En dehors de l'armée, un tel surnom permet de distinguer, dans une province donnée, le nouveau venu qui s'établit dans le village et dont on connaît la province d'origine. Ainsi, ce n'est pas en Bretagne que le surnom Lebreton sera répandu, mais plutôt en Normandie où un Breton a immigré.

Nos ancêtres viennent surtout des provinces du nord de la France, mais la plupart des régions de la mère patrie nous ont donné des patronymes. Ici encore, on retient le toponyme proprement dit ou le nom de ses habitants. L'Alsace, l'Aunis, la Guyenne, l'Orléanais et le Roussillon sont les seules anciennes provinces de France dont les noms n'ont laissé aucune trace dans l'anthroponymie québécoise. L'apport de chacune des autres est précisé ci-après. Les provinces sont présentées dans l'ordre alphabétique.

Angoumois. Le surnom LANGOUMOIS a été associé à plusieurs noms du Québec ancien, mais, contrairement à plusieurs autres du même type, celui-ci ne semble pas avoir survécu comme nom de famille.

Anjou. L'origine angevine de nombreux pionniers explique l'existence de plusieurs noms de famille québécois. Les surnoms ANJOU, DANJOU, D'ANJOU ou LANGEVIN désignent tous celui qui vient de l'Anjou.

Artois. Seul le nom DARTOIS, écrit aussi D'ARTOIS et d'ARTOIS, sont attestés parmi les abonnés du téléphone au Québec.

Aunis. Malgré le nombre important de pionniers originaires de l'Aunis, ce nom de province française n'a pas enrichi notre patrimoine de noms de famille. On relève une seule fois le surnom *Aunis*, associé à un dénommé FUGÈRE.

Auvergne. DAUVERGNE est rare chez nous, de même qu'ALBERNHE et ALBERNY, des équivalents du Sud. Par ailleurs, DHAVERNAS, qui lui semble apparenté, est aussi un surnom d'origine, mais il rappelle le village *Havernas* en Picardie.

Béarn. Le surnom *Béarnais* a été associé à quelques noms du Québec ancien, mais on ne trouve qu'un DE BÉARN parmi les abonnés du téléphone.

Beauce. Le surnom BEAUCE est attesté une quinzaine de fois. Quant à BEAUCERON, il a été associé à six noms de pionniers sous la forme *Bosseron*, mais il n'a pas été transmis aux générations suivantes.

Berry. Cette province n'a laissé que son toponyme comme nom de famille, toujours écrit BERRY.

Bourbonnais. Le surnom BOURBONNAIS, représentant le toponyme même de la province, est la seule marque qu'on en retrouve dans nos noms de famille.

Bourgogne. La Bourgogne a été plus productive, elle a transmis dans les noms de famille de chez nous, outre le toponyme BOURGOGNE, plusieurs noms rappelant l'habitant de cette province : BOURGUIGNON, bien entendu, vu sous la forme de BOURGIGNON, mais surtout BOURGOIN, BOURGOING, BOURGOUIN ou BOURGUOIN, les plus répandus au Québec, sans oublier BOURGOGNON, BURGON et BURGOYNE, qui sont tous des variantes de BOURGUIGNON.

Carte 2. Les anciennes provinces de France

Carte des provinces de l'ancienne France des XVIIe et XVIIIe siècles. *(Carte de l'auteur)*

Bretagne. Les Bret, Lebret, Breton, Bretonnet et Lebreton sont tous originaires de la Bretagne. Il en est de même des formes anglaises Brett, Brittain, Britten et Britton, ces derniers étant plus vraisemblablement de la Grande-Bretagne et non de la « petite ».

Carte 3. La Bretagne

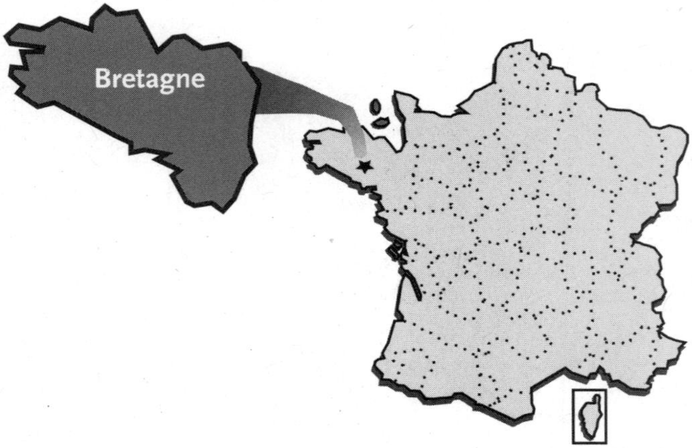

C'est le nom de l'habitant de la Bretagne que nous retrouvons comme surnom de celui qui vient de cette province. *(Carte de l'auteur)*

Champagne. Le surnom Champagne a été associé à de nombreux patronymes chez nos ancêtres. Le PRDH en a relevé 91. De ceux-là, douze noms seulement l'ont été plus de vingt fois. Cependant, ce surnom ne désigne pas toujours la province du même nom. Le mot *champagne* vient du latin *campania* et évoque une vaste étendue plane, la *campagne*. En France, un grand nombre de noms de lieux composés désignant des communes, des villages ou des hameaux comportent l'élément *Champagne* et ont pu donner son surnom à celui qui en était originaire. Le **Tableau 6** présente quelques ancêtres dits *Champagne* en précisant, le cas échéant, leur province et leur lieu d'origine.

De ceux-là, quatre, *Aubin, Fourreur, Handgrave* et *Marmotte,* sont vraiment d'origine champenoise connue. Les autres peuvent alors devoir leur surnom à un toponyme de localité portant en composition le nom *Champagne*, au sens étymologique. C'est le cas pour *Laplante* et *Tareau.* Quant aux six autres, rien ne permet d'avancer quelque hypothèse que ce soit, faute d'une documentation pertinente. On ne peut pas relier leur surnom au sobriquet du buveur de vin de Champagne… ! L'ironie dans les surnoms a beau avoir le dos large, il ne faut tout de même pas exagérer. Jusqu'à plus ample informé, il est plus prudent de plaider l'ignorance.

Tableau 6. Les ancêtres dits Champagne

Ancêtre	Province	Commune
Antoine Aubin	Champagne	Beurey-le-Franc, diocèse de Langers
Jean Beaugrand	Port Sainte-Marie	Guyenne
Laurent Desparois	Île-de-France	Paris
Pierre Fourreur	Champagne	Saint-Jacques de Reims
Pierre Handgrave	Champagne	Pévy, diocèse de Reims
Pierre Lalanne	Gascogne	Saint-Michel-Saint-Jayme, diocèse d'Auch
Aubin Lambert	Perche	Tourouvre
Bonaventure Laplante	Poitou	Champagne-Saint-Hilaire, diocèse de Poitiers
Gaspard Magnan	Berry	LaCelle-Condé, diocèse de Bourges
François Malherbe	Saintonge	Venu de Paris
Nicolas Marmotte	Champagne	Monthois, diocèse de Reims
Isaac-Laurent Tareau	Angoumois	Champagne-Mouton, diocèse d'Angoulême

Comtat venaissin. Le mot *comtat* est l'équivalent provençal de *comté* et explique les noms de personnes COMTAT et sa variante CONTAT. C'est le surnom d'origine de celui qui vient de cette province.

Dauphiné. Une personne originaire du Dauphiné sera surnommée DAUPHINAIS. Parmi les abonnés du téléphone à Montréal, on relève aussi DAUPHINÉE et DAUPHINET. DAUPHIN, dans certains cas pourrait avoir cette signification.

Flandre. Le nom de cette ancienne province française est le plus productif de surnoms. FLANDRE et DE FLANDRE, d'abord, dont l'équivalent anglais est FLANDERS. Quant au nom de l'habitant, il s'est écrit de plusieurs façons, FLAMAIN, FLAMAND, FLAMANT et FLAMENT. Il a son équivalent dans plusieurs langues d'Europe : FLEMING ou FLEMMING, en anglais, FLAMENCO, en espagnol, FLAMENGO, en portugais, FIAMMINGO, en italien, et VLÉMINKX, en flamand et en néerlandais. Ajoutons au passage que les BRABANT, en principe, viennent de la province belge du Brabant. Ce serait assez logique…, quoique la logique en ce domaine réserve parfois des surprises. En effet, le toponyme *Brabant* existe aussi en France.

Foix. Le nom FOIX est rarissime. Il n'y a qu'une mention parmi les abonnés du téléphone.

Carte 4. La Flandre

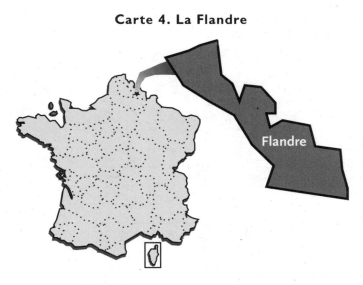

La province de Flandre chevauche sur la France et la Belgique. *(Carte de l'auteur)*

Franche-Comté. COMTOIS est le seul nom laissé par cette province au patrimoine des noms de famille et indique l'origine du porteur.

Gascogne. Les surnoms GASCON, GASCO, GASC et GASCOIGNE désignent celui qui vient de la Gascogne. En anglais, on aura GASCOYNE ou GASKIN.

Île-de-France. Les surnoms FRANCE, LAFRANCE, DEFRANCE, FRANC, LEFRANC, LEFRANÇOIS et même FRANÇOIS ont été abordés au début du présent chapitre. Le mot *France* signifie « pays des Francs ». À l'origine, il s'applique à la portion de la Gaule dominée par les Francs et dont l'Île-de-France constitue la partie principale.

Languedoc. LANGUEDOC est le seul surnom évoquant cette province qui se soit implanté ici, mais en nombre réduit. Pourtant, dans les documents du Québec ancien, il a été associé à plus de trente-cinq noms.

Limousin. Si le nom du Limousin apparaît assez souvent comme surnom d'ancêtre, il est demeuré rare, par la suite, comme nom de famille. Un seul LIMOUSIN est recensé parmi les abonnés du téléphone au Québec.

Lorraine. Le surnom LORRAIN a été associé à plusieurs noms d'ancêtres qui, en principe, sont originaires de la Lorraine. On le rencontre aussi sous la forme LAURIN qui devrait être un diminutif de *Laur*, nom d'un saint vénéré au Moyen Âge. Or les LORRAIN et les LAURIN d'aujourd'hui, comme les LARIN d'ailleurs, descendent tous de l'ancêtre *Pierre Lorrain dit Lachapelle*. La forme LAURIN n'est donc qu'une fantaisie orthographique comme il s'en voit fréquemment dans l'histoire des noms de famille du Québec. Le nom féminin LORRAINE est attesté, mais rare.

Carte 5. La Lorraine

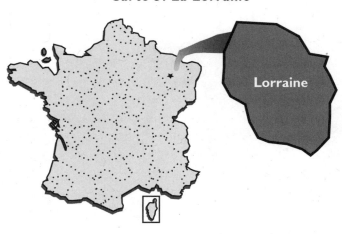

C'est le nom de l'habitant de la Lorraine, avec quelques variantes, que nous retrouvons
comme surnom de celui qui vient de cette province : *Lorrain*, *Laurin* et *Larin*. *(Carte de l'auteur)*

Lyonnais. Plusieurs noms ont été associés au surnom Lyonnais, qui s'applique à celui qui vient soit du Lyonnais, soit de la ville de Lyon. La graphie Lyonnet est plus rare.

Maine. Le surnom Dumaine, parfois écrit Dumayne, s'applique à celui qui est originaire du Maine. Cependant, il peut aussi représenter un nom de lieu, village ou hameau, nommé *Dumaine*, qui s'est développé autour d'un manoir. En effet, le nom *maine* désigne une habitation fortifiée et ses dépendances.

Marche. Les noms Marche, Lamarche ou Lamarque peuvent prêter à confusion. La *marche* médiévale est un terme géographique et non sportif. Elle désigne une limite, une frontière entre régions ou États voisins. C'est ce mot qui est à l'origine de *marquis*, qui en est le gardien attitré. Le surnom Marche ou Lamarche s'applique à celui qui vient de la province portant ce nom ou d'un des nombreux lieux ainsi nommés pour avoir été un poste de *marche*. Lamarque en est la forme picarde. Ajoutons que Lamarche et Lamarque peuvent évoquer des localités portant ces noms.

Nice. On dénombre, pour l'ensemble du Québec, quatre abonnés du téléphone nommés Nice, mais en France on en compte plusieurs centaines.

Nivernais. Le surnom Nivernais, associé à plusieurs noms, s'est modifié en Livernois et c'est sous cette forme qu'il s'est transmis jusqu'à nos jours.

Normandie. La Normandie a été très généreuse en pionniers de la Nouvelle-France. Elle l'a été autant dans les noms de famille, puisqu'elle nous a laissé les Normand, LeNormand, Normandeau et Normandin.

Carte 6. La Normandie

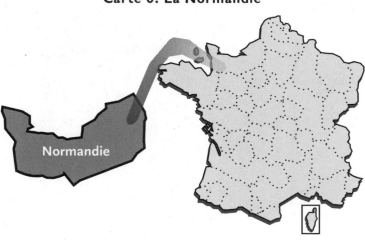

C'est le nom de l'habitant de la Normandie sous diverses formes que nous retrouvons comme surnom de celui qui vient de cette province. *(Carte de l'auteur)*

Perche. Cette province n'a pas laissé de trace dans nos noms de personnes. Toutefois, le mot *perche*, qui a donné son nom à l'ancêtre *Jean-Baptiste Laperche dit Saint-Jean*, pourrait être un surnom de métier ou un sobriquet. Dans le premier cas, dans le sens de « mesure agraire », il désignerait un arpenteur. S'il s'agit du poisson, le surnom s'applique alors au pêcheur. Sinon, en évoquant la longue pièce de bois mince et étroite, LAPERCHE devient un sobriquet qui rappelle l'allure dégingandée du porteur. Notons que le nom de la province est masculin. Son habitant, le PERCHERON, est présent chez nous, mais rare.

Périgord. On dénombre seize abonnés du téléphone au Québec portant le nom de PÉRIGORD, bien que le surnom ait été associé à plusieurs noms d'ancêtres.

Picardie. Dans les documents du Québec ancien, les surnoms PICARD et LEPICARD ont été associés à près de quatre-vingts noms d'ancêtres, parmi lesquels *Antoine Destroismaisons dit Picard* est sûrement le plus représenté. Bon nombre de PICARD d'Amérique ainsi que tous les DESTROISMAISONS sont de sa descendance.

Poitou. Le Poitou a joué un rôle important dans le peuplement de la Nouvelle-France. Les pionniers dits POITEVIN, POIDEVIN ou POTVIN sont nombreux. Leur nom s'est transmis jusqu'à aujourd'hui dans la descendance de plusieurs d'entre eux. Mais l'on rencontre aussi POITOU.

Provence. Le nom PROVENCE est rarissime, mais le surnom PROVENÇAL est beaucoup plus répandu.

Saintonge. Seul le toponyme de cette province est devenu surnom, puis nom de famille sous la forme de SAINTONGE. La mode québécoise d'écrire SAINT-ONGE ou ST-ONGE constitue une erreur grammaticale. Aucun saint nommé *Onge* n'a été canonisé. La province appelée la *Saintonge* doit son nom à l'évolution de la prononciation du nom latin *Santonicum* échelonnée sur plusieurs siècles. En classant *Saintonge* par l'orthographe dans la catégorie des *Saint-Jean*, *Saint-Pierre* et *Saint-Hilaire*, on ajoute à la faute grammaticale une erreur historique flagrante. Pour la curiosité, voici un tableau de la distribution des graphies du nom SAINTONGE chez les abonnés du téléphone, d'après l'annuaire téléphonique de Montréal 2000.

Carte 7. La Saintonge

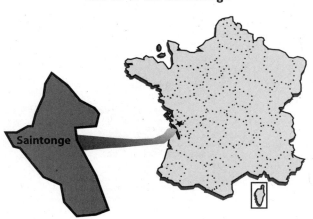

Tableau 7. Les graphies de Saintonge

GRAPHIES	NOMBRE
Saintonge	45
Saint-Onge	25
Saint Onge	2
St-Onge	500 et +
St Onge	481
St-Onges	4
StOnge	3
Ste-Onge	2
Total d'abonnés	1062

Généalogie 5. L'ascendance de *Monique Saintonge*

Jean **Boissonneau** Jeanne Cochin
Vincent **Boissonneau** dit Saintonge Anne Collin
Nicolas **Boissonneau** dit Saintonge Jeanne Poisson
Nicolas **Boissonneau** dit Saintonge Louise Normand
Nicolas **St-Onge** Hélène Tessier
Joseph **St-Onge** Clémence Labelle
Isidore **St-Onge** Julie Desjardins
François-Xavier **St-Onge** Rose de Lima (Délima) Désormeaux dit Delorme
Napoléon **St-Onge** Azilda Forget
Napoléon (Paul) **St-Onge** Françoise Legault
Monique **Saintonge** Bouffard

On peut facilement constater que *Monique Saintonge*, célèbre interprète de la chanson, a corrigé la graphie de son nom. En effet, son père l'écrivait *St-Onge*, suivant une tradition remontant déjà à cinq générations avant lui.

Monique Saintonge

Savoie. La Savoie a enrichi notre patrimoine de deux noms, SAVOIE et SAVOYARD. Les SAVOIE du Québec nous sont venus par l'Acadie, à la suite de la Déportation de 1755. Quant aux SAVOYARD, nous en savons peu de choses jusqu'à ce jour.

Touraine. Le surnom TOURANGEAU, qui désigne les habitants de la Touraine, a été associé à bon nombre de noms de famille, une quarantaine, selon le PRDH. Si on élimine de ce nombre la trentaine pour lesquels l'association a eu lieu moins de cinq fois, il reste une dizaine de souches possibles, en supposant que chacune se soit rendue jusqu'à aujourd'hui. La vérification reste à faire.

Les compléments aux provinces. Certains toponymes ont été considérés comme des noms de régions, de provinces et de villes ou les trois en même temps. Nous retenons ici ceux qui sont restés comme surnoms et noms de famille.

Armagnac. DARMAGNAC est rare comme nom de famille au Québec. Il s'agit du toponyme de région ou de « province » faisant partie de la Gascogne. Il est ici précédé de la préposition *d'* agglutinée au nom.

Bordelais. Peu fréquent comme nom de famille, BORDELAIS s'applique à celui qui est originaire de cette région vinicole.

Bresse. À la fois nom de région, de « province » et de commune, BRESSE est aussi surnom d'origine, avec son dérivé BRESSAN, s'appliquant à celui qui vient de cette région de la Bourgogne ou d'une des nombreuses communes portant ce nom en propre ou comme élément du toponyme.

Carignan. Le surnom CARIGNAN, associé à quelques noms du Québec ancien, est très répandu chez nous. Surnom d'origine d'une commune et d'une région des Ardennes, en Champagne, il peut évoquer aussi celui qui appartient au célèbre régiment de Carignan-Salières venu en Nouvelle-France mettre un terme aux menaces iroquoises.

Cerdagne. Les surnoms de CERDAN, CERDA et SARDA sont donnés au Roussillon à ceux qui viennent de la Cerdagne, région du Roussillon qui se prolonge en Espagne.

Gatineau. Le Gâtinais est une région, voire une « province » de l'ancienne France. Son nom lui vient de l'ancien français *gastine*, « terre en friche ». C'est un dérivé, GATINEAU, que quelques ancêtres ont porté comme « nom de guerre » avant de le transmettre à leur descendance jusqu'à nos jours.

Marsan. Nom de famille très fréquent chez nous, MARSAN est lui aussi à la fois toponyme de région ou de province et nom de communes. Il s'applique à celui qui est originaire d'un lieu portant ce nom.

Navarre. Jadis nom de royaume, de région ou de « province », NAVARRE est plus rare comme nom de famille. On le rencontre aussi sous les formes NAVARRA et NAVARRO.

Pays basque. Le surnom BASQUE s'applique à celui qui en est originaire. C'est la forme la plus répandue chez nous. Elle compte quelques dérivés, dont BASQUEL, BASCAN, BASQUIN et BASCON. Cependant, les noms de famille basques y sont relativement abondants.

UN SECOND TOUR, LES « PAYS DE FRANCE »

La division territoriale de la Gaule en *pays*, du latin *pagus*, « canton », appliquée par les Romains et conservée par les Francs, est marquée par des bornes. La Gaule compte des centaines de « pays ». On aura compris qu'il ne s'agit pas ici d'un État. La plupart de leurs noms sont restés dans la toponymie et désignent des régions plus ou moins délimitées autour d'une agglomération plus importante. Ainsi, l'Agenais désigne-t-il la région d'Agen. Plusieurs de ces pays sont devenus des surnoms d'origine, puis des noms de famille. Comme surnom, le toponyme est employé seul ou il est accompagné de la préposition *de*, soudée ou non, plus rarement de l'article défini. De la liste de madame Walter, dans l'ouvrage déjà cité, sont conservés tous les toponymes qui ont laissé des traces dans le patrimoine québécois des noms de famille. Certains, déjà mentionnés aux paragraphes précédents et qui apparaissent aussi dans la liste des « pays », ne seront pas répétés ici.

Par ailleurs, quelques noms de « pays » sont reportés plus loin, à la section des noms communs à valeur toponymique intitulée : « des noms communs... propres ». En effet, avant de désigner un « pays », ces noms étaient des noms communs et ont servi de *lieux-dits*, puis de noms de hameau, de village. Le même toponyme ayant parfois survécu à plusieurs niveaux, il n'est pas toujours évident de déterminer à quelle division du territoire correspond tel surnom d'origine. C'est le cas, entre autres, des mots *chaume* et *couture*, expliqués en détail plus loin, mais que l'on retrouve aussi dans la liste des « pays » ou des « provinces » d'Henriette Walter. Ils sont considérés ici, avant tout, comme des « noms à valeur toponymique ». Ce qui permet alors de classer les surnoms qui en découlent indifféremment dans la catégorie des noms de provenance ou des noms de voisinage.

Comme pour les surnoms de province, les noms de « pays » sont attribués comme nom de guerre, dans l'armée, ou comme surnom distinctif à celui qui vient de s'établir dans un « pays » voisin.

Carte 8. Les noms des « pays » de France

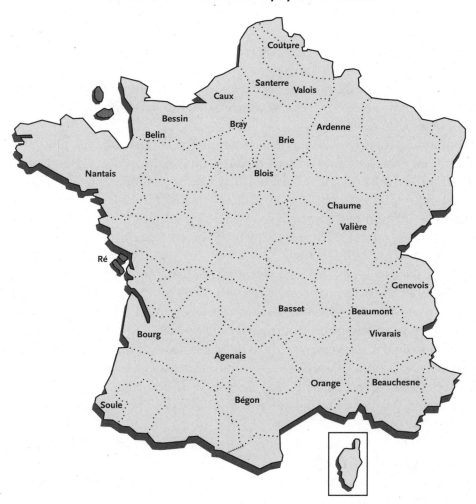

Divers «pays» de France ont donné leur nom à celui qui en était originaire. S'il faisait partie de l'armée, le porteur a reçu ce surnom comme nom de guerre. (*Carte de l'auteur*)

Agenais. L'Agenais, à l'origine du patronyme DAGENAIS, désigne la région autour d'Agen, dans le département de Lot-et-Garonne, dans l'ancienne province de Guyenne. Le nom est très fréquent au Québec.

Ardenne. L'Ardenne est une région de France située au nord-est. Elle n'a donné que DARDENNE et LARDINOIS. Le nom anglais ARDEN est aussi un surnom d'origine, mais n'a rien à voir avec l'Ardenne française. Il s'agit d'un toponyme propre à la Grande-Bretagne.

BASSET. La commune *Bas-en-Basset* se trouve à peu près au centre de l'ancien pays du BASSET, à l'origine du nom.

BEAUCHESNE. Le toponyme BEAUCHÊNE, qui explique le nom, désigne plusieurs lieux en France. C'est aussi le nom d'un pays de jadis, situé en Provence. Il peut être de plus un lieu-dit où se dresse un chêne caractéristique d'une propriété qui permet de la distinguer des autres, servant, par la même occasion, à identifier le porteur du surnom. Au Québec, le surnom BEAUCHESNE a été associé à quelques noms de famille dont le plus important est celui de l'ancêtre *Joseph Bourbeau dit Beauchesne* dont descendent la plupart des BEAUCHESNE du Québec.

BEAUMONT. Il existe en France plus de cinquante lieux nommés BEAUMONT ou composés de ce nom. L'ancien pays de Beaumont, situé au Dauphiné, peut être le lieu d'origine d'un ancêtre surnommé BEAUMONT, mais celui-ci peut venir de n'importe quel autre lieu du même nom. Comme pour BEAUCHESNE, il peut s'agir simplement d'un lieu-dit situé dans le voisinage de la demeure de celui qu'on veut distinguer. Le PRDH associe le surnom BEAUMONT à 27 noms différents et à fréquence variable. Entre autres, on trouve *Charles Couillard, Sieur de l'Islet et de Beaumont,* dont le surnom évoque sa seigneurie de la Nouvelle-France. N'oublions pas *Vincent Beaumont* et *Antoine Beaumon dit Pistolet.*

BÉGON. Ce nom est très rare au Québec. BÉGON est un surnom d'origine rappelant le pays du Bégon, au Languedoc.

BELIN. Région située au nord-ouest de la France, jouxtant la Bretagne, elle a donné le nom BELIN, qui s'est contracté ensuite en BLIN, réécrit en BLAIN. Dans sa forme originale, le nom est rare au Québec et BLIN, à peine moins. Quant à BLAIN, il est répandu aux quatre coins du Québec et du Canada. Une autre hypothèse explique le nom BELIN. C'est le nom du bélier dans le *Roman de Renart* du Moyen Âge. Il s'agirait, dans ce cas, d'un sobriquet évoquant l'entêtement de l'animal ou le métier de berger.

BESSIN. Rarissime chez nous, BESSIN rappelle un pays du Calvados, en Normandie.

BLOIS. Les noms BLOIS, DE BLOIS et DEBLOIS se rencontrent au Québec à une fréquence variable, le dernier étant de loin le plus répandu. Certes, il existe un pays de Blois en Lorraine, mais il est plus probable que ces noms désignent plutôt la ville de Blois, du département de Loir-et-Cher, dans l'Orléanais. Le pionnier *Grégoire Deblois,* originaire du Poitou, doit sûrement son nom à un ancêtre plus ou moins éloigné qui a immigré dans cette province.

BORN. Le nom BORN est rare. Si le rappel du pays de ce nom, en Aquitaine, est plausible, il évoque plus sûrement l'une des communes *Le Borne*, de la Haute-Garonne ou de Lozère. En anglais, BORN serait plutôt une adaptation du français LEBORGNE.

BOURG. BOURG et DUBOURG ne sont pas très fréquents. Le toponyme *Bourg*, seul ou en composition, est trop courant dans toute la France pour qu'on puisse retenir que seule la région de ce nom du pays de la Loire puisse être à l'origine du nom de famille. Le surnom BOURG est avant tout un nom commun qui a forcément été attribué à une personne originaire d'un lieu, commune, village ou hameau, portant ce nom. Rappelons que la plupart des descendants des BOURG venus d'Acadie se nomment aujourd'hui BOURQUE. Nous avons ici un cas type d'un nom commun à valeur toponymique qui est aussi toponyme véritable. Le surnom reviendra plus loin, relié au nom BOURGEOIS.

BRAY. Le pays de Bray, en Normandie, est à l'origine des noms BRAY, DEBRAY et DE BRAY. On ne peut exclure, cependant, qu'un des nombreux toponymes composés désignant une commune, un village ou un hameau, de Picardie ou d'ailleurs, ait servi aussi de surnom d'origine. Cependant, le gaulois *bracu*, « boue », a donné *brai* en ancien français et désigne un terrain fangeux, boueux. Peut-être explique-t-il le nom du « pays ». BRAY ou BRAIS est devenu lieu-dit, puis proprement un nom de lieu. Comme surnom, il s'applique à celui qui habite non loin d'un terrain marécageux ou qui vient d'un lieu portant ce nom. »

BRIE. Comme pour plusieurs noms de « pays » de France, celui de BRIE explique probablement le nom de famille correspondant, mais aussi et surtout LABRIE. LABRY n'en est qu'une variante orthographique. Quant à BRIARD, il en désigne l'habitant. On ne peut pas, toutefois, tenir pour acquis que tous les BRIE sont originaires de cette région. En effet, la France compte au moins une cinquantaine de communes comprenant le mot *Brie* dans leur toponyme, comme *Brie-sous-Matha*, en Saintonge, commune d'origine de l'ancêtre *Pierre Naud dit Labrie*. Le surnom LABRIE est associé à plusieurs autres noms, dont ceux de *Jean Migneault* et de *Philippe Matou*, tous deux dits LABRIE et originaires du pays de la Brie, aujourd'hui célèbre pour sa recette de fromage du même nom, mais masculin celui-là, « le brie ». C'est donc dire que seule une recherche généalogique plus poussée serait en mesure de préciser lequel de ces « Brie » est le lieu de provenance de l'ancêtre des BRIE d'Amérique.

CAUX. Le pays de Caux, en Normandie, a conservé jusqu'à nos jours sa dénomination ancienne. On le retrouve dans les noms de famille sous la forme originale CAUX et, enrichi d'une préposition agglutinée, DECAUX. Mais le lieu d'origine peut être une commune homonyme. L'habitant du lieu est un CAUCHOIS.

CHAUME. Deux mots ont abouti à l'ancien français *chaume*. Le premier vient du gaulois *calmis* et se rapporte au relief. Nom commun féminin, il désigne un «sommet dénudé» sur lequel on ne peut cultiver. Il a donné plusieurs toponymes dont celui du pays de Chaume, en Bourgogne, et de plusieurs communes en composition, dont *Lachaume*. Ainsi, ces noms de lieux sont parfois devenus des surnoms d'origine pour des personnes y ayant habité. On retrouve au Québec les noms correspondants CHAUME et LACHAUME.

Le second mot est le nom masculin latin *calamus*, «roseau coupé, paille de blé», qui a désigné le «champ en chaume», c'est-à-dire celui qui a été moissonné et qui est encore couvert de chaumes. Ce mot est à l'origine de nombreux lieux-dits, devenus noms de lieux et surnom de celui qui habite à proximité. Peu représentés au Québec, ces noms y sont tout de même présents: CHAUME et ses dérivés CHAUMEL, CHAUMET, CHAUMETTE, CHAUMIN et CHAUMARD, auxquels il faut ajouter CHAUMILLON et CHAUMIEN. Se rattache à cette même étymologie le *chaume* servant à couvrir le toit des maisons et qui a donné *chaumière*, «la maison au toit de chaume», et CHAUMIER, surnom de métier du couvreur de chaume.

COUTURE. En ancien français, le mot *couture* est une variante de *culture* et évoque la «culture de la terre». Il désigne une «terre cultivée» ou un «champ labouré». Il sert à nommer des lieux-dits, puis des hameaux et des villages et, enfin, ce «pays» du Pas-de-Calais. C'est donc l'explication des surnoms d'origine COUTURE et LACOUTURE, écrit aussi LA COUTURE. Logiquement, *Couturier* sera un nom de métier désignant un cultivateur. COUTEREEL est l'équivalent flamand de COUTURE.

Évidemment, le surnom de métier de «celui qui coud» n'est pas exclu, mais COUTURE et COUTURIER sont moins fréquents en ce sens. On le rencontre plutôt sous la forme COUSTURE. En France, *Cousturier* est attesté, mais non chez nous.

GAULT. Le mot *gault* et sa variante *gaud* viennent du germanique *wald*, signifiant «forêt, bois». Avant de désigner le «pays» de Gault, en Loir-et-Cher, le nom s'est appliqué à de nombreux lieux-dits caractérisés par un boisé avoisinant et à des agglomérations, hameaux ou villages, plus ou moins importantes. Comme nom de famille, on le retrouve au Québec sous les formes GAUD, rarissime, GAULT, vraisemblablement anglaise, LE GAULT et LEGAULT. Cette dernière forme est, de loin, la plus fréquente. En somme, en plus de désigner un «pays», LEGAULT est synonyme de DUBOIS, FOREST et LAFOREST. Dans tous ces cas, le surnom correspondant s'applique à celui qui vient d'un lieu ainsi nommé ou dont la résidence est caractérisée par la présence d'une plantation d'arbres. Le pionnier *Noël Legault dit Deslauriers*, ancêtre de tous les LEGAULT d'Amérique, ne tient pas son nom du pays de Gault, puisqu'il était d'origine bretonne.

GENEVOIS. Ce pays de la Haute-Savoie a fourni un seul nom de personne dans notre patrimoine, celui de GENEVOIS, qui compte peu de porteurs. On aura remarqué l'homonymie avec l'habitant de *Genève*.

HAYE. Comme nom de « pays » de la Lorraine, entrant en composition dans plusieurs noms de communes, HAYE explique peut-être les rares noms de famille HAYE, DEHAYE et DE HAYE de chez nous. Les LAHAYE, LA HAYE et DE LA HAYE sont plutôt originaires d'un des nombreux lieux nommés *La Haye*, comme il s'en trouve en Normandie. On reviendra sur ces noms plus loin.

JARREST. Région du Dauphiné, le Jarrest a laissé sa marque dans les noms québécois. Deux souches au moins sont apparues en Nouvelle-France, les *Jarret de Verchères* et les *Jarret dit Beauregard*, dont la descendance a été assez nombreuse, variant au passage la forme du nom d'origine : JARREST, JAREST et JARED.

Landes. Cet autre pays est désigné par un nom commun topographique qui décrit une terre inculte et pierreuse. Il apparaît évident que les formes plurielles DESLANDES et DES LANDES sont des surnoms d'origine appliqués à des gens originaires de ce pays. Au singulier, LALANDE rappelle plus le voisinage d'un champ non cultivé et aride.

LÉON. Toponyme à la fois de région, de pays et de commune, LÉON explique DELÉON et DE LÉON par l'ajout de la préposition marquant la provenance. Ce nom de lieu se rencontre dans diverses régions de la France. Le nom de baptême évoquant un saint du Moyen Âge est toujours plausible.

NANTAIS. NANTAIS désigne les habitants de *Nantes*, en Bretagne. Le surnom est attribué à celui qui va s'établir ailleurs et dont on connaît le lieu de provenance.

Orange. La commune provençale d'*Orange* explique les surnoms d'origine LORANGE et DORANGE. Quant à LORANGER, surnom attribué à l'ancêtre *Robert Rivard dit Loranger*, originaire du Perche, il demeure obscur. Si le porteur a été soldat, ce qui ne semble pas le cas de *Robert Rivard*, il s'agit d'un nom de guerre à l'instar de LAFLEUR, LAROSE ou LAGIROFLÉE. On peut difficilement y voir l'évocation d'un surnom de fruitier comme POMMIER, POIRIER et PRUNIER. Il reste l'hypothèse du sobriquet rappelant la couleur des cheveux, que la tradition orale semble avoir retenue, mais elle est difficilement vérifiable, faute de documents pertinents.

Ré. Le pays de Ré, sur l'île du même nom, a laissé quelques surnoms dans notre patrimoine, parmi lesquels on rencontre DERÉ et DURÉ.

SANTERRE. Le pays de SANTERRE, en Picardie, est à l'origine du nom de famille apporté en tête d'Amérique par l'ancêtre *Pierre-René Lancognard dit Santerre*. Le toponyme vient du latin *sana terra*, « terre saine », d'abord lieu-dit descriptif de la salubrité des lieux. Le surnom de l'ancêtre a supplanté son nom chez ses descendants. Le nom LANCOGNARD reste obscur et n'est plus attesté en France ni au Québec.

SOULE. Plutôt rare comme nom de famille, SOULE est un surnom d'origine rappelant l'ancienne province basque, le « pays de Soule ». Le mot évoque aussi la SOULE bretonne, un jeu de ballon, ancêtre du soccer, dont le porteur serait un adepte.

VALIÈRE. Le pays de VALIÈRE est une région de la Bourgogne. Le nom VALIÈRE est très répandu au Québec où il revêt diverses formes graphiques, avec ou sans article. La plus fréquente est VALLIÈRES. Il s'agit, sans l'ombre d'un doute, d'un surnom de provenance, compte tenu du fait que le toponyme se rencontre dans diverses régions de la France. *Pierre Vallière*, ancêtre des VALIÈRES d'Amérique, est originaire de la Saintonge et non de la Bourgogne. Aussi tire-t-il probablement son nom d'un autre lieu.

VALOIS. Le pays VALOIS, en Picardie, explique ce surnom. Le nom de famille indique que les premiers porteurs venaient de cette région. L'origine saintongeaise de l'ancêtre des VALOIS d'Amérique, *Jacques Valois ou Levalois*, n'infirme pas l'hypothèse, au contraire, que ses propres ancêtres aient émigré du pays valois pour s'établir en Saintonge.

VAUX. Le toponyme VAUX, qui signifie « vallées », se rencontre aux quatre coins de la France et devient surnom d'origine, seul ou avec préposition, DEVAUX ou DE VAUX, de celui qui y a habité et qui s'établit dans une région voisine.

VIVARAIS. Le pays du VIVARAIS, situé au Limousin, a été le surnom, puis le nom de famille d'une dizaine d'abonnés du téléphone au Québec.

Des noms qui rappellent des régions du Royaume-Uni. L'Angleterre a aussi ses divisions régionales. Celles des siècles passés se retrouvent parfois dans notre patrimoine de noms de famille. Il est toujours possible que l'un ou l'autre soit porté par une famille francophone. Le premier, AVON, est le toponyme d'une région anglaise, mais aussi le nom de plusieurs cours d'eau d'Angleterre. Il a son homonyme en France, où il désigne au moins quatre communes. Voici donc, sans plus de détails, ces toponymes anglais passés dans notre patrimoine à une fréquence variable, mais tous attestés parmi les abonnés du téléphone : AVON, CHESHIRE, CLEVELAND, CORNWALL, DERBYSHIRE, DEVON, DORSET, DURHAM, HAMPSHIRE, KENT, RUTLAND, SOMERSET, WILTSHIRE. Il serait facile d'en ajouter beaucoup d'autres, mais ces derniers suffiront à démontrer, que d'une langue à l'autre, les mêmes constantes se retrouvent.

Plusieurs régions de l'Écosse sont représentées dans les noms de famille de chez nous. Ils rappellent que les premiers porteurs en étaient originaires au moment où le surnom leur a été attribué. C'est le cas des noms suivants : ABERDEEN, ANGUS, LOTHIAN, STIRLING et FYFE. Le surnom est donné à celui qui immigre dans une région voisine où il reçoit son surnom.

DE VILLES EN VILLAGES

Les noms de localités, villes, villages, hameaux se retrouvent légion dans les noms de famille. Il n'est pas possible de les retenir tous dans le cadre du présent ouvrage. Ici encore, il s'agit du nom de la localité ou de ses habitants. On abordera en premier lieu les agglomérations urbaines de grande et moyenne importance. Par la suite, les surnoms d'origine seront regroupés selon certaines caractéristiques communes : suffixes désignant un domaine, toponymes précédés d'une préposition. Suivront les noms de famille qui sont des noms de villages, de hameaux ou de lieux-dits de France. Les principales sources disponibles sont le site Internet du *Quid français 2006* ainsi que celui des « Codes postaux des villes françaises ».

Les grandes agglomérations urbaines de la France. Plusieurs des grandes villes de France de plus de 100 000 habitants ont laissé leur trace dans notre patrimoine anthroponymique. Les voici donc, dans l'ordre alphabétique du nom de la ville. Selon notre convention, les noms de villes devenus noms de famille sont en petites capitales. Si seul le nom de l'habitant est passé dans les noms de personnes, celui de la ville reste en minuscules et le surnom est placé à sa droite en petites capitales et entre parenthèses. Afin d'alléger la lecture et la consultation, on ne fournira pas les coordonnées géographiques toujours disponibles sur le site de *Quid français 2006*. Tous les noms retenus ici respectent l'un ou l'autre des critères de choix établis dans l'introduction.

AMIENS (DAMIENS)	MONTIGNY (DEMONTIGNY)
ANGERS	MONTMORENCY
DARRAS (D'ARRAS)	MONTPELLIER
AVIGNON (D'AVIGNON, DAVIGNON)	MONTREUIL
BEAUVAIS (DE BEAUVAIS, BEAUVOIS)	NANCY
BELFORT	Nantes (NANTAIS)
BLOIS (DEBLOIS, DE BLOIS)	NARBONNE
BORDEAUX	NEMOURS
BOURGES	NICE
Caen (DECAEN OU DE CAEN)	PARIS (PARISIEN, PARIZÉ ET PARIZEAU)
Chartres (CHARTRAIN, CHARTRAND)	POITIERS
CHAUMONT	QUIMPER
Grasse (DEGRASSE)	ROCHEFORT
LAFLÈCHE	SAINT-MALO (MALO, MALOUIN)
LA MADELEINE (LAMADELEINE, DE LAMADELEINE)	STRASBOURG
LA ROCHELLE (LAROCHELLE, DE LA ROCHELLE, LAROCHELLE)	TOULON
LILLE (DELILLE)	TOULOUSE
LIMOGES	TOURNOIS
LYON (LYONNAIS)	Vadenay (VADNAIS)
METZ	VERNON

Quelques remarques complémentaires s'imposent à propos de certains de ces noms.

Chartres. Les Chartrain habitent la ville de *Chartres*, célèbre pour sa magnifique cathédrale. Or *Noël Chartrain* est l'ancêtre d'une lignée de Chartrand d'Amérique. Vraisemblablement, à cause de la similitude de la prononciation, le nom Chartrain s'est aligné sur celui des Chartran, descendants de *Thomas Chartran*, pour aboutir à une seule forme, celle de Chartrand. Cependant, les trois formes, Chartrain, Chartran et Chartrand, sont attestées parmi les abonnés du téléphone.

Lyon. Lyon, en anglais, est un sobriquet figurant le *lion*. Il porte souvent la marque de filiation, Lyons. On a déjà signalé ailleurs le surnom Lyonnais qui désigne à la fois la province du même nom et l'habitant de la ville de Lyon.

Paris. Qu'en est-il de la capitale ? La plupart des auteurs ont adopté l'explication d'Albert Dauzat voulant que le nom de famille Paris évoque rarement la ville, sous prétexte que les Parisiens émigrent très peu. Ils rattachent plutôt le nom à une forme populaire de Patrice, issue du latin *Patricius* ou encore au *Pâris* de la mythologie. En ce qui concerne les noms de famille du Québec, cette explication est plus que douteuse. En effet, le PRDH associe le surnom Paris à une vingtaine de noms d'ancêtres, celui de Parisien, à plus de cinquante, et celui de Pariseau ou Parizeau, à une bonne dizaine. Se rattachent aussi à Paris les Parizé ou Parisé et les rares Deparis. Outre ces formes, on rencontre chez nous quelques porteurs d'autres variantes comme Parisel, Parisot, Parizat, Parison et Parisy.

Rochefort. Certains toponymes s'appliquent à plusieurs agglomérations d'aujourd'hui, souvent en constituant un élément d'un nom de lieu composé, sans oublier que, au cours des siècles, bon nombre de ces toponymes sont disparus à cause de la fusion de communes. C'est le cas des toponymes *Rochefort* et *Montigny*. *Rochefort* se retrouve dans 17 noms de lieux différents recensés par le *Quid 2006*. Outre trois Rochefort, on rencontre des composés du type *Rochefort-du-Gard*, *Rochefort-Samson*, *Rochefort-sur-Loire* et *Saint-Laurent-Rochefort*. Un porteur du nom peut donc provenir de n'importe laquelle de ces communes, chacune rappelant la présence d'une forteresse construite sur un roc, en hauteur, monument qui a donné son nom au lieu.

Montigny. Quant à *Montigny*, il apparaît dans 49 noms de communes, seul ou en composition. En théorie, n'importe laquelle de ces communes est susceptible d'être le surnom d'origine d'un Montigny, Demontigny ou de Montigny.

Narbonne. Le surnom Narbonne a été implanté en Nouvelle-France par l'ancêtre *Barthélemy Renaud dit Narbonne*, soldat du régiment de Béarn et originaire de la ville de *Narbonne*, au Languedoc-Roussillon. Il est à la fois l'ancêtre des Narbonne et celui des Renaud.

Carte 9. Les cités de nos noms

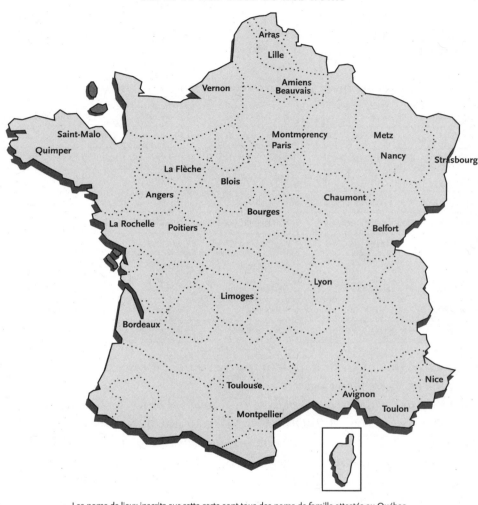

Les noms de lieux inscrits sur cette carte sont tous des noms de famille attestés au Québec.
Ce sont aussi des toponymes d'agglomérations urbaines importantes. La plupart de ces noms de villes
sont des surnoms pour les porteurs. Ils indiquent habituellement leur lieu d'origine.

D'autres noms de villes européennes. Le système occidental de dénomination des personnes est relativement uniforme, malgré certaines particularités propres à chaque pays. Ainsi, comme le démontrent les quelques listes qui suivent, les noms de famille issus des noms d'agglomérations urbaines plus ou moins importantes de Grande-Bretagne, d'Italie, d'Allemagne ou d'Espagne se reconnaissent dans les langues respectives. Ces listes pourraient être longues. Comme on ne veut ici que démontrer la même tendance, elles seront forcément très partielles.

Les noms de lieux flamands. Les noms flamands ne sont pas toujours faciles à expliquer. Les surnoms d'origine sont souvent précédés de la préposition *van*, équivalant à notre *de*. Mais parfois, cette préposition est allongée d'un *der* ou d'un *den* ou *dan*, sinon des deux, qui semblent ne rien ajouter au sens. La préposition est soudée ou non au mot qui suit.

Tableau 8. Les surnoms d'origine en flamand

PATRONYMES	VILLES	PATRONYMES	LIEUX-DITS	FRANÇAIS
VANAASCHE	Aasche	VANHOOT	Hoot	DUBOIS
VANBRABANT	Brabant	VANDERVELDE	Velde	DUCHAMP
VANCOILLIE	Coillie	VANACKER	Acker	DUCHAMP
VAN TIEGHEM	Tieghem	VAN HOVE	Hove	DUCLOS
VANZEEBROECK	Zeebroeck	VANDENBERGH	Bergh	DUMONT
VANBEVEREN	Beveren	VANDERMULEN	Mulen	DUMOULIN
VANLOO	Lo	VANDENABEELE	Abeele	DUTREMBLAY
VANBRUGGHE	Bruges	VAN DYCK	Dyck	de la digue
VANDAMME	Damme	VAN DAELE	Daele	LAVALLÉE
VANSTEENE	Steene	VANDEN BROUCKE	Broucke	DUMARAIS

Quelques commentaires s'imposent concernant ce tableau. Le surnom VANAASCHE s'est modifié en VANASSE au Québec.

VAN DYCK a une variante, VANDENDYCK. En Nouvelle-France, le surnom a été entendu et transcrit VANDANDAIGUE. Le PRDH relève 125 graphies différentes de ce nom dans les documents du Québec ancien. Soulignons que les descendants de l'ancêtre *Joseph Vandandaigue dit Gâtebois ou Gadbois* ont surtout adopté son surnom. S'agirait-il d'un surnom de mauvais menuisier qui « gâte le bois » ou, plus simplement, un surnom ironique ? Allez donc savoir… !

Ainsi, VANDELAC indique-t-il que le porteur est originaire d'un lieu nommé *Delac*, comme le LIÉGEOIS vient de la ville de *Liège*.

Des villes de la Suisse dans nos noms de famille. Quelques noms de villes de la Suisse sont attestés parmi les noms de famille au Québec. En voici une liste non exhaustive :

ARDON	BERNE	CHARRAT	ESSERT
BÂLE	BEX	DAVOS	GENÈVE ET GENEVOIS
BALLAIGUES	BREULEUX	DELÉMONT	LAUZANNE
BERCHER	CHANCY	ERLACH	ZURICH

Des villes de Grande-Bretagne, noms de famille québécois. Une centaine de villes se retrouvent de façon significative parmi les noms d'abonnés du téléphone. Plusieurs porteurs sont francophones malgré les apparences, comme les BLACKBURN, HATFIELD, KINGSLEY, LINDSAY, NELSON et PRESCOTT.

ABERDEEN	CAMDEN	HOLMES	OLNEY	STONEHOUSE
APPLEBY	CHANDLER	HOLT	PARTRIDGE	STRATFORD
ARNOLD	CHURCHILL	HOPE	PERTH	SUNDERLAND
ASH	CRAWLEY	HOWDEN	PICKERING	THORNTON
ASHBY	CROSBY	HULL	POOLE	THORPE
BARROW	CURRY	HYDE	PRESCOTT	UPTON
BEDFORD	DERBY	KINGSBURY	PRESTON	WALLINGFORD
BERWICK	DUDLEY	KINGSLEY	RAMSEY	WALTON
BLACKBURN	EASTWOOD	KIRK	RICHMOND	WARE
BLAKENEY	ECCLES	LANCASTER	ROCHFORD	WARWICK
BOURNE	FLEET	LANGTON	ROWLEY	WELLS
BRADFORD	FORBES	LEIGH	SANDY	WESTON
BRADLEY	GLASGOW	LINDSAY	SELBY	WHEATLEY
BROCK	GRANTHAM	LONDON	STAFFORD	WHITWORTH
BUCKINGHAM	HANLEY	MELROSE	STANFORD	WICKHAM
BURGESS	HASTINGS	NEEDHAM	STANLEY	WINDSOR
BURNHAM	HATFIELD	NELSON	STANTON	WINSLOW
BURNLEY	HAWORTH	NEWBURY	STOCKDALE	WOODSTOCK
BURY	HEATH	OAKLEY	STONE	YORK
CALDWELL				

Une remarque particulière concerne le nom PHANEUF. Il s'agit d'une adaptation québécoise d'un toponyme anglais apporté de Nouvelle-Angleterre par un prisonnier de guerre nommé *Mathias Farnsworth*. De FARNSWORTH, le nom est passé à FANEF, puis à FANEUF, pour se modifier en PHANEUF, seule forme attestée de nos jours. Or le nom FARNSWORTH est un surnom d'origine, puisqu'il désigne un lieu de la Grande-Bretagne.

Des villes d'Allemagne devenues noms de famille. Les sources consultées pour établir une liste de villes d'Allemagne étant plus restreintes, on a retrouvé un nombre limité de correspondances précises entre des noms d'agglomérations urbaines et des noms de personnes allemands portés au Québec.

BERLIN	FRANKENBERG	HERNE	MANNHEIM	SUHL
BONN	FREIBERG	HERZBERG	MASSING	TAUBER
BÜHL	FRIEDBERG	JENA	MÜNSTER	WERTHEIM
DÜREN	HAGEN	LANGEN	NEUSS	WESEL
EISENBERG	HAMBURG	LORCH	OLDENBURG	WITTENBERG
EMDEN	HAMM	LÜBECK	STOLBERG	WITTSTOCK

Comme en français, c'est parfois le nom de l'habitant de la ville qui est devenu le nom de famille. Ainsi, à BERLIN faut-il ajouter BERLINER, à BONN, BONNER et à ULM, ULMANN et ULMER. Plusieurs de ces noms sont portés par des membres de la communauté juive, probablement émigrés de l'Allemagne lors de la montée du nazisme ou après la guerre 39-45.

Les villes d'Italie chez les noms italiens du Québec. En italien, il existe aussi de nombreux noms de personnes de chez nous qui sont des surnoms d'origine de villes italiennes. En voici une liste très fragmentaire :

ALBA	MANZANO	SALERNO
AMALFI	MESSINA	SANGIORGIO
ASTI OU DASTI	MILANO	SANGIOVANNI
BERGAMO	MONTEROSSO	SCIACCA
BOLOGNA	MURANO	TODI
CAMERINO	NAPOLI OU DI NAPOLI	TOLENTINO
CARASCO	NOVARA	TURIN OU TORINAO
CARPI	ORTONA	VALENZA
CASTELLO	ORVIETO	VALVERDE
CASTELNUOVO	PADOVA OU PADOVANI	VARESE
CASTIGLIONE	PALERMO	VASTO OU DEL VASTO
COMO	PAVIA	VENEZIA
CORROPOLI	PISANO et PISANI	VERONA
DONNINI	PRATO	VILLANOVA
ERCOLANO	RAGUSA	VINCI
FERRARA	RAVENNA	VITERBO
GENOVA	ROMA	

L'habitude séculaire des Français de franciser les noms géographiques risque de faire oublier que PISANO et PISANI rappellent la ville de *Pise*, MANTOVANO et MANTOVANI, celle de *Mantoue*, NAPOLI, DI NAPOLI, NAPOLITANO et NAPOLITANI, la ville de *Naples*, PADOVA et PADOVANI, celle de *Padoue*, VENEZIA, VENEZIANO et VENEZIANI, celle de *Venise*. Quant à la ville de *Gênes*, on la reconnaît dans GENOVA, DI GENOVA, GENOVESE et GENOVESI, mais aussi dans le français GENOIS.

La capitale italienne n'est pas en reste : ROMA, DI ROMA, sans oublier les ROMAN et ROMANO, ROMANI et leurs diminutifs ROMANNELLO et ROMANELLI. Le nom bien français DEROME, écrit parfois DE ROME, est un surnom qui s'applique à celui qui a effectué un voyage ou un pèlerinage dans la ville sainte. On rencontre même quelques ROME et ROMME. Quant à ROMAIN, il peut aussi bien représenter le nom de baptême correspondant que le gentilé.

Des villes d'Espagne dans nos noms de famille. Les surnoms d'origine de villes espagnoles nous sont peut-être moins familiers, mais il a été possible d'en identifier quelques-uns, toujours parmi les abonnés du téléphone.

AGUILAS	BÉJAR	GRANADA	MONDRAGON	REQUENA	TUDELA
ALCALA	BERGARA	HARO	MONTILLA	REUS	VALENCIA
ALICANTE	BILBAO	JACA	MORELLA	RIVEIRA	VERA
ARNEDO	BURGOS	JEREZ	MURCIA	RONDA	VIC
AVILA	CALONGE	LORCA	ONDA	ROTA	VIGO
AVILÉS	CARTAGENA	LUGO	ORIHUELA	SALAMANCA	VILLARREAL
BALAGUER	CORDOBA	MADRID	OVIEDO	SALOU	YECLA
BARBERA	CUENCA	MAHÓN	PADRON	SEGOVIA	ZAMUDIO
BARCELONA	GANDIA	MANRESA	PAMPLONA	TRUJILLO	ZARAGOZA

DU DOMAINE RURAL AU TOPONYME

Tout au long de l'histoire de la toponymie française, le domaine rural a été à l'origine de la création de noms de lieux. Des suffixes et des mots d'origine latine ou gauloise plus ou moins synonymes de « domaine » ont contribué à cet enrichissement. Les paragraphes suivants s'attarderont sur les suffixes latins *-anum* et *-ianum* ou gaulois *-acos* et *-iacos*, latinisés en *-acum* et *-iacum*. On abordera ensuite les prolifiques *-villam* et *-cohortem* latins, respectivement évolués en *-ville* et *-court*.

Les noms de domaines en *-anum* et *-acum*. Très souvent associés au nom du propriétaire ou à une caractéristique de sa propriété, les suffixes *-anum* ou *-ianum* ainsi que les suffixes *-acum* et *-iacum* ont donné d'abord des noms de domaines qui sont passés à des lieux-dits, puis à des noms de villages ou de hameaux. Par la suite, certains ont été attribués comme surnoms de provenance et sont venus enrichir le patrimoine des noms de famille. Associé à des noms de baptême en *-us*, le suffixe *-anum* aboutit, en français, à la finale *-an*, alors que, avec un nom en *-ius*, il a donné *-gnan*. Au cours des ans sont apparues quelques variantes orthographiques de la syllabe finale : *-an*, *-ant* et parfois *and*. Sans entrer dans les détails de l'évolution, voici une liste de noms de famille de chez nous issus d'anciens lieux-dits ou noms de lieux en *-anum*. On les rencontre à une fréquence variable.

ANSIGNAN	CAMIRAN	JOURNAN	MARSAN	ROUSSAN	UZAN
AUBIGNAN	CAMPAGNAN	LIBERSAN	NIZAN	SAILLANS	VAILLANT
BACHAND	CARIGNAN	LUSIGNAN	NOAILLAN	SERVANT	
BASSAN	FAGNAN	MAGNAN	PAULHAN	TOUSIGNANT	

Les noms de domaines en *-acum* et *-iacum*. On retrouve dans les noms de famille un très grand nombre d'anciens noms de lieux gaulois terminés par le suffixe *-acos*, latinisé en *-acum* ou *-iacum*, et signifiant à peu près « domaine appartenant à » ou « lieu où il y a… ». L'évolution phonétique de ces toponymes a été différente selon les régions, de sorte qu'un même nom gaulois d'origine a donné parfois de nombreuses variantes. Sans en préciser la répartition géographique, disons que certaines constantes apparaissent clairement, même si toutes les formes n'ont pas nécessairement survécu, tout au moins dans les noms de personnes. Le **Tableau 9** rappelle les diverses terminaisons possibles. La première colonne présente la forme gallo-romane. Les autres colonnes donnent les formes correspondantes attestées dans les noms de famille. Toutes les formes des colonnes 2 à 5 sont consignées dans les « noms de France » recensés par l'INSEE. Les noms en petites capitales sont attestés parmi les abonnés du téléphone au Québec.

Tableau 9. Toponymes gaulois en -acum

Nom gaulois	-ac	-a, -at	-ay, -é, -e	-y
Campaniacum	Campagnac	Campagna	Campagner	Campagny
Genniacum	Gignac	Gignat	Gigney	Gigny
Juronacum	Journac	Journa	Journey	Journy
Luciniacum	Lusignac	Lusignat	Luzignée	Lusigny
Maciacum	Massiac	Massa	Massay	Massy
Maniacum	Magnac	Magna	Magne	Magny
Montiniacum	Montignac	Montignat	Montigne	Montigny
Novaliacum	Noaillac	Noaillat	Noailles	Noailly
Perinacum	Pérignac	Pérignat	Périgne	Périgny
Reniacum	Rignac	Rignat	Rigney	Rigny
Russacum	Roussac	Roussat	Roussay	Roussy
Sabiniacum	Savignac	Savigna	Savigne	Savigny
Sabiniacum	Sévignac	Sévigna	Sévigné	Sévigny
Saliacum	Saillac	Saillat	Saille	Sailly
Saliniacum	Salignac	Saligna	Saligney	Saligny
Taliacum	Taillac	Tailla	Tailliez	Tailly
Thoriniacum	Thorignac	Thorinat	Thorigney	Tourigny

Deux séries parallèles, presque homonymes, présentent un intérêt particulier dans cette catégorie des noms de domaine, gallo-romans en *-acum*. Ce sont les familles issues respectivement d'*Accacum* et *Asacum*, dont l'origine est encore obscure.

- La première explique les toponymes *Assac, Assa, Assat, Assay, Assé* et *Asie*;
- La seconde justifie les toponymes *Azac, Aza, Azat, Azay, Azé* et *Azy*.

En ajoutant la préposition *d'* devant le toponyme, on obtient des surnoms d'origine pour la plupart attestés en France et dont quelques-uns sont représentés chez nous. On pourrait donc rencontrer, en principe, les surnoms *Dassac*, Dassa, *Dassat, Dassay,* Dassé et Dassy; *Dazac*, Daza, *Dazat*, Dazay, Dazé et Dazy. Selon nos conventions typographiques, on aura compris que les noms en petites capitales appartiennent à notre patrimoine.

De même, les noms qui suivent sont susceptibles de représenter des vestiges de noms de lieux gallo-romans en -*acum* ou -*iacum*, leur appartenance étant manifeste par la syllabe finale du mot. La plupart d'entre eux sont consignés dans le *Quid 2006*.

BABY	BOUGY	CHAVIGNY	DURY	MONTMAGNY	SOUCY
BADAILLHAC	BOUILLY	CHEVIGNY	FARCY	MONTMINY	SOULIGNY
BAILLY	BOUTIGNY	CHOISY	FLEURY	MORLEY	SULLY
BARBERY	CABANAC	CIRCÉ	JANVRY	MURAT	TAILLY
BELLEY	CANAC	COGNAC	LOISY	PAILLÉ	TILLY
BENAC	CASTAGNIER	COURCY	MAILLY	PERCY	TRACY
BERNAY	CHAMPAGNA	DESORCY	MANY	RUMILLY	TRÉPAGNY
BILLY	CHAMPIGNY	DESOURDY	MARTIGNY	SACY	VADNAIS
BLEURY	CHASSÉ	DROUILLY	MEZERAY	SOLIGNAC	VIGNY

Quelques explications devraient permettre de mieux comprendre le fonctionnement et l'évolution de ce groupe de surnoms d'origine.

Certains parmi les noms de la liste comportent aussi une forme composée avec la préposition. Ainsi trouve-t-on COURCY ou DE COURCY, MARTIGNY ou DE MARTIGNY.

Les noms DÉSORCY et DÉSOURDY, écrits aussi DESORCY et DESOURDY évoquent des domaines gallo-romans, soit *Sorciacum* et *Surdacum*, les « domaines de *Sorcius* et de *Surdus* », devenus ensuite *Sorcy* et *Sourdy* auxquels la préposition *de* a été soudée pour marquer le surnom d'origine en DESORCY et DESOURDY.

Le nom TRÉPANIER ou TRÉPAGNIER est le vestige de la forme originelle DE TRÉPAGNY, portée par l'ancêtre *Romain de Trépagny*. Ce nom illustre un phénomène linguistique particulier. En effet, le nom de lieu d'origine est *Étrépagny*. Avec la préposition, il est passé à *d'Étrépagny*, puis, après soudure, à *Détrépagny*. La première syllabe, perçue comme la préposition *de*, s'est séparée, par déglutination, du reste du mot pour aboutir à DE TRÉPAGNY. Enfin, les porteurs ont ensuite abandonné la « particule » et TRÉPAGNY s'est écrit TRÉPANIER.

Deux noms de famille québécois, TOURIGNY et TOUSIGNANT, sont un peu nébuleux, en apparence tout au moins. Disons d'entrée de jeu que ni l'un ni l'autre n'est répertorié dans aucun ouvrage consulté à ce jour, qu'il s'agisse de noms de personnes ou de noms de lieux. On trouve cependant le toponyme *Thorigny*, en Île-de-France. Or *Thorigny* et TOURIGNY ne peuvent se rattacher qu'à un nom gaulois du type *Tauriniacum*, qui aurait donné ensuite *Tourignac*, *Tourigney* et TOURIGNY ou *Thorigny*.

Nous avons vu plus haut les formes LUSIGNAN et *Lusignac*, formées sur le même nom de personne gallo-roman *Lucinius*, avec les suffixes -*anum* et -*iacum*. Venons-en donc à TOUSIGNANT, dont la graphie *Tousignan*, selon le PRDH, serait la plus fréquente dans les documents du Québec ancien. Ce qui permet d'avancer une hypothèse audacieuse, mais vraisemblable.

Un phénomène fréquent et maintes fois signalé dans l'évolution phonétique, celui de la substitution de la consonne *s* à la consonne *r*, s'appelle *rhotacisme*. Il explique le passage de BERNARD à BESNARD et à BÉNARD, de CHARLES à CHASLES et à CHÂLES, de GARNIER à GASNIER, comme on l'a exposé dans un chapitre antérieur. On peut donc avancer l'hypothèse que TOUSIGNAN soit une variante d'un éventuel *Tourignan*, pendant de *Tourignac*, à l'origine de TOURIGNY, où le *s* aurait remplacé le *r*. Par la suite, la graphie TOUSIGNANT aurait supplanté la première, maintenant très rare au Québec.

Enfin, le surnom TAILLY s'explique de deux façons. La première verrait en TAILLY la forme régionale *Taliacum*, «domaine de Talius», qui aurait évolué en *Tailhac* et TAILLY, qui existent toujours en France. Cette évolution est identique à celle de *Sabiniacum*, «domaine de Sabin», transformé en SAVIGNAC et SÉVIGNY. Cette hypothèse est justifiée par la graphie DETAILLY, très fréquente dans les documents du Québec ancien.

On ne peut toutefois écarter l'hypothèse du *taillis*, cette partie de forêt composée d'arbres de petit diamètre que l'on *taille* régulièrement pour laisser plus d'espace aux arbres géants. Ainsi s'expliqueraient les graphies TAILLIS, DUTAILLIS et DESTAILLIS des documents anciens, apparentées aux formes équivalentes BOIS, DUBOIS et DESBOIS. Dans ce cas, TAILLIS serait un lieu-dit désignant un endroit situé à proximité de la maison de celui à qui s'applique le surnom.

Un détail en passant, le surnom DESTAILLIS retenu par René Jetté, dans son *Dictionnaire généalogique des familles québécoises*, ne s'applique qu'au nom de famille DENIAU. Jusqu'à plus ample informé, il est permis de supposer que tous les porteurs de nom TAILLY, quelle que soit la forme, sont des descendants de l'ancêtre *Marin Deniau dit Destaillis*, venu du Maine. Le nom DENIAU a pu évoluer en DAIGNEAULT dans sa descendance.

BOUGY, plus fréquent sous la forme de BOUGIE, est un surnom d'origine. Il s'applique à celui qui est originaire d'un lieu nommé *Bolgiacum*, «domaine d'un nommé *Bolgius*». C'est le nom d'une commune de la Normandie.

CANAC, est l'aboutissement en français de *Canacum* qui désigne le «domaine de *Canus*».

CHASSÉ ou CHASSE vient de *Cassiacum*, «domaine de *Cacius*». Presque toutes les formes qui en découlent sont attestées dans les noms de famille de France : *Chassac* ou ici, CHASSAT, CHASSAY, CHASSEY, CHASSY et CHASSAN. C'est donc dire que, malgré les apparences, il n'a rien à voir avec la chasse.

CIRCÉ s'applique à celui qui est originaire d'un lieu nommé *Cerciacum*, «domaine d'un nommé *Cercius*». Cette commune semble aujourd'hui disparue, mais le nom subsiste comme lieu-dit. On rencontre aujourd'hui les formes équivalentes *Cercy* et *Cercey*.

Carte 10. La France gallo-romaine

La carte situe approximativement les noms de domaines gallo-romans que l'on retrouve
dans le patrimoine de noms de famille du Québec. Tous ces toponymes sont issus d'un nom en -*acum*
qui a évolué différemmemt selon la région. Le même nom désigne parfois plusieurs lieux. *(Carte de l'auteur)*

FARCY est un nom de lieu que l'on rencontre à plusieurs reprises, en France, comme nom de hameau, surtout en composition. En Normandie, une commune du Calvados se nomme *Pont-Farcy*.

CHÈVREFILS. Le nom de famille CHÈVREFILS a une origine obscure. L'explication facile consiste à y voir un mot composé dont les éléments sont inversés : « fils d'une personne surnommée Chèvre ». Cette hypothèse, malgré sa limpidité apparente, ne tient pas la route, car il s'agirait alors d'un cas unique dans les noms de famille, ce qui ne peut être retenu. En effet, en français, le mot *fils* n'est jamais utilisé comme suffixe pour marquer la filiation, alors que l'anglais emploie *-son* et les langues scandinaves, *-sen*, avec de très nombreux noms de personnes. En français, on rencontre quelques rares cas où *fils* se retrouve en composition : MONFILS, BEAUFILS, BONFILS et son contraire MAUFILS.

Il existe une autre hypothèse, plus vraisemblable. Le nom de famille CHÈVREFILS serait une création de chez nous, puisqu'il n'est pas attesté en France. Il s'agirait d'un surnom d'origine, dont le parcours est plutôt sinueux. Nous savons que de nombreux noms de domaines gallo-romans en *-acum* et *-iacum* ont évolué différemment selon les régions : la finale est demeurée *-ac*, *-illac* ou *-gnac* ici pour donner *-y*, *-illy* ou *-gny* là et *-ay*, *-é* et même *-is* ailleurs. Ce qui explique les variantes SAVIGNAC, SÉVIGNY et SÉVIGNÉ. Ainsi le nom gallo-roman *Cabriacum* désigne probablement le domaine d'une personne nommée *Cabrius*, surnom latin attribué probablement à un gardien de chèvres, ou un lieu où l'on élève des chèvres (du latin *cabram*). Le mot a évolué tantôt en *Chevrigny*, en Bourgogne, tantôt en *Chevresis*, en Picardie. On rencontre aussi le pendant en *-ville* avec *Chevreville*, attesté en Normandie. Or, en ancien français, toutes les lettres se prononcent. C'est donc dire que la dernière syllabe de *Chevresis* se prononça [sis], comme le nombre « six ». Compte tenu des accents dialectaux différents qui ont cours en Nouvelle-France, celui qui se nomme *Chevresis*, du nom du lieu d'origine de ses ancêtres, articule son nom avec son accent et le notaire ou le curé l'entendent selon leur propre accent. Le porteur du nom prononce *Chevresis* et son interlocuteur entend CHÈVREFILS et écrit CHÈVREFILS. Ce phénomène linguistique est fréquent et s'appelle l'*attraction paronymique*. Les sons [sis] étant très près des sons connus [fis], le pas est vite franchi pour passer de *-sis* à *-fils*. D'autant plus facilement que le premier intéressé, ne sachant ni lire ni écrire, ne peut pas vérifier la graphie de son nom telle qu'elle est inscrite dans l'acte officiel. Il est assez intéressant de constater que le PRDH relève une vingtaine de graphies du nom dont les plus fréquentes sont *Chevrefil*, *Chevrefis*, *Chevrefy*, qui correspond à la prononciation de certains porteurs du nom aujourd'hui, et, évidemment, CHÈVREFILS.

VADNAIS. Le patronyme VADNAIS vient du toponyme *Vadenay*, de *Waldeniacum*, « domaine de Waldin ou Valdin ». *Vadenay* s'est contracté en *Vadnay* et la modification de la graphie a suivi. Les VADNAIS d'Amérique descendent donc d'un ancêtre originaire de *Vadenay*.

De la *villa* à la *ville*. Chez les Romains, le nom latin *villa* désigne une élégante et fastueuse maison de campagne. En Gaule, le nom s'est appliqué à un domaine rural plus ou moins étendu, puis à un ensemble d'habitations gravitant autour d'un domaine. La *villa* est donc devenue un *village* et sa forme a évolué vers le français *ville*. Ce n'est que plus tard que le mot a pris le sens actuel de « grande agglomération urbaine ». Aussi n'est-il pas étonnant que l'une ou l'autre des formes du mot, tout au long de son évolution, ait pu s'appliquer comme surnom à celui qui l'habite ou qui en est originaire. Du latin *villa* ou *villare* sont nés les VILLA, VILAR, VILLAR et les diminutifs VILLARAN et VILLARON ; la variante méridionale *viala* explique les VIALA, VIALE, VIALETTE et VIALARD ; de même origine est *viller*, qui justifie les surnoms VILLERS, DEVILLERS, DEVILLER, VILLIER, VILLIERS et DEVILLIERS. *Ville* est à l'origine des surnoms VILLE, LAVILLE et DEVILLE, mais aussi des diminutifs VILLETTE, VILLOTTE, VILLAN, VILLON, VILLARD et VILLY.

Le nom *ville*, au sens de «domaine rural», est à l'origine de nombreux noms de lieux où il se retrouve comme suffixe ou comme préfixe. Le suffixe a été associé le plus souvent au nom de son propriétaire, mais parfois à un élément caractéristique du domaine, arbre, plantation ou autre. Enfin, à l'occasion, il s'agit plus simplement du nom *ville* agglutiné à un mot descriptif, qui le précède ou qui le suit.

Voici donc une liste non exhaustive de surnoms d'origine formés du suffixe *ville* que l'on rencontre à une fréquence variable dans notre patrimoine de noms de famille québécois :

BAINVILLE	DE NORMANVILLE	LAVILLE	NEUVILLE	ROCHEVILLE
BELLEVILLE	DE ROUVILLE	LONGUEVILLE	NEVILLE	ROUVILLE
BIVILLE	DEVILLE	LOTTINVILLE	NIVERVILLE	SASSEVILLE
BLANCHEVILLE	D'ORSAINVILLE	MAINVILLE	NORMANVILLE	SENNEVILLE
BONNEVILLE	DOUVILLE	MAISONVILLE	NORVILLE	SOMERVILLE
BOUGAINVILLE	GLANVILLE	MANDEVILLE	NUMAINVILLE	THIONVILLE
COLLEVILLE	GONNEVILLE	MARVILLE	ORSAINVILLE	TOURVILLE
COURTEVILLE	GRANVILLE	MERVILLE	ORVILLE	TRÉVILLE
COURVILLE	JOINVILLE	MICHAUDVILLE	POMAINVILLE	VERVILLE
DE BOUCHERVILLE	JUBAINVILLE	MIVILLE	PRÉVILLE	
DE MONTARVILLE	JURANVILLE	MONTARVILLE	QUENNEVILLE	
DE NEUVILLE	LANDREVILLE	MORANVILLE	RAINVILLE	
DENONVILLE	LANEUVILLE	MORVILLE	RIBERVILLE	

Notons d'abord que bon nombre de ces noms sont précédés d'une préposition ou d'un article. Le cas de RAINVILLE est particulier. L'ancêtre *Paul de Rainville* aura dans sa descendance les DE RAINVILLE et DERAINVILLE, mais aussi, après contraction, les DRAINVILLE et DRINVILLE, sans oublier, évidemment les RAINVILLE. Les patronymes DRAINVILLE et DRINVILLE sont des créations d'ici et sont absents en France.

Les noms en -*ville* ayant été créés en latin ou en gallo-roman, leur évolution phonétique a entraîné des modifications qui rendent plus difficile de reconnaître le nom originel. Ainsi, s'il est assez facile de discerner dans JOINVILLE, JUBAINVILLE et LANDREVILLE le domaine, respectivement, de *Join*, contraction de *Jovin*, de JUBIN, diminutif du nom germanique JUBERT, et de LANDRÉ, il est moins évident de voir dans LOTTINVILLE le nom de personne *Lottin*, diminutif de CHARLOT, *Charlottin*, tronqué en *Lottin* ou, dans RAINVILLE, le nom germanique *Ragino*. Qu'en est-il alors de GONNEVILLE et de THIONVILLE ?

Quant aux noms descriptifs, si BLANCHEVILLE, BONNEVILLE et GRANVILLE sont plutôt transparents, il est moins évident de reconnaître dans MANDEVILLE l'adjectif latin *magna* « grande », ou l'adjectif *neuve*, dans NEUVILLE, LANEUVILLE et NEVILLE. Que dire alors de MARVILLE, MERVILLE et de VERVILLE ? Si la finale confirme le surnom d'origine, la première syllabe demeure obscure.

DOUVILLE est le nom d'une commune du Calvados, en Normandie et son nom viendrait du latin *Dodavilla*. Il s'applique comme surnom à celui qui en est originaire et qui est venu s'établir dans une commune voisine. Toutefois, on ne peut exclure que DOUVILLE puisse rappeler une autre commune normande, *Ouville*, dont le nom est soudé à la préposition *de* élidée.

De *town* à *ton*, le pendant anglais de *ville*. Le suffixe anglais *-ton* est une variante de *town* et correspond au suffixe *-ville* des toponymes français. Il est, le plus souvent, précédé d'un nom de personne, parfois dans sa forme affective, ou de son titre. Ainsi CARLON et JOHNSTON désignent-ils la ville (ou le domaine) de CARL ou de JOHN et KINGSTON, celle du roi. Dans tous les cas, il s'agit donc, comme en français, de surnoms de provenance appliqués à celui qui est originaire d'un lieu portant ce nom.

ADDINGTON	CARLTON	EDINGTON	HATTON	NORTON
APPLETON	CATTON	EDELSTON	HEATON	PATTON
ARRINGTON	CHASTON	EGGLESTON	HETHERINGTON	PENNINGTON
BARRINGTON	CHERITON	ELSTON	HUDDLESTON	SEATON
BARTON	CLAYTON	FEATHERSTON	HUTTON	SEXTON
BENNINGTON	CLIFTON	FELTON	JOHNSTON	SHELTON
BENTON	COLSTON	FRAMPTON	KARTON	SMEATON
BILTON	CRAFTON	FRESTON	KINGSTON	SUTTON
BOLTON	CRANSTON	GUNTON	LAMERTON	WADDINGTON
BRATTON	DALTON	HALTON	LOXTON	WALTON
BURTON	DENTON	HAMILTON	MARSTON	WASHINGTON
BUTTON	EATON	HAMTON	MORTON	WELLINGTON
CARLETON	ECCLESTON	HARRINGTON	MURTON	WOOTON

On peut y ajouter SANTON, plusieurs fois représenté dans la toponymie de la Grande-Bretagne. C'est aussi le nom de l'ancêtre *John Santon*, dont le nom s'est francisé en SENTENNE. On peut présumer que la syllabe *san* peut provenir d'un diminutif affectif du nom de baptême ALEXANDER, sous la forme de SANDER. SANTON serait donc la « ville ou le domaine de San ».

De *villa* à *ville* préfixé. Le mot *ville*, dans la toponymie plus récente, apparaît comme premier élément d'un nom composé. Ces toponymes sont forcément des surnoms d'origine. Sur le plan de la composition proprement dite, on reconnaîtra les mêmes procédés que dans la série où le mot *ville* constitue le second élément. Ainsi, il sera suivi d'un nom de personne : VILLANDRÉ, VILLEDROUIN, VILLEJEAN, ou d'un adjectif le qualifiant, VILLEBON, qui correspond à BONNEVILLE, VILLEBRUN, VILLECOURT, le pendant de COURVILLE, VILLEFRANCHE, comme FRANCHEVILLE, VILLEMAGNE, qui équivaut à MAINVILLE, de même que VILLENEUVE, qui rappelle NEUVILLE.

Voici une liste de noms de famille comprenant *ville*- comme premier élément attestés chez les abonnés du téléphone. Cette liste n'est sûrement pas exhaustive.

VILLANDRÉ	VILLEFAGNAN	VILLEMAIRE	VILLERAN
VILLEBON	VILLEFORT	VILLEMART	VILLERREAL
VILLEBRUN	VILLEFRANCHE	VILLEMOT	VILLESÈCHE
VILLECOURT	VILLEGAS	VILLEMUR	VILLETARD
VILLEDARY	VILLEJEAN	VILLENAVE	VILLETORTE
VILLEDIEU	VILLEJOINT	VILLENEUVE	VILLETTE
VILLEDROUIN	VILLEMAGNE	VILLERA	VILLEVEUVE

La ville dite « franche » est celle qui a obtenu des franchises. Certains de ces toponymes comptent plusieurs variantes et celles-ci se retrouvent dans les noms de personnes : VILLEBRUN, VILBRUN ou VILBRUNT évoquent sûrement la couleur de sa muraille ; VILLEFORT ou VILFORT, la ville fortifiée ; VILLEMUR, VILLEMURE ou VILLEMEURE, la ville entourée d'un mur ; VILLENEUVE, VILLE NEUVE, VILLENUVE, VILLEUNEUVE, VILLEUVE ou VILENEUVE, sans pourtant oublier leur synonyme dialectal, VILLENAVE, la ville nouvellement créée ou un nouveau quartier de la ville.

Du latin *cohortem* au français *court*. Le latin *cohors*, *cohortis*, qui aboutit au français *court*, a désigné un enclos, puis une ferme ou un domaine. Il s'emploie comme suffixe ou comme préfixe. Comme suffixe, il est souvent précédé du nom germanique de son propriétaire ou d'un adjectif qui le qualifie. Ainsi en est-il de VAILLANCOURT, « domaine de *Wilhem* ».

BELCOURT	DE TONNANCOURT	JONCOURT
BIENCOURT	DEBIENCOURT	LACOURT
BRICOURT	DENONCOURT	RANCOURT
COURCELLES	DEREGNAUCOURT	RICOURT
COURSOL	FRANCOURT	VAILLANCOURT
COURVAL	GRANDCOURT	VALCOURT
DALCOURT	HARCOURT	VILLECOURT

Ces noms sont devenus de véritables noms de lieux, puis des surnoms d'origine appliqués à celui qui est originaire d'un lieu portant un tel nom.

Les localités de 500 à 10 000 habitants. Bon nombre d'agglomérations de moindre importance, dont la population actuelle oscille entre 500 et 10 000 habitants, sont autant de surnoms d'origine de Québécois. En voici, dans l'ordre alphabétique, une liste forcément très partielle. Souvent, le surnom ou le toponyme compte plusieurs graphies, qui correspondent à des lieux distincts, mais nous ne conservons qu'une seule forme afin de ne pas alourdir l'exposé.

AVON	BLAY	L'ALLIER	MORANGE
BARRAS	BOUCHET	LAFLOTTE	NÉRON
BARRY	BOUDOU	LAFORCE	PALIN
BAULNE	CORBEIL	LARCHE	PRÉMONT
BELLOC	COURCELLES	LARONDE	PRÉVAL
BELLOY	DURETTE	LASALLE	TURENNE
BETZ	GAMACHE	LATRÉMOUILLE	VAUGEOIS
BEY	GRAY	MAREUIL	

Parfois, le même toponyme entre en composition avec la préposition *de*, ou avec l'article, voire avec les deux. Ainsi, on aura LARONDE et DELARONDE, LASALLE et DELASALLE.

Le surnom LAFORCE n'est pas un sobriquet évoquant la vigueur physique ou morale. Il s'agit d'un nom de commune rappelant une ancienne forteresse, qui lui a donné son nom. Au moins deux communes portent ce nom en France.

Il existe, dans le département des Deux-Sèvres, au Poitou, une commune nommée *Le Vert*. Plusieurs autres comptent le mot *vert* dans leur nom, dont un ancien village appelé *Villiers-le-Vert*, en Picardie. Le porteur du surnom LEVERT pourrait être originaire d'un lieu ainsi nommé. Cependant, exclure le sobriquet ironique de celui qui, malgré son âge avancé, a conservé – ou le souhaiterait –, une certaine «verdeur» demeure toujours plausible.

Les noms de baptême qui sont aussi des toponymes. Les emprunts en onomastique sont multiples et réciproques. Si la toponymie a prêté à l'anthroponymie, le procédé n'a pas fonctionné à sens unique. Des personnes ont donné leur nom à des lieux. De nombreux noms de lieux sont de simples noms de baptême. C'est le cas de la liste qui suit, délibérément incomplète, et dont l'explication apparaît au chapitre deux, sur les noms individuels devenus noms de famille.

AUBIN	LAMBERT	REYNIER
AUBRY	LANDRY	RIBOULET
AUGER	LÉVIS	RIGAUD
COULON	MATHIEU	ROBINSON
GARON	NICOLE	SAMSON
GRANDJEAN	PAULIN	VALENTIN
GUÉRARD	PERRET	VALENTINE
GUÉRIN	PERRIER	VAUDRY
HUMBERT	QUINTIN	VILBERT
JALABERT	RAYMOND	VINCENT
JULIENNE	REMY	YVES

Les noms de métiers ou de fonctions qui sont aussi toponymes. Comme pour les noms de personnes, les surnoms de métiers ont été utilisés aussi comme lieux-dits, servant de points de repère pour identifier un lieu. De lieux-dits à toponymes véritables, le pas est vite franchi, comme le prouve la liste partielle suivante, dont l'explication détaillée sera fournie au chapitre quatre, qui traite des surnoms de métiers. La plupart du temps, ces surnoms d'origine désignent le lieu de travail de l'artisan, lieu qui a ensuite donné son nom au hameau ou au village.

CHARBONNIER	COUTURE (LACOUTURE)	LAFERRIÈRE	PRINCE
CHARRON	FORGES (DESFORGES)	LAVERRIÈRE	RAVEL
CHÂTELAIN	GOHIER	MAGNAN	ROUTIER
CHEVRIER	JARDIN	POISSON	VIGER
CHOLET	LA VACHERIE	POMMIER	VINAY

Parfois, le toponyme compte plusieurs formes, une simple et une composée, lorsqu'il est précédé de l'article ou de la préposition : COUTURE ou LACOUTURE, FORGES, LES FORGES ou DESFORGES.

Les noms formés d'un toponyme et de d', de ou des agglutinés. Bon nombre de surnoms de provenance se cachent derrière un mot commençant par la lettre *d*. Cette dernière est très souvent alors la préposition *d'* soudée à un nom de localité. Le paragraphe suivant explique le procédé à l'aide du surnom d'origine DAZÉ. Vient ensuite une liste relativement longue de noms dont il suffit de supprimer la lettre initiale pour retrouver le nom de lieu original, toponyme qui n'est parfois qu'un lieu-dit.

DAZÉ. Le nom DAZÉ n'apparaît dans aucun ouvrage traitant des noms de famille. De plus, il n'est pas consigné dans le fichier INSEE des naissances en France de 1891 à 1990. On y recense cependant *267 Dazet* et *5 Dazey*, noms inconnus ici. Par ailleurs, le PRDH relève dans les documents anciens une vingtaine de graphies du nom dont les plus fréquentes sont DAZÉ, *Dasé*, *Dazay* et *Dagé*. La branche ontarienne des DAZÉ a anglicisé la graphie en adoptant la forme DAUSEY.

DAZÉ ne peut être qu'un nom de lieu précédé de la préposition *d'* soudée au mot, avec ou sans l'apostrophe. C'est là un procédé très fréquent comme en font foi les patronymes suivants répandus au Québec : DANJOU, DAGENAIS, DALENÇON, DALLEMAGNE, DAMAY, DANCAUSSE, DARAGON, DAUMONT, DAUTEUIL, DAVELUY et DAVIGNON. Dans chaque cas, il suffit de supprimer le *d* pour retrouver le toponyme original.

D'ARGENSON	DEGUISE, DEGUIRE, GUISE	DOIRON
DAMIENS	DENEAU, NEAU	DOLIVET
DANCAUSSE, DANCOSSE	DENEVERS, NEVERS	DORIN
DARNIS	DENTREMONT, D'ENTREMONT	DORION, ORION
DARRE	DERENNES, DERENNE	DORLÉANS, D'ORLÉANS, ORLÉANS
DAULT	DESSERT, DE SERRES	DORMOY
DAURIAC	DESTAING	DORON, ORON,
DAUTEUIL, D'AUTEUIL, AUTEUIL	DESTRÉE	DORVAL, D'ORVAL, ORVAL
DAVELUY	DÉSY	DOUDON
DAVOINE, AVOINE	DEVAUX, DE VAUX, VAUX	DOUILLY
DAVRIL, D'AVRIL, AVRIL	DHAVERNAS	DOURDON
DAY	DIVRY, D'YVRY, IVRY	DUSSEAU
DAZÉ	DIZON	

Les dictionnaires de noms de famille consignent plusieurs noms semblables à DAZÉ et qui s'expliquent de la même façon, dont *Daguay*, *Daizy*, *Daize*, *Dassy*, *Dasy*, *Dauget*, *Dazat*, *Dazet* et DÈZE, dont seul le dernier est attesté chez nous, quoique très rare. Par ailleurs, une importation récente de France, le nom DAZA, « originaire d'Aza », a été portée à notre attention, dans la région de la Montérégie. Voilà donc un nombre suffisant d'exemples pour confirmer l'hypothèse que le nom DAZÉ est bel et bien un surnom de provenance désignant une localité. Habituellement, le nom d'une petite localité est attribué comme surnom lorsqu'il s'agit d'un lieu pas trop éloigné et que les voisins connaissent. Or il existe au Poitou, province d'origine du premier ancêtre *Paul Dazé*, deux localités portant le nom de *Azay-sur-Thouet* et *Azay-le-Brûlé*. Ce qui conforte et démontre hors de tout doute cette explication. Ajoutons que, dans des documents du Québec ancien, *Azay* est écrit *Azé*.

D'autres noms du même type sont présentés ici sans plus de précisions. On trouvera côte à côte le toponyme lui-même, sans la préposition, lorsque celui-ci est aussi nom de famille. Le toponyme apparaît d'abord et la forme agglutinée le suit, séparée par une virgule. Ainsi, on aura AVOINE et DAVOINE de même que IVRY et DIVRY, où *Avoine* et *Ivry* sont les noms de lieux proprement dits qui sont aussi noms de famille. Ces noms sont précédés de la préposition agglutinée.

Le surnom DAY peut être un homonyme du DAY anglais. En français, DAY est un surnom d'origine de celui qui vient d'une commune de la Champagne appelée *Ay*. En anglais, DAY, contre toute attente, n'a rien à voir avec le *jour*. Il s'agit plutôt d'un diminutif affectif de DAVID.

Les noms de hameaux et de villages de France. Les pionniers qui ont peuplé la Nouvelle-France n'étaient pas tous originaires des grands centres. De nombreux hameaux, fiefs ou arrière-fiefs disséminés dans les diverses provinces de l'ancienne France ont donné leur nom à celui qui en venait. Toutefois, pour que ce surnom soit distinctif, il faut que le lieu d'origine soit connu des gens qui l'attribuent. Ce qui signifie que, lorsque ce lieu est un hameau, il doit se situer dans les environs, à quelques kilomètres, sans quoi il n'est pas significatif. C'est donc dire qu'un surnom sera appliqué à un nouveau venu qui arrive d'un hameau voisin que tout le monde connaît. Bon nombre de ces noms se rattachent aux mots à valeur topographique et ont été regroupés dans le volet correspondant de ce chapitre. En voici quelques autres, dont plusieurs ne sont pas consignés dans le *Quid 2006*. Doit-on présumer qu'ils sont disparus ? Probablement. Quoi qu'il en soit, à la liste fragmentaire qui suit, il faudrait ajouter des centaines de noms.

CHAILLOT	HOTOT	SAINT-AIGNAN
COTRET	MONTREUIL	SÉNAT
COURCELLES	PARTHENAIS	SOUSTELLE
COURTEMANCHE	RABOUIN	THÉRON
COURVAL	RUFIANGE	

Plusieurs de ces cas ont besoin d'une explication complémentaire.

COURCELLES revêt plusieurs formes, chacune accompagnée ou non de la préposition : DE COURSELLES, COURSELLE, COURSEL et DE COURSEL. COURVAL est le plus souvent précédé de la préposition non soudée, DE COURVAL.

COURTEMANCHE, malgré les apparences, n'a rien à voir avec la mode vestimentaire. Il s'agit plutôt d'un nom de localité répandu sous plusieurs formes dans diverses régions de la France. Le mot résulte de l'évolution du latin *cortem dominicam*, « domaine seigneurial », qui explique aussi *Courdemange* et *Courdemanches*.

Le surnom AUTOTTE, dont on relève aussi les graphies HOTTOTE, HAUTOT et OTHOT, représente la graphie moderne de HAUTOT que l'on reconnaît dans les noms de communes de Normandie *Hautot-l'Auvray*, *Hautot-Saint-Sulpice* et *Hautot-sur-Mer* ainsi que dans plusieurs autres noms de lieux. Le toponyme actuel est formé de *Haldo*, nom d'homme germanique, et de *topt*, mot scandinave qui signifie « ferme ». Il s'agit donc, à l'origine, du nom d'une propriété appartenant à *Haldo*, devenu nom de village, puis nom de commune. Rappelons que l'ancêtre des AUTOTTE d'Amérique est *Louis Hottot*, venu de Honfleur en Normandie. Il est donc probable que le premier porteur du surnom soit venu d'un lieu nommé *Hautot*, situé non loin de l'endroit où il s'est établi.

La France compte plus de trente communes qui comprennent le mot MONTREUIL dans leur toponyme. L'une d'entre elles, *Montreuil-sur-Brêche*, en Picardie, est la patrie de l'ancêtre *Louis Sédillot dit Montreuil* dont les descendants ont adopté le surnom comme nom de famille, ne laissant qu'un nombre réduit de SÉDILLOT. Quant à SÉDILLOT, c'est un diminutif de l'ancien français *sédil*, « siège », où l'on peut voir un surnom de fabricant.

Les hagiotoponymes adoptés comme noms de famille. Parmi les noms de localités que l'on retrouve dans les noms de personnes, il existe une catégorie un peu marginale, celle des hagiotoponymes, c'est-à-dire les noms de lieux précédés du mot *Saint* ou *Sainte*, avec ou sans trait d'union. On peut établir la règle générale que tous ces noms de famille nous disent que les porteurs de ces noms viennent d'un lieu dédié à ce saint ou à cette sainte. La première liste ne comprend que des noms attestés comme noms de villes, de villages ou de hameaux par le *Quid 2006*, et recensés parmi les abonnés du téléphone au Québec. Chacun désigne ou a désigné parfois plusieurs localités en France, mais nous n'en préciserons pas ici les coordonnées géographiques, pour éviter d'alourdir indûment. La graphie qui abrège *Saint* en *St* et *Sainte* en *Ste* est la plus fréquente chez nous malgré la règle grammaticale qui veut qu'un nom propre ne s'abrège pas. Ici les noms ne sont pas abrégés. Lorsque le nom compte plusieurs graphies, il n'est pas répété. C'est le cas de SAINT-ARNAUD, écrit aussi SAINT-ARNAULT, SAINT-ARNEAU et SAINT-ARNEAULT. Est-il besoin de dire que la fréquence de ces noms de famille est extrêmement variable ? Si les SAINT-JEAN, les SAINT-LOUIS et les SAINT-PIERRE, entre autres, se comptent par centaines, on ne mentionne qu'un ou deux SAINT-ANGE, SAINT-DIZIER ou SAINT-VAL.

SAINT-AIMÉ	SAINT-CLAIR	SAINT-HILAIRE	SAINT-LOUIS	SAINT-PAUL
SAINT-AMAND	SAINTE-CROIX	SAINT-HUBERT	SAINT-LOUP	SAINT-PÈRE
SAINT-AMOUR	SAINT-CYR	SAINT-JACQUES	SAINTE-LUCE	SAINT-PIERRE
SAINT-ANDRÉ	SAINT-DENIS	SAINT-JAMES	SAINT-MARCOUX	SAINT-PRIX
SAINT-ANGE	SAINT-DIZIER	SAINT-JEAN	SAINTE-MARIE	SAINT-ROCH
SAINT-ANTOINE	SAINT-FORT	SAINT-JOHN	SAINT-MARS	SAINT-SAUVEUR
SAINT-ARNAUD	SAINT-GELAIS	SAINT-JULIEN	SAINT-MARTIN	SAINT-SIMON
SAINT-AUBIN	SAINT-GENEST	SAINT-JUSTE	SAINT-MAURICE	SAINT-VICTOR
SAINT-CERNY	SAINT-GEORGES	SAINT-LAURENT	SAINT-MICHEL	SAINT-VINCENT
SAINT-CHARLES	SAINT-GERMAIN	SAINT-LÉGER	SAINT-OURS	

De nombreux lieux ont été voués à saint Cyr. On dénombre aujourd'hui plus de quarante endroits en France dont le nom contient SAINT-CYR. C'est donc dire que celui qui est originaire d'un lieu dédié à saint Cyr se voit facilement attribuer ce surnom qui deviendra le nom de famille des descendants. Dans les documents du Québec ancien, le surnom SAINT-CYR a été associé à une quinzaine de noms, mais seuls les descendants de *Jacques Rouillard* et *Pierre Deshayes* semblent avoir perpétué le nom.

Le surnom SAINT-ROCH n'a été associé qu'à quelques noms dans les documents du Québec ancien, entre autres, à celui de *Jacques Lagarde*, soldat originaire de *Saint-Roch de Paris*, dont l'église rappelle le saint du même nom, mort au XIIIe siècle, et vénéré comme patron des maladies contagieuses.

Les noms qui suivent ne sont pas consignés dans le *Quid 2006*. On les retrouve tous parmi les abonnés du téléphone, à une fréquence variable.

SAINTELLIER	SAINT-FLEUR	SAINTILMA	SAINT-LOT	SAINT-SURIN
SAINTELMANE	SAINTICHE	SAINTILNOR	SAINT-MARSEILLE	SAINT-ULYSSE
SAINTELMY	SAINTIL	SAINTILUS	SAINT-MERSIER	SAINT-VAL
SAINTERLIN	SAINTILET	SAINT-JULES	SAINT-PHARD	SAINT-VIL
SAINT-FIRMIN	SAINTILLON	SAINT-JUSNA	SAINTPLICE	SAINT-YVES

Carte 11. La France sanctifiée

La carte situe approximativement les noms de lieux dédiés à un saint ou une sainte et que l'on retrouve dans le patrimoine des noms de famille du Québec. *(Carte de l'auteur)*

Certains noms de lieux anciens, aujourd'hui disparus de la toponymie française, sont clairement identifiables. Ils sont même consignés comme tels dans les dictionnaires de noms de personnes. Ce sont, entre autres, SAINT-FIRMIN, SAINT-FLEUR, SAINT-JULES, SAINT-LOT, SAINT-SURIN, variante régionale de *Saint-Saturnin*, SAINT-YVES. Tous ces saints ont vraiment vécu au Moyen Âge et ont fait l'objet de la vénération populaire, mais les noms des lieux qui leur avaient été dédiés n'ont pas survécu jusqu'à nos jours.

Les surnoms de métiers affublés du préfixe sanctifiant sont assurément ironiques : SAINTELLIER, pour *Saint-Tellier*, SAINT-MERSIER, pour *Saint-Mercier*.

SAINT-MARSEILLE a déjà été expliqué dans le chapitre premier de cet ouvrage. Il résulte de la confusion entre *Saint-Martiel*, *Saint-Marcel* et le nom de la ville, *Marseille*.

Quant aux autres noms de la dernière liste, ils ont une origine obscure. Peut-être y aurait-il une piste à explorer du côté de la colonie haïtienne de Montréal.

Nous reviendrons, dans le chapitre six sur les « noms dits » des soldats dont le nom de guerre confine à la « canonisation hâtive ».

DES NOMS COMMUNS... PROPRES

Toujours dans le but de distinguer des homonymes, on utilise tantôt des éléments du paysage géographique situé à proximité du lieu de résidence, tantôt l'habitation et son environnement immédiat, tantôt encore le bâti qui se trouve dans un rayon restreint autour de celle-ci. Tous ces éléments du décor attribués comme surnoms servent de points de repère pour préciser le lieu de résidence du porteur et distinguer une personne de son homonyme. Ces surnoms sont d'abord des noms communs, mais ils jouent le rôle d'un nom de lieu. Pour la plupart, ils sont devenus des toponymes véritables, soit seuls, soit comme élément d'un nom composé. Le même procédé est productif dans toutes les langues européennes et cela se reflète dans les noms de famille. En France, le recours au vocabulaire dialectal correspondant ajoute encore au patrimoine des noms de famille de cette catégorie.

Mère nature au service des noms de famille. Les accidents géographiques jouent ici un rôle déterminant. Le relief, bien sûr, s'est taillé une place de choix et l'abondance de son vocabulaire courant ajouté à l'apport des vocables régionaux y est pour beaucoup. L'hydrographie est présente à profusion, de la source d'eau vive au fleuve, de la mare à la mer, sans oublier les plans d'eau de moindres dimensions, mais non pour autant moins distinctifs. La végétation se révèle des plus fécondes, tant dans la création des noms de lieux que dans celle des patronymes. La nature du sol et son exploitation ainsi que la structure géologique d'un coin de pays contribuent à l'enrichissement du patrimoine onomastique. Même les réalisations de mains d'hommes, constructions diverses, châteaux, forteresses, abbayes et autres lieux de prière, de même que ponts, aqueducs, voies de communication sont autant de balises. Toutes ces composantes sont des sources d'inspiration pour la création de noms de lieux et de personnes.

Le lieu-dit, un point de repère de premier ordre. Une notion importante de toponymie s'impose au premier chef, celle du *lieu-dit*. Son rôle primordial en onomastique oblige à en bien comprendre la nature. Un *lieu-dit* est un nom pittoresque que les résidents des environs attribuent à un endroit précis. Habituellement, le lieu-dit est coloré et, éventuellement, relié au folklore local. À titre d'exemples, citons le *Rang croche*, qui se retrouve dans de nombreux villages au Québec; on pourrait ajouter la *Côte du sauvage*, sur la route 117, près de Val-David, et l'*Île-aux-Fesses* – pourquoi ce nom? Devinez…! – dans la rivière des Prairies, dont le nom véritable est île *Perry*. Le nom de lieu *Abord-à-Plouffe*, à ville de Laval, est un ancien lieu-dit désignant le rivage où abordait le traversier de PLOUFFE, le passeur. Dans ce dernier cas, le lieu-dit, comme cela s'est souvent produit, est devenu un toponyme à part entière qui, avant les fusions qui ont créé la ville de Laval, désignait l'une des municipalités autonomes.

Voici deux exemples très clairs, mais que j'isole délibérément, de lieux-dits transformés en noms de famille, DESTROISMAISONS et HURTUBISE. Un simple groupe de trois habitations un peu à l'écart du village est trop petit pour constituer un *hameau*, mais sert de point de repère pour distinguer un individu d'un autre. Le nom HURTUBISE ou HURTIBISE est la forme moderne de HEURTEBISE que porte le premier ancêtre, *Marin*. Le nom évoque un lieu en hauteur, fouetté par le vent du nord ou, pour se rapprocher de la langue ancienne, « heurté par la bise ». Ainsi, on distingue deux *Marin*, *Marin Destroismaisons*, habitant « l'une des trois maisons » que l'on sait, et l'autre, *Marin Heurtebise*, dont la maison se dresse sur le pic « heurté par la bise ». Le verbe *heurter*, sous sa forme conjuguée *heurte*, a formé en composition plusieurs patronymes qui sont attestés en France (INSEE), mais absents chez nous : HEURTEBISE, *Heurtebize*, *Heurtebourg*, *Heurtefeu*, *Heurtefeux*, *Heurteloup*, *Heurtematte*, *Heurtemotte* et *Heurtevent*. On aura remarqué la vague similitude de sens entre ces noms. Quant aux formes modernes, HURTIBISE et HURTUBISE, elles semblent purement québécoises, puisque l'on recense seulement deux naissances au nom d'HURTUBISE en France, sur un siècle. S'agirait-il de Québécois de passage? C'est toujours possible.

Des noms comme BEAUREGARD, BEAULIEU, qui se dit BELLOC ou BELLOCQ, dans le sud-ouest, et BAULU, au Poitou, BEAUVOIR ou sa variante BEAUVAIS, BELLEVUE et BELAIR sont tous des lieux-dits. Les noms MIRABEL, MIRABEAU ou MIRAMBEAU sont du même ordre, à partir du verbe *mirer* qui, en ancien français, signifie « regarder ». Tous ces lieux-dits désignent des endroits surélevés offrant un panorama exceptionnel, « beau à regarder », « beau à voir »; s'il est baigné par la lumière naturelle, l'endroit se nommera BEAUSOLEIL ou, encore mieux, SOULIÈRE, du latin *solarium*, « terre exposée au soleil ». Serait-il agréable de s'y attarder? On le dira BEAUSÉJOUR. Par ailleurs, SOULIER est le masculin de SOULIÈRE et n'appartient pas à la catégorie des surnoms de métier du cordonnier. Il fait plutôt partie de la famille de SOL et de ses variantes du sud SOUL, SOULE et SOULIÉ, qui viennent du latin *sol*, « soleil ».

Un lieu caractérisé par une verdure luxuriante sera nommé VERDEL, VERDEAU, VERDET, VERDAN, VERDIN, VERDON et VERDY, à moins que la préférence aille à VERTEFEUILLE,

BELLEFEUILLE ou LAVERDURE, sinon VERDIER, VERDIÈRE ou LAVERDIÈRE. Le surnom s'applique alors à celui qui habite à proximité d'un lieu-dit ainsi nommé. Lorsque le lieu-dit devient le nom d'un hameau, on attribue le surnom au nouvel arrivé qui en est originaire et qui vient de s'établir dans le village.

Le nom DULUDE est un surnom d'origine attribué à l'ancêtre *Joseph Huet dit Dulude*, originaire de *Le Lude*, arrondissement de *La Flèche*, en Anjou. Le lieu-dit *lude* vient du latin *lucidum*, « clair », et désigne une clairière. La clairière a donné son nom au lieu dont elle est un élément caractéristique et ce nom de lieu est devenu le surnom de l'ancêtre.

Une randonnée pédestre... dans les noms de famille. Avant de procéder à l'analyse détaillée des divers groupes de noms, un survol quelque peu récréatif d'un environnement imaginaire permettra de se faire une idée générale du fonctionnement du système. Conservons en mémoire que les accidents du relief sont des points de repère faciles à reconnaître et qu'ils servent à situer le lieu de résidence de celui à qui l'on attribue le surnom. Partons donc en promenade aux alentours et observons le paysage. Vous reconnaîtrez au passage, en petites capitales, des noms de personnes familiers. Ils sont, au singulier ou au pluriel, précédés ou non de l'article ou encore accompagnés d'un adjectif descriptif. De plus, leur graphie présente souvent plusieurs variantes. L'important, c'est surtout de comprendre comment fonctionne le système.

Allons vers LAMONTAGNE ou AUMONT, si vous préférez. Au sommet DUMONT (DELMONTE, en italien), nous constatons qu'il s'agit d'un GRANDMONT, un vrai BEAUMONT. Visible de loin, par temps ensoleillé, on le nommera CLAIRMONT, écrit aussi CLERMONT. De l'autre côté de LAVALLÉE, ou DUVAL, que les Gaulois appelaient LACOMBE ou NANTEL, la MONTAIGNE est tout à fait dénudée, comme un coco. Il s'agit en effet d'une « montagne chauve », un CHAUMONT ou, autrement dit, un MONTCALM.

Continuons en longeant le BEAURIVAGE de LARIVIÈRE, jusqu'à LAMOTHE, là-bas, cette espèce de talus sur lequel s'est longtemps dressée une forteresse. Approchons-nous DUHAMEL, un groupe réduit d'habitations, un peu à l'écart du village, si petit en somme qu'on dirait plutôt un HAMELIN, mais, pour s'y rendre, il nous faut contourner le BOCAGE (en Auvergne, on dit plutôt le BOUSQUET), traverser LALANDE (les Gascons diraient LALANNE et les Normands, LALONDE), pour nous arrêter à la lisière DUBOIS. Les villageois sont amoureux DUBOIS (on dit DUBOSC, dans le Midi, à moins qu'on ne se souvienne encore du vieux gaulois DUBREUIL, ou BROUILLET, féminisé en BROUILLETTE chez nous, alors que les Flamands préfèrent VAN HOUTTE). Les gens du village attribuent à ce bois plusieurs qualificatifs aussi évocateurs les uns que les autres. C'est, de toute évidence, un BOISJOLY ; sous les rayons du soleil, on le dit BOISCLAIR ou BOISBRIAND, parfois BOISVERT ou BOISMENU. Mais ce BEAUBOIS n'est rien à côté de LAFOREST, la grande FOREST feuillue qui s'étend plus loin, jusqu'au pied DESCÔTEAUX. Juste devant se dresse

LATOUCHE ou le TOUCHET (TOUCHETTE, dirions-nous au Québec), ce monticule couvert d'arbres élancés et très hauts.

Pour revenir à la maison, faisons le tour DULAC, ce BEAULAC que certains touristes appellent plutôt LAMARE en souriant, tellement il est petit. En tout cas, reconnaissez que c'est une BELLEMARE, très abondamment alimentée par DESRUISSEAUX, à vrai dire beaucoup plus agréable à regarder que le MARAIS, du village voisin.

Arrêtons-nous quelques instants sur LABERGE et admirons la splendeur DELISLE. Quelle BÉLISLE ! BELZILE serait peut-être plus approprié, puisqu'il y en a trois.

AU CHAMP D'HONNEUR

Afin de bien comprendre le mécanisme de la métamorphose du nom commun en nom de personne, un exemple très courant serait utile. À l'aide des noms communs issus du latin *campus*, à partir de l'accusatif *campum*, nous verrons que de noms communs, ils ont d'abord pris un sens topographique, c'est-à-dire qu'ils ont désigné un aspect du relief. Puis ils sont passés au stade de lieu-dit en s'appliquant à un endroit distinct. De lieu-dit à un toponyme à part entière, le mot a pu nommer un hameau ou un village. Enfin, le nom de lieu s'est appliqué à la personne qui l'habite.

Campum a laissé en français deux souches, CHAMP et CAMP, au singulier et au pluriel, qui sont attestés ici comme noms de famille, mais rarement employés seuls. Les deux mots ont le même sens, celui de « terre cultivée ». C'est là leur valeur topographique. Le premier, CHAMP, se rencontre dans l'ensemble de la France, le second, CAMP, surtout dans les dialectes normand et picard. On les voit plus fréquemment précédés de la préposition ou de l'article contracté : DUCHAMP et DUCAMP, DESCHAMPS et DESCAMPS. En flamand, l'équivalent sera VANDERVELDE. DESCHAMPS ou DESCAMPS peut très bien être le surnom de celui qui est originaire d'un hameau ou d'un village nommés *Les Champs* ou *Les Camps*, souvent présents en France dans des toponymes composés. Voilà donc le nom commun devenu nom propre, de lieu ou de personne.

Le *champ* peut être qualifié, habituellement à l'aide d'un adjectif qui le précède ou qui le suit : BEAUCHAMP et BEAUCAMP. Les formes LONGCHAMP, DE LONGCHAMP et DESLONGCHAMPS de même que GRANDCHAMP et GRANDCHAMPS n'ont pas leur pendant picard chez nous. Quant à CHAMPLAIN ou DE CHAMPLAIN, il évoque un champ qui s'étend dans une vaste *plaine*. C'est aussi le sens de surnoms d'origine plus rares comme PLA ou PLAA, du Midi, PLAIN ou DUPLAIN, *Plan* ou DUPLAN ainsi que le plus fréquent au Québec, LAPLAINE.

Un champ productif sera un CHAMBON ou un CAMBON. Ces deux derniers surnoms, malgré les apparences, ne sont pas des mots composés du nom *champ* ou *camp* accompagné de l'adjectif *bon*. En effet, ces mots viennent du gaulois *cambo* et désignent un cours d'eau sinueux, comme nous avons, au Québec, quelques « rivières croches ». Toutefois, l'irrigation des terres par ces cours d'eau favorise la fertilité. De là, il est presque inévitable que le CHAMBON soit perçu comme le « bon champ ». C'est là un autre exemple des surprises que réservent les noms propres.

Le nom commun a eu ses dérivés, sous la forme de diminutifs, et certains se retrouvent parmi nos noms de famille : CHAMPEAU et CAMPEAU, CAMPET, CAMPIN, ainsi que CHAMPOUX.

> En anglais, on aura BLAIR, FIELD, mais aussi BEACHAM, adaptation anglaise de BEAUCHAMP, importé au Royaume-Uni aux temps de *Guillaume le Conquérant*. En d'autres langues européennes, les équivalents sont : ACKER et ACKERMANN (all. et als.), CAMPO et CAMPOS (esp.), TANNER (fin.), SZANTO (hon.), CAMPI (it. et cor.), VELDMAN (néerl. et flam.).

PAR MONTS ET PAR VAUX

Tous les éléments du relief sont susceptibles de donner naissance à des lieux-dits pour autant qu'ils représentent un aspect distinctif du paysage environnant. Toute élévation de terrain ou toute dénivellation entrent dans cette catégorie. Procédons donc dans l'ordre décroissant de leur taille.

Monts ou montagnes. Si MONTAGNE est relativement fréquent seul comme surnom d'origine, il n'en est pas de même pour *mont*, que l'on rencontre plutôt avec une préposition ou qualifié à l'aide d'un adjectif, comme on a pu le constater au cours de la promenade, au début de ce chapitre. Avec la préposition, on aura DUMONT et AUMONT. L'équivalent flamand de DUMONT est VANDENBERGH. Les diminutifs de *mont* sont nombreux, mais leur fréquence est variable chez nous dans les surnoms. Mentionnons MONTEL, MONTET, au féminin MONTETTE, MONTAS, MONTAN, MONTIN, MONTON et MONTY, écrit aussi MONTI, auxquels s'ajoutent MONTEIL, DUMONTEL et DUMONTET.

Un « monticule » se dit *moncel* ou *monceau*, en ancien français, ce qui a donné les surnoms MONCEL ou DUMONCEL, MONCEAU ou DUMONCEAU, et MONCY. MONCELET est, à son tour, un diminutif de *moncel*. En dialecte normand, un *moncel* se dit *mouchel* et celui qui habite non loin de cette hauteur sera surnommé DUMOUCHEL. Il est toujours possible que le surnom désigne un hameau ou un village nommé *Le Mouchel* d'où viendrait celui à qui l'on applique le surnom. Par ailleurs, en Normandie, MOUSSEAU est une variante de MONCEAU.

En composition avec un adjectif, le *mont* est très productif : BELMONT et BEAUMONT et son synonyme BEAUJEU, du latin *jugum*, « montagne », HAUTMONT et MONTFORT. Ce dernier rappelle un « mont fortifié ». Pour sa part, BEAUMONT, importé au Royaume-Uni sous sa forme française, nous est revenu en BEAMAN. On a aussi MONTGRAND, moins fréquent que GRANDMONT et ses variantes GRAMMONT et GRAMONT, parfois précédés de la préposition *de*. GRANDMOND est associé à l'ancêtre *René Ouré*. L'hypothèse du généalogiste Maurice Vallée rattache le surnom non pas au relief, mais plutôt à l'ancien prieuré de *Grandmont*, habité par les moines *grammontais*, situé près d'Azay-le-Rideau, en France, et dont le surnom de l'ancêtre évoquerait le souvenir. D'autres composés ont une fréquence variable : MONTAGUE, variante de MONTAIGU, « au sommet pointu », MONDOR, MONTFERRAND, « de couleur gris fer », DE MONTBRUN, MONTRÉAL, forme ancienne de « mont royal ». Ajoutons dans ce groupe les surnoms CHAUMONT et MONTCALM, deux synonymes signifiant « mont chauve », c'est-à-dire dénudé, dépourvu de végétation. Le latin *calvum*, « chauve », a évolué différemment selon les régions, d'où les formes *chau-* et *calm*. En Picardie, l'équivalent est CAUMONT. Le PRÉMONT désigne une montagne pierreuse, alors que MONDOR est une variante de *Montdor* évoquant la présence du minerai sur cette montagne ou sa couleur à un moment ou l'autre de la journée, sous les rayons du soleil.

Les noms de lieux et les lieux-dits CLERMONT dépassent la cinquantaine en France. Seules la chance et la patience permettront au descendant de celui qui porte ce surnom d'identifier l'endroit d'où vient son ancêtre. CLAIRMONT, beaucoup plus rare, semble être une fantaisie orthographique, à moins qu'il ne veuille signifier « le mont de Clair ». Dans le même ordre d'idées, *Plamont* est un « mont plat », c'est-à-dire un plateau situé en hauteur. Le surnom est attesté en France, mais il est absent chez nous. Seul son diminutif PLAMONDON est très fréquent ici. Quant à MONTROY, malgré les apparences, il n'évoque pas le roi, mais représente une forme régionale de *roux* et rappelle la couleur de la montagne.

Souvent, le mot *mont* entre en composition avec un nom de personne. De nombreuses montagnes ont été ainsi nommées en France et leurs noms sont devenus des noms de lieux, transformés ensuite en noms de personnes. Plusieurs d'entre eux ont traversé l'Atlantique, mais leur fréquence est très variable. Ainsi, on rencontrera quelques rares MONTBRIAND, MONTLOUIS, MONTMARTIN et MONTRICHARD. Quant à MONTBLEAU, plus fréquent que les précédents parmi les abonnés du téléphone, il semble inconnu en France. Le nom de personne BLEAU, qui entre comme second élément dans la composition du toponyme, est une contraction du sobriquet BELLEAU, diminutif de *bel-beau*. MONTMARQUET s'inscrit dans ce groupe de noms de lieux-dits. Le nom de personne MARQUET est un diminutif du nom de baptême MARC. MONTMARQUET a été féminisé en MONTMARQUETTE et cette dernière forme est la plus répandue au Québec.

Que dire alors des multiples composés, qui sont de véritables noms de lieux souvent présents du nord au sud et de l'est à l'ouest de la France : MONTIGNY et DEMONTIGNY,

MONTMINY, MONTMAGNY et MONTMORENCY qui, chez nous, a été tronqué en MORENCY. En ce qui concerne l'énigmatique MONTPLAISIR, associé à l'ancêtre *Pierre Dizy*, il désigne plusieurs lieux-dits en France. Il s'agit sûrement d'endroits de séjour agréable.

Val. Les dénivellations sont utiles pour désigner des lieux, d'où la profusion de mots qui les nomment et qui sont susceptibles de devenir des lieux-dits et des surnoms. Le plus ancien est le VAL, ce terrain bas entre deux parties élevées, qui était un nom féminin, en ancien français, explique LAVAL, DELAVAL, LAVAU ou LAVAULT, avec la mutation du *l* en u. Devenu masculin, il justifie DEVAL, DUVEAU et DUVAL. Au pluriel, il donne VAUX et DEVAUX. En composition, le *val* est très productif, mais à fréquence variable : BELVAL, DE BELVAL ou DE BELLEVAL, « belle vallée », CLERVAL, « vallée claire », MALVAL ou MALAVAL, « mauvaise vallée », COURVAL, « vallée courbe », ainsi que LONGVAL et DE LONGVAL, GRANDVAUX et la « vallée froide », dite FROIDEVAUX. *Orval* désigne le « val où il y a de l'or » et est devenu surnom d'origine avec la préposition, D'ORVAL ; après soudure, on le retrouve en DORVAL. VANDAL est une variante du flamand VAN DAEL et correspond à DUVAL. Quant à BOURNIVAL et à MORVAL, il s'agit aussi de composés de *val* précédés d'un nom de personne déformé par le temps, « le val de Born » et « le val de Maure ».

Les diminutifs de *val* sont multiples : VALLEAU, VALET, VALLET, VALETTE et LAVALETTE, VALOT, VALLAT, VALIN et LAVALIN, VALLON, sans oublier VALLÉE et LAVALLÉE. S'ajoute à cette série l'équivalent occitan VALADE. Quant aux divers VALIÈRE, VALLIÈRE et VALLIÈRES, ils évoquent une propriété dans la vallée. VAUZELLE est un diminutif régional de *vallée*, dérivé du latin *vallicella*, « petite vallée ». Une vallée se dit en langue gauloise *nantos*. Le mot a donné *nant*, en ancien français et NANTEL en est un diminutif.

C'est un pic…, c'est un cap…! Outre les monts et montagnes, divers types de hauteurs jalonnent le paysage. Bon nombre d'entre elles tirent leur nom d'origines hétérogènes. Souvent apportées par les envahisseurs, ces dénominations étrangères se sont fondues aux langues régionales et ont intégré le français. On a retenu ici les formes qui se retrouvent dans notre patrimoine de noms de famille.

Calmus. CALMUS, issu de *calma* ou *calmis*, vestige d'une langue celtique très ancienne, désigne un plateau, un lieu surélevé et nu, un lieu « chauve », sans végétation. La racine de ce mot se reconnaît en partie dans plusieurs toponymes, dont *La Calm, Lacalm, Lacam* et MONTCALM. Se rattachent à la même racine les diminutifs CALMEL, CALMET et CALMETTES, CALMAN et CALMON. De même, un plateau rocailleux nommé CAUSSE, dans le Midi, donnera son surnom à l'habitant.

Combe. Les dénivellations sont utiles à ce propos, d'où la profusion de mots qui les désignent et qui sont susceptibles de devenir des lieux-dits et des surnoms. Parmi ceux-ci se rencontre le nom COMBE, souvent au pluriel, COMBES, mais plus fréquent, au Québec, soudé à l'article, LACOMBE et DESCOMBES. Une variante, LACOUME, est attestée. Le mot,

Généalogie 6. De *Bouchard* à *Dorval*

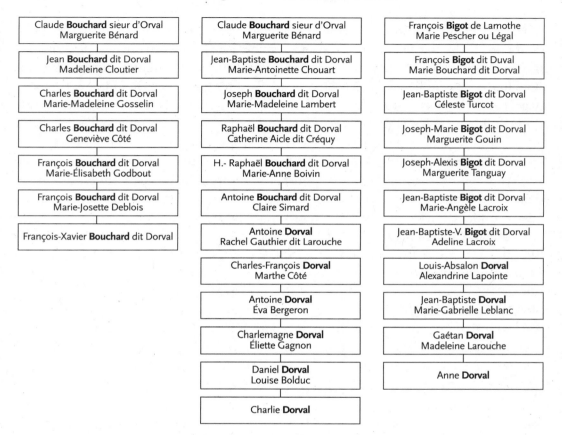

Claude **Bouchard** sieur d'Orval Marguerite Bénard	Claude **Bouchard** sieur d'Orval Marguerite Bénard	François **Bigot** de Lamothe Marie Pescher ou Légal
Jean **Bouchard** dit Dorval Madeleine Cloutier	Jean-Baptiste **Bouchard** dit Dorval Marie-Antoinette Chouart	François **Bigot** dit Duval Marie Bouchard dit Dorval
Charles **Bouchard** dit Dorval Marie-Madeleine Gosselin	Joseph **Bouchard** dit Dorval Marie-Madeleine Lambert	Jean-Baptiste **Bigot** dit Dorval Céleste Turcot
Charles **Bouchard** dit Dorval Geneviève Côté	Raphaël **Bouchard** dit Dorval Catherine Aicle dit Créquy	Joseph-Marie **Bigot** dit Dorval Marguerite Gouin
François **Bouchard** dit Dorval Marie-Élisabeth Godbout	H.- Raphaël **Bouchard** dit Dorval Marie-Anne Boivin	Joseph-Alexis **Bigot** dit Dorval Marguerite Tanguay
François **Bouchard** dit Dorval Marie-Josette Deblois	Antoine **Bouchard** dit Dorval Claire Simard	Jean-Baptiste **Bigot** dit Dorval Marie-Angèle Lacroix
François-Xavier **Bouchard** dit Dorval	Antoine **Dorval** Rachel Gauthier dit Larouche	Jean-Baptiste-V. **Bigot** dit Dorval Adeline Lacroix
	Charles-François **Dorval** Marthe Côté	Louis-Absalon **Dorval** Alexandrine Lapointe
	Antoine **Dorval** Éva Bergeron	Jean-Baptiste **Dorval** Marie-Gabrielle Leblanc
	Charlemagne **Dorval** Éliette Gagnon	Gaétan **Dorval** Madeleine Larouche
	Daniel **Dorval** Louise Bolduc	Anne **Dorval**
	Charlie **Dorval**	

La comédienne Anne Dorval devrait s'appeler Bigot et non Bouchard. Le surnom Dorval lui vient de l'épouse de son ancêtre Marie Bouchard dit Dorval. Quant à Charlie Dorval et François-Xavier Bouchard dit Dorval, ils sont vraiment de la descendance de Claude Bouchard sieur d'Orval.

issu de l'occitan *comba*, désigne, au sud de la France, une vallée encaissée, étroite et profonde, un ravin, une petite vallée. Le nom comporte quelques diminutifs, dont COME, COMEAU, *Comet*, attesté ici seulement sous sa forme féminine, COMETTE, COMBOT, COMAS, COMAN, COMIN et COMBY. L'équivalent gascon est LACOMME.

Côtes et côteaux. Si la maison se dresse sur le flanc, au sommet ou au pied d'un *côteau*, on surnommera celui qui l'habite CÔTEAU ou DESCÔTEAUX, écrit parfois DESCÔTEAU. Souvent, on optera pour COSTE, COSTES, mais, plus spontanément, pour LACOSTE ou DELACOSTE, *coste* étant la graphie de *côte*, en ancien français. COSTE et CÔTE ont leurs diminutifs COSTEL et COTEL, CÔTEAU, COSTAS, COSTAN, COSTIN, COTON, COTY et COSTY. On trouvera les équivalents COSTA, DA COSTA et LACOSTA, en espagnol, en italien et en portugais, et COSTELLO, en corse et en italien. La forme méridionale de *coste* est *couste*, dont dérivent les surnoms COUSTEAU et COUSTON.

Fossé. La *fosse* ou le *fossé*, issus du latin *fossatum*, du verbe *fodere*, «creuser», désignent tantôt une longue cavité servant à l'écoulement des eaux, tantôt un ouvrage défensif protégeant le château. Dans le premier cas, il constitue un élément caractéristique du domaine et devient distinctif. Dans le second, il est plutôt un lieu-dit indiquant le voisinage. Les deux se retrouvent dans les noms de famille sous des formes diverses: FOSSE, FOSSÉ ou FOSSEY et les diminutifs FOSSET et FOSSARD. En composition avec l'article ou la préposition, *fosse* donnera LAFOSSE et DELAFOSSE, qui se dit DELFOSSE en Picardie, et *fossé*, DUFOSSÉ, DEFOSSÉ et DESFOSSÉS. *Fosse* et *fossé* sont souvent l'un des éléments d'un nom de lieu composé. Le surnom DESFOSSÉS pourra donc s'appliquer à celui qui est originaire d'un lieu nommé *Les Fossés*. Il n'est pas exclu de croire que certains de ces noms peuvent aussi évoquer le métier du fossoyeur, celui qui creuse les fossés.

Grotte. En ancien français, *crot* désigne divers éléments topographiques caractérisés par une *cavité*, un *creux*, plus ou moins profond. Ainsi, le même mot pouvait désigner tantôt un endroit encaissé, un simple trou dans un rocher, une anse de rivière, voire une grotte. Ce nom commun a donné lieu à de nombreux lieux-dits, dont CROS lui-même, DUCROS, DUCROT ou DUCREUX. L'équivalent en occitan est CROUX et CROZE, en Auvergne. Comme bon nombre de mots à une seule syllabe, *crot* a eu ses dérivés, selon divers radicaux: CROTEAU, CROTET, CREUZET, CROZET, CROUZET, CREUZOT et CROZON. CROUZET peut être aussi un surnom topographique dérivé de *croix* et s'appliquer à celui qui habite à un croisement de routes.

Hogue. Le surnom HOGUE, que l'on rencontre souvent au pluriel HOGUES, vient du scandinave *haug*, «hauteur». Il désignait les rochers surélevés que les Vikings pouvaient apercevoir du large. Le diminutif HOGUET est plus rare, au Québec, comme la forme HAUG, d'ailleurs. En Gascogne, une hauteur rocheuse se dit *cos* et a donné DUCOS, alors que, au Poitou, on aura CHIRON, et, en Anjou, SAILLANT, «qui fait saillie».

Longe. En ancien français, on appelle *longe* une «lanière de cuir». Une *longée* en est un dérivé. Par analogie, la *longée* a désigné une bande de terre en longueur, qui a donné son surnom à celui qui la cultivait, sous la forme de LALONGÉ. Au Québec, le nom s'écrit aussi LALONGER. Il est peu probable que ce surnom soit un sobriquet appliqué à une personne de grande taille. C'est plutôt LEGRAND ou LELONG qui sont employés en ce sens.

Mottes et tertres. D'autres surnoms désignent un lieu en hauteur. LAMOTHE est de ceux-là. Il tire son origine du gaulois *motta*, qui désigne un tertre fait de mains d'hommes sur lequel se construit une forteresse. Le nom s'applique ensuite au château fort lui-même et devient un lieu-dit. Plus tard, il désigne le village qui l'entoure. Le surnom sera attribué à celui qui habite ce lieu ou dont la maison se dresse à proximité de la motte. La forme LAMOTHE n'est pas la seule à évoquer cet accident du relief. L'annuaire téléphonique consigne aussi les noms suivants, de même sens : MOTA, MOTHA, MOTHEU, MOTT, MOTTA, MOTTAIS, MOTTER et MOTTET.

Le surnom LETARTRE, plus fréquent sous la forme de LETARTE, est une variante de LETERTRE, toujours attesté au Québec. L'ancêtre *René LeTartre* n'était-il pas dit *Dutertre* ? Le nom évoque une butte au sommet sans saillie. Par ailleurs, des TARTE sont des descendants de LETARTE qui ont abandonné l'article. Ils se rattachent aux LETARTRE. C'est donc dire que, vraisemblablement, au Québec, le nom TARTE ne serait pas un surnom de pâtissier. TERRIER se rencontre parfois comme synonyme de *tertre*.

FALAISE n'est pas très fréquent comme surnom, mais il rappelle, comme le nom commun, un endroit escarpé. Il s'agit aussi d'un surnom de provenance de la commune du Calvados, en Normandie, nommée *Falaise*.

Pas. En montagnes, la voie de communication est le *col*, appelé aussi le *pas*, c'est-à-dire « le passage ». Celui qui l'emprunte souvent ou qui guide le voyageur qui désire l'emprunter sera surnommé LEPAS, DEPAS ou DUPAS. Ces trois derniers surnoms peuvent tout autant évoquer l'origine de celui qui vient d'un lieu nommé *Le Pas*. Si le passage est particulièrement étroit et difficile à traverser, on le dira PETITPAS. Il faut donc écarter dans ce cas le sobriquet trop facile appliqué à la personne qui marche lentement, « à petits pas ». Ajoutons MAUPAS, de *mal pas*, « mauvais pas », qui désigne un passage dangereux, nom qui s'est modifié en MONPAS et en MONTPAS.

Pointe. Le surnom LAPOINTE a plusieurs significations. Il rappelle le sommet aigu d'une montagne, mais il évoque aussi une pointe de lance ou une pointe de terrain. S'il désigne la pointe de lance, c'est un surnom de métier du fabricant ou le nom de guerre d'un soldat qui en est armé. La pointe de terre en fait un surnom d'origine de celui qui y habite. Le sobriquet est aussi possible et caractérise celui qui prend plaisir à « lancer des pointes ». *Pointe* a ses diminutifs, dont POINTEL, POINTET et POINTARD.

Le surnom breton PELLAND, implanté en Nouvelle-France par l'ancêtre *Yves Martin dit Pelland*, est d'origine typiquement bretonne. Il est formé de deux racines. La première est *pen*, « extrémité, pointe, tête ». La signification la plus courante de la racine *lan* est « lande ». La première racine *pen* s'est modifiée en *pel* sous l'influence du *l* de la racine *lan* et le surnom est devenu *Pellan*. Au Québec, la graphie la plus fréquente est PELLAND, mais on trouve aussi quelques PELAND et plusieurs PELLAN, dont le peintre *Alfred Pellan*.

Puy. Le *puy*, du latin *podium*, « socle, tertre », est une hauteur rocheuse d'origine volcanique, qui a donné DUPUY, à ne pas confondre avec DUPUIS, qui rappelle le *puits* que l'on creuse. POUGET, POUGIN, mais aussi POUJOL et PUJOL sont des diminutifs de *puy*. Au sud de la France, les équivalents de DUPUY sont DUPOUY, DELPECH, DELPÈCHE et DELPEUCH, mais aussi DELPÉ, parfois prononcé et écrit DALPÉ. Cependant, on y rencontre parfois le surnom sans article : PECH, PUECH et PEUCH. L'italien correspondant est POGGIO et le catalan, PUIG.

Ravin. Une habitation située à proximité d'un ravin vaudra à son habitant le surnom RAVIN ou l'une de ses variantes régionales RABIN ou RAPIN. Les trois formes ont leur famille de diminutifs en -el, -eau et en -et, mais seuls les noms RABINEL et RABINEAU qui en sont dérivés sont attestés chez nous.

Serre. Le mot *serra*, dont l'origine remonte à la nuit des temps, avant même le gaulois, désigne une montagne allongée. En espagnol, il aboutit à *sierra*, « chaîne de montagnes », et, en français, à SERRE ou LASERRE et SERRES. Il a formé de nombreux noms de lieux en France. Chez nous, le surnom d'origine est, le plus souvent, précédé de la préposition, DE SERRE, DE SERRES, ce dernier étant, de loin, le plus répandu. D'autres formes du même mot sont aussi présentes : SERRA, de la Corse, et SARRE, de même sens. Le mot a laissé quelques diminutifs, parmi lesquels se retrouvent dans notre patrimoine : SERREAU, SERRET ou SARRET, SERRAT ou SARRAT, SERRON et SERRY.

Suc, truc et tuc. Ces trois noms typographiques d'origine occitane ont en commun qu'ils évoquent des hauteurs. Chacun se retrouve parmi nos noms : SUC, TRUC et TUC. Le premier se rencontre aussi en composition, LASSUS, DELSUC, et sous la forme de diminutifs : SUCHEL, SUCHET et sa variante SUQUET, SUCHAN et SUCHY. Le second a pour diminutifs TRUCHET, TRUCHOT, TRUCHAN, TRUCHON, TRUCHARD et TRUCHY. Le dernier, qui est un synonyme régional de *tertre*, n'a laissé chez nous que TUC et DUTHU.

AUX SOURCES DES NOMS

On connaît l'importance de l'eau vive dans la vie quotidienne. Elle ne date pas d'hier. Il est parfaitement compréhensible que la *source* qui fournit cette eau de la vie dans tous les patelins ou sur une propriété demeure un point de rencontre. Qu'elle serve aussi de point de repère pour situer la résidence de quelqu'un ou qu'elle soit une caractéristique de la propriété n'ont rien d'étonnant. Par ricochet, l'influence de la source d'eau vive sur les noms de lieux et les noms de famille est indéniable.

Source et fontaine. En latin, *source* se dit *fons*, dont l'adjectif est *fontana*, devenu le nom *fontaine*. Précédé de l'article ou accompagné d'un adjectif, *fons* a légué FONT, LAFOND, DELAFOND, DEFOND, BELFONT, FONTBRUNE, FOND-ROUGE et, en langue d'oc, FONTÈS. D'autres langues romanes ont leurs équivalents : FONDA, FUENTES et DE FUENTES, en espagnol, FONTE, en portugais, et BELAFONTE, en italien. Des dérivés de FONT, seuls FONTAN, LAFONTAN et FONTY sont attestés au Québec. Pour sa part, *fontana* explique FONTAINE, LAFONTAINE, DE LAFONTAINE, DESFONTAINES, PRÉFONTAINE, BELLEFONTAINE, mais aussi de FONTENAY, FONTANE et FONTANA. Le mot donne en anglais FOUNTAIN.

Le mot *source* n'est pas totalement absent des noms de famille. Issu du verbe *sourdre*, en ancien français, *sordre*, « surgir », d'où vient le surnom LESOURD. On ne peut exclure, cependant, que LESOURD puisse être un sobriquet appliqué à celui qui est dur d'oreille.

Par ailleurs, une fontaine au ras du sol se dit *beugnon*, en Suisse et au centre de la France, et explique les quelques BUGNON et BIGNON.

Eaux courantes. Parmi ces éléments du paysage qui contribueront à fournir des surnoms prennent place les cours d'eau. Le mot *rivière* a désigné la rive avant de s'appliquer au cours d'eau lui-même. Ce mot est à l'origine des surnoms RIVIÈRE, LARIVIÈRE, DESRIVIÈRES, mais aussi RIVOIRE et RIBIÈRE, formes dialectales poitevines. RIBEIRO en est la variante portugaise. RIVERIN ou RIVERAIN est un diminutif de RIVIÈRE. Le cours d'eau de moindre importance explique les surnoms RUISSEAU, DURUISSEAU et DESRUISSEAUX. DURUISSEAU se dit DELRIEU, en Guyenne, et VANDENBEEK, en flamand. L'équivalent allemand et alsacien de RUISSEAU est BACH ou BACHMANN. En danois, on aura plutôt BECKMANN et en anglais, BROOKS. Un petit ruisseau est un *ru*, à l'origine des surnoms de voisinage RIEU ainsi que RIEL et RUAULT. Au sud, un *ruisseau* se dit RIVAL ou RIVAULT.

Celui qui habite près d'un cours d'eau ou d'un lac sera parfois surnommé DURIVAGE ou simplement RIVE, RIVEL, RIVET ou RIVETTE, RIVAS et RIVARD, tous diminutifs de *rive*. Par ailleurs, un rivage particulièrement plaisant sera un BEAURIVAGE. Au Poitou et au Languedoc, la *rive* se dit RIBE et compte quelques diminutifs, RIBET, RIBOT et RIBAS.

Lorsque le rivage surplombe quelque peu le cours d'eau ou le lac, on parlera de BERGE ou LABERGE, du gaulois *barica*, de même sens. Dans le Maine, *berge* se dit BERGUE. Le nom a laissé quelques diminutifs, dont BERGEL, BERGEOT, BERGIN et BERGEON.

Peut-être LACOURSE et LECOURS désignent-ils un petit cours d'eau, comme COURSIÈRE et LACOURSIÈRE qui évoquent, selon le cas, un passage ou un canal.

Rappelons que la sinuosité d'un cours d'eau se désigne par CHAMBON et CAMBON, issus du gaulois *cambo*, « courbe ».

Le surnom DUBÉ est probablement une graphie calquée sur la prononciation de *Dubec*. En Normandie, un *bec* est un ruisseau. On nommera donc *Dubec* celui dont le domaine est caractérisé par la présence d'un ruisseau ou dont l'habitation est située près d'un ruisseau. Mais un DUBÉ qui n'est pas normand devra expliquer son nom autrement, comme on le verra dans un chapitre ultérieur.

La rencontre de deux cours d'eau se dit *condate*, en langue gauloise, et aboutit en français à CANDÉ, CONDÉ ou CONDY.

Lorsque le lit d'un cours d'eau est assez bas pour permettre de le traverser à pied, il forme un *gué*, du latin *vadum*. D'où les surnoms de LEGUÉ et DUGUÉ, de celui qui habite tout près. Au Languedoc, on préférera LE GUA, DEGAS ou DUGAS, de même sens. Les équivalents anglais sont WADE, dans lequel on reconnaît facilement l'étymon latin, ou FORD.

En flamand, on aura VANDEVOORT, VERVOORT ou VANDEVOORDE et, en alsacien ou en allemand, FURT. Toutefois, ajoutons que DUGAS a un homonyme, issu de l'ancien français *gast*, «champ aride, inculte», qui est aussi devenu le surnom de celui qui habite à proximité.

Eaux dormantes. Il ne faut pas négliger les étendues d'eau aux dimensions variées. Celui qui habite non loin d'un *lac* se verra surnommé DULAC, DELLAC ou BEAULAC. Si sa maison est située près d'un étang, on le dira L'ÉTANG ou LÉTANG. S'il s'agit plutôt d'une *mare*, c'est elle qui donnera son surnom à son propriétaire : MARE et son diminutif MAREAU sont rares, mais en composition ils sont plus fréquents, LAMARE ou LAMARRE, DELAMARE ou DELAMARRE et, avec un qualificatif, BELLEMARE. LAMER est une variante comtoise de LAMARE. Cependant, il est difficile d'écarter l'hypothèse que LAMARE et DELAMARE ne puissent être des variantes régionales de LAMER et s'appliquer au «vieux loup de mer», comme le surnom LAMER, ailleurs qu'en Franche-Comté.

Marécages. Les endroits marécageux expliquent de nombreux noms de lieux-dits dont la forme a varié selon la région ou le dialecte. On aura ainsi le terme générique MARAIS, issu du germanique *marisk*, ou DESMARAIS, écrits aussi MARET ou DESMARETS. L'équivalent flamand est VANDENBROECK. En limousin dominent les MARCHAIS, DESMARCHAIS, BEAUMARCHAIS et le diminutif MARCHESSEAU, à la graphie multiple. En normand ou en picard, ce sera plutôt MAREST ou DESMAREST, parfois MARAT, mais aussi MAROIS. L'équivalent latin est *palus* et a donné le surnom PALU et ses diminutifs PALLUEL et PALLUY. Rappelons que le tandem -*ais*/-*ois* est fréquent dans les noms de famille : LANGLAIS-LANGLOIS, *français*-FRANÇOIS, GALLAIS-GALLOIS et MARAIS-MAROIS.

Le nom gaulois *braco*, qui désigne un endroit humide, est à l'origine du toponyme *Bray*, nom d'une région de la Normandie. Celui qui en vient sera surnommé BRAY, DUBRAY ou DEBRAY. Le diminutif de BRAY est BRAYET. Presque synonyme du précédent, *varenna* a donné les VARENNE, DEVARENNE, tous deux plus fréquents au pluriel, VARENNES et DEVARENNES. De sens voisin aussi, le *barta* occitan, qui explique BARTHE et BARTHES. Ces derniers ont une famille de dérivés parmi lesquels certains sont représentés ici : BARTEL, BARTEAU et BARTON.

Un autre nom gaulois, *nauda*, désigne une plaine marécageuse. Il aboutit en français à NOUE ou NOË selon la région. Avec l'article, il donne LANOUE, parfois écrit LANOUX, LANOË et DELANOË. Il a laissé aussi un diminutif féminin, LANOUETTE, associé chez nous à la famille RIVARD. Dans le Berry, *nauda* a abouti à NAUD, qui peut aussi résulter de l'aphérèse d'un nom germanique comme RENAUD. Un lieu marécageux se nomme *bouille*, en ancien français, et justifie les surnoms BOUILLE, DELBOUILLE, BOUILLET, BOUILLOT et BOUILLON.

La racine celtique *borb*, devenue *bourbe*, en ancien français, signifie «boue». Un lieu dont la boue est un trait caractéristique est un *bourbier*. Celui qui construit sa maison sur un terrain boueux se verra affubler du surnom ou d'un de ses diminutifs, BOURBEL, BOURBEAU ou BOURBON. Au Languedoc, une terre humide est une MOLIÈRE.

Îles. Parmi ces éléments du paysage qui contribueront à fournir des surnoms, se retrouve l'*île*, mot issu du latin *insula*, devenu *isle*, en ancien français. On surnommera DELISLE celui qui habite une île ou celui qui vient d'une île célèbre, comme l'île de *Ré* ou la *Réunion*. Un archipel de dimensions réduites explique DÉSILETS. Si elle est qualifiée, l'île sera dite *belle île*, ce qui donnera le surnom BÉLISLE dont l'orthographe varie au gré des rédacteurs dans les actes du Québec ancien. Le PRDH associe le nom BÉLISLE à plus de 30 noms, dont celui du Breton *Nicolas Rotureau*. Soulignons que ce dernier est originaire de *Belle-Île-en-Mer*, toponyme qui a donné son surnom à l'ancêtre. Certaines graphies se sont imposées comme noms de famille distincts : BELZIL et BELZILE, reliées à une forme plurielle de type *belles îles*, où la liaison explique la présence de la consonne *z*.

Étant donné que ces surnoms ont été associés à plusieurs noms de famille d'ancêtres, seule la généalogie permet au porteur d'aujourd'hui de savoir quel devrait être son vrai nom de famille. C'est là l'une des nombreuses particularités des noms de famille au Québec et qui en rend l'étude si fascinante grâce aux surprises qu'elle ménage.

L'ARBRE QUI CACHE LA FORÊT

La végétation s'est octroyé une place importante dans le paysage géographique. C'est souvent l'élément distinctif d'un milieu donné. Chaque région a une façon de la percevoir et de l'interpréter qui lui est propre. Aussi ne faut-il pas se surprendre que cela s'observe dans le vocabulaire qui la nomme. Dans les paragraphes qui suivent, on abordera les mots qui disent la végétation, les mots qui nomment et décrivent la flore familière. Ces mêmes mots serviront à reconnaître les lieux, puis à nommer les gens.

Allons au bois… Parmi ces éléments du paysage qui seront les surnoms de ceux qui habitent à proximité, on trouve FOREST ou LAFOREST ou encore BOIS ou DUBOIS. Les variantes de DUBOIS sont multiples, comme le démontrent les équivalents dialectaux BREUIL, DUBREUIL et leurs variantes BREIL et DUBREIL, ou encore DE BROGLIE, qui désignent un boisé entouré d'une clôture. BOSC a sa famille de dérivés : BOUCHEL, BOUCHET, féminisé ici en BOUCHETTE, BOUCHAT, BOUCHON, BOUCHARD et BOUCHY. On aura compris que BOUCHARD est aussi un nom de baptême d'origine germanique ou le sobriquet de celui qui a une grande bouche.

Certaines formes de BOIS ou DUBOIS sont d'origine régionale : BOST ou DUBOST (daup.), BOS, DUBOS ou DELBOS (lang.), DUBOC, DUBOQ ou DUBUC (norm.), BOSC ou DUBOSC (occ.), DUBUC ou DUBUQUE (pic.), BOS, DUBOS ou DUBAUX (poit.), BOCH (sav.). En anglais, on rencontre ATWOOD, EASTWOOD et WOOD. En d'autres langues européennes, les équivalents sont : HOLTZ, HOLZ ou HOLZER (all. et als.), DUBUS (art.), BOSCO, BOSCHETTO et BOSCHETTI (it. et cor.), VAN HOUTTE (néer. et flam.), DA SILVA (ptg.), SUMA (ser.).

Un petit *breuil* est un BRUEL ou BRUELLE ou encore un BROUILLET, féminisé au Québec en BROUILLETTE. Il existe plusieurs autres diminutifs de *breuil*, mais outre BROUILLET, seuls BROUILLY et BROUILLARD se sont implantés au Québec. Malgré les apparences, BROUILLARD n'a rien à voir avec le *brouillard*, ni au sens propre ni au sens figuré. En langue d'oc, le diminutif de *bosc* est BOSQUET ou BOUSQUET, en picard, ce sera BOCQUET. Toujours en picard, LABOISIÈRE désigne un terrain boisé, comme d'ailleurs LABOISSIÈRE, à cause de la confusion entre *bois* et *buis* en ancien français.

Toutefois, avant que le mot *bois*, issu du germanique *bosk*, ne s'impose en français, c'est le mot SAULT qui nomme cet élément du paysage. Le mot vient du latin *saltus* qui signifie aussi « passage, défilé ». Ainsi, le surnom DUSSAULT peut aussi bien désigner celui qui habite près du bois ou non loin d'un lieu de passage en forêt.

Du latin *tosca*, « taillis », nous sont venus les TOUCHE, DESTOUCHES et LATOUCHE, mais aussi les diminutifs TOUCHET, féminisé en TOUCHETTE, chez nous, dont la forme picarde est TOUQUET, TOUCHAN et TOUCHARD. Une *touche* désigne un bouquet d'arbres élancés un peu surélevé. Mais, à la suite de la conquête des Francs, le mot germanique *wald*, « forêt », transformé en GAULT, en français, s'est répandu et explique le patronyme LEGAULT, qui n'est, somme toute, qu'un synonyme de LAFOREST.

Le bois est parfois qualifié : CHARLEBOIS désigne simplement un petit bois appartenant à un dénommé Charles, « le bois de Charles », BOISBRIAND, celui de Briand, BOISCLAIR, peut-être « le bois de Clair ». Ce bois, on le décrit : HAUTBOIS, BOISVERT ou BOSVERT, BEAUBOIS, BOISMENU ou BOISJOLI, écrit plus souvent BOISJOLY. BOISCLAIR peut désigner un boisé dont le propriétaire se nomme CLAIR ou un boisé dont les arbres sont clairsemés, si ce n'est pas un boisé tout simplement bien éclairé par les rayons du soleil qui traversent le feuillage. Quoi qu'il en soit, la personne surnommée BOISCLAIR habite non loin d'un tel boisé. Quant à BOISVENU ou BOIVENUE, étonnamment fréquents au Québec, ils sont presque absents en France. Il s'agirait, à l'instar de BOISCLAIR, d'un lieu-dit signifiant « le bois de *Venu* », *Venu* désignant par aphérèse une personne nommée *Bienvenu*. Le surnom pourrait en outre s'expliquer par une confusion de lecture et de transcription de BOISMENU. Seule la recherche généalogique d'un dénommé BOISVENU serait en mesure d'apporter la solution en le reliant à un ancêtre BOISMENU.

En Normandie et en Picardie, l'équivalent de DUBOIS est DUBUC. De plus, de nombreux lieux de France sont nommés *Buc* ou contiennent ce mot dans le toponyme. Il est donc normal que le surnom DUBUC s'applique aussi à celui qui est originaire d'un lieu portant ce nom.

Le surnom BOCAGE, écrit surtout BEAUCAGE, par assimilation de *bo* avec l'adjectif *beau*, est aussi un lieu planté d'arbres et désigne celui qui habite dans le voisinage ou qui vient d'un lieu-dit ainsi nommé. En Auvergne, l'équivalent sera BOUSQUET.

Si le surnom DUBOIS est de loin le plus répandu, DESBOIS n'en est pas si rare pour autant. Toutefois, ce dernier s'applique plutôt à celui qui est originaire d'un endroit nommé *Les Bois*, comme il s'en trouve plusieurs dizaines en France, surtout en composition, comme dans *Sauvigny-les-Bois*.

Le mot *sève* est une variante de l'ancien français *selve*, issu du latin *silva*, et désigne la forêt. Il est à l'origine de nombreux lieux-dits appliqués à des endroits plantés d'arbres. De lieu-dit, le mot est devenu nom de hameau, puis surnom de celui qui l'habite ou qui en vient. La présence de la préposition atteste de cette origine. Sur le modèle des noms BOIS et DUBOIS, on a créé SÈVE et DESÈVE, avec un sens voisin.

Clairière. La clairière fait partie de la forêt. Souvent lieu de rencontre ou de repos, elle sert aussi de point de repère ou de lieu-dit et, par ricochet, devient nom de personne. Les Gaulois désignent la clairière par le mot *ialo* que l'on retrouve habituellement comme deuxième élément de noms composés. On peut le reconnaître dans AUTEUIL ou DAUTEUIL, combiné à l'adjectif *haut*, du latin *altus*. Il est plus évident dans LONGUEUIL et VAUDREUIL.

Haie. Un autre élément du paysage est la *haie* ou *haye*. Issu du germanique *haga*, le mot a connu de nombreuses variantes selon les régions et chacune se retrouve telle quelle dans nos noms de famille : AGE, HAGE, HAGUE, HAYE et HAIE. En ancien français, la *haie* désigne un boisé plutôt que la plante servant à délimiter le domaine. Celui qui habite non loin d'une HAYE sera surnommé LAHAIE, LAHAYE, DELAHAYE ou DESHAIES. Ces deux derniers, à cause de la préposition qui les précède, peuvent être aussi des surnoms de provenance de celui qui vient d'un hameau ou d'un village nommé *La Haye* ou *Les Haies*.

Dans le sud, le mot a pris diverses formes qui ont eu leurs diminutifs : AYE et HAYE ont donné AYEL, AYET ou HAYET, AYOT ou HAYOT, AYAN, HAYIN et HAYON. Les formes AYOT et HAYOT ont été féminisées au Québec en AYOTTE et HAYOTTE. Dans le Limousin, la *haie* se dit *hage*. Le mot explique les surnoms HAGE, AGE et LAGE, plutôt rares, mais surtout, le plus répandu chez nous, DELAGE. Ajoutons le surnom auvergnat GORCE, de même sens.

En anglais, on rencontre, entre autres, HAYE et, avec la marque de filiation, HAYES et HAYCOCK. On peut y ajouter les variantes HAGAN, HAGEN, HAINE, HAYNE et HAIN. La forme HAIN, avec la marque de filiation, a donné HAINS, francisé en HAINSE au Québec. En d'autres langues européennes, les équivalents sont : SETO (esp.), VANDERHAEGHE et VERHAEGHE (flam. et néerl.).

L'ancien français connaît aussi le nom *venne*, synonyme de *haie*, celle qui borde une propriété, car le même mot désigne aussi une clôture ou une palissade. Le surnom VENNE s'appliquera donc à celui dont la maison est entourée d'une *venne*. Le surnom a deux dérivés, VENNEL et VENNAT.

Ramée. En ancien français, *raim* désigne un boisé. Il a été supplanté ensuite par son diminutif *ramel*, devenu *rameau*, et son sens a changé pour désigner la branche. Le mot a laissé un certain nombre de traces dans les lieux-dits et, par ricochet, dans les noms de famille. On relève chez nous : RAM et les diminutifs RAMEAU ou DESRAMEAUX, RAMELET, RAMET, féminisé en RAMETTE, RAMAT, RAMAN, RAMIN, RAMON et RAMY. RAMON est aussi l'équivalent espagnol de RAYMOND. D'autres formes sont d'origine régionale : RAMEY, RAMAGE. Si l'on rencontre quelques rares RAMÉ, les LARAMÉE et LARAMÉ sont très nombreux, le surnom ayant été associé à plus de 70 noms dans les documents du Québec ancien. Le RAMADIER est celui dont la propriété est caractérisée par une *ramade*, c'est-à-dire par une tonnelle de verdure.

DURANCEAU, quant à lui, serait un surnom d'origine, celui d'un hameau, *Ranceau*, précédé de l'article *du* marquant la provenance. Un informateur français confirme l'existence des hameaux *Ranceau* et *Petit-Ranceau* dans la commune de *Saint-Saulge*, dans la Nièvre, ainsi que ceux de *Chez-Duranceau* et *Le-Plessis-Duranceau*, dans le département de la Vienne, qui correspond en partie à l'ancienne province du Poitou, d'où est venu *Pierre Duranceau dit Brindamour*, l'ancêtre des DURANCEAU d'Amérique.

Ranceau est une variante de *raincel-rainceau*, diminutif de l'ancien français *rain*, « branche, rameau ». Au Moyen Âge, un *raincel* ou *rainceau* est un endroit caractérisé par l'abondance de branchages, élément décoratif distinctif qui lui vaut son nom. Le surnom DURANCEAU s'applique donc à celui qui est originaire d'un lieu portant un tel nom ou qui habite à proximité de cet endroit.

Taillis. Le surnom TAILLY s'explique de deux façons. Il s'agit d'abord de la forme régionale d'un ancien domaine gallo-roman *Taliacum*, « domaine de *Talius* », qui a évolué, selon la région, en noms de lieux *Tailhac* et TAILLY, qui survivent toujours en France. Cette évolution est identique à celle de *Sabiniacum*, « domaine de *Sabin* », transformé en SAVIGNAC et SÉVIGNY, bien connus chez nous. Cette hypothèse est justifiée par la graphie DETAILLY, très fréquente dans les documents du Québec ancien.

Toutefois l'hypothèse du *taillis* est plausible. Un *taillis* est cette partie de forêt composée d'arbres de petit diamètre que l'on taille régulièrement pour laisser plus d'espace aux arbres géants. Ainsi se justifient les graphies TAILLIS, DUTAILLIS et DESTAILLIS des documents anciens, apparentées aux formes équivalentes BOIS, DUBOIS et DESBOIS. Dans ce cas, TAILLIS, dont TAILLON est un diminutif, est un lieu-dit désignant un endroit situé à proximité de la maison de celui à qui s'applique le surnom. Au Languedoc, un jeune taillis se dit *bruèhl* et explique le surnom BRUEL, qui sera ailleurs un diminutif de *breuil*.

Souche. La coupe des arbres laisse des traces, soit une ou de nombreuses souches. Selon le cas, une seule souche peut être un trait caractéristique d'une propriété et donner son nom à celui qui l'habite : SOUCHE et son diminutif SOUCHON. En anglais, on rencontre les équivalents STOCK et STOCKER. On pourrait dire la même chose de TRONCHE, synonyme de *souche*, dérivé de *tronc*, dont le diminutif est TRONCHON, comme TRONQUET, variante picarde de *Tronchet*, non attestée ici.

LA FEUILLE EST DANS L'ARBRE

Le *chêne* est un nom très ancien. Il nous a été transmis par les Gaulois qui le nomment *cassanos*. Les Gaulois vouent au chêne un véritable culte. Ils en ont fait, pour ainsi dire, un arbre sacré. D'où l'importance qu'il revêt dans toutes les régions de la France et dans les divers dialectes. Du gaulois au français, en passant par le latin *cassanum*, le mot *cassanos* s'est transformé au cours des siècles, mais il l'a fait différemment selon les régions sous l'influence des parlers locaux, comme ce fut le cas pour la plupart des mots du vocabulaire. Voici, en simplifiant, comment la première syllabe *ca* a évolué dans la prononciation et la graphie au cours des siècles, toujours à partir du gaulois. Chaque évolution a forcément influencé la création d'autant de familles de surnoms qui, toutes, évoquent le chêne.

- Au sud de la France, la syllabe *ca* demeure *ca*, d'où les noms CASSÉ, DUCAS, DUCASSE, LACAS et LACASSE et la famille de diminutifs : CASSAT, CASSAN, CASSIN, CASSON et CASSY.
- Au nord, *ca* est devenu *que*, et donne donc DUQUESNE et les dérivés QUENEL ou QUESNEL, QUENEAU, QUENET ou QUENETTE, QUENON et QUENARD.
- Au Berry, *ca* se transforme en *chai* et explique les CHAINE, LACHAINE et les diminutifs CHAIGNEAU, CHAGNAT ou CHAIGNAT, CHAGNON ou CHAIGNON et CHAGNARD.
- Au centre, *ca* se change en *cha*, ce qui justifie CHASSAGNE, CHASSAIGNE, CHASSAING, dont aucun diminutif n'est présent au Québec.
- Ailleurs, *ca* est passé à *che*, pour donner DECHÊNE, DUCHESNE et DESCHÊNES, mais aussi les diminutifs CHESNEL, CHESNEAU et DUCHESNEAU, CHENET ou CHENETTE, CHENOT et CHÉNARD. Rappelons que CHÉNARD a un homonyme parmi les noms de baptême germaniques.

Il semble opportun d'attirer d'abord l'attention sur certaines constantes qui concernent les noms d'arbres dans les noms de personnes. Pour la plupart, ils s'emploient seuls ou avec un déterminant singulier ou pluriel ou précédés de la préposition *de* qui lui sont soudés. En composition, le nom de l'arbre se joint aux adjectifs *beau* et *court* auxquels il est uni sans trait d'union. Enfin, le surnom évoque très souvent le collectif correspondant, soit la plantation.

Aubier. L'*aubier* est un peuplier blanc. Il prend parfois la forme Aubié. La plantation est une Aubray.

Aulne. Une plantation d'aulnes se dit Aunay et explique les noms Launay, Delaunay et Daunay, écrit souvent Daunais, mais aussi Lannoy. De même Aune, Daulne ou Deaulne, plus rare, désignent un lieu-dit *Aulne* où se dresse un magnifique aulne servant de point de repère pour reconnaître celui qui habite à proximité, à moins que le nom n'évoque la rivière du même nom en Bretagne.

L'*aulne* se dit *vergne*, au sud de la France, et son nom vient du gaulois *verno*. Ce mot est à l'origine de nombreux surnoms dont Verne, Duverne, Vergnes, mais surtout Lavergne. L'équivalent breton est Le Guern. Les diminutifs sont Vernet, Vergnas, Vernon, Vernard ou Vergnaud et la plantation d'aulnes sera, dans ces régions, un Vernier ou un Vernay, qui a donné Duvernay. Verneuil est un surnom d'origine d'un lieu caractérisé par la présence de vergnes et qui s'applique à celui qui en vient.

Bouleau. À sa manière, le *bouleau* est à l'origine de plusieurs noms de personnes. *Bouleau* est un diminutif de l'ancien français *boul* qui désigne le même arbre. Le plus fréquent est Boulay, Boulais ou Boulé, auxquels s'ajoutent quelques Belloy, Bellay, Bouloy et Duboulay, qui désignent la plantation de bouleaux. Quant à l'arbre lui-même, c'est sous ses formes anciennes qu'on le retrouve comme nom de personne : Bouille, Boulle et, le plus fréquent au Québec, Boule, souvent confondu avec Boulé parmi les abonnés du téléphone. En Picardie, Boulet désigne un petit bouleau. Bouliane est probablement une variante de *Bouillane*, qui désigne un lieu planté de bouleaux. Le sobriquet appliqué à la personne rondelette, « ronde comme une boule », ne peut être exclu pour tous les dérivés de Boule employés seuls.

Dans le Languedoc, le bouleau se dit Bès ou Besse et ses diminutifs sont Besselle, Besset, féminisé au Québec en Bessette, Bessot, Bessas, Bessin, Besson et Bessard. Un homonyme de Besson désigne un jumeau. La plantation se dit alors Bessière ou Bessières, mais aussi Bessette. En anglais, les équivalents sont Birch ou Burch. En d'autres langues européennes, ce sont : Birke et Berck (all. et als.), Koivu (fin.), Briza (tch.).

Charme. Le surnom Ducharme n'a rien à voir avec le séducteur qui cherche à « faire du charme ». Le mot vient du latin *carpinium* et aboutit, en ancien français, à *carme*. Il désigne l'arbre du même nom. En dialecte picard, le mot est resté Carme et explique Ducarme et les diminutifs Carmel, Carmet et Carman. La plantation est un Carmoy. En Bourgogne, on aura plutôt Ducharne et la plantation se dira Charny. En polonais, un lieu planté de charmes est à l'origine du nom Grabowski. En composition, on aura Beaucarne, qui est le pendant de Beauchesne.

Châtaigner. Le *châtaigner* apparaît chez nous sous ses formes anciennes Chastagner, Châtagnier, Castanier. La plantation se nomme Castan, Chastang, Castaing, Chastain,

CHÂTAIN, CHASTANET, CASTAGNE, CASTAGNAT et CHASTENAY.

Chêne. Comme on l'a vu plus haut, le *chêne* a été très productif. Rappelons qu'il explique DECHÊNE, DUCHESNE et DESCHESNES, bien sûr, mais aussi, en composition, BEAUCHESNE, COURCHESNE et CHENEVERT. Il a laissé plusieurs familles de dérivés. Au nord, l'équivalent sera plutôt DUQUESNE et la plantation, DUQUESNAY. QUENNEVILLE désigne un «domaine planté de chênes». Celui qui possède une plantation de chênes ou qui habite à proximité se nommera, selon la région, CHESNAY ou DUCHESNAY, CHÉNIER, CHENOY ou CHENEY ou CHASSAT, au Poitou.

On aura au sud CASSÉ, LACASSE et DUCASSE, mais aussi CASSAGNOL, CASSAGNES, CHASSAGNE ou CHASSAIGNE. Dans le Berry, le même arbre se dit *chagne* ou CHAIGNE, écrit aussi CHAINE et LACHAINE. Rappelons que le genre des noms d'arbres était encore flottant, d'où LACASSE et DUCASSE, de même que LACHAINE, à ne pas confondre avec son homonyme, le surnom de métier attribué à l'artisan qui fabrique et vend des chaînes. Le surnom DUCAS n'est qu'une variante de DUCASSE, et leur prononciation, au temps de la Nouvelle-France, était identique, comme en font foi les graphies retrouvées dans les documents du Québec ancien. L'ancêtre *Jean-Baptiste Ducas dit Labrèche* est d'ailleurs originaire de la Gascogne.

Il existe plusieurs variétés de chênes et certaines ont reçu un nom spécifique dans certaines régions. Dans le Midi, un terrain planté de chênes blancs se nomme BLACHE, BLACHAS, BLACHER ou BLAQUIÈRE. Ces mots sont d'origine gauloise, de *blaca*, de même sens, et s'appliquent à celui qui habite tout près. Par ailleurs, la plantation de chênes rouges, le *rouvre*, sera une ROUVIÈRE. Pour sa part, le *chêne kermès* se dit GARRIC et la plantation, GARRIGUE, JARRIGE ou LAJARRIGE, mais aussi JARRY. Ailleurs, on appellera JARRY une terre laissée en jachère. Toutefois, GARRIGUE peut désigner aussi une plantation de chênes mal en point ou une terre stérile. Le chêne blanc se dit DROUILLARD, en Saintonge, et le chêne noir, *tauzin*, au Périgord, souvent déformé en TOUZIN.

Cormier. Le CORMIER est de la famille du *sorbier* que l'on ne rencontre pas dans les noms de famille. Le diminutif est CORMEAU. La plantation est absente de notre patrimoine, mais il y a chez nous quelques DESCORMIERS. Notons que, à l'instar des LANDRY, des ROBICHAUD, des LEBLANC et des MELANÇON, les CORMIER sont venus s'établir en Nouvelle-France en passant par l'Acadie.

Coudre. *Coudre* est le nom ancien du noisetier. Il est évoqué dans les noms de famille dans COUDRE et COUDRAY, la plantation, mais aussi dans les diminutifs COUDREAU, COUDRET ou COUDRETTE, COUDRAT, COUDRON et COUDRY.

Frêne. Le *frêne*, du latin *fraxinum*, est à l'origine de nombreux noms dont le plus fréquent est DUFRESNE, avec sa graphie de l'ancien français. Mais n'oublions pas les dérivés FRESNEL, FRENET, féminisé en FRENETTE au Québec, FRENOT, ni la plantation de frênes, appelée FRESNAY, LAFRESNAYE ou FRENIÈRE, FRESNIÈRE ou LAFRENIÈRE. En Lorraine, le *fresne* se nomme FRESSE et, au Languedoc, FRAYSSE. Des diminutifs, seul FRESSEL, ou FRESSET, s'est rendu jusqu'en Nouvelle-France par une fille du roi, *Jeanne Fressel*, ou *Fresset*, épouse de mon ancêtre *Étienne Jacob*. C'est donc dire que le nom ne s'est pas perpétué. En composition, on a BEAUFRÈNE.

Si le *frène* s'est taillé une certaine place dans les noms de famille en français, il n'en est pas de même dans les autres langues occidentales, sauf en anglais, où les formes suivantes sont attestées au Québec : FRAIN, FRAINE et DEFRAINE, FRAYN, FRAYNE, FREYEN, FREYNE et DEFREYENE.

Généalogie 7. Descendance de Bertrand Chesnay de La Garenne

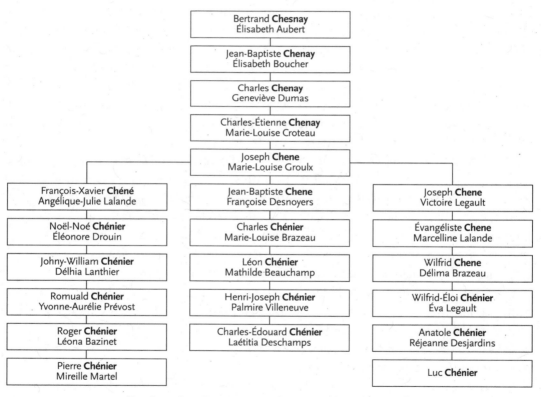

Ce tableau d'ascendance illustre l'évolution du nom *Chesnay*[2] d'une génération à l'autre,
pour aboutir à *Chénier* dans chaque cas. Notons cependant que les autres formes sont toujours vivantes.

---

2. L'ascendance de *Luc Chénier* est empruntée à Marcel Fournier, *Les Bretons en Amérique française, 1504-2004*. Celles de *Pierre* et de *Charles-Édouard* sont tirées de la base de Marcel Chénier, dans Internet au site de Planète-Québec.

Hêtre. À sa manière, le *hêtre*, qui a supplanté l'ancien français *fou*, issu du latin *fagum*, a engendré de nombreux surnoms appliqués à celui qui habite près d'un hêtre ou non loin d'une plantation de hêtres. Le latin *fagum* a évolué différemment selon les dialectes. On trouve Fay, Faye, Fey, Fahy, Fage, Hau, Faix et Fau ou Faux, ainsi que l'ancien français Fou. Chacune de ces formes s'emploie avec un article et certaines d'entre elles se sont implantées chez nous : Lafaye, Lafage, Duhau, Duhault, Dufey, Dufou, Delfau ainsi que toutes les variantes de Dufau.

Comme les autres arbres, le hêtre a laissé des diminutifs que l'on reconnaît dans les surnoms *Fayet*, qui n'est représenté chez nous que sous la forme féminine Lafayette, Fayot, Fayon et Fayard, auxquels s'ajoute un diminutif régional, Fayol, dont le féminin est Fayolle.

De même que le chêne, le hêtre est parfois qualifié. À Beauchesne correspond Beaufay, mais on aura aussi Maufay, qui désigne un « mauvais hêtre » vraisemblablement, un hêtre mal en point. Ce dernier nom s'est modifié ici en Maufet et a été féminisé en Maufette.

Enfin, la popularité de cet arbre n'est pas propre au français. En anglais, c'est l'un des sens possibles du nom Beech. Les équivalents se voient dans plusieurs langues occidentales : Buche (all. et als.), Bouch et Deboeck (néer. et flam.), Haya (esp.), Bukowski et Buczek (pol.).

Noyer. Le *noyer*, du latin *nucarium*, n'a pas été productif dans les noms de famille chez nous. Il n'a laissé que le pluriel Desnoyers, écrit aussi Desnoyer et Dénoyer. En composition, Cournoyer est le pendant de Courchesne et de Courtil, pour *court tilleul*, et Beaunoyer, celui de Beauchesne. La plantation de noyers est absente de nos noms de famille, mais on la retrouve dans notre toponymie. En effet, un endroit planté de noyers est une *noraie* qui, avec l'article, a donné *Lanoraie*. Par ailleurs, les équivalents méridionaux de Noyer seront *Noguier* ou Nouguier dont les variantes sont Nogue, Noguet et Noguera. En pays basque, on aura Inchauspé. Dans le sud-ouest, une plantation de noisetiers est une Veyssière.

Orme. Le surnom Lemay a deux étymologies possibles, du latin *mansum* et du latin *ulmetum*. En voici le détail.

L'évolution de la prononciation du mot latin *mansum*, « domaine rural », aboutit, en ancien français, à *mé*, souvent écrit *may*. Le mot a survécu dans les noms de famille Dumay et Lemay. C'est le surnom de celui qui habite ce type de maison, comme son équivalent du sud, *mas*, qui a laissé Dumas et Delmas.

Quant au latin *ulmetum*, dérivé d'*ulmum*, « orme », il s'est aussi réduit à *mé*, devenu *mai* ou *may*. Il signifie une « plantation d'ormes ». Le nom Lemay s'est répandu à travers la France comme nom de lieu pour désigner un endroit planté d'ormes. C'est ainsi que Lemay se retrouve comme surnom d'origine pour distinguer celui qui provient d'une localité portant ce nom. On l'attribue aussi à celui qui habite à proximité d'une telle plantation. Le surnom a pu s'appliquer à l'homme qui plante le jeune arbre de la fête traditionnelle du 1er mai pour rendre hommage au seigneur, fête appelée «arbre du may».

Il est intéressant de savoir que la descendance de l'ancêtre *Michel Lemay* compte aujourd'hui de nombreux *Lemay dit Delorme* ainsi que des Delorme. Ce qui confirme, dans son cas, le bien-fondé de l'hypothèse de la plantation d'ormes.

Le latin *ulmum* a laissé plusieurs formes en ancien français, dont *olme*, *oulme* et *ourme*, devenue *orme*. L'ancien français *olme* explique le surnom *Lolme*, dont la prononciation a entraîné la confusion avec Lhomme, qui a supplanté le premier et a donné aussi Delhomme et même Deshommes. Belhomme est le pendant de Beauchesne et de Beaunoyer plutôt que le synonyme de «l'homme beau», comme Malhomme est le pendant de Maufay, et désigne un orme mal en point. La forme actuelle justifie les surnoms suivants: Orme, Dorme, Delorme, de loin le plus fréquent chez nous, mais aussi Desormes et sa variante, Désorme auxquels il faut ajouter Orne, Lorne et Delorne. Les diminutifs sont Ormel, *ormeau*, plus fréquent avec l'article Lormeau et Desormeaux, Orman ou Dorman et Ormon ou Dormon. Celui qui est surnommé Dormoy habite non loin d'une plantation d'ormes.

La plantation d'ormes justifie Delomay, mais ce dernier a été évincé par Denommé ou Denommée à la suite d'une confusion de sons dans la prononciation. Ce phénomène s'appelle *attraction paronymique*, c'est-à-dire qu'un mot de forme voisine prend la forme et le sens de ce mot.

Au Languedoc, on nomme *Olmeras* un orme particulièrement gros. Le mot se modifie en Alméras comme surnom de celui dont la maison est caractérisée par la présence de gros ormes.

Pin. Cet arbre est à l'origine de plusieurs de nos noms de famille importés de France. Au départ, Pin, Aupin, Dupin et Despins sont assez fréquents. Toutefois, les diminutifs sont plus répandus encore: Pinel, Pineau, Pinet, Pinot, Pinan, Pinon, Pinard, Py, Delpy et Pinoche. Pineau est aussi fréquent sous la forme Pineault, et Pinet se rencontre avec l'article contracté, Dupinet. Ajoutons quelques Pignatel. Toutefois, les Sapin sont rarissimes. Les composés *Beausapin* et *Courpin* sont attestés en France, mais non chez nous.

En anglais, on rencontre Pine, écrit aussi Pyne, ainsi que son diminutif Pinnell. En d'autres langues européennes, les équivalents sont: Kiefer (all. et als.), Pino, Pinella et la plantation Pineda (esp.), Pino et Pini, Pinelli (it. et cor.), Sosnowski (pol.), Pinheiro et Pinho (ptg.).

Saule. Cet arbre n'a pas laissé beaucoup de traces dans notre patrimoine de noms de personnes, à part Saule et Dessaules et de rare Saussey ou Saussaye, qui évoquent la plantation.

Tilleul. Le latin *tilia*, désignant le *tilleul*, aboutit en français à *til* ou à *teil*. THILL est très rare chez nous, mais les formes synonymes DUTIL, DUTEIL, DUTILLEUL et DELTEIL y sont plus présentes, sans oublier la variante DUTEL, vocalisée en DUTEAU. Les diminutifs THILLET ou TEILLET, THILLY ou TILLY et TILLARD sont peu fréquents. Les formes TILLE, TILLES et DUTHIL sont de Picardie. Une plantation de tilleuls est un TILLOY et explique DUTILLOY. COURTIL est le pendant de COURCHESNE.

En anglais, on rencontre LIN, LYND, LINDLEY et LINDEN. En d'autres langues européennes, les équivalents sont : LINDE et LINDEN (all. et als.), LYNDE, VANDERLINDEN ou VERLYNDE (néer. et flam.).

Tremble. Le peuplier n'est pas représenté parmi les noms de famille. Même en France, il est très rare. Le latin *tremulus*, «qui tremble», évoque le feuillage agité de l'arbre portant ce nom, le *tremble*, de la même famille. Le surnom TREMBLE, employé seul, est rare. Il se voit plus souvent avec l'article, DUTREMBLE. Les diminutifs TREMBLET et TREMBLY sont rares. Toutefois, le nom de la plantation, TREMBLAY, est l'un des plus répandus au Québec, et il faut y ajouter DUTREMBLAY, plus rare. Une plantation de trembles se dit aussi TRÉMOUILLE ou LATRÉMOUILLE, et TRÉMOULET en est un diminutif. Le surnom AUBRAY, du latin *albareta*, «endroit planté de peupliers blancs», permet de reconnaître la maison de celui qui habite près de cette plantation.

L'ARBRE À SON FRUIT

Les arbres fruitiers sont relativement bien représentés dans notre patrimoine. Ils ont pu servir de surnoms comme éléments décoratifs et distinctifs d'une propriété, mais on ne peut exclure qu'ils puissent représenter indirectement le FRUITIER lui-même par son produit. C'est le cas aussi de VERGER ou DUVERGER, du latin *veridianum*, «jardin planté d'arbres», et de ses variantes VERGÈS et BERGÈS, qui s'appliquent au propriétaire ou à celui qui y travaille.

Cerisier. Le CERISIER et son fruit CERISE sont peu fréquents chez nous. On aura cependant le nom dit LACERISERAIE et LACISERAYE dans la descendance de l'ancêtre *Pierre Lefebvre dit Descôteaux*.

Châtaignier. Cet arbre apparaît dans notre patrimoine sous les formes anciennes CHASTAGNER, CASTAGNER ou CASTANIER, mais aussi CASTAN. On y rencontre quelques CHÂTAIGNE, mais il s'agit peut-être alors, comme pour la forme CHÂTAIN, du sobriquet rappelant la couleur des cheveux.

Groseillier. Le *groseillier* n'apparaît pas seul comme surnom, mais avec l'article, DESGROSEILLIERS. Notons qu'il s'agit aussi d'un surnom de métier de celui qui cultive et vend des groseilles.

POIRIER. Très fréquent au Québec et en Amérique, le surnom POIRIER y compte plusieurs souches, parfois avec diverses graphies, dont POIRRIER et POIRIÉ. Le nom POIRE se confond facilement avec son homographe POIRÉ, qui semble devoir se rattacher au *poireau* plutôt qu'au *poirier*. Plusieurs variantes d'origine dialectale sont attestées ici : PÉRIER, PÉRIÉ, DUPRIEZ et DUPÉRÉ.

POMMIER. Moins fréquent que le POIRIER ou le PRUNIER, le POMMIER est présent au Québec. On le voit sous les formes POMIER et POMÈS. Cependant, le surnom *La Pommeraie* a été associé à quelques noms du Québec ancien. Le surnom MAUROY, issu du latin *malarium*, « pommier », vient d'un lieu-dit caractérisé par une plantation de pommiers devenu nom de lieu. Il s'applique à celui qui en est originaire.

PRUNIER. Le surnom PRUNIER est très répandu chez nous, tout comme PRUNEAU, qui désigne une prune séchée.

LES PLANTES INDIGÈNES

La végétation arbustive envahit des terrains vagues, des champs abandonnés à la nature, l'orée des bois, etc. Très souvent, un type d'arbuste domine et son nom devient un lieudit. Celui qui habite à proximité recevra à son tour ce nom comme surnom de voisinage. Il peut aussi arriver que cette même plante soit plutôt un élément distinctif et caractéristique de la propriété et serve à distinguer un individu d'un autre.

Brousse. Le latin *bruscia*, « broussaille », a évolué selon les régions en *brousse*, dans le Midi, en *broche*, au Poitou, ou en *brosse*, en Bourgogne et dans le Lyonnais, et désigne un endroit broussailleux. Les surnoms LABROSSE, LABROUSSE et leurs dérivés BROSSEAU, BROUSSEAU, BROSSOIT, BROCHET, BROCHON et BROCHU s'appliquent donc à celui qui habite non loin d'un endroit rempli de broussailles. Les formes péjoratives BROSSARD, BROUSSARD et BROCHARD sont de plus des sobriquets attribués à des personnes à la chevelure en bataille ou, plus vraisemblablement, au caractère épineux.

Buis. Parfois, il suffira d'une espèce végétale poussant en abondance près de la maison qui sert de point de repère pour la reconnaître parmi les autres et identifier ainsi son propriétaire. Beaucoup d'arbustes ont joué ce rôle et sont devenus des noms de personnes. Ainsi en est-il d'un lieu planté de BUIS. Selon la région, ce lieu se nommera BUISSIÈRE, BUSSIÈRE, BOISSIÈRE ou BOSSIÈRE, tous ces noms venant du latin *buxaria*. Les deux premiers sont fréquents au pluriel, mais ils sont plus répandus au singulier, précédé de l'article, LABUISSIÈRE, LABUSSIÈRE, LABOISSIÈRE et LABOSSIÈRE. En occitan, le *buis* se dit *bois* et il a sa famille de dérivés : BOISSEL, BOISSEAU, BOISSET, BOISSON, BOISSARD et BOISSY. Rappelons que BOISSON est une variante de BUISSON dans plusieurs régions de la France, dont le Languedoc. De même, BOISSEL et BOISSEAU peuvent être aussi des surnoms de métier de celui qui mesure le grain au *boisseau*.

Un dérivé de *buis*, *buisson*, a été très productif en lieux-dits : BUISSON et son diminutif BUISSONNEAU, plus souvent écrit BUISSONNEAULT, et auquel s'ajoute DUBUISSON, qui se dit VANDOORNE en flamand. Dans le Midi, on aura plutôt BOISSON, BOISSONNET et BOISSONNEAU, lui aussi plus fréquent en BOISSONNEAULT. En Normandie, l'équivalent est BISSON, dont le diminutif est BISSONNET, féminisé en BISSONNETTE au Québec, et la prononciation est habituellement la même pour les deux formes écrites avec la consonne finale sonore. LABISSONNIÈRE est un lieu planté de *bissons*, variante régionale de *buisson*.

Issu de l'occitan *bruc*, désignant la bruyère, le mot a donné BRU, BRUÈRE, BRUGÈRE, BRUYÈRE et BRIÈRE. N'oublions pas les nombreux FOUGÈRE, FAUGÈRE et FUGÈRE.

Épineux. Un lieu où abondent les plantes épineuses permettra d'affecter celui qui en est propriétaire ou qui habite tout près d'un surnom qui évoque cette réalité : LÉPINE ou un dérivé comme ÉPINAT, ESPINASSE ou LESPINASSE, à moins de vouloir préciser qu'il s'agit d'une véritable plantation, LÉPINAY, L'ESPINAY ou DE L'ESPINAY.

Genêt. Un champ de *genêts* donnera son surnom à celui qui habite à côté. Il deviendra un GENEST, GENESTE, GINESTE, GENET ou GINET.

Férule. La *férule* est une plante herbacée à ombelles dont le nom vient du latin *férula*. Cette *férule* n'a rien à voir avec celle de notre enfance scolaire. En occitan, cette plante se nomme *ferle* et elle est à l'origine de plusieurs lieux-dits qui désignent un endroit où prolifère la *ferle*. On en retrouve quelques-uns chez nous, comme FERLAY, *Ferlat*, féminisé en FERLATTE, ainsi que le diminutif FERLAND, de loin le plus répandu au Québec.

Houx. Certains arbustes décoratifs de la maison ou du domaine, parmi lesquels se démarque le *houx*, se rencontrent comme surnoms : HOUX, plus fréquent avec l'article, LEHOUX, et quelques HOUSSEAUX, HOUSSIN et HOUSSARD, diminutifs de HOUX. Le CHARDON ou CARDON, dans sa forme picarde, est aussi une plante piquante. Comme LÉPINE, ces surnoms pourraient, par ironie, rappeler un trait de caractère. CHARDONNET est le diminutif de CHARDON. On ne peut exclure l'hypothèse que CHARDON et CARDON puissent résulter de l'aphérèse de RICHARDON et RICARDON, respectivement des diminutifs de RICHARD et RICARD.

Jonc. Un lieu planté de *joncs* sera à l'origine d'un lieu-dit puis d'un surnom. Seuls deux diminutifs se sont implantés au Québec, JONQUET et, surtout, JONCAS. Une JONQUIÈRE est un champ où pousse le jonc. Les surnoms ROSEL et ROSEAU sont des diminutifs de l'ancien français *ros*, lui-même issu du germanique *raus*, « jonc », qui a désigné une plante aquatique. Les surnoms ROSEL ou ROZEL ainsi que ROSEAU et DUROSEAU évoquent un lieu où cette plante abonde et, par ricochet, celui qui y habite. Les *roseaux* poussent en abondance dans une ROSIÈRE, écrit aussi ROZIÈRE.

Laurier. Le LAURIER qui pousse à l'état sauvage donne son nom à l'endroit qu'il a envahi. LAUREL, LAURET et son féminin LAURETTE en sont les diminutifs. À noter cependant que l'ancêtre des LAURIER du Québec est *François Cotineau dit Champlaurier*. Au pluriel, DESLAURIERS est très fréquent. Le surnom DESLAURIERS a été associé à plus de cent noms dans les documents du Québec ancien, mais surtout aux descendants de *Noël Legault dit Deslauriers* qui comptent de nombreux DESLAURIERS.

Lierre. Le *lierre* est un élément décoratif qui peut devenir caractéristique d'une propriété ou d'un lieu. C'est ainsi qu'un lieu-dit *Les lierres* explique le surnom d'origine DESLIERRES, écrit aussi DESLIÈRES ou DÉLIERRES, attribué à celui qui habite à proximité ou dont la maison en est décorée.

Ortie. Comme le *laurier*, l'*ortie* donne son nom à l'endroit où elle pousse en abondance. Au Québec, le nom LORTIE est l'un des nombreux surnoms associés au nom LAURENT.

Ronce. Ce surnom n'est pas attesté chez nous, sauf sous les formes LARONCHE et RONCIÈRE, qui désignent un lieu planté de ronces.

Sureau. Le nom de cet arbuste se rencontre comme surnom chez nous, soit seul, SUREAU, écrit aussi SUREAULT, soit précédé de l'article. Il compte alors plusieurs graphies : DESSUREAULT, DÉSUREAULT, DESSUREAUX.

Verdure. Un lieu caractérisé par une verdure luxuriante sera nommé VERDEL, VERDEAU, VERDON, VERDIER, VERTEFEUILLE ou LAVERDURE. Le surnom s'applique ensuite à celui qui habite à proximité d'un lieu-dit ainsi nommé. Quant à LAVERDIÈRE, il désigne un lieu-dit nommé *Verdière*, à cause de la végétation verdoyante, ou le garde forestier chargé de surveiller la *Verdière*.

LA NATURE DU SOL

La nature du sol, sablonneux, pierreux, couvert de cailloux ou de poussière de roches, recevra un nom descriptif, qui deviendra le surnom de celui dont la propriété se caractérise par ce type de sol. CAILLOUX et ses variantes CHAILLOUX et CHALOUX, de même que CAILLÉ, CAILLER ou CAYER et leurs variantes CHAILLÉ, CHAILLER ou CHAYER, ou encore CAILLE, CAILLAUD, CAILLET, CAILLETEAU. Ajoutons aussi le diminutif CAYOUETTE. Le terme générique *grave* désignait autrefois ce type de sol et explique les surnoms GRAVE, LAGRAVE et DELAGRAVE, mais aussi GRAVIER et les diminutifs GRAVEL, GRAVELLE et GRAVELINE, GRAVET et GRAVAS. En Saintonge, un CHIRON est un tas de pierres. Ce type de sol se dit STEIN ou STEINER, en alsacien ou en allemand.

Pierre et mégalithe. Le mot *pierre* vient du latin *petram* et a formé une multitude de dérivés qu'il a souvent en commun avec le nom de baptême PIERRE, son homonyme dont l'évolution, à partir du latin *Petrum*, est parallèle à celle du nom commun. Le mégalithe est l'un des éléments du paysage, dans plusieurs régions de la France. La « pierre levée » sert donc souvent de lieu-dit, c'est-à-dire de nom descriptif attribué à un endroit précis caractérisé par la présence d'une pierre d'une taille importante. *Lapierre* est vite devenu un toponyme à part entière, tel quel ou comme élément d'un nom composé. LAPIERRE, chez nous, est plus souvent relié au prénom *Pierre* du porteur, comme nous le verrons dans le dernier chapitre, sur les particularités québécoises. DELAPIERRE, cependant, beaucoup plus rare, ne laisse aucun doute, il évoque vraiment un lieu-dit. En Guyenne, on aura LAPEYRE.

Les dérivés de *pierre* sont nombreux et la plupart se retrouvent dans les noms de famille avec la particularité qu'il est parfois difficile, voire impossible, de les distinguer des dérivés du nom de baptême. L'article qui précède certains des dérivés lève l'ambiguïté. De plus, certains de ces diminutifs qualifient aussi un sol caillouteux et la différenciation n'est pas évidente.

Voici donc les principaux dérivés, en ne mentionnant pas ici ceux qui sont reconnus comme des noms de baptême : PERRIER, PERRAS, PERRON ou DUPERRON. Dans cette veine, il existe de nombreux lieux-dits désignant un terrain pierreux : PERRUCHE, dans le Berry, PÉRUSSE, en Picardie, PRÉZEAU, en Normandie. Dans le Limousin, un talus rocheux se nomme un ROGNON et donne son nom à celui qui habite à côté. S'ajoute à ces noms PERROCHON, diminutif de *Perroche*, qui désigne aussi un lieu rocailleux.

Il existe en France un grand nombre de « pierres levées » qui ne sont pas des mégalithes proprement dits. Il s'agit plutôt de « pierres dressées » utilisées comme bornes. La borne se nomme *fito*, en occitan, et explique, en français, les surnoms de proximité LAFITTE, écrit aussi LAFFITTE et son équivalent du Languedoc LAHITTE.

Les surnoms évoquant la terre sablonneuse ne sont pas très nombreux, mais certains sont très répandus. Ainsi, si le surnom SABLE est peu fréquent, il n'en est pas de même de SABLON, DUSABLON, SABLONNIÈRE, LASABLONNIÈRE et, surtout, DE LASABLONNIÈRE.

Un terrain *crevassé*, peu propice à la culture, est un CREVIER, de l'ancien français *creve*, « fissure ». C'est donc le surnom de celui qui possède un tel terrain ou qui habite à proximité.

LE BONHEUR EST DANS LE PRÉ...

Une étendue de terre plane est une *plaine*. C'est le terme générique que l'on retrouve à profusion dans les lieux-dits et dans les surnoms. LAPLAINE et DUPLAIN pullulent au Québec. Moins fréquents sont les DUPLAN et les PLANET, diminutif de *plan*.

Essart. On a déjà abordé, en introduction du présent chapitre, l'apport du mot *champ* et de son équivalent picard, *camp*, issus tous deux du latin *campum*. Récemment défriché, le *champ* est dit *essart* et a donné LESSART ou « de l'essart » et DUSSART, un lieu-dit très fréquent en France qui permet de comprendre que l'ancêtre des LESSARD se nomme en fait *Étienne de Lessard*, surnom d'origine marqué par la préposition, et que les descendants ont vite abandonnée.

La terre laissée en jachère est un GUÉRET, féminisé en GUÉRETTE. Une autre restée en friche, donc qui n'est pas cultivée, donnera son surnom à son propriétaire. On le surnommera FRICHE ou FRICHET, son diminutif. C'est le nom que porte l'ancêtre des FRÉCHET, dont la forme féminine FRÉCHETTE est beaucoup plus fréquente. LARTIGUE et SAVARD, selon la région, désignent aussi une terre en friche et seront des surnoms. SAVARD a un homonyme dans les noms de baptême d'origine germanique.

Généalogie 8. De *Frichet* à *Fréchette*

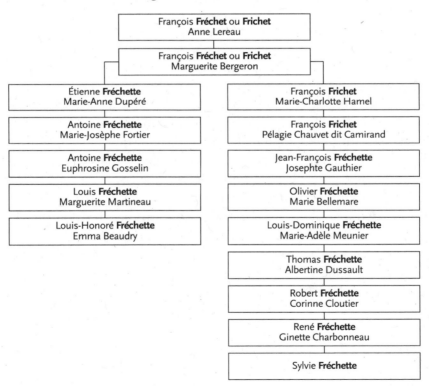

Louis-Honoré Fréchette, poète québécois, auteur de *La Légende d'un peuple*. Sylvie Fréchette, championne olympique de nage synchronisée aux Jeux olympiques de Barcelone, en 1992.

Louis-Honoré Fréchette

Lande. Le champ aride se nommera LALANDE, dans une grande partie de la France, du gaulois *landa*, « terre aride et caillouteuse ». Ce sera LALANNE, LANE ou LANNES, en Gascogne, et LALONDE, en Normandie. Clôturé, le champ est un *parc* et justifie DUPARC. Surnom qui s'est, par la suite, transformé en DUPRAS.

S'il est réservé au pâturage, le *champ* s'appelle un *pré* et explique DUPRÉ ou, au pluriel, DESPRÉS. PRAT, DELPRAT, PRATTE, PRATT et LAPRADE sont les équivalents occitans de DUPRÉ. Sans article, PRADE est très rare, mais les diminutifs PRADEL ou PRADELLE, PRADEAU, PRADET ou PRADETTE, PRADAT et PRADAS le sont moins. Son propriétaire est un PRADIER. La forme PRATT est commune au français et à l'anglais qui la lui a empruntée au Moyen Âge. On décrira le *pré* comme un BEAUPRÉ, un GRANDPRÉ, un PRÉVERT, un ROMPRÉ, « un pré rond », ou un LONGPRÉ.

Un synonyme de *pâturage* est *patis*, qui est à l'origine du surnom DESPATIS, écrit aussi DÉPATIE et DESPATIE. Par ailleurs, un pré peu favorable au pâturage, faute de végétation, recevra le nom de MALHERBE, appliqué ensuite au propriétaire.

Clos. Un endroit fermé, entouré de clôtures est un *clos*. Il justifie les surnoms CLOS, écrit parfois CLAUX, et DUCLOS. Le nom a laissé plusieurs diminutifs et certains se sont rendus au Québec : CLOZEL, CLUZEL, CLUZEAU. VANHOVE est l'équivalent flamand ou néerlandais de DUCLOS.

Gastine. En ancien français, on appelle *gastine* une terre inculte. Il s'agit d'un dérivé de *gaster*, qui signifie « ravager ». Un diminutif de *gastine*, GATINEAU, est devenu nom de famille, appliqué au propriétaire d'une telle terre.

Une étendue de terre aride, nommée *gast*, en ancien français, explique le surnom DUGAST, devenu DUGAS. Le mot a pris ailleurs les formes *vaste*, *baste*, *vastre* et *bastre*. Un seul nom diminutif d'une de ces formes s'est implanté chez nous, LABASTROU, alors que la plupart des autres, en plus de leurs diminutifs, sont attestés en France. Une *galluche* est un terrain pierreux et aride, dont GALLUCHON est un dérivé. Ces surnoms sont attribués à celui dont l'habitation se dresse à proximité de tels terrains. MALARTRE vogue dans les mêmes eaux.

Coderre. Dans le Midi de la France, le mot COUDERC, écrit parfois COUDERT, désigne un espace aride en bordure d'une exploitation agricole. Le mot a nommé aussi une portion de terrain à l'usage collectif des villageois pour des activités communes comme le battage du grain, la coupe du bois de chauffage ou le pâturage pour les animaux. Dans le Limousin, COUDERC désigne un enclos près de la maison, réservé aux porcs et à la basse-cour. Le surnom CODERRE est une variante dialectale de COUDERC et s'applique à celui qui y habite.

Vac. Un terrain vague est désigné sous le lieu-dit LEVAQUE, écrit aussi LEVAC ou LEVACQUE. L'ancêtre *Martin Delevac* doit sûrement son surnom à un tel lieu-dit, ce que la préposition *de*, aujourd'hui disparue, vient confirmer.

Les dérivés de *jard*. En ancien français le mot *jard*, issu du germanique *gard*, désigne un enclos. Il a formé plusieurs dérivés que l'on retrouve dans les noms de famille : JARDEL, JARDIN et JARDON. Dans la langue courante, ces mots ont pris chacun un sens spécialisé. JARDEL est un nom de mauvaise herbe et, comme surnom de métier, s'est appliqué à celui qui l'arrache. Un JARDIN est un enclos où l'on cultive des légumes ou des plantes. Comme nom de famille, il évoque le jardinier. Quant au JARDON, son sens est obscur. Par ailleurs, les noms *Jardeau*, *Jardet*, *Jardot*, *Jardat* et *Jardan* sont attestés en France et semblent tous désigner celui qui arrache l'ivraie dans un champ. On peut donc présumer que le même sens devrait s'appliquer à JARDON. Les noms DUJARDIN et DESJARDINS sont soit des surnoms de jardiniers, soit des surnoms d'origine de celui qui vient d'un lieu nommé *Le Jardin* ou *Les Jardins*.

> Les équivalents en dialecte normand-picard sont : GARD ou DUGARD, avec leur famille de dérivés, GARDEL, GARDEAU, GARDET, GARDIN, GARDON et GARDY. En anglais, on rencontre GARDEN, GARDYNE, GARDENER, GARDINER, contracté en GARDNER. En d'autres langues européennes, les équivalents sont : GARTEN (all. et als.), KERT et KERTÉSZ (hon.), GIARDINO et GIARDINI (it. et cor.), HOF (néer. et flam.), HORTA (ptg.).

Plante. En ancien français, une *plante* est une *vigne* que l'on vient de planter. À ce titre, PLANTE et LAPLANTE peuvent donc s'appliquer à un vigneron. Un ensemble de *plantes* est un *plantis* ou un *plantier*, ce qui explique les surnoms DUPLANTIS, PLANTIER et DUPLANTIER. Le lieu-dit *Le Plantis* désignant ensuite le village ou le hameau qui l'entoure a donné le surnom à celui qui en est originaire.

Couture. En ancien français, on appelle *couture*, une terre labourée ou cultivée et, au nord de la France, on surnomme COUTURE ou LACOUTURE celui qui la cultive et COUTURIER, son propriétaire. Les homonymes *couture* et *couturier* désignant celui qui coud, et synonymes de tailleur, sont plus récents et moins fréquents comme noms de famille. Seule la forme COUSTURE, datant de l'ancien français, se rattache assurément à ce sens moderne.

Canal. Une ferme munie d'un canal d'irrigation verra son propriétaire surnommé selon la forme régionale du mot dont on rencontre, en France, toutes les formes de chaque série : CANAL, CANEL ou CANELLE, *Caneau*, CANET ou *Canette* et *Canail*, CANAILLE et CANARD ; *Chanal*, CHANEL ou CHANELLE, *Chaneau*, CHANET ou CHANETTE et *Chanard* ; CHENAL, CHENEL ou CHENELLE, CHENEAU, CHENET ou CHENETTE, CHENAIL ou CHENAILLE et CHENARD ; *Quenal*, forme disparue, QUENEL ou QUENELLE, QUENEAU, QUENET ou QUENETTE et QUENARD. On aura remarqué que certaines formes sont des homonymes de diminutifs de CHÊNE, comme CHENET, QUENEL et QUENEAU, et peuvent donc avoir une double explication, comme CANARD par rapport au nom du volatile.

SUR LA BONNE VOIE

Les voies de communication, à leur tour, se révèlent souvent des points de repère distinctifs, toujours pour situer la maison de quelqu'un. Elles deviennent des surnoms. Ainsi, le CHEMIN sur lequel donne la maison qu'habite le porteur ou son diminutif CHEMINAT, quitte à y ajouter l'article ou le qualificatif, DUCHEMIN, BEAUCHEMIN. DEBANNE et DEBAENE en sont les équivalents flamands ou néerlandais. Dans le Midi, on aura comme équivalents CAMIN, DUCAMIN ou CAMI. En occitan, le mot *carraria* désigne le « chemin où passent les chars ». Il explique CHARRIÈRE, CARRÈRE, CARRERA, CARRIER et CARRIÈRE, ces deux derniers évoquant ailleurs la carrière de pierres. On ne négligera pas LAVOIE, qui rappelle la voie romaine, souvent faite de mortier de chaux. La *chau*, à son tour, justifie les surnoms CHAUSSÉE et LACHAUSSÉE. Mais LAVOIE peut être aussi un surnom de chasseur. En effet, dans le langage de la chasse à courre, la *voie* désigne la piste laissée par le gibier que l'on chasse. Ainsi, la personne responsable de « remettre les chiens sur la bonne voie », si elle constate qu'ils ont perdu la trace du gibier, peut-elle parfois se voir affublée du surnom de LAVOIE. LAVOIE est issu du latin *via*, « voie », mais dans les pays de langue d'oc, l'évolution du mot a été différente. Ce qui explique le surnom LAVIE, qui s'applique à celui dont la maison se dresse près de la voie. Dans ce surnom, il n'y a de « vital » que la commodité de la situation géographique. Il ne faudrait pas négliger les surnoms venus du latin *strata*, « chaussée ». Le mot désigne la voie romaine et les surnoms s'appliquent à qui habite le long de cette voie. Selon la région, le surnom prend les formes de DESTRÉE, DELETREZ, DÉTRAZ, DEXTRASE, ESTRADE, LESTRADE et ESTRADIER.

Par ailleurs, si la maison se dresse sur une rue caractéristique, son propriétaire sera surnommé RUE, LARUE ou DELARUE. Lorsque celle-ci est étroite ou peu importante, on l'appellera tantôt RUEL ou RUELLE, tantôt RUET ou RUETTE, sinon RUELLAND. En alsacien, une rue étroite se dit GASS ou GASSE et celui dont la maison donne sur cette rue se verra nommé ainsi ou encore GASSER. Le diminutif en est GASSET. En anglais, un terme générique s'applique à tout chemin de passage, rue, chemin ou voie, c'est LANE, qui devient le surnom de celui qui y habite.

En ancien français, on appelle PIRE ou LEPIRE un sentier pierreux. Il devient le surnom de celui dont l'habitation est située en bordure d'un tel chemin. Dans le même ordre d'idées, on rencontre aussi le nom CORNEC, d'origine bretonne, issu de *corn*, «angle», qui s'applique à celui qui habite la maison située au croisement de deux rues ou de deux voies.

Dans chaque village, il y a un lieu de rencontre situé au centre, le plus souvent près de l'église, la *place publique*. Lui doit son surnom celui dont la maison donne sur la PLACE, LAPLACE, DELAPLACE ou DELPLACE. En alsacien et en allemand, on aura l'équivalent PLATZ, en espagnol, PLAZA et en corse et en italien, PIAZZA.

L'HABITATION

Le lieu d'habitation lui-même et ce qui l'entoure ou le décore fournissent de nombreux points de repère qui ont contribué à nourrir le patrimoine des surnoms. Le mot qui désigne l'habitation change selon sa taille, sa situation à la ville ou à la campagne, les régions du nord ou du sud, l'époque considérée. Un peu comme aujourd'hui, on possède un *domaine*, une *maison*, une *cabane* ou une *bicoque*.

Maison. De nombreux surnoms reflètent le type d'habitation où demeure la personne. *Maison*, du latin *mansionem*, «séjour», désigne un manoir, en ancien français. Chez nous, on rencontre de rares MAISON ou MAISONS. Les équivalents allemand, HEIM, et anglais, HOME, sont plus fréquents. Le mot *maison* entre surtout en composition. Le surnom MAISONVILLE, dont l'origine est obscure, est associé à la famille RIVARD. L'habitation est qualifiée dans GRAND'MAISON, écrit aussi GRAND MAISON ou GRANMAISON, et dans MAISONNEUVE. En basque, l'équivalent de ce dernier est ETCHEVERRY, qui compte quelques variantes, DETCHEVERRY, CHAVARRIA, ainsi que l'adaptation québécoise, par aphérèse, c'est-à-dire par coupure de la première syllabe, CHEVARIE.

Mansionaticum est un dérivé de *mansionem* qui conduit, en ancien français, à *mesnage*, devenu *ménage*. Comme noms de famille, MESNAGE, MÉNAGE et MÉNAGER désignent celui qui habite un manoir.

Case. Anciennement, une maison était une case, du latin *casa*. Ce mot est à l'origine de plusieurs surnoms devenus des noms de famille: CASA, CAZE ou LACAZE, CHAZE, dont les dérivés sont multiples, reliés à au moins trois radicaux: CHAZEL, CAZEAU, CASET ou

CAZET, CHAZOT, CASAS, CAZAN ou CHAZAN, CASIN, CAZIN, CHASIN ou CHAZIN, CHASON, CHAZAL, CASALE et CAZELAIS. D'autres noms sont descriptifs : CASAUBON et CASENEUVE, qu'on dira CAZENAVE en Gascogne. CASAVANT situe la maison par rapport à un point de repère : « avant le pont », « avant la rivière ».

Cabane est un synonyme de case, emprunté au provençal *cabana*, qui désigne une « petite maison ». Celui qui l'habite lui doit son surnom qui revêt diverses formes selon le dialecte ou la région : CABAN, CABANE, CABANA, CABANAS ou CHABAN, CHABANE et CHABANE. CHABANEL est le diminutif de CHABANE.

Le mot *bure*, d'origine germanique, est synonyme de *cabane*. BURON en est un diminutif et s'applique à celui qui y habite. Rappelons que *bure* est aussi un nom d'étoffe.

Les noms basques. Les noms de famille chez les Basques ont une particularité qui leur est propre. La plupart se classent dans la catégorie des surnoms d'origine. En effet, une personne reçoit toujours un nom qui contient une référence plus ou moins explicite à sa maison ou à l'endroit où elle se dresse. Le plus répandu chez nous est ETCHE-VERRY, vu plus haut. Il vient de la juxtaposition des deux racines : *etxe*, prononcée [ètche] et signifiant « maison », et *berri*, qui veut dire « nouveau ». C'est donc l'équivalent de notre MAISONNEUVE.

On retrouve la même racine dans *Barnetche*, « maison dans un creux », qui s'est modifié chez nous en BERNATCHEZ, par métathèse, c'est-à-dire par interversion des voyelles *a* et *e*. C'est toujours la même racine dans ETCHART, qui signifie « entre les maisons », dans ETCHEGARY ou ETCHEGARAY, « maison d'en haut ».

ITURBIDE, formé des racines *ithurri*, « fontaine », et *bide*, « chemin », s'applique à celui dont la maison se trouve sur le chemin menant à la fontaine. Il a donné, par aphérèse, en coupant la première syllabe, TURBIDE, plus courant au Québec. HARGUINDEGUY est composé des racines *hargin*, « tailleur de pierres », et *tegi*, « emplacement de la maison ». Il désigne donc la maison de cet artisan. On reconnaît la même racine *tegi* dans OSTIGUY, à la suite de la racine *osto*, « feuillage », c'est-à-dire « la maison dans la verdure ». BIDEGARÉ est une variente de BIDEGARAY formé de racine *bide-*, « chemin », et *-garay*, « en haut » et désigne la maison érigée en haut du chemin.

Iri désigne la propriété, puis le village. On nommera IRIART celui qui y habite ou qui en vient. En combinaison, il a donné IRIGOYEN, « le village près du bois », et IRIBERRY, « le nouveau village ».

Maison rurale. S'il s'agit d'une maison de ferme à la campagne, elle portera un nom différent selon la région. Au sud, par exemple, on l'appellera un *mas*, prononcé [ma] ou [mas], du latin *mansus*, « exploitation agricole ». Le mot a donné les surnoms DUMAS, parfois DAUMAS, DELMAS, MAISE et MAIZE, et les diminutifs MAZEL, MAZEAU, MAZET, MAZAT, MAZON et MAZARD.

Au nord, on la nommera un *mesnil*, d'où nous viennent les noms DUMESNIL ou MESNY. En Picardie, ce type d'habitation se nomme une MASURE, écrit aussi MAZURE, et celui qui l'exploite est un MAZURIER. Les surnoms MAZURET, féminisé en MAZURETTE, et MAZURAT, sont les seuls diminutifs de MAZURE à avoir traversé l'Atlantique et désignent une maison de ferme de dimensions réduites.

On pourrait y ajouter la *borde*, l'un des plus productifs. Cette petite ferme établie près du château du seigneur est à l'origine de nombreux surnoms appliqués à ses habitants : BORDE, LABORDE, DESBORDES et BOURDE. Les dérivés sont multiples : *bordel*, dont le sens s'est spécialisé, BORDEAU et sa variante BOURDEAU, ainsi que BORDET, écrit aussi BOURDET ou BOURDAIS, qui expliquent LEBOURDET, féminisé en LEBOURDETTE, ainsi que LEBOURDAIS, auxquels s'ajoutent BORDAT, BORDAS, BORDAN, BOURDIN, BORDON et BOURDON, qui peut aussi évoquer un bâton de pèlerin, ainsi que BOURDY. Toujours reliés à ce type d'habitation sont nés les surnoms BORDAGE, BOURDAGE et BOURDAGES, mais aussi BORDIER, BOURDIER et BORDUAS. Enfin, BORDENAVE, en Gascogne ou en Guyenne, désigne une « borde neuve ».

BORDELEAU, contre toute attente, ne désigne pas une maison au « bord de l'eau ». Il s'agit bien plutôt d'un diminutif de *bordel*, qui, étymologiquement, signifie « petite borde », comme *bordelet*, BORDELOT et BOURDELEAU, dérivé de BOURDEL. Les deux dernières graphies de BORDELEAU sont attestées dans les documents du Québec ancien. Ce qui confirme l'origine du nom telle qu'elle est exposée ici.

Quant à BOIRE, il représente une variante de *borie* dont il est une métathèse. *Borie* vient du latin *bovaria* et désigne une étable pour les bovins, mais aussi la ferme dont elle fait partie. Rien à voir avec un quelconque sobriquet appliqué au buveur.

En ancien français, *estage*, du latin *staticum*, « qui se tient », désigne une demeure, le lieu où l'on habite. Le mot a conservé le même sens en occitan et est devenu un lieudit, puis un nom de lieu. Enfin, LESTAGE, L'ESTAGE et LÉTAGE sont des surnoms de personnes qui viennent d'un lieu ainsi nommé.

La maison et son matériau. Il arrive parfois que la façon de construire la maison, le matériau employé ou une autre caractéristique de ce genre qui lui est propre donne son surnom à celui qui l'habite, à moins qu'il ne s'agisse plutôt d'un surnom de métier du constructeur. Le surnom LATAPIE se rencontre au Béarn et désigne le matériau appelé *tapia* en occitan, sorte de maçonnerie, de torchis où se mêlent cailloux, terre argileuse et paille.

DE MAINS D'HOMME

Dans l'environnement plus ou moins immédiat, d'autres types de constructions se dressent ici et là, édifiées par l'homme, et sont susceptibles de servir aussi de points de repère pour situer le lieu de résidence de quelqu'un. Elles peuvent être pour d'autres un trait distinctif parce qu'elles rappellent leurs lieux de travail.

Abbaye. Est-il besoin de dire que la vie monastique joue au Moyen Âge un rôle de premier plan ? D'où la place de l'*abbaye* dans les lieux-dits et les noms de famille. On voit l'abbaye sous les formes ABADIE, LABADIE, D'ABADIE et, par aphérèse, BADIE, au Languedoc. Elle donne son surnom à celui qui habite à proximité ou qui y travaille, par exemple, à titre de domestique. L'équivalent en anglais sera ABBAY ou ABBEY et, en catalan, ABADIA.

À défaut d'une abbaye, on aura peut-être un ermitage, appelé *cella* en latin, qui est une sorte de petit monastère. *Cella* explique les surnoms CELLES, LACELLE, DECELLES, CELLIER et DUCELLIER, dont l'équivalent alsacien ou allemand est ZELLER. Ajoutons que CELLIER et DUCELLIER sont aussi des surnoms de métier, celui du responsable de la cave à vin du monastère ou du château.

Quant au *monastère* proprement dit, il est en partie reconnaissable dans MONASTESSE et dans l'apocope du même nom, MONAST. C'est toujours lui qui explique DUMONTIER, variante de *moutier*, forme populaire de *monastère*, ainsi que le diminutif MONTREUIL, contraction du diminutif latin *monasteriolum*.

Château. Le régime féodal accorde beaucoup d'importance au *château* du seigneur, forteresse où l'on se réfugie en cas de danger, mais aussi élément du paysage qui s'aperçoit de très loin. Aussi est-il naturel que ce mot s'emploie comme surnom de celui qui habite à proximité ou qui y travaille. Sous diverses formes, il est d'abord la base d'un lieu-dit, puis d'un véritable nom de lieu. C'est ainsi que les surnoms les plus courants sont les formes anciennes du mot : CASTEL, CHÂTEL, CHASTEL et CATEL. CHÂTEAU est plus rare parce que plus récent. Les mêmes surnoms, précédés de l'article contracté, indiquent bien un lieu : DUCASTEL, DUCHÂTEL, DUCHASTEL, DUCATEL et DUCHÂTEAU. En composition, on aura CHÂTEAUNEUF et ses variantes CASTELNEAU ou DE CASTELNEAU, dont la forme italienne est CASTRONOVO, mais aussi CHATEAUBRIAND et CHÂTEAUVERT.

Les diminutifs sont relativement nombreux et remplissent les mêmes rôles. Ils dérivent de plusieurs radicaux, ce qui explique la variété des familles. Cependant, il va de soi que, si la plupart des dérivés sont encore vivants en France, tous ne sont pas attestés chez nous. La famille de CASTEL comprend CASTELLET, CASTELAS, CASTELLAN et CASTELON. À CHATEL se rattachent CHÂTELET, DESCHÂTELETS, CHATELIN et CHÂTELIER. Les diminutifs de CHASTEL et de CATEL sont absents chez nous. Ajoutons CHÂTILLON et son équivalent italien CASTIGLIONE.

Certaines formes sont d'origine régionale : CASTILLON (S.-O.), CASTERA, CASTERAN (gasc.). En anglais, on rencontre CASTLE et CASTELL. En d'autres langues européennes, les équivalents sont : BURG et BURGER (all. et als.), CASTELLO (cat.), CASTEJON, CASTILLO et CASTELLANO (esp.), CASTELLO, CASTELLI et CATELLI (it. et cor.), CASTELO (ptg.).

Le château étant le plus souvent une forteresse, on comprendra qu'on l'ait désigné par le mot *fort*, d'où les surnoms d'origine FORT, LEFORT, BEAUFORT et DUFORT, appliqués à celui qui vient d'un village ou d'un hameau appelé *Fort* ou même *Lefort*, comme il en existe plusieurs en France. Le latin *firmitate*, devenu *ferté*, en ancien français, a désigné au Moyen Âge une *place forte* sous la forme LAFERTÉ.

Le château fort est habituellement entouré de puissants remparts surplombés par une ou plusieurs tours de garde. Parfois, la tour domine tellement le paysage qu'elle donne son nom à la forteresse, désignée sous le lieu-dit de *Latour*. Celui qui habite à proximité se verra alors surnommer LATOUR ou DELATOUR ou de son diminutif, LATOURELLE. En langue occitane, la tour de guet se dit MIRANDA et devient un lieu-dit synonyme de BEAUREGARD, BEAUVOIR ou BELLEVUE. Elle explique les surnoms MIRANDE, LAMIRANDE, DE LAMIRANDE et le masculin MIRAND, écrit aussi MYRAND. Notons que l'ancêtre des MIRAND, MYRAN, MIRANDE et LAMIRANDE du Québec est la même personne, *Jean Dulignon Sieur de Lamirande*. DULIGNON est un surnom d'origine. Il s'applique à celui qui vient d'un lieu nommé *Lignon*. DULIGNON a été supplanté par le nom dit de l'ancêtre et ses variantes jusqu'à MIRAND. MIRANDETTE est le diminutif de MIRANDE.

Par ailleurs, celui qui habite une maison fortifiée, une BASTIDE, comme on la nomme dans le Midi, en recevra son surnom. Le mot vient du latin *bastita*, de même sens. BASTIDON en est le diminutif. De même, un mur de fortification, appelé *paries* en latin, a donné *parois* en français et le lieu-dit *Les Parois* qui a conduit au surnom DESPAROIS. BEAUCAIRE, où l'adjectif entre en composition avec le mot occitan *caire*, « pierre de taille », et qui sert à sa construction, désigne aussi, par métonymie, le château lui-même avant de devenir, lui aussi, un nom de lieu.

Roc. Un pic rocheux sur lequel se dresse une forteresse est appelé, ici ou là, ROC, ROCHE, LAROCHE, DELAROCHE, DESROCHES, ROCQUE, ROQUE, LAROQUE ou LAROCQUE et, dans le Midi, LAROUCHE, mais aussi ROCHER, DUROCHER et DESROCHERS. On attribuera le surnom correspondant à celui qui habite à proximité de la forteresse ou qui y travaille. Parfois, le lieu fortifié est qualifié : ROQUEBRUNE, peut-être à cause de la couleur de la muraille. Quant à ROCHEFORT et ROQUEFORT, ils sont, pour ainsi dire, des toponymes redondants, puisque le deuxième élément a le même sens que le premier. Lorsque la forteresse est de moindre importance, elle est désignée par un diminutif. Les dérivés se rattachent à plusieurs radicaux. ROCHE a donné ROCHELLE, probablement relié au toponyme *La Rochelle*, très répandu dans nos noms de famille, ROCHET, plus fréquent au féminin, ROCHETTE, ROCHAT, ROCHAN, ROCHON et ROCHARD. On trouve, parmi les dérivés de ROQUE, ROQUET, ROCA et ROCAN. Nous n'avons que ROCQUET dans la série des dérivés de ROCQUE.

N'oublions pas, toutefois, le diminutif ROCHEREAU qui, au Québec, a subi une mutation. ROCHEREAU s'est transformé en ROCHELEAU, par rhotacisme. Quant à ROCHERON, c'est le nom de l'ancêtre des ROCHON d'Amérique, *Simon Rocheron*, qui s'est contracté en ROCHON. ROCHERON est un surnom de métier du casseur de roches.

En anglais, on rencontre CRAIG et ROCK. En d'autres langues européennes, les équivalents sont : FELTZ et FELX (all. et als.), ROCA (esp.), DELLA ROCCA (it. et cor.), DA ROCHA (ptg.).

Église. Le temple chrétien, l'*église*, est peu représenté dans les noms de famille en France. Au Québec, à peine trouve-t-on quelques LÉGLISE, auxquels s'ajoutent de rarissimes DEGLISE, GLAIZE ou GLEIZE, du Midi.

En anglais, CHURCH est fréquent et, comme les autres cas, s'applique à celui qui habite à proximité du temple ou à celui qui y est employé comme bedeau ou sacristain. On le rencontre aussi en allemand et en alsacien, KIRCH, en espagnol, sous la forme EGLESIA. Évitons de confondre le nom KIRCH avec son homonyme KIRSCH, qui signifie « cerise », et évoque plutôt le métier de celui qui cultive ou vend des cerises.

Une petite église d'importance secondaire est appelée simplement *autel* et explique le lieu-dit *Les Autels* qui, à son tour, justifie le surnom DESAUTELS. Le même lieu-dit, dans certaines régions, peut parfois rappeler la présence de dolmens. En Bourgogne, l'équivalent sera nommé *Autrey* et celui qui en vient, DAUTREY.

Chapelle. L'histoire du mot *chapelle* n'est pas dénuée d'intérêt. Issu du latin *capella*, le mot est un diminutif de *capa*, « chape, cape ». Il désigne un manteau à capuchon. Le masculin *chapel* s'est vocalisé en *chapeau*. Au Moyen Âge, *chapel* évoque le manteau de saint *Martin*, célèbre pour l'avoir partagé avec le Christ, caché sous l'apparence d'un pauvre gueux démuni. Le *chapel* de saint *Martin*, devenu une relique vénérée à travers la France, a été conservé dans un lieu appelé *Chapelle*. De là, une *chapelle* a désigné un lieu de prière. C'est ainsi qu'une *chapelle* construite en un lieu isolé a pu servir de lieu-dit et de surnom à celui qui habite tout près. Le lieu-dit se transforme souvent en un véritable nom de lieu, surtout lorsqu'un village s'est construit autour de ladite chapelle. Plus de 200 endroits, en France, se nomment aujourd'hui *Chapelle* ou *Lachapelle* et plus de 20, *Capelle* ou *Lacapelle*, formes picardes du même nom. Par ailleurs, le surnom CHAPELLE ou LACHAPELLE a été associé à plus de 60 noms dans les documents du Québec ancien. Le surnom s'applique donc à celui qui est originaire d'un endroit ainsi nommé. Il en est de même pour CAPELLE, plus rare chez nous, alors que *Lacapelle* est absent.

Croix. Les surnoms LACROIX, DELACROIX et DESCROIX viennent d'abord d'un lieu-dit identifiant un endroit planté d'une ou de plusieurs croix, comme chez nous, les croix du chemin, ou encore marqué par un croisement de routes. Au Languedoc, le surnom sera CROUX. Le porteur du surnom habite donc non loin d'une croix et, par elle, est facile à repérer. CROISILLE est un diminutif de *croix*.

En anglais, on rencontre CROSS et CROSSMAN. En d'autres langues européennes, les équivalents sont : KREUTZER (all. et als.), CRUZ (esp.), CROCE et DI CROCE (it. et cor.), CRUZ (ptg.).

Cependant, *Lacroix* est aussi un nom de commune en France et le mot entre dans la composition de nombreux noms de lieux. Il peut donc s'agir aussi du surnom de celui qui en est originaire.

Pont. Des éléments du paysage construits par l'homme, comme les ponts, les tours ou autres peuvent servir d'autant de points de repère. D'où les surnoms qui en découlent dont le plus fréquent et de loin est, évidemment, DUPONT. Si le pont est petit, on aura recours à un diminutif comme PONTEAU et PONTON ou encore PONCET, PONCIN et PONCY, sans oublier PONCELET.

L'*arche* d'un pont situé à proximité explique plusieurs lieux-dits devenus noms de lieux et certains surnoms d'origine parmi lesquels se reconnaissent les ARCHE, LARCHE, DARCHE ou DARCHES et sa variante plus rare, DARGE. On ne peut laisser pour compte le diminutif correspondant DARCEL.

Un surnom étonnant. Le surnom d'origine DOUTRE nécessite une explication spéciale. Il s'agit en somme d'une forme de préposition, aujourd'hui presque disparue, qui n'a survécu que dans des expressions comme *outre-mer*, *outre-tombe*, *outre que*, *en outre* et *passer outre*. Le mot signifie à l'époque «de l'autre côté». On désigne ainsi les gens qui habitent de l'autre côté de la rivière, du chemin, de la montagne, du pont. Ce sont les gens *Doutre* rivière, la famille *Doutre* pont.

AUX ABORDS DU DOMAINE

Pour distinguer des personnes du même nom, on a recours à des surnoms, dont plusieurs reflètent le type d'habitation où demeure la personne ou un élément caractéristique qui peut servir de critère pour la situer ou la reconnaître. Ces éléments expliquent de multiples surnoms devenus patronymes. Les arbres, arbustes et certaines plantes abordés dans les pages précédentes pourraient trouver place ici, comme composants de la propriété.

Barre. Parfois, le domaine est doté d'une clôture munie d'une BARRE, d'où LABARRE ou DELABARRE, sinon d'une BARRIÈRE, appelée BARRÈRE, au Roussillon, et BARRERA, en Provence. Lorsque la barre est petite, on la nomme BARRET, féminisé en BARRETTE, écrit parfois BARETTE. BARRET et BARRÉ sont des homophones en Nouvelle-France. Il s'agit en somme du même mot à double graphie. Les sens de coiffure ecclésiastique ou de pince à cheveux du nom BARRETTE sont trop récents pour avoir été employés comme surnoms.

Puits. De même, une habitation qui possède un *puits* ou voisine du puits communal vaudra à son propriétaire le surnom de DUPUIS, et, en flamand, celui de VANDEPUTTE. Les WELLS anglais et POZZI italiens s'expliquent de la même façon. Il ne faut pas confondre DUPUIS et DUPUY. Ce dernier fait partie du relief et a été expliqué plus haut.

Plessis. Un enclos entouré d'une palissade faite de branchages entrelacés se nomme un *plessier* ou un *plessis* d'où nous viennent les surnoms PLESSIS et DUPLESSIS. Le *plessis*, de l'ancien français *plaissier*, « courber, plier », a souvent constitué la première protection d'anciens châteaux et, par métonymie, désigné dans certains cas le château lui-même.

Portail. Lorsque la maison est pourvue d'un portail imposant, caractéristique de cette propriété, on donne à ses habitants le surnom de PORTAL.

Salle. Au Moyen Âge, le château compte le plus souvent une grande pièce où la châtelaine accueille ses visiteurs et donne des fêtes. Cette pièce se nomme la *sale*, écrit plus tard *sales*, puis *salle*. Le mot est devenu un lieu-dit et s'est appliqué à une maison fortifiée, puis à un manoir très vaste. SALE, LASALE, SALLE, LASALLE, DELASALLE, ainsi que SALES sont donc des surnoms d'origine de celui qui en vient.

Les éléments décoratifs. Parfois la maison est décorée de plantes qui constituent à leur tour des points de repère et donnent leur surnom à celui qui l'habite. Ainsi, se distingueront l'un de l'autre les DESROSIERS, les DESLIERRES, les DESLAURIERS, comme les DUCHESNE, les DUFRESNE et les DUTIL. N'oublions pas toutefois qu'un surnom commençant par *des* peut toujours être un surnom d'origine de celui qui vient d'un lieu nommé, par exemple, *Les Rosiers*, *Les Lauriers* ou *Les Lierres*.

ENTRE LE DOMAINE ET LA VILLE

Les divers regroupements d'habitations ont aussi une valeur toponymique et servent alors de surnoms à ceux qui y habitent ou qui en sont originaires. La plupart du temps, on en reconnaît plusieurs variantes.

Bourg. Un *bourg* est un gros village comportant le plus souvent un marché. Les surnoms BOURG, LEBOURG et DUBOURG rappellent donc que le porteur en est originaire. C'est le patronyme d'*Antoine Bourg*, ancêtre des BOURQUE d'Amérique. La graphie moderne s'explique par le fait que le nom se prononçait [burg] et la prononciation a glissé naturellement vers [burk]. La graphie BOURQUE a suivi. BOURQUE est donc un synonyme de BOURGEOIS, « l'habitant d'un bourg », plus rare sous la forme BOURGOIS ou précédé de l'article LEBOURGEOIS. En langue bretonne, *bourgeois* se dit BOURHIS. Employé avec l'article, il donne LEBOURHIS, dont la consonne finale est sonore. Par métathèse ou par inversion de syllabes, LEBOURHIS s'est transformé en BOULERICE.

Le bourg a ses diminutifs dont certains se sont implantés au Québec : BOURGEAU, BOURGET, le plus fréquent ici, et féminisé dans la prononciation seulement, puisque la forme en *-ette* n'est pas attestée, BOURGEOT, BOURGIN et son féminin BOURGINE, BOURGEON et BOURGY, écrit plus souvent BOURGIE et BOURGIS. *Bourg* a une série moins complète de diminutifs basée sur le radical *bourgu-* : BOURGUET et BOURGUIN. Quelques rares porteurs des surnoms BOURQUET, BOURGETEL et BOURGADE sont consignés chez les abonnés du téléphone. Ajoutons à cette série BOURGNEUF, correspondant à VILLENEUVE, plus fréquent chez nous sous la forme BOURNEUF. MONBOURQUETTE est la forme fémi-nine de *Monbourquet*, déformation de *Maubourquet*, « mauvais bourg ».

En anglais, le *bourg* explique de nombreux surnoms : BURK, BURKE et BOURKE. Le BOURGEOIS se dit BURGER, BURGESS ou BORGES. En d'autres langues européennes, les équiva-lents sont : BURGER (all. et als.), BORGHESE (it. et cor.), DEPOORTER (néer. et flam.).

Hameau. L'ancien français *ham*, « petit village », a comme diminutif *hamel*, ancêtre du *hameau*, et désigne un groupe de maisons un peu à l'écart, mais dont les habitants fréquentent l'église du village. Le mot explique les surnoms HAMEL, DUHAMEL, DUHAIME et les diminutifs HAMELET et HAMELIN. Ce dernier peut être aussi un nom d'origine ger-manique.

En anglais, on rencontre les équivalents HAMLIN, écrit aussi HAMLYN, ainsi que les variantes HAMBLIN, HAMBLYN et HAMBLING, sans oublier le très célèbre HAMLET. VANDERDORPE est l'équivalent flamand de DUHAMEL et HAMANN (all. et als.).

Place. En milieu urbain, une *place* est un espace découvert plus ou moins vaste et entouré d'habitations. Celui qui habite une maison donnant sur la place lui devra donc son surnom : PLACE, souvent écrit PLASSE, LAPLACE, DELAPLACE ou DELPLACE.

Vézin. Le latin *vicinum*, qui a donné notre *voisin*, a pris la forme de VESIN ou VÉZIN, au sud de la France. En ancien français, il désigne un quartier. Il justifie plusieurs sur-noms qui en désignent les habitants : VESIN, VEZEAU, VÉZINA. On trouve aussi des VOISIN et VOISINE. MONVOISIN et MALVOISIN sont synomymes puisqu'ils désignent un « mauvais voisin ». Dans le même ordre d'idées, l'ancien français CORON désigne l'extrémité et a donné ce surnom à celui dont l'habitation est située « au bout du village ».

Ville. Nous avons abordé plus haut les noms de lieux issus de la *villa* romaine, qui, au Moyen Âge, a désigné le domaine. C'est progressivement que le nom en vient à s'appli-quer à l'agglomération telle que nous la connaissons aujourd'hui. Aussi est-il difficile de déterminer si les surnoms VILLE, LAVILLE et DEVILLE relèvent du domaine ou de la com-mune. En composition avec un adjectif, on aura BELLEVILLE, LONGUEVILLE, BONNEVILLE, COURVILLE, ainsi que les VILLENEUVE et NEUVILLE. Avec un nom se forment les VILLEDIEU et les CHEFDEVILLE, devenus CHEDVILLE, qui désignent celui qui habite à l'entrée du village.

La maison située *en aval* ou *en amont* du village ou du cours d'eau sera surnommée DAVAL ou DAMONT, selon le cas. DAVAL a eu plusieurs variantes dont DAVAU et DAVEAU.

CHAPITRE QUATRE

LES TRAVAUX ET LES JOURS… QUAND LE MÉTIER DISTINGUE LES PERSONNES

Pour se faire un nom, il faut être connu.
JULES RENARD

Au Moyen Âge, le métier est héréditaire. L'une des missions du père consiste à transmettre à son fils les secrets de son métier. C'est ainsi qu'on est tisserand, boucher ou forgeron de père en fils pendant des générations. Plus près de nous, au Sault-au-Récollet, sur l'île de Montréal, le pionnier *Jean Sicard*, meunier comme son père, créera en Nouvelle-France une lignée de meuniers qui en comptera huit, sur plusieurs générations. Compte tenu de cette réalité, il est inévitable que le métier soit un trait distinctif d'une famille et, par ricochet, un moyen pratique pour distinguer des homonymes, surtout lorsque les métiers et les tâches sont plus spécialisés et exercés par une seule personne dans le village, comme celui de forgeron, de tisserand ou de boulanger. Aussi le métier du père en vient-il rapidement à imposer son nom à la famille.

Parler du métier, c'est aussi aborder ses produits, ses outils de travail, les tâches à accomplir et le lieu où il est exercé. Nous retrouverons tous ces aspects évoqués dans les surnoms nés d'une même activité. En ce domaine, peut-être plus que dans d'autres, l'apport dialectal se révèle capital avec les métiers régionaux.

LE PLUS VIEUX MÉTIER DU MONDE

Si vous avez l'esprit tordu, vous pensez à un autre métier que moi. En réalité, je veux parler du *forgeron*. Le métier de forgeron émerge de la nuit des temps et traîne avec lui, depuis la préhistoire, un halo de mystère. Le feu, la fumée, l'odeur du charbon de son atelier le rapprochent de l'enfer et de la sorcellerie, ce qui le fait parfois mépriser. Le bruit assourdissant du marteau sur l'enclume, mêlé à celui du soufflet, la corpulence du forgeron, sa force, sa voix de stentor dominant le vacarme, tout contribue à créer autour de lui un climat inquiétant. Redouté des enfants surtout, il est facilement assimilé par les parents au «Bonhomme Sept Heures» de notre enfance. Ce dernier, d'origine anglaise, *bonesetter*, rappelle le *rebouteur* ou *ramancheur*, non moins mystérieux.

Métier des plus pratiques, celui du forgeron consiste à fabriquer les menus objets indispensables à la vie quotidienne, tant à la ville qu'en milieu rural : clous, couteaux, crochets, épées, dagues, outils divers, accessoires d'instruments aratoires, armures, etc. Le forgeron est l'homme à tout faire, le dépanneur professionnel. Si on le craint, on le respecte.

Dans les noms de famille, le forgeron est, sans contredit, le plus évoqué. Tous aspects confondus, en français seulement, les noms de famille rappelant ce métier se comptent par centaines. Ils se multiplient d'autant si l'on y inclut les noms d'origine étrangère, tout aussi abondants. Certes, tous ces surnoms de métier ne trouveront pas place ici. Ne seront conservés que ceux qui sont attestés au Québec ou qui sont de nature à illustrer le fonctionnement du système. C'est pourquoi tous ces surnoms seront regroupés en quatre catégories principales, ceux qui désignent le métier proprement dit, ceux qui concernent l'atelier où il travaille, ceux qui évoquent ses outils et, enfin, ceux qui décrivent, pour ainsi dire, les gestes du métier.

Les noms du forgeron. Le mot *forgeron* lui-même est jeune. Il date du XVe siècle. C'est pourquoi il est rare comme surnom. Treize porteurs sont toutefois attestés parmi les abonnés du téléphone au Québec. Les autres surnoms qui rappellent ce métier viennent du latin *faber*, qui désigne un ouvrier, un artisan, celui qui travaille de ses mains, avant de s'appliquer au forgeron proprement dit. À la suite d'une série de transformations dans la prononciation, le mot aboutit à *fèvre*, en ancien français, et est facile à reconnaître dans *orfèvre*. Dans les noms de famille, on retrace toutes les étapes de ces transformations dans les variantes encore vivantes dans les dialectes ou dans l'orthographe. Les exemples ici seront plus nombreux, vu l'importance de l'apport dialectal dans la multiplicité des surnoms. En effet, il s'agit de variantes dialectales plus que de simples fantaisies orthographiques. Voilà qui explique la dérogation au principe énoncé au début de cet ouvrage.

FABER est attesté chez nous ainsi que FABRE, répandu dans tout le Midi de la France. FABRE a ses dérivés : FABREAU et FABRY. FABRI, avec un ou deux *b*, est la forme corse ou italienne. Le *b* se transforme en *v* et en *u*, pour passer à FAVRE et FAIVRE, dans l'est, à FIÈVRE, au Poitou, à FAUR, FAURE, FAURÉ, en occitan, à HAUR, en Gascogne, où le *f* se transforme en *h* expiré. Partout ailleurs, on aura FÈVRE.

Plusieurs des dérivés de FAVRE sont présents au Québec : FAVREL, FAVREAU ou FAVEREAU, FAVRET, FAVRAT, FAVROT, FAVRIN ou FAVERIN, FAVRON ou FAVERON et FAVRY. Ceux de FAURE sont : FAUREAU, FAURET, FAUROT et FAURY. Les diminutifs équivalents de HAUR ne se sont pas implantés au Québec, sauf HAURET et HAURY. FAIVRE n'a pas de dérivés au Québec. Quant à FÈVRE, il n'a laissé chez nous que FÉVREAU et FÉVRY.

L'ajout d'un *b* étymologique dans FEBVRE est une erreur, puisque le *b* s'est transformé en *v*. Il explique, cependant, l'orthographe de LEFEBVRE, la forme la plus généralisée du patronyme, avec l'article. La confusion entre les lettres *v* et *u*, souvent employées l'une pour l'autre en orthographe ancienne, est à l'origine de LEFÉBURE. On rencontrera aussi l'article avec les formes FAIVRE, de la Franche-Comté, FÈVRE, et FIÈVRE : LEFAIVRE, LEFÈVRE et LEFIÈVRE. Les formes bretonne, *feuvre*, et picarde, *fèbre*, sont absentes au Québec, mais nous avons quelques LEFEUVRE et LEFÈBRE.

En Bretagne, le mot celte GOFF a la préférence, avec LE GOFF et GOFFIC, pour évoquer ce métier.

Là où l'influence germanique domine, comme en Lorraine et en Alsace, *forgeron* se dit SCHMID, comme en allemand, avec de nombreuses variantes orthographiques. Le forgeron qui travaille l'or ou l'argent sera surnommé GOLDSCHMIDT, GOLDMAN ou GOLDMANN, sinon SILBERMAN.

Ce qui conduit en ligne droite à l'anglais SMITH, terme générique, et l'un des patronymes les plus répandus dans le monde, toutes formes et toutes langues confondues.

Les surnoms de forgeron se comptent par centaines en Grande-Bretagne, comme en français. Les variantes de SMITH sont multiples : SMYTH, SMYTHE, SMYE... L'anglais, comme l'allemand, précise le métal sur lequel travaille l'artisan ou le produit fabriqué. On aura GOLDSMITH, qui travaille l'or, comme notre *orfèvre*, SILVERSMITH, l'argent, BLACKSMITH, le fer ; LOCKSMITH fabrique des serrures, SHEARSMITH, des ciseaux, ARROWSMITH, des flèches. Au Québec, de nombreux porteurs du nom SMITH sont de langue française et, souvent, d'ascendance irlandaise.

En flamand et en néerlandais, SMITH devient SMET et DESMET. Joignons à tout cela le grec SIDER, l'espagnol HERRERO et le KOVAC des langues slaves, le KOVIC ou KOVACEVIC serbe, et le KOVAR ou SMIDA tchèques et nous aurons un bel éventail de la présence de ce métier dans nos noms de famille.

Parfois le forgeron reçoit un surnom rappelant le matériau sur lequel il travaille, le *fer*. Les mêmes surnoms s'appliquent tout aussi bien au maréchal-ferrant. Il sera un FERRÉ, au Languedoc, un FERRER, au Roussillon, sans oublier TAILLEFER, qui est, sans l'ombre d'un doute, un surnom de forgeron. Le surnom a des dérivés : FERRIER, FERREL, FERRET, FERRAT, FERRAS, FERRAN, FERRIN, FERRON, FERRARD et FERRY. FERRY est aussi un diminutif de FRÉDÉRIC. En anglais, FERRON s'est anglicisé en FARROW et FARRAH. En corse et en italien, les surnoms de forgeron sont aussi très nombreux. Les suivants sont attestés au Québec, souvent par couple, la forme en *o* marquant le singulier et celle en *i*, le pluriel et la filiation : FERRO ou FERRI, FERRERO ou FERRERI, FERRARO ou FERRARI ou FERRARIS, en plus des diminutifs si fréquents dans cette langue, FERRAZZANO, FERRETI, FERRETTO ou FERRETTI.

Ajoutons toutefois que les surnoms dérivés de *fer* peuvent être aussi des surnoms du métier de celui qui fait le commerce du fer, sans nécessairement être forgeron. L'endroit d'où l'on extrait le fer est LAFERRIÈRE. Le surnom s'applique aussi à celui qui travaille dans une mine de fer, appelée *ferrière*, ou encore à celui qui habite non loin de la mine. Un hameau ou un village construit autour de la mine de fer se nomme aussi FERRIÈRE ou LAFERRIÈRE et conserve le toponyme même une fois que la mine est désaffectée. Un nouveau venu dans un village ou un soldat au régiment provenant d'un lieu nommé *Ferrière* se verra alors affublé du surnom, même s'il n'a rien à voir avec le métier.

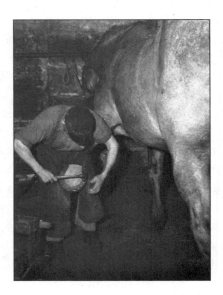

Le maréchal-ferrant au travail

L'atelier du forgeron. Le latin *fabrica*, dérivé de *faber*, analysé plus haut, désigne d'abord un « atelier d'artisan ». L'usure phonétique du mot au cours des siècles l'a fait aboutir à *forge*, *forgue* ou *farge*, selon les régions et les dialectes.

Ainsi naissent les FORGE, FORGES, LAFORGE, DESFORGES, DEFORGE, DELFORGE et DEFFORGES, sans oublier leurs diminutifs FORGET et FORGEOT. Les équivalents dialectaux sont FORGUE, FORGUES, LAFORGUE et LAFFORGUES, dans le Midi, ainsi que FARGE et LAFARGE, dans le Massif central. FARJON et FARGIER sont des diminutifs de FARGE. En Gascogne, le surnom est FAURIE et Lafaurie et, au Languedoc, Fabrègue ou Fabrègues. Ajoutons qu'au moins une des branches québécoises de Forget descend de *Pierre Latour dit Laforge*. Peut-être le surnom Forget revêt-il alors une valeur quelque peu ironique de « petit de Laforge ».

Les outils du forgeron. Parmi les outils que le forgeron utilise, mais pas nécessairement en exclusivité, il y a le *marteau* et l'*enclume*. La forme ancienne de *marteau* explique Martel. L'*enclume* a laissé ici quelques rares Langlume.

Les produits du forgeron. La spécialisation des métiers chez les forgerons entraîne ensuite la création de nouveaux noms pour les désigner. Le nom du métier et, par ricochet, le surnom, dépendent du produit fabriqué.

Le forgeron qui « ferre les chevaux » est le *maréchal-ferrant*, mentionné plus haut, et amène les diverses formes de Maréchal, dont la contraction Marchal. Parmi les variantes de Maréchal, on relève les formes suivantes : Mareschal, Marichal, Maréchaux, Marescot, Marissal et Manescau.

Les forgerons spécialisés dans la fabrication de clous sont des Cloutier, pour des clous ordinaires, et des Clavel, Claveau ou Clavet si les clous sont gros. Les formes latines *clavem*, « clef », et *clavum*, « clou », sont très semblables et favorisent la confusion, de sorte que Clavier, ou son féminin Clavière, peut désigner aussi bien le préposé aux clés que le fabricant de clous. Ainsi le surnom Claverie rappelle-t-il autant l'atelier du cloutier que la fabrique de clés.

Aux États-Unis, le nom Cloutier s'est modifié en *Cloukey* et *Clukey*, mais ces formes ne sont pas revenues chez nous. En anglais, les surnoms du Cloutier sont Nail, Naylor ou Naismith. En d'autres langues européennes, les équivalents sont : Nagel et Nagler (all. et als.), Szego (hon.), Gvozdev (rus.).

Le Cuillerier fabrique des *cuillères*, autant les ustensiles de cuisine que les outils techniques. La graphie du mot a beaucoup varié : Cuierrier, Cuillerier, Cuillierier, Cuerrier et Currier.

Un autre artisan indispensable à la collectivité est celui qui fabrique ou répare des *chariots*, des voitures, le Charron. Son nom varie selon les régions. Surnommé Charron ou Charlier au Centre, il devient, en Picardie, un Caron ou un Carlier ; en Normandie, on l'appelle Caron, Quéron ou Carlier ; dans le Midi, c'est le Carrier qui exerce ce métier ; ailleurs, on l'appellera Charrier, et, en Lorraine, plutôt Cherrier. Dans d'autres régions, le Carrier est un casseur de pierres qui travaille dans une Carrière.

En principe, le Charet ou Charrette est le fabricant de charettes, comme ses équivalents picards, Caret et Carette, ou normands, Quéret et Quérette. Il y a eu attraction entre Choret et Charest, de sorte que bon nombre de Charest et de Charrette descendent de l'ancêtre *Mathurin Choret* ou *Chauret*. Le nom de cet ancêtre connaît aujourd'hui les graphies suivantes : Chauré, Chaurest, Charest, Choret, Chauret, Chaurette,

CHARET, CHARETTE et CHARRETTE. Le tableau **Généalogie 9** en fournit une illustration partielle. On explique l'origine du nom CHAURET au chapitre cinq.

Le charron spécialisé dans la fabrication des roues est surnommé ROYER ou LEROYER ou encore RODIER, ROUDIER, RODE, RODEAU, RODIÉ, RODET, ROUDET, RODIN, RODON ou ROUER, ROUET, ROUAN et ROUIN selon la région.

Le LORIMIER fabrique des *lorrains*, c'est-à-dire de menus objets servant, entre autres, au chevalier : boucles, éperons, étriers, etc. DELORIMIER marque probablement la filiation.

Le MAGNAN, du latin *machina*, « métier du fer », est un chaudronnier itinérant qui passe de village en village pour offrir son produit. Comme surnom de métier, au fil des ans et selon la région, il revêt diverses graphies dont les suivantes, attestées au Québec : outre MAGNAN, la plus fréquente, et MAGNANT, on trouve quelques MAGNIEN, MAIGNAN, MAGNIN, MAIGNAN et MAGNET. MAGNAN est aussi un surnom d'origine applicable à celui qui vient d'un lieu portant ce nom. Parfois, le chaudronnier est désigné par son produit, le CHAUDRON.

En anglais, on rencontre BOWLER. En d'autres langues européennes, les équivalents sont : KESLER (all. et als.), CALDER et CALDERON (esp.), CALDERONI (it. et cor.), CALDEIRA (ptg.).

MEUNIER, TU DORS…

L'alimentation répond à un besoin essentiel de la personne humaine. Aussi ceux qui contribuent à lui assurer sa subsistance jouissent-ils d'un statut particulier dans la société, et ce, à l'échelle de la planète, quels que soient le continent ou la langue. La base de cette nourriture reposant sur le pain, il est normal que, dans les noms de personnes, on retrouve des traces des divers métiers qui, de près ou de loin, facilitent la fabrication du pain.

Les surnoms du meunier. Le MEUNIER arrive en tête de file. Les équivalents dialectaux sont nombreux, dont plusieurs nous sont familiers : MOUNIER, MONNIER, LEMONIER, MUNIER et le féminin, MONIÈRE. Quelques-uns sont accompagnés de l'article, LEMEUNIER, LEMONNIER et LEMONIER.

La *meule* sert à moudre le blé pour le réduire en farine. Elle fait surnommer le meunier DEMEULE ou DESMEULES, formes modernes du mot, sinon de l'une des formes anciennes correspondantes, MOLE, MOLLE, MOLLIER et MOLYNEUX.

L'endroit où travaille le meunier explique MOULIN, DUMOULIN et DESMOULINS, dont quelques formes anciennes sont attestées ici, MOLIN, DUMOLIN, MOLINET, MOLINARD, MOLINIE, MOLINIER, MOLITOR et MOULY.

Quant à son produit, il explique les quelques FARINE, FARINEAU, FARNEL, FARNET, contraction de *farinel* et *farinet*.

Généalogie 9. La descendance de *Mathieu Chauré*

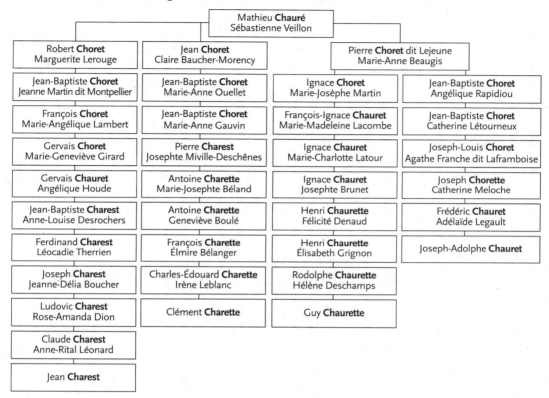

Mathieu **Chauré**
Sébastienne Veillon

Robert **Choret** Marguerite Lerouge	Jean **Choret** Claire Baucher-Morency	Pierre **Choret** dit Lejeune Marie-Anne Beaugis	
Jean-Baptiste **Choret** Jeanne Martin dit Montpellier	Jean-Baptiste **Choret** Marie-Anne Ouellet	Ignace **Choret** Marie-Josèphe Martin	Jean-Baptiste **Choret** Angélique Rapidiou
François **Choret** Marie-Angélique Lambert	Jean-Baptiste **Choret** Marie-Anne Gauvin	François-Ignace **Chauret** Marie-Madeleine Lacombe	Jean-Baptiste **Choret** Catherine Létourneux
Gervais **Choret** Marie-Geneviève Girard	Pierre **Charest** Josephte Miville-Deschênes	Ignace **Chauret** Marie-Charlotte Latour	Joseph-Louis **Choret** Agathe Franche dit Laframboise
Gervais **Chauret** Angélique Houde	Antoine **Charette** Marie-Josephte Béland	Ignace **Chauret** Josephte Brunet	Joseph **Chorette** Catherine Meloche
Jean-Baptiste **Charest** Anne-Louise Desrochers	Antoine **Charette** Geneviève Boulé	Henri **Chaurette** Félicité Denaud	Frédéric **Chauret** Adélaïde Legault
Ferdinand **Charest** Léocadie Therrien	François **Charette** Élmire Bélanger	Henri **Chaurette** Élisabeth Grignon	Joseph-Adolphe **Chauret**
Joseph **Charest** Jeanne-Délia Boucher	Charles-Édouard **Charette** Irène Leblanc	Rodolphe **Chaurette** Hélène Deschamps	
Ludovic **Charest** Rose-Amanda Dion	Clément **Charette**	Guy **Chaurette**	
Claude **Charest** Anne-Rital Léonard			
Jean **Charest**			

Jean Charest, premier ministre du Québec, *Clément Charette*, directeur d'école retraité de Montréal, *Guy Chaurette*, dentiste retraité de Montréal, et *Joseph-Adolphe Chauret*, notaire décédé en 1918, ont tous le même ancêtre, malgré les graphies très différentes de leur nom actuel.

Jean Charest   *Clément Charette*   *Guy Chaurette*

La façon de travailler du meunier, elle est probablement à l'origine de quelques sobriquets du meunier comme ALAVOINE et CASGRAIN, sans omettre l'occitan BLUTEAU, grand tamis avec lequel on tamise la farine. Le surnom s'applique au meunier qui *blute* la farine. Par interversion de lettres, BLUTEAU est devenu BULTEAU. Un BARITEAU est un instrument qui sert aussi à tamiser la farine. Il s'agit d'une sorte de toile utilisée à cette fin. Le nom de l'instrument devient le surnom de celui qui s'en sert.

MONGRAIN, une déformation de MAUGRAIN, signifie « mauvais grain » et s'oppose à *Bongrain*. Or, au Moyen Âge, le mot *grain* a plusieurs acceptions qui entraînent un changement de catégorie lorsque le mot est donné comme surnom ou nom de famille. Synonyme de blé, MONGRAIN est un sobriquet de mauvais meunier, appliqué à celui qui moud du mauvais blé, alors que *Bongrain* évoque l'inverse. Le surnom peut, de plus, être attribué au cultivateur dont le blé est de mauvaise qualité, comme *Bonpain*, *Monpain* et *Maupain*, écrit MAUPIN ici, désignent un boulanger qui fait du bon ou mauvais pain.

En anglais, les surnoms du MEUNIER sont MILL, MILLER ou MILNER. En d'autres langues européennes, les équivalents, désignant tantôt le MEUNIER, tantôt le MOULIN, sont : MOLER, MULLER et MILLER (all. et als.), BOLIVAR (basq.), MILETICH (bul.), MUNOZ et MOLINA (cast.), MÖLLER (dan.), MOLINERO, MOLINO, MOLINAS (esp.), MYLONAS (gr.), MOLNAR (hon.), FARINA, MOLINARO et MOLINARI (it. et cor.), VERMEULEN, MULDER ou SMULDERS (néer. et flam.), FARINHA (ptg.), MELNIK (rus.).

Le moulin banal de Longueuil

Une remarque s'impose cependant au sujet du nom MELANSON, écrit aussi MELANÇON. En effet, ce nom nous est venu très probablement de l'Écosse en passant par l'Acadie. Il porte la marque de filiation anglaise -*son* et signifie donc «fils de Mélan». *Melan* est une variante de MILLAN ou de MULLAN, qui évoquent le MOULIN. MELANSON signifie donc «le fils du Meunier» ou «le fils de celui qui habite près du moulin».

Les noms du boulanger. Si BOULANGER paraît limpide comme nom de métier, les noms et surnoms attribués à ceux qui l'ont exercé au fil du temps sont multiples. En effet, le BOULANGER, parfois précédé de l'article, LEBOULANGER, a toujours fait du pain, mais son nom actuel ne date que du XIIᵉ siècle et vient de la Picardie. *Boulanger* désigne celui qui fabrique des pains «en forme de boules», du mot *boulenc*, en dialecte picard, dont on reconnaît la trace dans le surnom BOULAN. Le boulanger s'est appelé *pesteur*, «qui pétrit la pâte», en partie reconnaissable dans les patronymes PÉTRIN et PESTEL, devenu PÉTEL, PESTRE, de nos jours PÊTRE, dans le PESTER flamand, le PFISTER allemand et le PISTOR tchèque. C'est le même mot que l'on reconnaît dans PISTRE, aujourd'hui PITRE et, avec l'article, LEPITRE. Il s'agit donc vraiment, dans ces derniers cas, d'un surnom de boulanger qui n'a absolument rien à voir avec la signification actuelle du mot *pitre* dans l'expression «faire le pitre».

Le *four* dont se sert le boulanger est souvent devenu son surnom. DUFOUR, FOURNIER, FOURNIÉ et FOURNEY, sans oublier les dérivés FOURNEL, FOURNEAU, FOURNET et FOURNY. FOURNERET s'applique aussi au boulanger. Nous avons déjà mentionné les surnoms PÉTRIN et PÉTEL qui mettent l'accent sur le geste de pétrir la pâte, le *pétrin* étant le coffre dans lequel le boulanger le fait. Aujourd'hui, le pétrin est mécanisé.

Le produit du travail du boulanger est à l'origine de nombreux surnoms attestés chez les abonnés du téléphone : PAIN, LEPAIN, PAINCHAUD, PAINDAVOINE, PAINTENDRE et PIMPARÉ (*Pain paré*). Parmi les dérivés de PAIN, on rencontre PANEL, PANET et son diminutif PANNETON, PANIN et PANARD. En ancien français, «le pain de choisne» est un pain blanc. Celui qui le fabrique est un CHOISNARD, implanté ici par *Jacques Choisnard* dont les descendants sont aujourd'hui des CHOUINARD. Quant au PANNETIER, au Moyen Âge, il désigne le boulanger qui distribue son pain «dans des paniers».

Soulignons cependant RATÉ, CHAUMENY et GALEMICHE ou GALMICHE qui sont des surnoms de mauvais boulangers. Le pain est *raté*, c'est-à-dire que, selon l'étymologie, il est «grignoté par les rats». En ancien français, le pain *chaumeni* est du «pain moisi». En Bourgogne, celui qui *gale la miche* «gâte la miche», c'est-à-dire le pain. C'est probablement le même sens qu'a le nom plutôt rare de GALPIN. MALCUIT et MAUPIN sont aussi des surnoms de mauvais boulanger marqués par le préfixe *mal* devenu *mau*.

Certaines formes du nom sont d'origine régionale : BOULINGUEZ (N.), FORNER (S.), FORNIER (E.). En anglais, on rencontre BAKER, BAXTER, CAKE et, en Suisse romande,

FOURNEY. En d'autres langues européennes, les équivalents sont : BACKER ou DEBACKER, BECKER, parfois tronqué en BECK, BECKMAN, PFISTER (all. et als.), PSOMAS (gr.), PEK (hon.), FORNARO et FORNARI, (it. et cor.), BROOD ou DEBACKER (néer. et flam.), PISTOR (tch.).

Le *pâtissier* n'est pas en reste. Au premier chef, c'est son produit qui servira à le distinguer en lui donnant son nom sous diverses formes. Évidemment, la plus récente est GÂTEAU, qui est transparent. Le mot est d'origine germanique, *watel*, et a donné en ancien français *gastel*, vocalisé en *gâteau*. GATEL se retrouve comme patronyme ainsi que les formes picardes VATEL et VASTEL. Ce sont autant de surnoms de pâtissier.

Généalogie 10. Les ascendances des *Fournier*

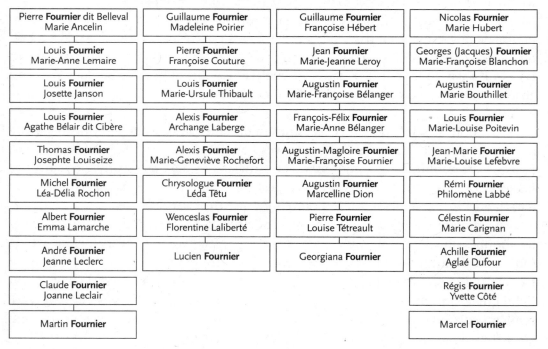

Pierre **Fournier** dit Belleval Marie Ancelin	Guillaume **Fournier** Madeleine Poirier	Guillaume **Fournier** Françoise Hébert	Nicolas **Fournier** Marie Hubert
Louis **Fournier** Marie-Anne Lemaire	Pierre **Fournier** Françoise Couture	Jean **Fournier** Marie-Jeanne Leroy	Georges (Jacques) **Fournier** Marie-Françoise Blanchon
Louis **Fournier** Josette Janson	Louis **Fournier** Marie-Ursule Thibault	Augustin **Fournier** Marie-Françoise Bélanger	Augustin **Fournier** Marie Bouthillet
Louis **Fournier** Agathe Bélair dit Cibère	Alexis **Fournier** Archange Laberge	François-Félix **Fournier** Marie-Anne Bélanger	Louis **Fournier** Marie-Louise Poitevin
Thomas **Fournier** Josephte Louiseize	Alexis **Fournier** Marie-Geneviève Rochefort	Augustin-Magloire **Fournier** Marie-Françoise Fournier	Jean-Marie **Fournier** Marie-Louise Lefebvre
Michel **Fournier** Léa-Délia Rochon	Chrysologue **Fournier** Léda Têtu	Augustin **Fournier** Marcelline Dion	Rémi **Fournier** Philomène Labbé
Albert **Fournier** Emma Lamarche	Wenceslas **Fournier** Florentine Laliberté	Pierre **Fournier** Louise Tétreault	Célestin **Fournier** Marie Carignan
André **Fournier** Jeanne Leclerc	Lucien **Fournier**	Georgiana **Fournier**	Achille **Fournier** Aglaé Dufour
Claude **Fournier** Joanne Leclair			Régis **Fournier** Yvette Côté
Martin **Fournier**			Marcel **Fournier**

Georgiana Fournier est la grand-mère maternelle de l'auteur ; *Marcel Fournier* est président de la Société généalogique canadienne-française ; *Martin* et *Lucien Fournier* ont été empruntés à la base de données d'un autre *Marcel Fournier*, sur le site de Planète-Québec. Ce tableau d'ascendances montre quatre Fournier issus d'ancêtres homonymes.

Georgiana Fournier   *Marcel Fournier*

Boucherie. Le BOUCHER, pour sa part, doit son nom au *bouc*, dont il vend la chair avant d'étendre son commerce à toutes sortes de viandes. Il se voit aussi sous les formes BOUCHÉ, BOUCHEZ, BOUQUIER et BOUCHEY, mais aussi en dérivés, BOUCHEREAU, BOUCHEROT, BOUCHERON. Auparavant, on le nommait MAZELLIER, du latin *macellum*, « marché aux viandes ». Celui qui prépare la viande de porc salée reçoit le surnom de son produit, BACON. Plus rarement, le BOUCHER a été désigné sous le nom de TUVACHE. Comme on ne mange pas la viande de l'âne, son pendant TULASNE, « qui tue l'asne », sera plutôt un sobriquet appliqué à celui qui maltraite sa bête.

Certaines formes sont d'origine régionale : BOUCHÉ ou BOUCHEZ (N.), BOUCHEREAU (auv.), BOUCHEROT (bourg.), BOUCHEY (f.-c.), BOUCHEIX (lim.), LEBOUCHER, mais aussi BOUQUET et sa variante BUQUET (norm.), BOUCHERON (poit.). En anglais, on rencontre BUTCHER et sa variante, BOWKER, FLETCHER, SLAUGHTER, qui abat l'animal pour sa viande, TRENCHARD, qui apprête la viande. En d'autres langues européennes, les équivalents sont : FLEISCHMAN, FLEISCHER (all. et als.), JAZZAR (ar.), KASSABIAN (arm.), MESZAROS (hon.), MELNIKOV (rus.).

Cuisinier. Les surnoms de cuisinier ont laissé peu de traces chez nous. On relève un seul CUISINIER parmi les abonnés du téléphone, par rapport à KOCH et COOK, ses équivalents allemand ou alsacien et anglais qui y sont présents en grand nombre. Par ailleurs, il existe de rares KUCHARSKI, le cuisinier polonais, et quelques CHAPOULIÉ, de l'ancien français *chapouler*, « couper menu », surnom de cuisinier spécialiste du hachis dans lequel la viande est coupée en petits morceaux. Le SAUCIER prépare les sauces.

On nommera GRATON celui qui apprête le *gratton* ou le *fritton*, mets régional du Poitou qui consiste à frire dans la graisse des résidus de porc ou de volaille.

En anglais, le CUISINIER se nomme COOK. En d'autres langues européennes, les équivalents sont : KOCH, KOCHMAN (all. et als.), KOECK (flam. et néer.), KUCHARSKI (pol.).

Dans le même ordre d'idées, le latin *sapor*, qui a donné *sabor* en occitan et *saveur* en français, signifie d'abord « qui a un goût particulier, une odeur agréable ». Le mot s'est appliqué à une personne de bon goût ou de commerce agréable sous la forme de diminutifs affectifs dont seuls SABOURIN et SABOURET se sont implantés au Québec. On pourrait peut-être y voir un surnom de cuisinier qui propose des mets ayant beaucoup de saveur. En effet, au XIIᵉ siècle, on nomme *saveur* l'assaisonnement qui donne du goût aux aliments et une sauce particulièrement relevée.

Le marchand d'épices se fait surnommer L'ÉPICIER ou LÉPICIER et celui qui fait le commerce du *sel* sera un SAULNIER, écrit aussi SAUNIER. Avec la préposition marquant la filiation, *de saulnier* deviendra DÉSAULNIER. La prononciation [z] du *s* entre deux voyelles et celle de la syllabe initiale [dé] portent peut-être à oublier qu'il s'agit ici d'un nom composé.

Brasseur. Celui qui fabrique de la bière est un BRASSEUR, surnommé LEBRASSEUR en Normandie, où le surnom de métier est très souvent précédé de l'article. L'équivalent dialectal en Picardie est CAMBIER. En anglais, on le nomme BREWER, en alsacien et en allemand, ce sera BRAUER, alors que, en flamand et en néerlandais, on optera pour BROUWER et DE BROUWER.

Le *presseur*, responsable de presser le raisin ou la pomme pour en faire du jus, sera surnommé PRESSE, PRESSEAU ou, tout simplement, PRESSOIR.

LES DURS MÉTIERS DE LA TERRE

Dans le monde rural, le métier de paysan ou d'agriculteur n'a rien d'original qui puisse donner prise à un surnom. Les mots *cultivateur* ou *agriculteur* ne sont pas distinctifs, c'est pourquoi ils sont absents des surnoms de métier. Ce sont les gens qui exercent des travaux spécifiques en ce domaine qui se voient attribués des surnoms. Souvent ces mots, jadis usuels, sont disparus de la langue courante, mais survivent dans les noms de famille. En voici quelques exemples, rapidement esquissés.

Un TERRIER ou THERRIEN est le propriétaire terrien ou celui qui exploite une terre agricole particulière et un VILAIN, du latin *villanum*, le paysan de condition modeste.

Païen ou paysan ? Le nom PAYSAN n'est pas dénué d'intérêt. En effet, le latin *paganus* désigne d'abord celui qui habite le *pays*, c'est-à-dire la région, comme on dit « le pays de Caux » ou « le pays de Bray ». Voilà donc le sens premier de *paysan*. Le mot a évolué pour en venir à s'appliquer à celui qui vit à la campagne, puis à l'agriculteur. Le surnom PAYSAN s'est implanté en Nouvelle-France, mais s'est peu à peu transformé dans la prononciation et la graphie pour aboutir à PÉSANT et à PESANT.

Dans la langue courante, le mot *paysan* a poursuivi son évolution pour en arriver à *payen* ou *païen*, au sens chrétien, «qui n'est pas baptisé». L'évangélisation tardive des campagnes explique le rapprochement, puis la confusion de sens entre *paysan* et *païen*. Le surnom Payen s'applique à l'enfant baptisé sur le tard et compte plusieurs graphies dont seules ont survécu chez nous : Payen, Paillant, Payan et, la plus fréquente, Payant. Cette dernière forme, malgré la ressemblance, n'a aucun lien avec Payeur, Payot et Payet ou Payette qui sont des surnoms de métier désignant le «préposé à la paie». Transplanté au Royaume-Uni après la conquête normande, le surnom Payen s'est plié aux contingences de la prononciation anglaise pour aboutir aux formes Paine, Pane, Pagan et Payne. Le surnom Payne est implanté au Québec depuis au moins 1725 et est, de loin, le plus répandu au Québec, porté par plusieurs familles francophones.

Dans le Midi, un propriétaire terrien plutôt modeste est dit Pagès, issu du latin *pagensem*, de même sens. L'équivalent alsacien ou allemand est Bauer ou Baur, devenu Bour, en Lorraine.

Gagnerie. Par ailleurs, une «gagnerie» est une terre cultivée ou labourée par un paysan seul. Ce paysan est surnommé Gaigneur, Gagner, Gagnier, Gagné, Gagnaire, mais encore Desgagnés, Gagneur ou Legagneur. Le diminutif en est parfois Gagneron, contracté en Gagnon. Augagneur marque la filiation, alors que Gagnière ou Ganière, Laganière et Lagagnière désignent un lieu où se trouve une gagnerie. En ancien français, on nomme *gain* la récolte d'une *gagnerie* et Voyne est une variante dialectale de *gain*. Le nom Voyne a évolué ensuite en Venne, dont un homonyme signifie «haie, clôture».

Ajoutons toutefois que, en ancien français, un *gaignon* ou Gagnon correspond à notre *pitbull* du langage populaire. Le mot désigne un chien particulièrement féroce. Le sobriquet s'applique à l'homme cruel et méchant, au caractère hargneux.

Grange. Le nom *grange*, du latin *granica*, «grain», désigne d'abord cette construction un peu à l'écart de l'abbaye où les moines entreposent leurs récoltes. Le nom s'étend ensuite à l'exploitation agricole sur laquelle est construite la grange. Les surnoms Grange ou Lagrange s'appliquent donc à celui qui y travaille. Quant à Desgranges et à ses variantes Desgrange et Dégranges, ils désignent celui qui vient d'un lieu nommé *Les Granges*, comme il en existe un bon nombre en France. Celui qui exploite une grange se verra surnommé Granger.

Métairie. Le fermier est nommé différemment selon la région ou le statut, pour ainsi dire, de son exploitation agricole. Il sera surnommé Métayer ou Lemétayer s'il exploite une *métairie*, c'est-à-dire une terre en location dont il partage les récoltes avec le propriétaire. Peut-être le surnom Méthot est-il un diminutif régional de Métayer. C'est l'hypothèse que permet d'avancer la série de dérivés attestés en France : *Méthel*,

Méthet, MÉTHOT, *Méthat*, *Méthon* et *Méthy*, mais absents de notre patrimoine. Au Poitou, l'équivalent sera MÉTAIS, alors que, en occitan, ce sera une GAZAILLE.

En Angleterre, une ferme est tenue par un FARMER. Vraisemblablement, le surnom est attribué à celui qui loue une terre à ferme, c'est-à-dire qui la cultive pour son propriétaire moyennant une redevance. Ce qui se rapproche, en apparence tout au moins, du MÉTAYER français. Son équivalent alsacien ou allemand est HOFFMANN, écrit parfois HOFMANN ou HOFMAN.

Grenier. Le propriétaire d'un *grenier* pour entreposer son blé reçoit, selon la région, le surnom de GRENIER ou GRANIER. La prononciation dialectale de *grenier* est très proche de [garnié], ce qui a entraîné la confusion entre les noms GARNIER et GRENIER et le passage plus ou moins fréquent de l'un à l'autre, au Québec, en changeant de génération, tant dans la descendance des GARNIER que dans celle des GRENIER.

Cultures diversifiées. On appelle BAILLARGÉ, BAILLARGER ou BAILLARGEON celui qui cultive la *baillarge*, une variété d'orge. Par ailleurs, CHOLET, féminisé en CHOLETTE au Québec, cultive et vend le *chou*, qui en ancien français se dit *chol*. CHOLET en est le diminutif, de même que CHOLEAU, CHOLOT et CHOLY, beaucoup plus rares au Québec que les premiers. Des équivalents méridionaux, plus près du latin *caulem*, « chou », sont plus rares. Seuls CAULET et CAULY sont présents dans notre patrimoine.

Le producteur de légumes en cosse, haricots, pois, fèves, lentilles, est surnommé COSSET, féminisé en COSSETTE chez nous, COSSET étant un diminutif de *cosse*. Deux autres dérivés de *cosse*, COSSON et COSSARD, sont moins répandus. En ancien français, on appelle aussi *cosson* le vendeur de volailles, de grains ou de bestiaux. COSSON est vite devenu un surnom de métier de celui qui l'exerce. Ce nom est peu répandu chez nous. On y rencontre plus fréquemment sa variante CUSSON, de même sens. FROMENT ou FROMENTIN sont les surnoms de celui qui cultive le *froment*, c'est-à-dire le blé, alors que les SÉGAL et SEGUELA produisent du *seigle*. Celui qui se spécialise dans la culture du *poireau* recevra le surnom de PORLIER ou le nom de son produit : POREL, féminisé en PORELLE, PORET, POROT, PORAT, PORAN, mais aussi POIREL, POIRAULT, POIRET et POIRAT. Le surnom le plus courant chez nous est PORLIER, contraction de *porelier*, « qui cultive et vend des poireaux ». Le producteur de *raves* est un *ravier*. Ce surnom ne s'est pas implanté au Québec comme nom de famille. On y rencontre toutefois quelques RABIER, RAVIER, RAVEL, RAVAT, RAVET et RAVANEL auxquels il faut ajouter de nombreux RAVARY. Tous se rattachent au latin *rapa*, devenu *rava*. Notre patrimoine de noms de famille a hérité aussi de la forme RABY, issue du latin *raba*, intermédiaire entre *rapa* et *rava*, qui a conduit au français *rave*. Le surnom RACINE désignera le paysan qui cultive et vend des légumes à racines, comme le navet, la pomme de terre, le panais ou la carotte. Il peut s'agir aussi d'un surnom d'origine appliqué à celui qui vient d'un lieu nommé RACINE. L'ALLIER, le FAVIER, LOIGNON évoquent le jardinier qui cultive l'*ail*, les *fèves* ou l'*oignon* ou qui en fait le commerce. L'agriculteur spécialisé dans la production du *mil*, dont le diminutif est *millet*, sera surnommé MILLIER OU MILIER. Plus souvent, on lui donnera comme surnom celui d'un champ de mil à partir des diminutifs de *mil*, qui se regroupent dans deux séries parallèles, la première avec un *l*, la seconde avec deux *l* : MILET et MILETTE, MILOT, MILAT, MILAS, MILAN, MILON et MILARD ; MILLET et MILLETTE, MILLOT, MILLAS, MILLAN, MILLIN, MILLON, MILLARD et MILLY. MILARD et MILLARD sont aussi deux variantes d'un nom d'origine germanique.

Fruits. Un POMMIER, un PRUNIER, un DESGROSEILLIERS, un LESMERISES, contracté en LEMRISE, cultivent et vendent respectivement des *pommes*, des *prunes*, des *groseilles* ou des *merises*. On peut donc présumer que celui que l'on surnomme LAFRAMBOISE produit et vend ce fruit. À moins qu'un sens caché, à connotation ironique, relié par exemple au caractère épineux de l'arbuste, ne vienne changer la donne en caricaturant un trait de personnalité du porteur. Ce qui se produit souvent dans les sobriquets. Le terme générique FRUITIER est on ne peut plus transparent.

Tâches. Dans le monde agricole, les personnes qui effectuent un travail plus particulier reçoivent un surnom qui le précise : le MESSIER, le MÉTIVIER, le MOISSONNIER, le MEYSONNIER et le MADER alsacien sont des moissonneurs dans leur région respective. Le TASCHÉ, TACHER et TASCHEREAU sont des *tâcherons* engagés pour une tâche donnée. Le nom FAUCHER, qui est surtout un nom d'origine germanique, désigne parfois le faucheur. Le mot *laboureur* est absent des noms de famille, mais il y a quelques rares LABOURET, LABOUROT et LABOURÉ. Le laboureur « à la journée » se voit surnommé le JOURNAULT, car un *journault* est la portion de terre qu'un laboureur peut labourer en une journée de travail. CHARRUET, « qui travaille avec la *charrue* », s'ajoute forcément aux surnoms de laboureurs. Par ailleurs, on appelle BISAILLON celui qui prépare la *bisaille*, faite de pois grisâtres et de graines, dont on nourrit la basse-cour. On surnommera FENET celui que l'on engage pour la *fenaison*, c'est-à-dire pour le séchage du foin avant de l'entreposer dans le *fenil*. Le surnom de métier FENET, aujourd'hui FENEZ, est un diminutif de l'ancien français *fenal*, « qui concerne la fenaison », et s'applique au faneur, nommé *feneur* ou *feneux* à cette époque.

La période des moissons est le mois d'août. C'est pourquoi le surnom D'AOUST, DAOUST ou DAVOUST s'applique d'abord à l'engagé d'occasion qui vient travailler aux récoltes. Cependant, le surnom de l'enfant trouvé, né en août, ne doit pas être exclu, ni la marque de filiation « fils d'août », forme régionale d'AUGUSTE.

Instruments. Certains surnoms sont reliés aux unités de mesure. Au Poitou, on nomme *boisselée* la surface ensemencée avec un BOISSEL ou BOISSEAU, diminutifs de *boisse*, une mesure de grains. Ces deux unités de mesure sont devenus des surnoms de semeurs, comme BOISSELIER, qui peut aussi s'appliquer au fabricant ou au marchand de boisseaux.

BOISSEL et BOISSEAU font aussi partie de la famille de *bois*, forme occitane de *buis*, et désignent un petit champ rempli de buis et celui qui habite à proximité.

En ancien français, le nom *rège* désigne une mesure agraire servant surtout pour la vigne. Le surnom s'applique alors au mesureur. Cependant, le mot a une autre acception, celle de «sillon, raie creusée» servant de chemin de traverse, de sentier. Le surnom est attribué à celui qui habite à proximité. Il a formé plusieurs diminutifs parmi lesquels se sont implantés chez nous REGEL, REGY, REGEOL et REGEAS.

Le surnom d'une personne rappelle souvent son outil de travail. C'est le cas de OUELLET, autrefois écrit HOUELLET. En ancien français, une houe se dit *hoel* ou *houel* et désigne une espèce de pioche pour travailler la terre. Si l'instrument est plus petit, on ajoute un suffixe diminutif en *-et*. Comme *garçon* a donné *garçonnet*, *houel* a formé *houellet*. Le surnom HOUELLET s'applique donc à un agriculteur qui bine la terre à la petite houe, par opposition à RATEL, qui gratte la terre «comme le rat», avec un *ratel*, ancêtre de notre *râteau*. D'ailleurs, les surnoms HOUE et leurs diminutifs HOUEL, HOUET et HOUOT font partie de notre patrimoine. Le nom de famille HOUELLET se rencontre avec de nombreuses graphies dans les documents du Québec ancien, car l'orthographe n'est pas encore fixée. Aujourd'hui, le *h* initial a été supprimé. Cependant, la tendance québécoise à prononcer la plupart des consonnes finales a fait que OUELLET a été féminisé en OUELLETTE et les deux formes se prononcent de la même façon.

En ancien français, le *bigot* est une autre sorte de houe ou de pioche. L'outil devient le surnom de celui qui s'en sert, l'ouvrier qu'on engage pour travailler la terre avec cet instrument. On le nommera BIGOT ou LEBIGOT. Le sens de «faux dévot» est trop récent pour se retrouver dans les noms de famille.

Un autre outil particulièrement utile, tant à la ville qu'à la campagne, dans des métiers divers est le *pic*. L'ouvrier, comme le terrassier, le mineur, l'artisan ou le paysan, comme le faucheur, qui s'en servent lui doivent leur surnom, sans que la reconnaissance de leur métier en soit pour autant transparente. On les appellera PIC ou PICK, ou le plus souvent en ayant recours à l'un de ses nombreux diminutifs: PICAUD, PIQUET, le plus fréquent au Québec, avec sa forme féminisée PIQUETTE, PICOT, lui aussi féminisé en PICOTTE, qui a son propre diminutif, PICOTIN, PIQUANT, PICON et PICAR ou PICARD. Évidemment, PICARD est surtout le surnom d'origine de celui qui vient de la Picardie. Par ailleurs, le surnom composé PIQUEMAL s'applique au mauvais faucheur.

Le travailleur des mines, s'il n'est pas désigné par le *pic* ou l'un de ses dérivés, sera appelé MINEUR ou MINIER, dont la variante MIGNIER a un diminutif, MIGNERON.

Vigneron. Le métier de vigneron est important. Aussi s'est-il réservé une bonne place dans les surnoms de métier. Le surnom VIGNERON proprement est rare chez nous. De plus, même en France, ce surnom ne sera pas attribué dans une grande région vinicole, puisqu'il n'y serait pas distinctif. Les surnoms VIGNE, LAVIGNE, DESVIGNES se répandent là où ladite vigne est un point de repère vraiment caractéristique du lieu parce qu'elle y est plus rare. Le surnom s'appliquera soit au vigneron lui-même, soit à celui qui habite à proximité du vignoble.

Dans les documents du Québec ancien, le surnom LAVIGNE a été associé à une cinquantaine de noms de famille, dont certains à une fréquence suffisamment significative pour que des descendants d'aujourd'hui portent ce nom. À l'instar des LAROSE et des LAFONTAINE, un LAVIGNE aura avantage à établir son ascendance pour s'assurer d'être, plutôt qu'un LAVIGNE, un BOURSIER, un BRODEUR, un LEVASSEUR, un POUDRET, un RIVARD ou un TESSIER, comme le démontre le tableau généalogique suivant.

Généalogie 11. Les ascendances des *Lavigne*

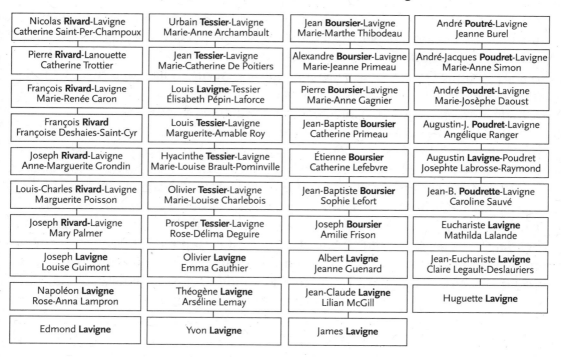

Nicolas **Rivard**-Lavigne Catherine Saint-Per-Champoux	Urbain **Tessier**-Lavigne Marie-Anne Archambault	Jean **Boursier**-Lavigne Marie-Marthe Thibodeau	André **Poutré**-Lavigne Jeanne Burel
Pierre **Rivard**-Lanouette Catherine Trottier	Jean **Tessier**-Lavigne Marie-Catherine De Poitiers	Alexandre **Boursier**-Lavigne Marie-Jeanne Primeau	André-Jacques **Poudret**-Lavigne Marie-Anne Simon
François **Rivard**-Lavigne Marie-Renée Caron	Louis **Lavigne**-Tessier Élisabeth Pépin-Laforce	Pierre **Boursier**-Lavigne Marie-Anne Gagnier	André **Poudret**-Lavigne Marie-Josèphe Daoust
François **Rivard** Françoise Deshaies-Saint-Cyr	Louis **Tessier**-Lavigne Marguerite-Amable Roy	Jean-Baptiste **Boursier** Catherine Primeau	Augustin-J. **Poudret**-Lavigne Angélique Ranger
Joseph **Rivard**-Lavigne Anne-Marguerite Grondin	Hyacinthe **Tessier**-Lavigne Marie-Louise Brault-Pominville	Étienne **Boursier** Catherine Lefebvre	Augustin **Lavigne**-Poudret Josephte Labrosse-Raymond
Louis-Charles **Rivard**-Lavigne Marguerite Poisson	Olivier **Tessier**-Lavigne Marie-Louise Charlebois	Jean-Baptiste **Boursier** Sophie Lefort	Jean-B. **Poudrette**-Lavigne Caroline Sauvé
Joseph **Rivard**-Lavigne Mary Palmer	Prosper **Tessier**-Lavigne Rose-Délima Deguire	Joseph **Boursier** Amilie Frison	Euchariste **Lavigne** Mathilda Lalande
Joseph **Lavigne** Louise Guimont	Olivier **Lavigne** Emma Gauthier	Albert **Lavigne** Jeanne Guenard	Jean-Euchariste **Lavigne** Claire Legault-Deslauriers
Napoléon **Lavigne** Rose-Anna Lampron	Théogène **Lavigne** Arséline Lemay	Jean-Claude **Lavigne** Lilian McGill	Huguette **Lavigne**
Edmond **Lavigne**	Yvon **Lavigne**	James **Lavigne**	

Des quatre Lavigne dont l'ascendance est présentée ici, seule celle d'*Huguette* a été établie par l'auteur. C'est une collègue et amie retraitée de l'enseignement. Les trois autres sujets ont été choisis au hasard : *Edmond* et son ascendance sont tirés du site de la famille *Rivard*[3] ; l'ascendance d'*Yvon* a été établie par *Gilles Lavigne*[4] ; celle de *James* vient de la base de *Jean-Marie-Bourcier*[5].

---

3. http://worldconnect.genealogy.rootsweb.com.
4. Lavigne, Jean-Marie *Répertoire généalogique des Tessiers-Lavigne*.
5. Bourcier, Gilles *Base de Jean-Marie Bourcier*, http://epf.planete.qc.ca.

Huguette Lavigne

Pourquoi ces quatre ancêtres ont-ils reçu ou adopté le surnom LAVIGNE ? Difficile à dire, faute de documents pertinents. Seul *André Poutré* était soldat et son nom de guerre semble un calembour par rapport à son nom de famille, POUTRÉ, devenu POUDRET, comme l'explique le paragraphe suivant. Aucun indice concernant les trois autres ne permet de croire qu'ils étaient vignerons. *Urbain Tessier* exerçait le métier de scieur de long. Peut-être leur habitation était-elle décorée d'une vigne.

Le cas de POUDRET présente un intérêt particulier. En dialecte franco-provençal, on appelle POUDRET un plant de vigne encore jeune. Or l'ancêtre des POUDRET, selon Tanguay, Jetté et Drouin, se nomme *André Poutré dit Lavigne*. Le passage de POUTRÉ à POUDRET s'explique. Disons d'abord que le PRDH a relevé 22 graphies du nom dans les documents du Québec ancien. Parmi ces graphies, on trouve *Poutrai, Poutrez, Poutrer* et *Poutret* qui permettent d'affirmer que la prononciation de la syllabe finale était bien [tré] dans tous les cas. La graphie la plus fréquente est pourtant POUDRET, dont la prononciation était sûrement [dré], comme le laissent croire les autres graphies *Poudrai, Poudray* et *Poudrer*. D'un autre côté, le surnom LAVIGNE attribué au pionnier, et dont on peut présumer qu'il n'est pas l'effet du hasard, nous amène à affirmer que le nom véritable de l'ancêtre est POUDRET plutôt que POUTRÉ et que ce dernier ne résulte que d'une mauvaise perception auditive du nom de l'ancêtre reliée à son accent dialectal du nord. En effet, POUDRET est un surnom de métier, celui de vigneron. Ce qui permet de comprendre que le soldat *André Poudret* ait reçu comme nom de guerre le surnom LAVIGNE. Il s'agit, en somme, d'un calembour avec le nom POUDRET, signifiant « plan de vigne ». Si l'on se fie aux relevés du PRDH, l'ancêtre *André* s'est marié sous le nom de POUDRETTE *dit Lavigne* et a été inhumé sous celui de *Poutret*. Comme pour la majorité des noms en *-et* au Québec, le nom POUDRET a été féminisé en POUDRETTE et c'est cette forme qui prédomine aujourd'hui. Ajoutons qu'un autre ancêtre, *Antoine Poudret*, venu du Poitou, a fait souche en Nouvelle-France, mais sa descendance jusqu'à aujourd'hui n'a pas été établie.

En ancien français, une *plante* est un « plant de vigne » que l'on vient de mettre en terre. Le lieu où on le fait est un *plantis* ou un *plantier*. Ce qui explique les surnoms PLANTE, LAPLANTE, PLANTIER, DUPLANTIER et DUPLANTIS, qui s'appliquent à un vigneron. Cependant, ces mêmes mots sont aussi passés de lieux-dits à noms de lieux, de sorte que le surnom évoque, dans certains cas, un lieu dont le porteur est originaire.

Par ailleurs, une vigne qui grimpe sur un support et qui sert d'élément décoratif à une propriété est une *treille*, du latin *trichila*, « tonnelle », et explique les surnoms TREILLE et LATREILLE et sa variante LATRILLE. TREILLET en est le diminutif, alors que TREGLIS et TRAGLIA sont les équivalents du sud.

Le vignoble, selon les régions, porte divers noms dont plusieurs sont devenus des surnoms de vignerons. Certaines formes sont plutôt rares au Québec, comme VIGNON, du Dauphiné, VIGNAL, de l'Auvergne, VIGNAU, du Béarn, VIGNAUD ou VIGNAULT, du Poitou, VIGNAUX ou BINHAS, de la Gascogne, et les deux variantes les plus répandues chez nous, VIGNEAU, de la Guyenne, et VIGNEAULT, aussi du Poitou. Pour sa part, VINAY désigne une plantation de vignes ou un lieu ainsi nommé. VIGNON désigne aussi un vendangeur à la journée.

La *hotte* est un instrument de travail. Ce grand panier porté dans le dos sert surtout à la période des vendanges dans les régions vinicoles. On y dépose le raisin cueilli. Le surnom HOTTE s'applique alors à celui qui porte la hotte, mais il s'applique aussi au hottier, l'artisan qui fabrique et vend des hottes. Le diminutif de *hotte* est *hottin*. Quelques HOTTIN sont attestés parmi les abonnés du téléphone au Québec.

En ancien français, un *goi* est une espèce de couteau ou de faucille servant au vigneron et au tonnelier. *Goiet*, devenu GOYET, en est un diminutif et désigne donc une petite serpe. Le surnom s'applique à celui qui l'emploie. Comme la très grande majorité des noms en *-et*, GOYET s'est féminisé au Québec en GOYETTE. L'utilisateur du *goyet* ou celui qui le fabrique est surnommé parfois GOYER, à distinguer du nom d'origine germanique GOHIER. Cependant, l'ancêtre des GOYETTE d'Amérique est en fait le Rochelais *Pierre Goguet* et le nom adopté par la descendance est une adaptation québécoise du nom original. En effet, sous l'influence de la prononciation dialectale, le nom GOGUET a progressivement glissé vers GOYET et GOYETTE. Or, en ancien français, le mot *gogue* signifie « plaisanterie » et son diminutif GOGUET est un sobriquet appliqué à un petit plaisantin, au blagueur, au joueur de tours. En somme, GOGUET souligne le trait de personnalité de l'éternel farceur.

Quant à VINET, féminisé en VINETTE au Québec, et VINOT, dont la signification est « petit vin », il s'agit de surnoms de mauvais vignerons qui produisent un vin de piètre qualité. Ce sont des vendeurs de *piquette*.

En anglais, le vigneron est surnommé VINE, LEVINE et VINER. En d'autres langues européennes, les équivalents de *vigneron* sont : WEINGARTNER (all. et als.), VINOGRADOV (rus.).

ENVOYER PAÎTRE

La vie rurale compte un certain nombre de tâches qui ont contribué à l'enrichissement de notre patrimoine de noms de famille. L'élevage ou la garde des animaux représente, sans contredit, l'une d'elles. Nous avons déjà abordé le thème du *pâturage* à propos du *pré*. La personne, enfant ou adulte, qui conduit les animaux au pâturage reçoit parfois le surnom de PASTEUR ou de PASTOR, d'après la forme latine. Il se voit aussi sous la forme de PASTORE, sinon comme diminutifs, PASTOREL, PATUREL. Ajoutons de rares PASTRE et quelques PASTORELLI italiens. Un autre surnom au sens plus large désigne aussi le gardien de troupeau : GARDIEN et *Gardeur*, plus familier avec l'article, LEGARDEUR, ainsi que le diminutif GARDEL et la variante corse ou italienne, GUARDIA. En ancien français, *turme* signifie « troupeau de bêtes ». TURMEL en est un diminutif et devient le surnom de celui qui garde le troupeau.

Berger. Si vous pensez que BERGER est un patronyme limpide, vous êtes dans l'erreur. Il ne faut pas se fier à l'orthographe. En effet, cette suite de lettres cache un piège. Si votre ancêtre est d'origine française, vous avez raison d'y voir un gardien de troupeau. Si, par ailleurs, votre ancêtre est anglais ou vient de l'Alsace ou d'Allemagne, le mot est germanique. Il tire son origine de *berg*, montagne, et *berger* est un montagnard. Remarquez que rien ne s'oppose à ce que le *berger*-gardien soit en même temps un *berger*-montagnard, mais c'est là une autre histoire. Les diminutifs BERGERAS, BERGERIN et BERGERON ne laissent aucun doute, ce sont des gardiens d'animaux. Il en est de même pour les formes marquant la filiation, AUBERGER ou AUBERGIER et DUBERGER.

L'une des branches de BERGER d'ascendance allemande remonte à l'ancêtre *Friedrich Wilhem Nürnberger*, mercenaire allemand venu combattre contre les Américains en 1776. Démobilisé, il épouse *Marie-Euphrosine Gaudreau* et francise son nom en *Frédéric-Guillaume Berger*.

Certaines formes du nom BERGER, gardien de moutons, sont d'origine régionale : BERGÉ (S.), BERGEY (guy.), BERGÉ (lang.), BERCIER (poit.), BERGIER (prov.). En anglais, on rencontre SHEPARD, SHEPERD, SHEPHARD, SHEPHERD, SHEPPARD, SHEPPERD, en plus des formes avec la marque de filiation, SHEPHERDSON et SHEPPERDSON. En d'autres langues européennes, les équivalents sont : SCHÄFFER (all. et als.), PASTOR (esp.), BARANY (hon.),

PASTORE et PASTORELLI (it. et cor.), SCHAPER (néer. et flam.), PASTOR (ptg.), BARANOV (rus.), BERAN ou PASAK (tch.) ÇOBAN (tur.).

Le BERGER, gardien de moutons, se dit, en alsacien et en allemand, SCHAEFFER ou SCHÄFFER. Or le mercenaire allemand *Andreas Schäffer* a vu son nom s'adapter à la langue québécoise au cours des générations. Il est passé du SCHÄFFER original à SCHAFFER, SCHEFFER, SHEFFER, CHEFF et CHEF. Toutes ces formes sont encore attestées aujourd'hui parmi les abonnés du téléphone. Il est plausible que la majorité des porteurs de ces noms descendent de cet unique ancêtre. Il suffit d'établir leur généalogie pour s'en assurer.

Bouvier. L'éleveur ou le gardien de bovins est un BOUVIER ou un BOYER. La forme du nom a varié selon les dialectes. Le mot vient du latin *bovarium*. Le diminutif de BOUVIER est BOUVERET, contracté en BOUVRET, dont seul le féminin BOUVRETTE a survécu au Québec. Un «petit bœuf» se dit, selon les régions, BOVET ou BOUVET, plus fréquent chez nous sous sa forme féminine BOUVETTE, BOUET, dans le Limousin, BOUVOT, BOVAN, BOVIN, BOUVARD et BOVY ou BOUVY. Le surnom est attribué à son propriétaire. BOUVARD est aussi un nom de baptême d'origine germanique. BOURRET, en Provence, est un jeune taureau. Quant à VACHON, il s'agit d'une contraction de VACHERON, surnom d'un VACHER, un éleveur de vaches, parfois précédé de l'article, LEVACHER. En Picardie, ce sera plutôt un VACQUIER. Un VEILLON est un jeune veau et, par ricochet, son maître ou son gardien.

Certaines formes sont d'origine régionale: BOVEY et BOUHEY (bourg.), BOYÉ, BOUÉ (gasc.), BOUEY (guy.), BOUYER (poit.), BOYER (prov.). En anglais, on rencontre BULL. En d'autres langues européennes, les équivalents sont: OCHS, STIER (all. et als.), VAQUERO (esp.), GULYAS (hon.), MANZONI (it. et cor.), STIER (néer. et flam.).

Autres éleveurs. Le PORCHER ou PORCHERON est un éleveur de porcs. Les CHEVRIER, nommés GEISER, en alsacien et en allemand, DEGEYTER, en flamand et en néerlandais, se disent CHABRIER, dans le Limousin, CABRERA, en Espagne, CABRER, ailleurs. Ils élèvent des chèvres. L'éleveur ou le gardien peut aussi être désigné par le nom de l'animal, le plus souvent par le diminutif: CHEVREL, CHEVREAU, CHEVRET, CHEVRIN, CHEVRON et CHEVRY; CABREL, CABRAS et CABRAN; CHABRAS et CHABROL. La CHEVRETTE, au sens de «petite chèvre», peut désigner un gardien de chèvres, mais ce peut être aussi un surnom de musicien. L'éleveur d'ânes est surnommé LASNIER ou LANIER. Celui qui conduit des bêtes de somme est un SAUMIER.

En ancien français, le poulet se dit GELIN. Le mot devient vite le surnom de l'éleveur. Il en est de même pour les diminutifs GÉLINEAU et GÉLINAS. Au sud, *gélin* se dit GALIN et l'éleveur est un GALINIER. Sans quitter la basse-cour, ajoutons LOYER, celui qui élève ou garde les oies.

Quant à LANIEL, il s'agit de la variante normande de LAGNEL, surnom formé d'*agnel* auquel s'est soudé l'article *l'*. Or *agnel* est la forme ancienne d'*agneau* et est donné comme surnom à celui qui est réputé pour sa douceur ou son caractère affable. Il s'applique aussi, à l'instar de son autre variante, Dagneau, comme surnom de métier pour désigner l'éleveur ou le gardien d'agneaux. On rencontre quelques équivalents en d'autres langues européennes : Agnew, en anglais, ainsi qu'Agnello et son pluriel Agnelli, en corse et en italien.

L'oiseleur sera un Loisel, plus fréquent au féminin au Québec en Loiselle, un Loiseau ou un Lozeau. Le Fauconnier élève des faucons qu'il dresse pour la chasse. Le Colombier, qui se dit Colomer au sud, et le Colomb ou Coulomb sinon le Coulon, de même que Coulombe, élèvent plutôt des colombes et des pigeons. En ancien français, *colomb* est le nom du pigeon. C'est donc dire que Colomb et Coulomb pourraient aussi être un sobriquet désignant la personne naïve, facile à berner, comme le pigeon.

Apiculteur. Le nom de métier *apiculteur* est un mot savant créé au XIXe siècle. Il est trop récent pour servir de surnom, pratique qui remonte à l'époque médiévale. L'éleveur d'abeilles reçoit parfois comme surnom celui de l'insecte, qui est une mouche à miel. On le nommera Mouche ou Lamouche, sinon par un diminutif : Mouchel, Mouchet. Mouchet, féminisé en *Mouchette*, pourrait expliquer le surnom Moussette, qui en serait une variante dialectale. Par ailleurs, l'ancêtre des Lamouche du Québec est *Robert Moussion dit Lamouche*, originaire du Poitou. Le nom Moussion est presque disparu chez nous, supplanté par le surnom Lamouche. L'origine du nom de l'ancêtre reste obscure. Il est possible qu'elle soit dialectale. Cependant, on ne peut exclure que Lamouche résulte simplement d'un calembour rapprochant *mousse* et *mouche*, à moins que ce ne soit qu'un sobriquet stigmatisant la personne importune et agaçante comme la mouche qui « tourne autour ».

Par ailleurs, l'apiculteur est dit aussi un *bigre* qui, en ancien français, désigne une ruche. Parmi les diminutifs de ce nom, un seul s'est implanté chez nous, il s'agit de Bigras, avec de très rares Bigrat.

Vendu… !

Les métiers du commerce sont très productifs dans les noms de famille. L'artisan aura comme surnom tantôt le nom du métier proprement dit, tantôt le nom du produit qu'il vend. Il va de soi que le terme générique, celui qui regroupe à peu près tous les métiers de ce domaine, est Marchand ou Lemarchand, dont la variante picarde est Marquand ou Lemarquand. En Normandie, on le nomme Marchadier, Marcader, Marcadier ou Mercadier. En alsacien et en allemand, l'équivalent est Kaufman ou Kauffer. En anglais, on rencontre Merchant.

Tissus. Un petit clin d'œil pour amorcer ce volet économique. Parlons de DRAPEAU et de BUREAU. Non, je ne suis pas mêlé dans mes papiers. Ces deux mots nous viennent de l'ancien français, *drapel* et *burel*, respectivement diminutifs de *drap* et de *bure*. Ils signifient donc « petit drap » et « petite bure ». Ce sont, pour ainsi dire, deux sortes de tissus. Le nom du produit devient le surnom du marchand. Un DRAPEAU vend du drap, du tissu ; DRAPEAU est un surnom de drapier. Le BURE, et ses variantes le BOUREL et le BOURREL, ou BUREAU, est un marchand de *bure*, une étoffe dont on fabrique des vêtements, particulièrement ceux du moine. Comme d'autres noms terminés par une consonne, BUREL et BOUREL ont été féminisés au Québec en BURELLE et BOURELLE. Les dérivés de *drap* et de *bure* sont nombreux. Ceux de *drap* sont tous représentés en France, mais seul DRAPEAU se rencontre chez nous. Quant à ceux de *bure*, ils sont presque tous présents dans notre patrimoine. Outre BUREL et BURELLE, on rencontre aussi BURET, BURAN, BURIN, BURON et BURY. Depuis ce temps, les mots *drapeau* et *bureau* ont subi une profonde évolution de sens, comme vous pouvez l'imaginer facilement. L'explication de cette évolution dans la langue commune dépasse les objectifs du présent ouvrage. Le mot se dit aussi *boure* et possède quelques dérivés dont *bourasse*. Le fabricant est un *bourassier* ou un BOURASSEAU. C'est là l'une des nombreuses graphies du nom BOURASSA dans les documents du Québec ancien. Il en découle que BOURASSA est un surnom de métier appliqué à l'artisan qui fabrique ce type de tissu ou qui en fait le commerce.

Commerçants divers. Voici, en rafale, une longue série de surnoms de commerçants. Chacun est accompagné du produit offert. Le MERCIER, que l'on voit parfois avec l'article, LEMERCIER, désigne en ancien français un commerçant itinérant, une sorte de commis voyageur, qui vend un peu de tout. Il a comme diminutifs MERCEREAU et MERCERON. Son équivalent allemand est KRAMER ou KREMER. Le GRENIER ou GARNIER fait le commerce du grain et le TOUPIN, des toupies. Certains artisans vendent leurs produits, comme le POTHIER, de la poterie, le TONNELIER, des tonneaux, le VANNIER ou VANIER, de la vannerie. Le CORDIER fabrique et vend de la corde et sera surnommé souvent par un dérivé de son produit : CORDEL, CORDELLE, CORDEAU, CORDAS, CORDA, CORDON et CORDY, auxquels s'ajoute CORDEY. En alsacien et en allemand, un CORDIER est un SEILER. Enfin, L'HERBIER cultive et vend des fines herbes.

La syllabe finale du nom CHAPLEAU est, sans contredit, la marque d'un diminutif. Il se rattache à l'ancien français *chape*. Rappelons d'abord que le mot *chape* ou *cape*, en normand-picard, désigne un vêtement, une espèce de « manteau à capuchon ». Il a, en ancien français, un diminutif que l'on retrouve dans les noms de famille. Il s'agit de CHAPEL ou CAPEL devenu CHAPEAU et *capeau*. CHAPLEAU est donc une contraction de *chapeleau*, diminutif de *chapel*. Il s'agit donc de surnoms de métier équivalant à *chapelier* et désignant le fabricant et vendeur de chapeaux, à moins que ce ne soit un sobriquet caractérisant celui qui se distingue en portant des chapeaux extravagants. Ajoutons aussi, aux noms du fabricant, CHAPERON et sa forme picarde, CAPRON. Rappelons enfin que le même mot, CHAPEL, féminisé en CHAPELLE, désigne un lieu de prière où est conservé le *chapel*, « le manteau de saint *Martin* ».

Peau. Le tanneur, surnommé TANNIER ou LETANNEUR, est celui qui prépare les peaux en les tannant. La peau d'une bête se dit *pellis* en latin médiéval, d'où vient le nom de métier PELLETIER, écrit parfois PELTIER, dont l'équivalent provençal est PÉLISSIER, mais aussi PÉLISSON. On nommera ainsi celui qui prépare les peaux d'animaux ou qui en fait le commerce. Aux États-Unis, le nom PELLETIER s'est modifié en PELKEY.

Cordonnier. Au Moyen Âge, le mot *sueur*, du latin *sutorem*, désigne le métier de cordonnier et son surnom est SUEUR ou LESUEUR. *Sueur* est le cas régime de *suire*, c'est-à-dire la forme du nom quand il remplit une fonction autre que celle de sujet du verbe dans la phrase. Le cas sujet explique les surnoms SUIRE et LESUIRE. On reconnaît la racine latine *sutorem* dans les équivalents flamands et néerlandais SUTER, SUTTER et le limousin SUDRE ou son diminutif SUDRAU. En espagnol, SUAREZ désigne le fils du *sueur*, comme SOARES, en portugais.

Quant au nom d'aujourd'hui, *cordonnier*, il résulte d'une transformation de *cordouanier*, nom de celui qui fabrique des chaussures avec le réputé cuir de Cordoue, fait de peau de chèvre. Le mot *cordonnier* date du milieu du XIIIe siècle. Ce qui explique qu'il soit très rare dans les noms de famille, qui ne sont généralisés alors que depuis à peine un siècle. Selon le produit qu'il fabrique, le cordonnier sera SABOTIER, s'il fabrique des sabots, et SAVATIER, SABATIER, SABATER lorsqu'il fait des savates.

Certaines formes sont d'origine régionale : QUÉRÉ et LEQUÉRÉ (bret.), COURVOISIER (f.-c.), CORVISIER (lor.). En anglais, on rencontre SHOEMAKER. En d'autres langues européennes, les équivalents sont : SCHUMACHER et SCHUMANN (all. et als.), ZAPATA (esp.), VARGA (hon.), CALZOLAIO (it. et cor.), SCHOEN (néer. et flam.).

Le marchand ou le fabricant de *chausses*, c'est-à-dire de *chaussures*, est surnommé CHAUSSE, CHAUSSÉ ou CAUSSE, CAUSSÉ, selon la région. Celui qui fabrique et vend des selles de chevaux est un SELLIER.

Vannier. Le tressage de fibres végétales pour fabriquer des paniers, des corbeilles, des objets décoratifs, voire des meubles, est un métier qui se perd dans la nuit des temps. Il est à l'origine de nombreux surnoms : VANNIER, mais aussi VANEL, VANET et VANNEREAU, diminutifs de *van*. Ces deux derniers peuvent donc, tout aussi bien, désigner le *vanneur*.

La coupe à blanc

Plusieurs métiers ont pour lieu d'activité la forêt et sont aussi devenus des surnoms pour ceux qui les pratiquent. Si FOREST, LAFOREST et FORESTAL désignent celui qui habite dans les bois ou à proximité, celui qui y travaille a été moins productif, mis à part le gardien, qui viendra plus loin.

Bûcheron. Le *bûcheron* n'a pas laissé de traces dans notre patrimoine de noms de famille, sinon en métaphore. GADBOIS, contraction de GÂTEBOIS, est un surnom de mauvais bûcheron qui gâche son travail. S'est rendu jusqu'à nous le surnom BRISEBOIS, dont les porteurs d'aujourd'hui sont des descendants de *René Dubois dit Brisebois*, qui doit sûrement son surnom à un simple calembour avec son patronyme, mais qui pourrait être un surnom de bûcheron.

Le surnom TALBOT a une histoire assez particulière. Le nom a beaucoup voyagé. À l'origine, le surnom est français, TAILLEBOIS, surnom de bûcheron, « qui taille le bois ». *Taillebot* en est une variante régionale. À la suite de la conquête de l'Angleterre par *Guillaume le Conquérant*, en 1066, le surnom est passé en Angleterre où le temps l'a progressivement transformé, tant dans la prononciation que dans la graphie, en TALBOT et même en TALLBOY. Le nom est revenu en France, peut-être par des immigrés anglais. À la fin du XVIIe siècle, il a été implanté en Nouvelle-France par l'ancêtre *Jean-Jacques Talbot dit Gervais*. TALBOT, à l'instar de HUOT et de CHABOT, se prononce au Québec en faisant entendre la consonne finale, mais la forme féminine en *-otte* n'est pas attestée.

Charpentier. Le CHARPENTIER ou CARPENTIER construit la charpente. Il est rare avec l'article, LECARPENTIER. En breton, CALVEZ est le surnom du menuisier. Quant aux CHAPUIS, CHAPUY, CAPUS, CHAPUT et CHAPUZET, ce sont des charpentiers spécialisés, qui « chapuisent » le bois, comme on dit en ancien français, c'est-à-dire qui le taillent, alors que le BOISSIER est celui qui travaille le bois.

En anglais, on rencontre CARPENTER, mais aussi SAWYER ou le *scieur*. En d'autres langues européennes, les équivalents sont : ZIMMER ou ZIMMERMANN (all. et als.), CALVEZ (bret.), CARPINTERO (esp.), ASZTALOS (hon.), CARPENTIERO (it. et cor.), TIMMER ou TIMMERMAN (néer. et flam.), CIESLA (pol.), CARPINTEIRO (ptg.), TESAR (ser.).

Le nom gaulois *bilia* désigne une grosse pièce de bois à équarrir pour en faire des planches. Il donne BILLE en français. Comme surnom de métier, il s'applique au charpentier ou à celui qui coupe la bille en planches. Le nom a laissé de nombreux diminutifs parmi lesquels certains ont fait souche chez nous : BILLEAU, BILLET, féminisé ici en BILLETTE, BILLOT, BILLAS, BILLON et BILLARD.

Quant à Quevillon, il s'agit de la forme normande de Chevillon, plus rare chez nous, diminutif de *cheville*. Le surnom s'applique à l'artisan qui fabrique ou qui vend des chevilles de bois, si utiles au charpentier. Couvillon et Cuvillon sont des variantes de Quevillon.

Charbon. La production et la vente du charbon de bois expliquent plusieurs surnoms de métiers : Carbon, Carbone, Charbonnier, Carbonnier et leurs diminutifs Charbonnel, Carbonnel, Charbonneau et Carbonneau. Il n'est pas exclu que ces mêmes surnoms aient pu être utilisés comme sobriquets ironiques attribués à quelqu'un qui est « noir comme du charbon ».

En anglais, on rencontre Coleman, contracté en Colman et Collier. En d'autres langues européennes, les équivalents sont : Kohler ou Koehler (all. et als.), Carbon (esp.), Carboni, Carbonaro et Carbonari (it. et cor.).

Celui qui creuse la fosse servant de charbonnière est un Faudeux, devenu Fauteux, au Québec. Le mot vient de l'ancien français *fauder*, « creuser une charbonnière ».

Gardien. La forêt au Moyen Âge est, pour ainsi dire, « domaniale ». Elle appartient au roi, au seigneur ou à l'abbaye voisine. N'y entre pas et n'y chasse pas qui veut. Quelqu'un surveille. C'est le *garde forestier*, le plus souvent surnommé Forestier ou Leforestier, parfois contracté en Fortier. Le surnom désigne à l'occasion celui qui habite dans la forêt ou à proximité de celle-ci. Dans ce dernier cas, on aura surtout recours à Dubois ou Forest. Rappelons que le Verdier, au nord de la France et en Belgique, est un garde forestier, vraisemblablement vêtu de vert. La forêt dont il a la garde est une *verdière*, ce qui explique le lieu-dit Laverdière à l'origine du surnom de celui qui habite aux alentours.

En Bretagne, le forestier se nomme aussi Boscher, formé sur *bosc*, équivalent de *bois*. En anglais, on rencontre Forester, Foster, Woodman ou Woodward. En d'autres langues européennes, les équivalents sont : Förster ou Waldman (all. et als.), Forestal (esp.), Forestal (it. et cor.).

De la laine à la toile

À l'époque médiévale, les tisserands constituent le groupe d'artisans le plus important dans le domaine du textile. Rien d'étonnant à ce que le nom qui le désigne prenne une grande variété de formes d'une région à l'autre. Le Tisserand proprement dit est plutôt rare au Québec, comme le Tisseur.

Quant aux variétés dialectales, elles sont légion : Tissayre (S.), Teyssier (C.), Tessier (auv.), Tissier (bourg.), Guyader et Le Guyader (bret.), Tisseur (daup.), Tisner et Téchiné (gasc.), Teissier, Teyssedre ou Tissandier (lang.), Tixier ou Texier (lim.), Tessier (poit.),

TISSEYRE ou TEXIDOR (rous.), TISSOT (sav.). En anglais, on rencontre WEAVER, WEBER, WEBBER, WEBSTER. En d'autres langues européennes, les équivalents sont : WEBER (all. et als.), EL HAÏK ou LAÏK (ar.), TAKACS (hon.), TEIXERA (ptg.), KADLEC (tch.).

Le TELLIER, rencontré souvent avec l'article LETELLIER, dans les documents du Québec ancien, est aussi un tisserand. Sa spécialité est de tisser de la toile, de *tela*, en latin.

En ancien français, le verbe *tistre*, signifiant « tisser », a une variante : *tétre*. Le nom issu du verbe a donné le diminutif *tétrel*, vocalisé en TÉTREAU. Le surnom désigne donc un « petit tisserand » ou le « petit du tisserand », son fils. La forme TÉTREAULT n'est qu'une fantaisie orthographique.

Un métier connexe à celui du tisserand est celui du BRODEUR, dont la tâche consiste à enjoliver les vêtements. Le nom s'accompagne parfois de l'article, LE BRODEUR.

On surnommera *Linier* celui qui tisse la toile de lin. Parfois l'adjectif *linel*, au féminin *linelle*, signifiant « de lin », se substituera à *Linier*. Les surnoms de métier *Linier* et *Linel* existent en France. Au Québec, seule est attestée la forme féminine DELINELLE, le masculin DELINEL se rencontrant surtout dans les documents anciens. La préposition *de* marque la filiation, « fils de Linel ». Ce surnom est disparu en France.

Foulon. La préparation du drap nécessite plusieurs étapes, dont le foulage, qui est la spécialité du fouleur, appelé FOULON ou PARÉ. Ce dernier « prépare » le drap. Le foulage est un procédé qui rend le tissage plus serré. De son côté, le *tondeur* ou TONDREAU a pour tache de *tondre* le drap, c'est-à-dire de le raser. L'équivalent anglais est FULLER.

Tailleur. Le PARMENTIER est celui qui pare les vêtements à l'aide de *parements*. Le surnom TAILLEUR s'applique à toutes sortes de tailleurs, du tailleur de pierre des cathédrales au tailleur d'habits, en passant par celui qui taille les arbres. *Le tailleur d'habits* est surnommé TAILLEUR ou LETAILLEUR ainsi que TAILLANDIER. SUZOR est le surnom de celui qui coud.

Certaines formes sont d'origine régionales : QUEMENEUR (bret.), SATRE, SASTRE et, le plus connu, SARTE (lang.), SARTOR (lor.). En anglais, on rencontre TAILOR, TAYLOR, TAYLER. En d'autres langues européennes, les équivalents sont : SCHNEIDER, écrit aussi SNIDER ou SNYDER (all. et als.), HAYATIAN (arm.), HAYAT (héb.), SZABO (hon.), SARTORI (it. et cor.), SNYDERS, DESCHEPPER (néer. et flam.), KRAWCZYK (pol.).

Feutre et lin. Le *feutrier* est l'artisan qui fabrique le feutre, dont on fait les chapeaux, en foulant du poil et de la laine. *Feutrier* existe, en France, comme nom de personne, mais il n'est pas attesté au Québec. Par ailleurs, en ancien occitan, *feutre* se dit *feltre* et l'artisan qui le fabrique est un FELTRIN.

L'une des étapes du traitement du lin ou du chanvre pour le transformer en textile est le *rouissage*, qui sert à isoler la fibre textile. Le verbe correspondant en ancien français est *roir* et l'ouvrier qui s'adonne à cette tâche sera surnommé par le dérivé, ROIREAU, ROIRAND ou ROIRON.

Cotte. Le Cottier est le fabricant de *cottes*. En ce qui concerne les surnoms Côté et Coutu, variante de Cottu, certains auteurs avancent l'hypothèse du surnom de métier désignant le fabricant de *cottes* ou celui qui « porte la cotte », sorte de vêtement, comme la cotte de mailles, dont la graphie est *cote* en ancien français. Le surnom Côté résulterait alors d'une modification dans la prononciation. L'hypothèse voulant que Côté évoque le voisinage, celui qui habite « à côté » ou « de l'autre côté », ne peut pas être retenue.

LES MÉTIERS D'ART

Au Moyen Âge, l'ouvrier est souvent un artiste et la qualité de son produit confine parfois à l'œuvre d'art. À preuve, la minutie apportée à la sculpture d'éléments décoratifs en architecture et placés si haut que, la plupart du temps, ils sont pratiquement invisibles pour quiconque. Pourtant, l'artiste y apporte le même soin que si l'objet prend place au niveau des yeux du premier passant. Bon nombre de ces métiers plus ou moins obscurs sont entrés dans notre patrimoine de noms de famille parce qu'ils sont devenus distinctifs.

Les artisans sont regroupés dans des corporations relativement structurées et l'on distingue nettement les apprentis des *maistres*. Ces derniers enseignent leur métier, mais surtout, ils gardent la main haute sur la corporation. Comme l'accession à la maîtrise est réservée, celui qui atteint ce niveau de compétence en reçoit rapidement le surnom. Ainsi trouve-t-on de nombreux Maistre ou Lemaistre, mais aussi, sous la forme plus moderne, Maître et Lemaître ou encore Maîtrier. Dans le Midi, la forme occitane est Mestre, alors que, dans le Finistère, on aura Mestric. Au Québec, quelques Grand-Maître, écrit parfois Grand'Maître, sont attestés.

En anglais, on rencontre Master et, avec la marque de filiation, Masters et Masterson. En d'autres langues européennes, les équivalents sont : Meister (all. et als.), Maestre (esp.), Mester (hon.), de Meester (néer. et flam.), Mestre (ptg.).

Doreur. Le *doreur* a pour tâche de recouvrir de feuilles d'or les sculptures et décorations de bois des cathédrales et des châteaux. Il dore aussi les reliures de luxe. Il s'agit d'un métier millénaire qui remonte jusqu'aux pharaons. Le doreur a eu plusieurs surnoms dont certains existent ici : Dorin, Doran et Doré ainsi que ses variantes Dorais, Doret et Doray. Il serait imprudent d'exclure le surnom de pêcheur de dorés, comme *esturgeon* est à l'origine, par coupure de la première syllabe, du surnom de pêcheur, Turgeon.

Marbre. Le nom Lemarbre est plutôt rare. S'il ne vient pas d'un nom de lieu, situé près d'une carrière de marbre, il ne peut être qu'un nom de métier, celui du marbrier ou tailleur de marbre.

Maçon. MAÇON est peu fréquent dans nos noms de famille, Il a probablement été éclipsé par l'autre MASSON, issu de l'aphérèse de THOMASSON, diminutif de THOMAS. Cette confusion existe peut-être en anglais où l'on rencontre aussi MASSON. Toutefois, les formes MASON et MAYSON éliminent l'ambiguïté. En alsacien et en allemand, l'équivalent est STEINMETZ.

Un métier connexe est celui du BAUCHER. On appelle ainsi celui qui construit à la *bauge* ou *bauche*, une sorte de mortier. Le mortier lui-même explique le surnom BAUGE, présent chez nous.

Carrier. Les métiers d'artisans ont une bonne place dans les patronymes. Le surnom CARRIER est de ceux-là. À la différence près que le même mot désigne plusieurs métiers, selon les régions. À l'instar du PERRIER, le CARRIER, que l'on nomme *Chaillier*, au Dauphiné, est un casseur de pierres, qui travaille dans une CARRIÈRE. La forme *Chaillier* n'est pas attestée chez nous. CHAILLER et CHAILLÉ, variantes de CAILLER et de CAILLÉ, sont plus familiers. Ils s'appliquent à celui qui habite à proximité d'un terrain cailouteux.

Dans le Midi, le CARRIER est l'artisan que, ailleurs, on nomme CHARRON ou CARON. Il construit des chars et des charettes. *Jean Carrier*, l'ancêtre des CARRIER d'Amérique, est originaire de la Saintonge. C'est donc le synonyme de CHARRON ou de CARON qui le concerne.

Le MAIL, dont MAILLET est un diminutif, est l'outil du tailleur de pierres et du menuisier et est devenu leur surnom avant d'être adopté comme nom de famille. Quant à la graphie, elle a connu plusieurs variantes au cours des ans. Celui qui a implanté le nom en Nouvelle-France est l'ancêtre *Pierre Maguet*, originaire de la Champagne. MAGUET et MAILLET sont le même mot influencé par l'accent dialectal. Le passage naturel à MAILLÉ est dû à la même raison. Quant à la graphie MAYER, elle semble relever de la plus pure fantaisie, comme cela s'est fréquemment produit dans les noms de famille, étant donné que les règles de l'orthographe n'étaient pas encore clairement définies.

Il est amusant de noter que le MAILLET se nomme MAILLOT, en Franche-Comté, et MAILHOT, en Auvergne. MAILHOT a hérité de la prononciation québécoise qui affecte la plupart des noms de famille en *-et* et *-ot*, où l'on fait entendre clairement la consonne finale, comme si le mot avait une forme féminine en *-otte*. Ajoutons les variantes MAILLARD, à valeur péjorative, et MAILLOUX du Poitou.

Un mot au sujet du nom MAYER. En Alsace et en Lorraine, MAYER est une variante de MEYER, du nom hébreu MEIR, « brillant, lumineux », appliqué à celui qui explique le Talmud. Il s'agit d'un autre cas d'homographie entre un mot français et un mot allemand, phénomène déjà souligné au sujet du *berger* français, « gardien de moutons », et du *berger* alsacien ou allemand, « montagnard ». Le MAYER d'origine germanique est surtout porté par des israélites.

Tourneur. Le surnom TOURNEUR ou LETOURNEUR, appelé plutôt *Tourneux* et LETOUR-NEUX, dans le dialecte normand-picard, ou encore TOURNIER, au sud, désigne l'artisan qui utilise le tour pour les métaux, le bois ou la poterie. Se rattachent à ce métier les DELTOUR et DUTOUR, désignant celui qui se sert « du tour » ou encore au sens de « fils du tourneur ». On ne peut exclure le surnom d'origine appliqué à la personne qui vient d'un endroit nommé *Le Tour*.

Certaines formes sont d'origine régionale : TORNÉ (S.), TOURNIER (C.), TURNIER (bret.), LETOURNEUX (norm.). En anglais, on rencontre TURNER. En d'autres langues européennes, les équivalents sont : DREHER (all. et als.), TORNERO (esp.), DRAIER (néer. et flam.), TOKARZ (pol.).

Se rattachent à ce groupe d'artisans les fabricants de poteries de tous genres. Le POTIER proprement dit, plus souvent écrit POTHIER, mais aussi celui qui fabrique ou vend des *pichets* ou des cruches, du latin *canna*, le PICHÉ, PICHER et PICHET, féminisé en PICHETTE, ainsi que le CHANE et ses diminutifs CHANEL, CHANET, CHANOT, CHANIN et CHANON. Le PICHÉ et le CHANEL servant surtout à contenir du vin, ces mots et leurs dérivés ont vite servi de sobriquets pour désigner celui qui a tendance à abuser de son contenu, le buveur incorrigible.

Tonnelier. Le TONNELIER est un fabricant de tonneaux en bois qui servent particulièrement à contenir le vin ou la bière. On a pu aussi le désigner par son produit : TONNEAU, mais il est plus vraisemblable que ce surnom soit un sobriquet, synonyme de BARIL ou RONDEAU, qui caractérise, par analogie de forme, un tour de taille trop prononcé. TONNEAU compte quelques diminutifs, mais seul TONNARD est attesté au Québec. En ancien français, le tonneau se dit *busse*. BUSSE est donc, comme ses diminutifs BUSSEL, BUSSEAU, BUSSET, BUSSON et BUSSARD, un surnom de tonnelier. Dans le même ordre d'idées, le CUVELIER ou CUVILLIER fabrique et vend des *cuves*.

En anglais, un tonnelier se dit COOPER, COPPER, COUPER et COWPER. En d'autres langues européennes, les équivalents sont : KIEFFER ou KIEFER et KUBLER correspond à CUVILLIER (all. et als.), KADAR (hon.), BOTTARO et BOTTARI (it. et cor.), KUYPER ou DE KUYPER (néer. et flam.), BAKAR (ser.), BODNAR (tch.).

Couvreur. Le COUVREUR ou LECOUVREUR restaure les toits de maisons. On l'appelle COUVREUX en Normandie. Au Québec, le diminutif COUVRET a été supplanté par la forme féminine COUVRETTE. Le couvreur qui pose des tuiles est un THUILLIER. Celui qui utilise des *lauzes* est un LAUZIER. La lauze est une pierre de schiste que l'on extrait d'une LAUZIÈRE. On en fait des dalles pour couvrir le toit. La dalle elle-même, la LAUZE, devient le surnom de métier de celui qui travaille dans une lauzière ou du couvreur lui-même. Le nom *lauze* a formé toute une famille de diminutifs qui sont presque tous devenus des noms de famille en France. Au Québec, seul LAUZON s'est implanté.

En anglais, on rencontre plusieurs surnoms qui évoquent le métier de couvreur : Thatcher, Thacker, Thackeray, Hellyer ou Shingler. En d'autres langues européennes, les équivalents sont : Schindler, Ziegler et Decker (all. et als.), Pizaro (esp.).

Verrier. En ancien français, *verret* est un diminutif de *verre* et désigne une petite vitre. Par métonymie, le nom du produit a été attribué à l'artisan qui le fabrique, soit de la *vitre* au *vitrier*. Verret, féminisé au Québec en Verrette, et qui se voit aussi sous la forme Véret ou Vérette, est donc un surnom de métier, celui du vitrier. Verreau, et ses variantes graphiques Verreault et Verrault, peut être le surnom d'un vitrier ou d'un verrier. Cependant, Verreau étant aussi la forme vocalisée de *verrel*, qui signifie « verrou, cadenas », il est, sans contredit, un surnom de serrurier, comme l'est aussi, à coup sûr, le limpide Loquet.

Le pionnier *Michel Verret dit Laverdure*, ancêtre des Verret, était originaire de la Saintonge. On ne peut pas interpréter son nom comme le sobriquet *verret*, employé en Picardie où le mot est une variante régionale de *verrat*.

Musiciens. Le musicien est souvent désigné par son instrument. Le Flageol joue de la flûte, le Rottier, de la rote, instrument à cordes, le Harpin, Herpin ou Arpin, de la harpe, appelée aussi *herpe*. Chevrette désigne, entre autres, une sorte de biniou ou de cornemuse munie d'une poche à air en peau de chevrette et a donné son nom au musicien qui s'en sert. Le Bombardier est parfois un joueur de bombarde et le Viola, le joueur de viole en italien.

La *citole* est un instrument à cordes médiéval, ancêtre de la mandoline et de la guitare. Le *citoleur*, écrit par erreur Sitoleur ou Sitoleux, en joue. Les descendants de l'ancêtre *Charles Sitoleux dit Langevin* ont préféré porter le surnom Langevin, indiquant qu'il est originaire de la province d'Anjou, de sorte que le nom Sitoleur ou Sitoleux est disparu du patrimoine anthroponymique québécois. De même en est-il de la *graile*, « petite trompette », qui donne son nom au Grelier ou Grellier, un musicien qui joue de la graile.

En français, le *fifre* désigne à la fois l'instrument, une flûte traversière très courte, et le musicien. Le mot et l'objet ont été empruntés à l'allemand Pfeiffer, écrit aussi Pfeifer et Pfiffer. L'instrument et le nom ont été importés par les mercenaires allemands.

Une santé de fer

La science médicale, à l'époque de la Nouvelle-France, n'est pas très étendue. La lecture de textes décrivant les méthodes utilisées alors pour soigner diverses maladies porte à croire que, malgré tout, nos ancêtres avaient une santé de fer puisqu'ils réussissaient à survivre au traitement. Les remèdes de nos grands-mères se révèlent, à l'usage, beaucoup plus efficaces et inspirés d'une meilleure intuition que ce que pouvaient proposer à l'époque ceux qui se disaient « chirurgiens ».

Barbier. Le BARBIER, comme sa variante BARBERY, fait évidemment la barbe, mais, au Moyen Âge, il pratique aussi certaines interventions de type médical, comme la saignée.

En anglais, les équivalents sont BARBER et BARBOUR, en corse et en italien, BARBIERI, alors que, en hongrois, on aura BORBELY.

Chirurgien. La saignée est le traitement le plus courant en ces temps anciens. Quand elle est faite par le chirurgien, celui-ci utilise une *lancette*, qui devient son surnom sous la forme LALANCETTE. Ce surnom a été implanté en Nouvelle-France par les chirurgiens militaires qui se sont ensuite établis chez nous. Cet instrument serait-il devenu le symbole de la profession au point d'affubler du même surnom tous ceux qui ont allègrement recours à ce traitement douteux pour tout et pour rien ?

Il en est de même pour la *sonde*, autre instrument courant, qui devient, lui aussi, le surnom de celui qui y a trop souvent recours, sous la forme LASONDE. Le surnom a été associé, dans les documents du Québec ancien, à une trentaine de noms, dont au moins sept exercent la profession de chirurgien militaire. À l'instar de LALANCETTE, l'instrument semble être un symbole de la profession.

Le médecin proprement dit est un MIRE ou LEMIRE, écrits parfois avec un *y* de fantaisie, hérité du XVIe siècle, ou encore MIR, plus rare. Le surnom LEMIÈRE, nom que porte l'ancêtre des COURCY et DE COURCY, est une variante normande de LEMIRE. Quelques diminutifs de MIRE sont présents chez nous : MIRAT, MIRAS, MIRAN, plus fréquent sous la forme MYRAND, MIRIN et MIRON, de loin le plus fréquent au Québec. Le nom *médecin* ne date que du XVIe siècle et n'apparaît pas dans les noms de famille. Ajoutons que les MYRE et MIRE du Québec sont des LEMIRE qui ont abandonné l'article.

Pharmacien. En ancien français, le mot *pile* a de nombreuses significations. Il désigne, entre autres, le mortier dans lequel on pile. Il compte des dérivés, dont PILEL, PILET ou PILLET, PILOT, PILAT et PILON. De l'instrument, on passe vite à l'utilisateur, le maçon, l'apothicaire, qui correspond à notre pharmacien, le paysan qui pile le froment.

La forme du pilon et celle de l'extrémité d'une jambe de bois se ressemblent. Cette analogie de forme rend donc possible l'emploi de PILON comme sobriquet désignant celui qui a une jambe de bois, comme le mendiant.

Le PILOT ou PILLOT est un synonyme de PILON et désigne aussi un instrument avec lequel on pile. La consonne finale étant prononcée, le mot s'est donc écrit aussi PILOTE, PILOTTE, PILLOTTE et c'est sous ces formes qu'il s'est rendu jusqu'à nous. Bien sûr, il est très difficile d'exclure, à propos de ce nom, le surnom de métier de celui qui gouverne un navire, voire même le sobriquet ironique de celui qui veut toujours *piloter* c'est-à-dire, diriger.

DES MÉTIERS AUTRES

Chasse et pêche. Celui qui s'adonne à la chasse sera surnommé LEVENEUR ou, plus évidemment, CHASSEUR ou LECHASSEUR. En picard, c'est un CACHEUX, et CHASSERIAU en est un diminutif. Lorsque le mot *chevrette* désigne la « femelle du chevreuil », le surnom CHEVRETTE s'applique à un chasseur, comme le surnom LELOUP. Voir plus loin le BRACONNIER.

> En anglais, on rencontre HUNT, HUNTER et HUNTING. En d'autres langues européennes, les équivalents sont : JAGER et JAEGER (all. et als.), VADASZ (hon.), CACCIATORE et CACCIATORI (it. et cor.), CAÇADOR (ptg.), LOVSIN (ser.).

Si PÊCHEUR est peu fréquent, on le remplace le plus souvent par le nom de sa prise préférée. Au Québec, les TURGEON, aphérèse d'*esturgeon*, sont nombreux. Ajoutons-y BARBEAU, du poisson ainsi nommé à cause du semblant de barbichette qu'il porte. BARBEAU est aussi un sobriquet d'homme barbu. Quelques autres poissons sont devenus des surnoms de pêcheurs : BROCHET, CABOT, CHABOT, DORÉ, qui est aussi un surnom de *doreur*, GARDON, GOUGEON, LABRE, LIMANDE, LOTTE. Le CREVIER est un pêcheur de crevettes ou d'écrevisses. En ancien français, le filet du pêcheur est un TRUEL, qui donne son nom à celui qui l'emploie.

> En anglais, on rencontre FISHER et FISHERMAN. En d'autres langues européennes, les équivalents sont : FISCHER ou FISCHLER (all. et als.), PESCADOR (esp.), HALÁSZ (hon.), PESCATORE (it. et cor.), RYBAK (pol.), PESCADOR (ptg.).

Chabot. Un *chabot* est un poisson qui a la particularité d'être muni d'une grosse tête, comme d'ailleurs le GOUJON ou GOUGEON. On surnommera CHABOT ou CABOT, ou encore GOUGEON, celui qui a une grosse tête, au propre ou au figuré. Voilà donc, dans ce cas, un sobriquet ironique. Puisqu'il s'agit aussi de poissons, le surnom du pêcheur est toujours possible. CHABOT est aussi un lieu-dit issu du latin *caput*, « tête ». Il désigne une colline. Il se classe alors parmi les surnoms d'origine et s'applique à celui qui habite près de ce lieu-dit. Au Québec, la prononciation la plus fréquente laisse entendre la consonne finale.

Le nom PLOURDE serait une contraction de *pelourde*, variante régionale de *palourde*. C'est un surnom de métier, celui du pêcheur de palourdes.

Charretier. Le *charretier*, contracté en CHARTIER, conduit la charette, comme le CHARRETON et le CHARTON, ses diminutifs. Les équivalents picards sont CARRETIER, contracté en CARTIER et CARTERON, contracté en CARTON. Du normand nous vient QUERTIER. En anglais, on aura CARTER ou CHARTER. CHARRIER en est la variante bretonne.

Le ROULIER ou ROULLIER désigne un voiturier qui transporte des marchandises sur de longues distances.

Marin. Le nom MARIN et ses dérivés ont été associés au nom de baptême, mais le surnom de métier ne peut pas être exclu. En effet, MARIN désignant le navigateur, que l'on rencontre en Normandie avec l'article, *Lemarin*, il ne laisse aucun doute, comme d'ailleurs les plus fréquents, MARINIER et LEMARINIER.

Roche. Les noms ROCHE, ROCHER et leurs diminutifs ROCHET, féminisé au Québec en ROCHETTE, ROCHEREAU ou ROCHERON, contracté ici en ROCHON, sont attribués habituellement comme surnoms à celui dont la demeure se dresse à proximité d'un amas rocheux ou d'une forteresse. Dans le Midi, les formes correspondantes sont ROQUE, ROQUET. Les mêmes surnoms sont souvent précédés de l'article : LAROCHE, LAROQUE, LAROCQUE, DESROCHES, DUROCHER, DESROCHERS. Toutefois, comme VACHERON, *gagneron*, respectivement contractés en VACHON et GAGNON, ROCHON résulte de la contraction de ROCHERON et désigne aussi le métier de celui qui extrait la roche.

Trotteur. Le TROTTIER est « celui qui trotte ». Le surnom s'applique à un messager, qui livre ses messages à pied, le plus souvent en courant, parfois sur de longues distances. Pour sa part, MESSAGER, ou MESSAGUIER, ne précise pas la façon de le faire. Dans le même ordre d'idées, BIDEAU, diminutif de *bide*, « coursier », désigne le domestique responsable des courses. *Bide* a d'autres diminutifs comme BIDET, BIDAS et BIDON. BIDON est aussi une aphérèse de JOBIDON.

Aubergiste. Le TAVERNIER est un aubergiste.

Chalifour. CHALIFOUR est une transformation de *chaufour*, qui est le nom du « four à chaux ». L'instrument de travail sert de surnom à celui qui l'utilise, comme DUFOUR est un surnom de boulanger et MARTEL, un surnom de forgeron. Le passage de *chaufour* à CHALIFOUR s'explique par l'étymologie du mot *chaux*, du latin *calx*. On peut présumer que, avant que la consonne *l* ne se vocalise, c'est-à-dire qu'elle ne se change en la voyelle *u*, le mot a dû se dire *calfour*, puis *chalfour*. La différence de prononciation est ténue entre *chalfour* et *chalifour*, ce qui explique la forme actuelle. CHALIFOU et CHALIFOUX ne sont que des variantes du même nom.

Veilleur. Le veilleur de nuit assure le bon ordre dans le village la nuit, après le couvre-feu, et calme les fêtards, le cas échéant, en effectuant sa ronde. On le nomme généralement le VEILLEUX, en Normandie, et le VEILLON, au Poitou, mais quelques diminutifs se sont implantés en Amérique : VEILLET, féminisé en VEILLETTE, ou VEUILLETTE, et VEILLARD, qui a sûrement une connotation péjorative. Par ailleurs, le garde-barrière est un BARRIER, un BARÈRE, un BARRIÈRE, un BARRE ou un LABARRE. Le CLAVIER, qui peut être un nom de lieu, désigne le responsable des clés de la ville, du château ou de l'abbaye, du latin *clavem*, « clé ». Ce peut être aussi un synonyme de CLAVEAU, un fabricant de clous.

Vivier. Un *vivier* est un plan d'eau, un grand bassin servant à l'élevage des poissons et des crustacés. Le préposé à la garde et à l'entretien de ce lieu en reçoit son surnom.

Ainsi avons-nous des Vivier, des Levivier et des Duvivier. Il peut aussi s'agir d'un surnom de proximité attribué à celui qui habite près dudit vivier.

Cellier. Dans une abbaye, un couvent, un château, le *cellier* est l'endroit, la plupart du temps une cave, où l'on entrepose les provisions et, plus particulièrement, le vin. Le surnom Cellier, Lecellier ou Ducellier est vite devenu celui du préposé au *cellier*.

Certaines formes sont d'origine régionale : Célerier (N.), Célarié (S.), Ceillier (anj.). En d'autres langues européennes, les équivalents sont : Keller, Ellner, Kelner, Kellerman et Kellermann (all. et als.), Kelder (néer. et flam.).

Domestique. Le Servant est tout simplement un serviteur.

Scribe. Le scribe a reçu plusieurs surnoms rappelant son métier. En ancien français, on nomme *rol* ou *role* le « manuscrit roulé », ce qui explique les surnoms de métier Rol et Roll. Si le *role* est petit, on le nommera Roleau ou Rouleau, Rolet, Rollet ou Roulet, Roulot, Rollan, Rolin, Rollin ou Roulin, Roulon et Roly, ce qui deviendra aussi le surnom de celui qui s'en sert. Le fils du Rolet se verra surnommé Derolet et le nom s'est contracté en Drolet, dont le *t* final est prononcé chez nous, même si la forme féminine n'existe pas. Ajoutons que plusieurs diminutifs du nom *rol* sont les mêmes que ceux de plusieurs noms d'origine germanique comme Rol ou Rolland.

Lavande. Le Lavandier est le blanchisseur, particulièrement celui qui a pour fonction de blanchir les vêtements du roi ou, dans une abbaye, ceux des moines. Le mot *lavandier* a été emprunté par les Anglais. Il s'est transformé en Lavender, s'est contracté en Launder, puis en Lander et, avec la marque de filiation, en Landers. Enfin, comme pour beaucoup de surnoms de métier en anglais, Lander s'est allongé du suffixe *-man* pour aboutir à Landerman.

CHAPITRE CINQ

LE SURNOM À LA REMORQUE DE L'IRONIE, LE SOBRIQUET

On donne toujours un nom à ce qui fait peur,
raison pour laquelle d'ailleurs, par prudence,
les hommes en ont deux.
ALESSANDRO BARICCO

La dernière catégorie des noms de famille, et non la moindre, est celle des sobriquets. Elle regroupe les surnoms qui mettent l'accent sur un aspect physique ou moral de l'individu, sur un trait de sa personnalité, une habitude vestimentaire ou autre, une habitude de vie, une anecdote. L'ironie du monde ordinaire, son sens de l'image, sa créativité, voire sa méchanceté, s'en donnent à cœur joie. Comme on pourra le constater tout au long de ce chapitre, l'imagination ne manque pas et l'ironie y tient une place de choix, puisque, dans un grand nombre de cas, l'explication inverse d'un nom est toujours plausible. La qualité explicite dissimule souvent, par ironie, le défaut à corriger.

LES SURNOMS COLLÉS AU CORPS

Les traits physiques sont ceux qui frappent dès le premier coup d'œil : la chevelure, la couleur de la peau, la taille, la corpulence. Les qualités physiques et les difformités du corps sont perçues comme autant de traits distinctifs qui permettent de différencier des homonymes, voire de stigmatiser un travers. L'apparence de la chevelure repose sur sa couleur et sur sa texture. Et son absence donc, si productive de sobriquets !

La couleur des cheveux. Les patronymes évoquant la couleur de la chevelure présentent peu de difficulté de compréhension. Leur abondance est très significative du rôle que cette particularité physique joue dans l'attribution des sobriquets. N'est-elle pas l'une des plus visibles, même de loin ?

Le copain à la mèche blonde recevra le surnom de LEBLOND ou, plus rarement, sans article, BLOND ou BLONDE. Sinon, on aura recours à un diminutif: BLONDEL, BLONDEAU, BLONDET, BLONDOT, BLONDIN, BLONDON et BLONDY. Ajoutons quelques rares BLONDELEAU et BLONDIAU.

En anglais, on rencontre plusieurs formes venues du français et modifiées par la prononciation ou la graphie anglaises: BLUNT, BLOUNT ou un diminutif affectif du type BLUNDELL, BLANDON ou BLUNDEN. En d'autres langues européennes, les équivalents sont: BLOND (all. et als.), RUBIO (esp.), SZÖKE (hon.), BIONDO ou BIONDI et BIONDELLI (it. et cor.), DEBLONDE (néer. et flam.), LOURO (ptg.).

Le voisin aux cheveux blancs sera un BLANC et LEBLANC, parfois au féminin, BLANCHE, à moins d'avoir recours aussi aux diminutifs: BLANCHET, féminisé en BLANCHETTE, ou BLANQUET, plus rare, BLANCHOT, BLANCHON et BLANCHARD.

Les équivalents bretons sont LEGUEN ou LEGUENNEC. En anglais, on rencontre WHITE et HOARE, MOOREHEAD, WHITEHEAD. En d'autres langues européennes, les équivalents sont: WEISS et WEISMAN (all. et als.), ALBO, BLANCO et CANA (esp.), VALKONEN (fin.), FEHER (hon.), BAIN (irl.), BIANCO et BIANCHI ainsi que BIANCA et BIANCONI (it. et cor.), WIT et DEWIT (néer. et flam.), BIELINSKI, contracté parfois en BIELSKI (pol.), ALVO et BRANCO (ptg.), BELINSKI (rus.), BELIK ou BILEK (tch.).

Un autre mot sert de sobriquet à celui qui a les cheveux blancs. Il s'agit de CHENU. Son équivalent dans le Midi et en normand-picard est CANU. Ce dernier a laissé plusieurs diminutifs affectifs parmi lesquels seul CANUEL s'est implanté au Québec.

À l'inverse, la personne aux cheveux noirs recevra un sobriquet comme LENOIR ou l'un de ses dérivés, NOIREL, NOIREAU, NOIRET et NOIROT, sans oublier les surnoms basés sur le radical *nègr-*, du latin *negro*. Parmi ceux-là, on voit quelques NÈGRE, dont le sens a changé au cours des ans, NÉGRET, NÉGRIN et NÉGRON. En ce qui concerne cette couleur, les variantes sont suffisamment nombreuses pour qu'il vaille la peine de les préciser, même si parfois, dans certains cas, le sobriquet puisse s'appliquer aussi à celui dont la peau est particulièrement foncée, sans pour autant être de race noire. Il en est de même pour la série formée sur le radical ancien *ner-*: NÉROT, NÉRAT, NÉRIN, NÉRON et NÉRY.

Certaines formes sont d'origine régionale: LE DU (bret.), NEYRON (lyon.), NOIREZ (pic.). En anglais, on rencontre BLACK, BLAKE, BLACKIE, BLACKY ainsi que BLACKLOCK et BLACKS, portant la marque de filiation. En d'autres langues européennes, les équivalents sont: SCHWARTZ (all. et als.), ASSOUAD (ar.), KARAJAN (arm.), NEGRO (esp.), MUSTONEN (fin.), FEKETE (hon.), KIERAN, DUFF et MCDUFF (irl.), NERO et NERI (it. et cor.), SWART ou DESWART, SWARTE, ZWART ou DESWARTE (néer. et flam.), NEGRO (ptg.), NEGRESCU (roum.), TCHERNINE (rus.), KARAOGLU (turc).

En irlandais, le diminutif affectif de DUFF est DUFFIE, familièrement tronqué en *Fie*, mais écrit aussi *Fee* ou PHEE. C'est de là que viennent les noms écossais ou irlandais

MacPhee, McPhee, que l'on voit sous les formes MacFie et McFie. Dans tous les cas, le nom signifie « fils de Duffie ». Ajoutons toutefois que d'autres noms de baptême, comme Adolf ou Ralph, peuvent avoir un diminutif en -fie et être utilisés en abrégé de la même façon.

À l'instar du précédent, celui qui arbore une chevelure brune peut se voir attribuer une multitude de sobriquets : Brun, Brune, Lebrun. Les diminutifs sont nombreux : Brunel et Brunelle, Bruneau, Brunet et Brunette, Brunin, Brunon et Bruny.

En anglais, on rencontre Brown, Browne, Broun et Bron. Brownson et Bronson portent la marque de filiation. En d'autres langues européennes, les équivalents sont : Braun (all. et als.), Moreno (esp.), Barna (hon.), Donohue, Dunn et McDonnell (irl.), Bruno et Bruni, mais aussi les diminutifs Brunelli ou Brunetti (it. et cor.), de Bruyne et de Bruyn (néer. et flam.), Preto (ptg.), Murgulescu (roum.).

L'un des dérivés de Brun est Brugnon. Il s'agit d'un diminutif affectif désignant soit « le petit Brun », soit « le petit du dénommé Brun ». Implanté en Nouvelle-France par le Poitevin *Pierre Brugnon dit Lapierre*, le sobriquet s'est transformé dans la prononciation et la graphie en Brignon, Brion et Brillon. Seules les formes Brion et Brillon sont encore attestées parmi les abonnés du téléphone au Québec. Quant aux nombreux descendants, on les retrouve surtout sous le nom de guerre de l'ancêtre, Lapierre. Ce dernier repose sur un calembour avec le prénom *Pierre* du porteur.

Quant à Saure, il vient de l'ancien français *saur* désignant la couleur « brun roux » des cheveux. Il a laissé quelques diminutifs : Saurel, Saureau, Sauret, Sauras, Sauron et Saury. Les mêmes sobriquets ont parfois une forme en *sor* : Sorel, Soreau, Soret, Sorin et Sorieul. Ce dernier, implanté en Nouvelle-France par le Breton *Pierre Sorieul dit Sansoucy*, s'est modifié ensuite en *Soriol* et en Sauriol.

La chevelure plus claire est peut-être moins distinctive. Aussi y a-t-il moins de sobriquets qui la rappellent : Chatain, Chatin ou Chataigne et son diminutif Chatagneau.

Il ne faut surtout pas négliger les Gris, Grisé, Grisez et Legris qui appartiennent à la même catégorie, ni, bien sûr, les quelques dérivés : Grisel, Griset et Grison.

Parmi les formes régionales, nous avons le breton Glaziou. En anglais, on rencontre Gray ou Grey. En d'autres langues européennes, les équivalents sont : Grau, Grauer (all. et als.), Glass ou, avec la marque de filiation, McGlashan (irl.), de Grauw (néer. et flam.), Sedivy (tch.).

Le sobriquet Ferrand, parfois écrit Ferrant, est un dérivé de *fer* et s'applique à celui qui a les cheveux gris fer. Au Languedoc, l'équivalent est Farre, Farrant ou Farrand, alors que, en Normandie, on trouvera Farrel.

Le *rouquin* aura comme sobriquet Roux, Rous, Rousse, Leroux, Larousse et les dérivés Roussel, Rousselle, Rouxel, Rousseau, Rousset, Roussat, Roussan, Roussin,

ROUSSON et ROUSSY. ROUSSEL a lui-même formé ses propres diminutifs, ROUSSELET, ROUSSELOT et ROUSSELIN.

Certaines formes sont d'origine régionale : ROSSEL (N.), ROUSSY (S.), ROUSSEY (E.), ROSSET (bourg.), ROUXEL ou LEROUZIC (bret.), ROIG (lang.), ROTHE (lor.), FAUVE et ses diminutifs FAUVEL et FAUVEAU (norm.). En anglais, on rencontre ROSS, RUSSELL, ROUSEL, ROUSELL et RUSSILL, READ, REED, RED, qui peuvent aussi évoquer la figure rougeaude. En d'autres langues européennes, les équivalents sont : ROTH (all. et als.), ACHKAR (ar.), ROJA et ROJO, aussi synonymes de rougeaud (esp.), ROUSSOS (gr.), VÖRÖS et VERESS (hon.), FLYNN, ROSS (irl.), ROSSO et ROSSI, et leur diminutif ROSSINI, RUSSO et son diminutif RUSSILLO, RUFFO et ses dérivés RUFFINO et RUFFINI (it. et cor.), DEROO (néer. et flam.), RUIVO (ptg.), ROSCA (roum.), REZEK (tch.).

Les ROUAN ou ROUANET ont une chevelure ou une barbe où se mêlent les tons de noir, de roux et de blanc, comme la robe du cheval du même nom.

La couleur baie de la robe du cheval se dit *baille*, en ancien français. Celui qui a la chevelure ou la barbe de cette couleur, un brun roussâtre, reçoit vite le surnom de BAILLE ou d'un de ses diminutifs, BAILLET, BAILLOT, BAILLON ou BAILLARD. Le surnom DESBAILLETS s'applique à celui qui fait partie de la famille BAILLET ou qui habite près d'une propriété appelée *Les Baillets*, du nom des propriétaires.

Rire dans sa barbe. L'abondance de la chevelure et son apparence justifient CRESP, CRESPIN et CRESPY. Le radical *crép-* explique CRÊPE, *Crépel* et son féminin CRÉPELLE, CRÉPEAU et CRÉPIN. Tous ces surnoms s'appliquent à ceux qui ont les cheveux crépus. L'équivalent espagnol ou portugais est CRESPO et l'italien ou corse, CRESPI.

En ancien français, le verbe *hurer* signifie « hérisser » et ses dérivés HUREL, HUREAU, HURIAUX, HURET, HURAS et HURON, sans oublier la variante régionale HUREZ, désignent celui qui a toujours les cheveux ou la barbe hirsutes.

Celui qui arbore une barbe caractéristique, abondante ou clairsemée, lui devra souvent son sobriquet : BARBE, BARBÈS, BARBEY, BARBU, BARBEAU, BARBET, BARBOT, BARBAT, BARBAS, BARBIN et BARBON. En composition, nous avons BARBEROUSSE. BARBEAU s'est appliqué aussi au pêcheur de barbeaux.

En anglais, il va de soi que les BEARD correspondent à nos BARBE. En corse et en italien, les BARBU sont des BARBUTO et des BARBUTI, et les diminutifs y foisonnent : BARBUCCI, BARBUZZI et BARBUSCI.

En ancien français, GRENON signifie « moustache ». Celui qui en porte une très caractéristique par sa forme, sa longueur, sa couleur recevra ce sobriquet, si on ne le nomme pas tout simplement MOUSTACHE. Mais GRENON fait aussi partie de la famille de *grain*, avec GRENET et GRENARD, pour décrire celui qui a un bouton ou une verrue dans la figure.

La calvitie. Si la couleur des cheveux a produit un grand nombre de sobriquets, la calvitie en explique plusieurs autres qui stigmatisent celui qui en est affligé. Le mot latin *calvus*, «chauve», a donné cinq racines. Chacune a sa série de sobriquets, dont plusieurs se retrouvent dans notre patrimoine. La plus ancienne, plus près du latin, est *calv* et explique les CALVÉ, CALVET, CALVIN et CALVI. La seconde, *cauv*, se reconnaît dans CAUVEAU, CAUVET, CAUVIN et CAUVIER. La troisième, *chalv*, n'a laissé qu'une trace au Québec, CHALVIN. La quatrième et la plus récente, *chauv*, a été la plus productive, du moins chez nous. En effet, elle a donné CHAUVE et les diminutifs CHAUVEL, CHAUVEAU, CHAUVET, CHAUVOT, CHAUVIN et CHAUVIER, ainsi que de rares CHAUVELOT. Toutefois, une racine moins productive, *charv*, ou le *r* s'est substitué au *l*, phénomène appelé *rhotacisme*, n'a laissé que quelques CHARVET et CHARVIN, d'origine bourguignonne.

En anglais, on rencontre BALD ou BALDE. En d'autres langues européennes, les équivalents sont : KAAL (all. et als.), MOAL et LEMOAL (bret.), CALVO (esp. et ptg.), CALVI (it. et cor.), LYSY (tch.).

En ancien français, *pel* signifie «poil». Il a comme diminutifs PELET, écrit aussi PELLET, PELLAT, PELOT, PELAN, PELIN, écrit aussi PELLIN. Le sobriquet équivaut à «petit poil» et s'applique à celui qui a le poil, la chevelure ou la barbe, un peu court. Cela ressemble étrangement à notre *Ti-Poil* québécois.

Le teint. L'aspect plus ou moins foncé de la peau est décrit en référence aux croisades et aux Maures que les croisés ont perçus comme tels. C'est des Maures que viennent les sobriquets MAURE et MORE et leurs multiples dérivés, qui se rattachent à cinq radicaux : *maur-*, *mor-*, *mour-*, *morl-* et *morn-*. MAUREL, MOREL et MORELLE ; ainsi que MAUREAU, MOREAU, MOUREAU et MORNEAU, contraction de *Morineau* ; MORET, MOURET, MORLET, contraction de *Morelet*, et MORNET, contraction de MORINET ; MOROT, MOUROT et MORLOT, contraction de *Morelot* ; MORAT et MOURAT ; MAURAS, MORAS et MORASSE et même MORACHE ; MORAN, écrit le plus souvent MORAND et MORELAN, contracté en MORLAN ; MAURIN, MORIN, MOURIN et MORLIN ; MAURON, MORON et MOURON ; MORARD et MORNARD ; MAURY, MORY et MORLY. N'oublions pas les formes complémentaires MAURAIS et MORAIS, MAUREY et MOREY. N'oublions pas SARRAZIN, synonyme de *Maure*, dont la signification est la même.

En anglais, on rencontre MOOR, MOORE, MORE, auxquels se joignent les marques de filiation MOORS et MOORES. Quelques dérivés ont un équivalent en anglais : MORRELL, MORRILL, MORRIN et MORROW. En d'autres langues européennes, les équivalents sont : MOHR (all. et als.), MAURA et MORENO (esp.), MAURO et MAURI, MORINO et MORINI, MORELLO et MORELLI, MORETTO et MORETTI (it. et cor.), DE MOOR (néer. et flam.), CERNY (tch.).

Un autre mot, *bis*, décrit la peau brune. Il est à l'origine des sobriquets BIZEAU, BISET, BIZOT et BIZON.

De même, la figure rubiconde de celui qui est très sanguin peut être un trait distinctif et valoir son sobriquet à une personne. On la surnommera ROUGE, LEROUGE, ROUGEAU et ROUGET.

En anglais, le surnom sera simplement RED, REID ou REED, en alsacien ou en allemand, ROTH ou ROTHMAN, en néerlandais, ROOD. Quelle que soit la langue, le trait physique est toujours le même, la peau rouge. C'est aussi le trait caractéristique de celui que l'on surnomme SANGUIN ou SANGUINET, son diminutif. Ajoutons que la consonne finale de ce dernier nom est toujours prononcée, même si la forme féminine n'est pas attestée.

La taille. La taille de l'individu explique de nombreux sobriquets, pas toujours gentils. Certains sont transparents. En effet, les sobriquets GRAND ou GRANT, comme en ancien français, LEGRAND, LAGRANDEUR, LELONG, DULONG n'ont pas besoin d'explication. La forme GRANDE correspond au féminin, en français, mais peut aussi être l'équivalent GRANDE, en portugais. Le sobriquet français GRAND a formé quelques diminutifs affectifs parmi lesquels GRANDET, GRANDIN et GRANDY se sont implantés au Québec.

Enfin, en breton, LEMEUR correspond à LEGRAND et LE HIR ou LANG, à LELONG, alors que LE GARREC désigne celui qui a de longues jambes, et LEBRAS signifie «trapu». En anglais, on rencontre GRANT, qui a été emprunté au français, avec le même sens, mais aussi TALL et TALLMAN. En d'autres langues européennes, les équivalents sont: GROSS, GROSSE, GROSZ ou GROSSMAN (all. et als.), MAGNO (esp.), MEGALOS (gr.), NAGY (hon.), GRANDI (it. et cor.), GROOT ou DE GROOT (néer. et flam.), GRANDE (ptg.).

En composition avec un nom de baptême, seuls GRANDJEAN et GRANDPIERRE sont attestés chez nous, où l'on trouve toutefois quelques GRANDFILS et GRANDJAMBE.

Du latin *magnus*, «grand», viennent les surnoms MAGNE, que l'on reconnaît dans CHARLEMAGNE, et MAGNUS.

À l'inverse, PETIT, LEPETIT, NAIN, LENAIN ou son équivalent breton CORRE, COURT, LECOURT sont des plus limpides. Des dérivés de COURT, COURTEL, COURTEAU, COURTET, COURTIN et COURTY, c'est COURTEAU qui est le plus populaire au Québec. On y voit aussi quelques diminutifs de PETIT comme PETITEAU et PETITOT.

Certaines formes sont d'origine régionale: PETIAU (N.), PETITEAU (anj.), PETIOT ou PETITOT (bourg.), BIHAN, LEBOT ou LEBER (bret.), PETETIN (f.-c.). En anglais, on rencontre LITTLE ou SMALL et ses variantes SMAIL et SMAILES. En d'autres langues européennes, les équivalents sont: KURZ, KLEIN, KLEINER ou KLEINMANN (all. et als.), PEQUENO (esp.), KISS (hon.), PICCOLI (it. et cor.), DE CORTE (néer. et flam.), MALENSEK (ser.), MALIK (tch.).

De plus, PETIT entre en composition avec d'autres mots pour former de nouveaux sobriquets: MONPETIT, écrit aussi MONTPETIT, LEPETITCORPS, PETITCLAIR, écrit aussi PETITCLERC, PETITJEAN, PETITPIERRE, PETITHOMME et PETITGREW.

PETTIGREW, écrit parfois PETITGREW, est un sobriquet anglais, mais il s'agit bien d'une adaptation de l'ancien français *petit cru*. *Cru* est le participe passé du verbe *croître*. L'expression signifie donc ironiquement « grandi petit » ou, en français d'aujourd'hui, « qui, en grandissant, est resté petit ».

La corpulence. La corpulence est à l'origine des sobriquets GROS, LEGROS, et des diminutifs GROUSSEL, GROSSET ou GROUSSET, GROSSIN, LELARGE, GRAS, LEGRAS et de ses diminutifs GRASSET, GRASSIN et GRASSON. En composition, on aura même GROSCLAUDE et GROSLOUIS. Les sobriquets BARIL, BARRAULT, ROUILLARD, synonyme de *baril*, RONDEL, RONDEAU, RONDET, RONDOT, RONDAN et RONDON font image en évoquant la rondeur de l'individu. GRASSI et GRASSO sont les équivalents en corse et en italien. En ancien français, *pingue* signifie « gras », et ce mot explique PINGUET. Quant à BOILLARD, écrit aussi BOILARD, c'est un dérivé de l'ancien français *boille*, « ventre », et s'applique à une personne bedonnante, de même que les BONDE, BONDIN, BONDON et BONDU ou encore les BEDOS, BEDOT, BEDIN, BEDON ou BIDAINE. À BÉDARD, de même sens, il faudrait ajouter une connotation péjorative rattachée au suffixe *-ard*. C'est aussi le sens qu'a pu marquer la BOULE, comme le souligne bien l'adjectif *boulotte*, et ses divers diminutifs dont seul BOULET est attesté au Québec. Les REBOUL ont le même sens. Toutefois, les surnoms BOULE et BOULET se confondent alors avec les homonymes anciens évoquant le *bouleau*.

Le surnom PESANT est du même ordre. Au Québec toutefois, ce patronyme présente une particularité déjà évoquée. En effet, l'ancêtre des PESANT d'Amérique se nomme en fait *Antoine Paysan dit Sanscartier*. Il importe de constater que la prononciation de *paysan* et de *pesant* est relativement voisine, surtout à cause des particularités dialectales très présentes en Nouvelle-France. Le passage de PAYSAN à PESANT s'est effectué assez rapidement, presque naturellement.

Celui qui est costaud est un GAILLARD, écrit aussi GALLARD ou GALLIARD. Ses diminutifs sont GAILLAT, GAILLET, GAILLOT, GAILLEUR, GAILLARDET. Les diminutifs revêtent peut-être une connotation ironique. L'équivalent corse ou italien est GAGLIARDI.

Le surnom FAFARD entre aussi dans la catégorie des sobriquets. Relativement fréquent au Québec, le patronyme est d'origine plutôt obscure. Une hypothèse veut que le sobriquet s'apparente à l'ancien français *fafelu*, qui est à l'origine de *farfelu*, et signifiait alors « dodu ». En ce sens, le surnom s'applique à une personne grassouillette.

De même en est-il du surnom POISSANT, variante de *puissant*, en ancien français, dont l'un des sens souligne l'embonpoint, la puissance physique, la grosseur plus que l'autorité ou la richesse. Par ailleurs, le sobriquet CABAL, issu de l'occitan *cabal*, « riche, puissant », évoque l'autorité reliée à la fortune. L'équivalent, au Languedoc, est CHABAUD.

L'inverse de l'embonpoint, la maigreur, semble moins usuel dans les sobriquets. Ce trait physique serait-il moins frappant ? En effet, les MAIGRE, MAIGRET et leurs variantes régionales MAGRE et MAGRIN sont plus rares, de même que les MENU. Ces sobriquets mettraient-ils alors l'accent sur la maigreur particulièrement excessive du porteur ? À moins que l'ironie ne vienne mêler les cartes et qu'on appelle ainsi celui qui est trop gros.

Le surnom CARRÉ, écrit aussi CARREY, CAREZ ou CAREY, rappelle la carrure impressionnante et la force de la personne ou, par ironie, souligne son côté plutôt maigrichon et frêle. POITRAS, quant à lui, fait état de la taille, de la poitrine large et musclée du porteur, sinon, par ironie, de son apparence plutôt chétive. L'unité de mesure du poids QUINTAL devient le surnom d'un poids lourd.

À l'inverse, au sud de la France, la personne malingre, chétive sera surnommée PÉQUIGNOT, de l'occitan *péquin*, « petit ».

GOURGEON, diminutif de *gourge*, variante dialectale de *gorge*, est un sobriquet appliqué à celui qui a une petite gorge.

Les yeux. Des yeux distinctifs sont à l'origine des sobriquets LEBORGNE et LELOUCHE. VÉRONNEAU rappelle aussi un trait physique. En effet, il s'agit d'un diminutif de *véron*, surnom qui s'applique à celui qui a les yeux *vairons*, c'est-à-dire qui n'a pas les yeux de la même couleur. Le diminutif VÉRONNEAU peut alors signifier « le petit Véron » ou encore « le fils de Véron ». Quant à BIROT, BIREL, BIROL et BIRON, ce sont des dérivés du verbe *birer* qui, en ancien français, signifie « loucher ». En breton, LAGADEC désigne celui qui a de grands yeux.

La beauté. La beauté, réelle ou non, est un trait marquant, facilement distinctif, à moins qu'on ne veuille précisément signifier le contraire. Les adjectifs BEL, BELLE et BEAU sont rares dans les noms de famille. Ils sont plus fréquents sous la forme de diminutifs, BELLEAU, BELET ou BELLET, BELOT ou BELLOT, BELAN ou BELLAN, BELIN ou BELLIN, BELON ou BELLON, parfois contractés en BLEAU, BLET, BLOT ou BLIN. Comme surnoms, ils s'emploient surtout précédés de l'article : LEBEL ou LEBEAU et, au féminin, LABELLE. Ils rappellent l'aspect physique du porteur qui, en principe, est plutôt avantagé de sa personne. Toutefois, il est loin d'être interdit d'y voir aussi l'ironie, toujours possible, qui stigmatise le malheureux que la nature a défavorisé ou encore celui qui aime se pavaner devant la galerie, à « faire le beau ». DUBEAU marque la filiation et surnomme le fils de celui que l'on nomme LEBEAU. En composition, il se joint à un nom de baptême, BEAUCLAIR, BEAUJEAN, BEAUPIERRE ; avec un autre adjectif, il donne BEAUGRAND, BEAUBRUN, BEAUNOIR, BEAUBLANC ; soudé à une partie du corps, il explique BELLEJAMBE, BELLETÊTE, BEAUPIED, BEAUPOIL ; ajouté à un nom évoquant une habitude, il forme BEAUPARLANT, BELLEHUMEUR ou BELHUMEUR, BELLAMY.

ANGWIN et KANE sont des équivalents bretons de LEBEL ou LEBEAU. En d'autres langues européennes, les équivalents sont : SCHOEN ou SCHOENE (all. et als.), BELLO et BELLI, BELLONI, BELLOTTO et BELLOTTI (it. et cor.), SCHOONJANS (néer. et flam.), KRASOVEC (ser.), KRASNY (tch.).

Quasimodo. D'autres caractéristiques physiques, voire des infirmités, ont servi de sobriquets. Le sens de bon nombre d'entre eux est oublié, mais le sobriquet a survécu. Au paragraphe consacré à la taille, on a mentionné NAIN et LENAIN, relativement rares au Québec. Le bossu est plus fréquent sous la forme de BOSSÉ, avec quelques BOSSU, BOSSUT, BOSSA, BOSSET, BOSSARD, BOSSIN, BOSSUAT. BOSSY en est l'équivalent anglais. Dans le même ordre d'idées, celui qui a le dos courbé sera affublé de sobriquets comme COURBET, COURBOT, COURBIN ou COURBON, sinon on le dira BÉTOURNÉ, aujourd'hui écrit BÉTOURNAY, signifiant « difforme ».

La tête et ses différents éléments. Celui qui a une grosse tête ou qui « fait la grosse tête » se verra surnommer TÊTE, TESTE, TESTU ou TÊTU. Au sud, on aura plutôt TESTA et TETAZ, en Savoie. Mais on aura aussi TÊTARD dont le suffixe péjoratif -ard est évocateur. Si l'on veut décrire la tête, on lui ajoutera un qualificatif : BELLETÊTE ou BELLETESTE.

Certaines formes de TÊTU sont d'origine régionale : TESTEAU (anj.), PEN, PENN et LE PEN (bret.), CHEVASSU ou CHEVASSUS (f.-c.), TESTAUD (saint.). En anglais, on rencontre HEAD, l'ancien français TESTE de même que son dérivé TESTER. En d'autres langues européennes, les équivalents sont : KOPF (all. et als.), CABESSA (esp.), KOPP (néer. et flam.), GLOWACKI (pol.).

Le sobriquet POUPART s'applique à la personne qui a conservé une figure ronde et joufflue de poupon, une « face de bébé ».

Le suffixe -ard s'emploie souvent dans un sens péjoratif, dans les adjectifs et les sobriquets comme *bavard*, BOUFFARD, *braillard*, *criard*, *gueulard*, *nasillard*, *salopard* et SOULARD. Il est donc permis de croire que BOUCHARD, nom de baptême d'origine germanique, puisse aussi représenter un sobriquet, à partir du mot *bouche*, stigmatisant la bouche démesurément grande, au sens propre, bien sûr, mais aussi, pour les esprits tordus, au sens figuré.

Quant à BABIN et à son diminutif BABINEAU, tronqué ensuite en BINEAU, ils évoquent les lèvres caractéristiques, trop charnues ou, au contraire, trop fines, ou encore qui expriment une moue boudeuse typique de la personne.

SICOTTE est aussi un sobriquet. Ce surnom est l'adaptation québécoise du nom de l'ancêtre *Jean Chicot*, venu de l'Aunis. Le surnom CHICOT, disparu de notre patrimoine, s'applique à celui à qui il manque plusieurs dents ou dont les dents sont réduites à quelques chicots. Un LE DANTEC a lui aussi de mauvaises dents et son sobriquet vient de la Bretagne.

CAMUS est le surnom de celui qui a le nez plat.

LESOURD n'a pas besoin, à première vue, d'explication : il affecte le malentendant. Cependant, il peut, dans certains cas, découler du verbe *sourdre*, « qui jaillit », et désigner une source. LESOURD est, dans ce cas, synonyme de LAFOND et se range dans la catégorie des surnoms d'origine.

La personne dont la figure est marquée par des boutons ou une verrue sera surnommée Bouton, sinon Grenet, Grenot, Grenon et Grenard, diminutifs de *grain*, évoquant la verrue. Bouton peut toujours être un surnom de métier du fabricant ou du vendeur de boutons, plus spontanément nommé Boutonnier. En breton, LeBail ou Lebris évoquent le visage couvert de taches de rousseur.

Chauret. Le nom Chauret est un sobriquet, dérivé de l'ancien français *chalre*, devenu *chaure*, et signifiant « chaleur ». Il s'applique à celui qui est sensible à la chaleur. Plus souvent prononcé [chârè], comme le surnom de métier Charet, il a été confondu avec ce dernier, comme l'illustre le tableau **Généalogie 9** portant sur la descendance de l'ancêtre *Mathurin Chauré*.

Une belle jambe ! La *jambe*, du latin *gamba*, « jarret du cheval », peut servir de sobriquet lorsque le porteur boite ou que la jambe elle-même présente une particularité qui la distingue, longue, courte, tordue ou forte, sans pour autant que la qualification soit explicite. Nous avons chez nous quelques Lajambe et Jambette, mais surtout certaines formes dialectales de *jambe*. Gamba, Gambette et Gambier viennent du picard *gambe* ; Camet, Camin sont des diminutifs du gascon *came* ; la variante bourguignonne *chambe* est représentée par Chambon, Cambon et Chambard, les deux premiers ont des homonymes qui désignent un cours d'eau sinueux. Tous ces dérivés rappellent que le porteur a de petites jambes, comme les équivalents corses et italiens Gambetta et Gambetti. C'est aussi le sens évident de Courtecuisse. Les sobriquets Bas, Lebas et les diminutifs Bassel, Basset, rarement féminisé en Bassette, Bassot, Bassat et Bassan ont des jambes courtes. On dirait aujourd'hui qu'ils sont « bas sur pattes ». Au contraire, Garrec, en breton, caractérise celui qui est pourvu de jambes très longues.

Un pied difforme, un pied bot, par exemple, explique les sobriquets qui évoquent cette particularité, comme Bot ou Lebot ou encore, tout simplement, Pied, Pié ou Piet, dont la prononciation est identique en ancien français. Ici, sous l'influence dialectale, le surnom Piet laisse entendre la consonne finale et la graphie Piette a suivi, comme pour la majorité des noms en -*et* et -*ot*.

Quant à Piédalu, il n'a rien à voir avec la marche à pied. Il s'agit tout simplement du nom régional de la plante communément connue sous le nom de *pied-d'alouette*, élément caractéristique de la maison où pousse cette plante.

Boiteux est limpide, alors que Clochard en est un synonyme, signifiant qui « marche à cloche pied ». Bègue et Lebègue sont aussi transparents, mais leurs diminutifs le sont moins et demeurent plus rares chez nous : Béguet, Bégin ou Béguin, Bégon et Bégard.

Cependant, Bégin et Béguin ont des homonymes qui s'expliquent d'une autre façon. Le sobriquet Bégin est une variante de Béguin. Le nom évoque les *béguins*, une secte religieuse médiévale reliée aux ordres mendiants, comme les Franciscains et les

Dominicains. Vite accusés d'hérésie, les béguins sont devenus le symbole de personnes religieuses vivant en marge de la doctrine de l'Église. Le surnom s'est étendu ensuite à quiconque se révèle quelque peu marginal. De là à en faire un synonyme d'hypocrite, il n'y eut qu'un pas vite franchi.

LES SURNOMS DE QUALITÉ

Les surnoms qui traduisent un trait de caractère sont nombreux. Les plus courants n'ont pas besoin d'explication, surtout lorsqu'il s'agit d'adjectifs employés comme noms et précédés d'un article ou du nom lui-même, à moins d'avoir affaire à un mot d'origine régionale. Rappelons toutefois que l'ironie a toujours sa place et que rien ne nous assure que LATENDRESSE ne camoufle pas un caractère violent. Allons-y donc avec quelques exemples, en commençant par les qualités, celles du cœur, puis celles qui marquent la vie sociale.

Bonté. L'adjectif BON est moins fréquent seul, comme le nom BONTÉ. Le substantif, précédé de l'article, LEBON, se rencontre plus souvent, comme le féminin LABONNE. Mais c'est surtout LABONTÉ qui est le plus répandu et de loin. Nom de guerre de soldats, LABONTÉ a été associé à un grand nombre de noms de famille dans les documents du Québec ancien. Les diminutifs de cet adjectif sont relativement nombreux : BONNEL, BONNEAU, BONNET ou BONET et leurs féminins BONNETTE ou BONETTE, BONNOT, BONNIN ou BONIN, BONAN, BONNY ou BONY. Les formes BONARD ou BONNARD, BONAUD ou BONNAUD, sont plutôt des formes hybrides de noms d'origine germanique créées par les Gaulois. Au sobriquet LEBON s'ajoutent les comparatifs ou superlatifs LEMIEUX, MEILLEUR et LEMEILLEUR. Vraisemblablement, il s'agit ici de sobriquets ironiques appliqués à celui qui insiste un peu trop à s'afficher comme « le meilleur ». Cette connotation ironique est très palpable chez l'ancêtre des MEILLEUR, *Jacques Meilleur*, surnommé LEMEILLEUR.

L'adjectif entre en composition avec de nombreux noms, mais c'est surtout dans les suivants qu'il évoque une qualité morale : BONAMY, BONJEAN, BONHOMME, BONENFANT, BONNAIRE, BONCŒUR, BONCOMPAIN, BONNEFOY, BONSENS, BONTEMPS, BONNEVIE, BONVOULOIR, BONFILS, BONGARÇON.

En anglais, on rencontre GOOD, GOODMAN, GOODCHILD et GOODFRIEND. En d'autres langues européennes, les équivalents sont : GUTTMAN (all. et als.), BONNELLI (it. et cor.).

Toutefois, on ne peut exclure que BONNET et ses dérivés puissent désigner aussi un surnom professionnel, celui du fabricant de *bonnets* ou encore le sobriquet de celui qui arbore cette coiffure. BONNETTI et BONETTI en sont les variantes corses et italiennes.

Douceur. À la personne paisible sont affectés les sobriquets LATENDRESSE, LETENDRE, le plus souvent synonymes de LEJEUNE. L'adjectif *doux* employé seul, DOUX, et son féminin DOUCE, qui donne DOUCHE en normand-picard, sont rares au Québec. Le sobriquet est très répandu avec l'article, LEDOUX, auquel on peut ajouter AUDOUX, marquant la filiation. Les dérivés diminutifs de *doux* sont multiples. Ils sont d'origine dialectale et leur fréquence est variable chez nous. Le plus présent est, sans conteste, DOUCET, féminisé au Québec, comme il se doit, en DOUCETTE. La même qualité est évoquée aussi dans le nom de guerre LADOUCEUR, vraisemblablement attribué par ironie à celui qui est trop enclin à la violence.

Certaines formes sont d'origine régionale : DOUSSOT (E.), CUFF ou LECUNFF (bret.), DOUCHE, DOUCHET, DOUCHIN et DOUCHARD (norm.), DOUSSIN ou DOUCELIN (poit.). En d'autres langues européennes, les équivalents sont : LINDER (all. et als.), CAVANAGH ou KAVANAGH (irl.), DE MOL (néer. et flam.), SMIRNOV (rus.), BLAGOJEVIC (ser.).

DOUILLET et DOUILLARD sont des sobriquets ironiques à l'endroit de celui qui est trop sensible à la douleur.

Joly. Le nom de famille JOLI ou JOLY est un sobriquet. En ancien français, le mot *joli* n'a rien à voir avec l'aspect physique, comme c'est le cas de nos jours. En effet, *joli* vient du scandinave *jol* et donne *jolif*, en ancien français. Il rappelle d'abord une fête hivernale en Scandinavie, devenue ensuite notre fête de Noël. En ce sens, le sobriquet est, pour ainsi dire, un synonyme de GAY, L'HEUREUX, BELHUMEUR, LAJOIE, JOYAL, JOYEUX ou BONHEUR et s'applique à celui qui affiche constamment une félicité débordante. À moins que, par ironie, on ne veuille souligner le contraire, soit une mauvaise humeur chronique.

JOLY a laissé plusieurs diminutifs affectifs. Parmi ceux qui sont attestés chez nous, on trouve JOLIET, féminisé en JOLIETTE, JOLIVET, JOLIVOT écrit aussi JOLIVEAU, JOLIOT, ainsi que JOLIN, écrit parfois JAULIN, auxquels peut s'ajouter JOLOIS. JOLOIS pourrait aussi représenter l'habitant d'un village nommé *Joly*. *Joli* entre en composition, dans JOLIBOIS ou BOISJOLY où le mot peut retrouver le sens d'aujourd'hui et caractériser un bois de belle apparence, à moins qu'il ne s'apparente à CHARLEBOIS et ne désigne un « bois appartenant à un dénommé *Joly* ». Quant à JOLICOEUR, nom de guerre devenu nom de famille, il fait sûrement écho aux prouesses amoureuses du porteur. Cependant, compte tenu de l'importance de l'ironie dans les sobriquets, on a plus de chances de se rapprocher de la vérité si l'on y voit l'évocation de l'amoureux éconduit, même s'il fait « le joli cœur ».

Joie. En ancien français, le verbe *galer* signifie « s'amuser » et explique plusieurs sobriquets désignant le bon vivant. C'est l'un des sens de GALOIS et de ses variantes GALLOIS, GALLAIS et GALOY, mais aussi des diminutifs GALLEY, GALEZ, GALET, féminisé en GALETTE, et GALLET.

Le surnom LAJOIE a pour équivalent en polonais RADECKI et, en anglais, JOY.

Quant à GUAY, il se présente sous les formes GAY, LEGAY et LEGUAY. Un diminutif affectif, GAYET ou GAYETTE, est très rare au Québec. Les sobriquets ALLÈGRE, du latin *alacre*, « gai », et son diminutif ALLÉGRET, de même que BONTEMPS ont un sens voisin. Peut-être pourrait-on classer parmi les sobriquets de fêtards LE SAUTEUR, SAUTET, SAUTON et SAUTY qui devraient s'appliquer au danseur, comme les surnoms BALAN et leurs variantes BALAND et BALANT, participe présent du verbe *baler*, de l'ancien français, qui signifie «danser» et qui explique le mot *bal*.

Revenons quelque peu sur le surnom L'HEUREUX. Au Québec, il a une histoire particulière. En effet, la plupart des porteurs du nom descendent de l'ancêtre *Simon Lereau* ou *Leureau dit L'Heureux*. La prononciation de LEREAU est très voisine de celle de L'HEUREUX et le trait de personnalité évoqué par ce dernier a pu favoriser la confusion. Toutefois, il est plus vraisemblable que le surnom relève davantage du calembour provoqué par le rapprochement des deux mots. STASTNY est l'équivalent tchèque de L'HEUREUX.

Étroitement relié à cette joie de vivre est le blagueur, surnommé GABET, GABIN, GABOT, GABARD, GABEREL, GABEREAU, GABORIAU, GABORIT ou GABOURY, de l'ancien français *gaber*, «plaisanter, jouer des tours». Celui que l'on trouve un peu trop «moqueur» recevra le sobriquet de MOQUET ou de MOQUIN. L'ancien français possède d'autres synonymes de *plaisanterie*. Entre autres, on a *gogue* et le petit plaisantin sera surnommé GOGUET. Au Québec, le sobriquet GOGUET s'est transformé en GOYET, féminisé en GOYETTE. Mais le sobriquet a laissé aussi d'autres diminutifs dont GOGUEL, GOGAN ou GOGUAN. La variante savoyarde *gougue* explique le sobriquet GOUGOUX.

Hardy. Que les qualités du valeureux guerrier se retrouvent dans les sobriquets n'a pas de quoi surprendre en ces temps d'invasions et de croisades. Les VAILLANT ou LEVAILLANT et les HARDY sont des combattants dont la bravoure et le courage ont suscité l'admiration, à moins que l'ironie, toujours sous-jacente dans les sobriquets, ne veuille signifier tout le contraire. En breton, les sobriquets correspondants sont CATUDAL, CADORET, féminisé chez nous en CADORETTE, et CADIEUX, mais aussi les HERVÉ et HERVIEUX, de même sens. HERVÉ est devenu par la suite un nom de baptême courant. Dans la même veine se classent les composés de *cœur*, au sens de «courage»: LECŒUR, HAUTCŒUR ou sa variante HAUTECŒUR, ainsi que le nom de guerre VADEBONCŒUR, souvent contracté en VADBONCŒUR. Ajoutons le GOURON, qui est aussi un héros.

Sagesse. Les surnoms PRUD'HOMME et ses diminutifs PRUDHOMMEAUX et PRUDHON, SAGE ou LESAGE et le diminutif SAGET ont en commun, en ancien français, le sens de «sage», puis de «brave». LESAGE insiste surtout sur l'expérience, la connaissance, car il désigne une espèce de savant, qui se dit LEFUR en breton. En somme, il s'agit d'un homme avisé, comme le sont ceux que l'on surnomme APPERT, AVERTY, FIN, de même sens, et ses diminutifs, FINET et FINOT, plus fréquents, de même que PRUDENT et MANSUY. FRANCŒUR s'appliquera à celui qui a ou prétend avoir le cœur libre, FRANCHOMME désignera l'homme libre ou qui se dit tel, car, en ancien français, l'adjectif *franc* signifie «libre» et non pas «qui dit la vérité».

FREI et FREY sont deux sobriquets de même origine. Ils viennent du germanique *fri*, qui rappelle le *free* anglais, et signifie comme lui «libre». Il définit donc homme libre et s'applique à celui qui vient d'être libéré ou à celui dont la pensée est libre de contraintes.

En anglais, l'équivalent de LESAGE est WISEMAN et se dit DEVROEDE en néerlandais et en flamand.

Preux. Le code de la chevalerie exige du chevalier qu'il soit brave et sage. On dira alors de lui qu'il est un «preux chevalier». L'adjectif *preux* est devenu un sobriquet qui s'applique à une personne qui a ces qualités ou, par ironie, à celle qui aurait avantage à les développer.

Diverses formes du surnom se sont implantées au Québec et nous viennent du sud. Ce sont les noms PROUX, LEPROUX, PROUT et, le plus répandu, avec l'ajout d'un *l* faussement étymologique, PROULX. S'ajoutent ici les COURTOIS ou LECOURTOIS et leurs variantes COURTAIS et LE COURTAIS, GENTY, GENTIL ou LEGENTIL, caractéristiques de la personne polie et raffinée qui connaît et applique les bonnes manières, surtout avec les dames. Deux diminutifs de GENTIL sont attestés chez nous, GENTET et GENTILLON.

Si aujourd'hui les mots *galanterie* et *courtoisie* sont synonymes comme le sont *galant* et *courtois*, il n'en a pas toujours été ainsi. En effet, en ancien français, le verbe *galer*, dont *galant* est le participe présent, a une signification beaucoup plus précise. Selon Frédéric Godefroy, dans son *Dictionnaire de l'ancienne langue française*, le verbe évoque la frivolité, les mœurs légères. Celui qui *gale* aime «faire la noce, dépenser en bombance, fêter, se livrer au plaisir». Le sens moderne est trop récent pour être passé dans les noms de famille. Le sobriquet GALANT doit donc être interprété au sens ancien. La variété des formes de ce surnom est un gage de sa popularité: GALAN, GALAND, GALLAND, GALANT, GALLANT et les multiples diminutifs affectifs GALET, GALLET, GALLE, GALICHET, GALICHON, GALICHAND. Ces deux derniers s'écrivent plus souvent avec deux *l*. N'oublions pas l'équivalent corse et italien, GALENTE.

Ajoutons à ces qualités le sobriquet GÉNÉREUX. En ancien français, l'adjectif ne signifie pas la même chose qu'aujourd'hui. N'est pas GÉNÉREUX celui qui fait preuve de largesse envers autrui en distribuant ses biens. C'est plutôt celui qui est chevaleresque de gestes et de sentiments.

En Bretagne et au Languedoc, l'équivalent de COURTOIS sera COURTÈS. En anglais, on aura CURTIS, qui connaît plusieurs variantes: CURTEIS, CURTICE, CURTHOYS et COURTICE. En d'autres langues européennes, les équivalents sont: CORTÈS (esp.), CORTESI (it. et cor.).

En ancien français, l'adjectif *mignot* appliqué à une personne exprime une qualité morale, la gentillesse, la politesse, l'affabilité. C'est le même sens que prend le sobriquet, quelle que soit sa graphie: MIGNOT, MIGNAULT, MIGNEAULT ou MIGNEAU. Il n'est toutefois pas exclu que le sobriquet puisse être ironique et désigner la qualité que l'on souhaiterait au porteur. Il en est de même du sobriquet MONDAIN, dont le sens, en ancien français, est «généreux, noble».

BONNEFOY s'applique à celui que l'on croit être de bonne foi ou qui, plus souvent qu'à son tour, prétend l'être. Dans ce dernier cas, il prend une valeur ironique qui soulève le doute sur la qualité réelle.

En ancien français, le verbe *blandir* signifie «flatter» et le flatteur sera surnommé BLAND, dont les diminutifs, BLANDEAU, BLANDIN et BLANDON, se sont rendus en Amérique.

Vertu. Le sobriquet LAVERTU, plus rare sans l'article, VERTU, écrit parfois VERTUE ou LAVERTUE, ne peut être attribué sérieusement. Il s'agit beaucoup plus d'une bonne blague à l'endroit de celui qui se vante de ne pas avoir de «vices cachés». Il est plausible que ce sobriquet soit plus répandu dans l'armée comme nom de guerre.

Amitié. L'amitié a été très productive dans le patrimoine des noms de famille, ici et ailleurs. Du latin *amicus*, le mot *ami* a pu avoir plusieurs sens en ancien français et, comme tel, être attribué comme surnom. Il évoque, bien sûr, l'amitié proprement dite et se voit sous les formes AMI, AMY, LAMY, LAMI et LAMEY, mais aussi dans de nombreux dérivés diminutifs, AMIOT et AMYOT, féminisés en AMIOTTE et AMYOTTE, et d'autres, moins fréquents, comme AMIEL. En composition, on a déjà relevé BELLAMY, BONAMY ou BONNAMY, dont l'équivalent corse ou italien est BONAMICO et BONAMICI. On ne peut éviter deux autres sens du surnom en ancien français. Le premier est celui d'amant ou d'amoureux. Le second, plus religieux, signifie «aimé de Dieu».

Certaines formes sont d'origine régionale : (N.), AMIGUET (S.), AMIZET (ber.), AMIAUD (poit.), AMIC (prov.). En anglais, on rencontre FRIEND et FREND, mais aussi des sobriquets d'origine française adaptés à l'anglais, AMEY, AMES et ses variantes, AMIES, AMISS, AMYS et AMOS. AMISON, contracté en AMSON, marque la filiation. En d'autres langues européennes, les équivalents sont : FREUD ou FREUND (all. et als.), AMIGO (esp.), AMICO et AMICI ainsi que DAMICO (it. et cor.), AMIGO (ptg.).

DÉFAUTS OU TRAITS DE CARACTÈRE ?

Si une qualité morale vaut souvent son surnom à quelqu'un et, par ironie, évoquer le défaut contraire, il ne faut pas pour autant négliger les défauts eux-mêmes, explicitement employés comme sobriquets, et susceptibles eux aussi d'un emploi ironique. Il faut dire, cependant, que bon nombre de ces traits de la personnalité sont évoqués par métaphore en rappelant, par exemple, l'animal avec qui l'individu partage, selon la tradition, un trait commun. Cet aspect sera abordé un peu plus loin. Parfois, il est difficile de distinguer des traits de personnalité ou de caractère et des habitudes de vie. Je regrouperai donc ici, un peu en vrac, des sobriquets que je vous laisserai classer à votre guise. Ils stigmatisent tous une « qualité négative ».

Le vin gai… ! Parmi les penchants souvent décriés, à plus forte raison dans le pays de grands crus, et qui ont donné prise à de nombreux sobriquets, l'abus du bon vin se taille une place de choix. Si BOIVIN et SOULARD sont plutôt limpides, BOILEAU ne trompe pas non plus, malgré les apparences, compte tenu du rôle prépondérant de l'ironie populaire dans les sobriquets. Le dénommé BOILEAU boit-il vraiment de l'eau ? Poser la question, c'est déjà y répondre.

Parfois, l'image sera plus subtile en passant par le contenant. Au Moyen Âge, le PICHET, féminisé en PICHETTE au Québec, mais écrit aussi PICHÉ ou PICHER, désigne « un petit pot ». Le mot se prononce toujours [piché]. Autrement dit, un PICHER est un biberon, trop « porté sur le pichet ». On peut en dire autant de son synonyme CHANE, du latin *canna*, « cruche à vin », et de ses diminutifs CHANEL, CHANET, CHANOT, CHANIN et CHANON. En ancien français, justement, *biberon* désigne un « goulot de bouteille ». Le mot vient du latin *bibere*, « boire ». Du goulot à la bouteille, de la « dive bouteille » à celui qui la vide, le passage est rapide. Ensuite, du biberon, on passe allègrement aux diminutifs BIBEAU, BIBET, BIBAS et BIBARD. Encore en ancien français, le verbe *besliver* signifie « marcher de travers ». Alors, BÉLIVEAU ou BELLIVEAU devient le sobriquet descriptif de la démarche de l'homme ivre qui titube. Il faut dire que l'ivrognerie marque fortement celui qui en est affecté.

Bien sûr, on peut se consoler en disant que, comme POTIER, PICHET et ses homophones pourraient être des surnoms de métier de celui qui « fabrique ou vend des pichets ». Or le *pichet* sert à boire le vin et le « petit pichet » est un *picherel* ou un PICHEREAU, et c'est plutôt ce dernier mot qui donnera son surnom à l'artisan, alors que le pichet lui-même deviendra le sobriquet de celui qui abuse du pichet, le buveur.

Casser la croûte. La gourmandise est bien représentée dans les sobriquets. Ainsi, les surnoms PAPIN, de l'ancien français *paper*, « manger goulûment », et son diminutif PAPINEAU, BOUFFARD ou BOUFARD, de *bouffer*, « manger en gonflant les joues », ainsi que GOULET, GOULON ou GOULARD, signifiant « gosier », sont autant de surnoms qui s'appliquent aux gourmands. Comme la plupart des noms en -*et*, GOULET a été féminisé en GOULETTE. Les BRIFFAULT, de l'ancien français *briffer*, « manger voracement », voisinent avec les autres du même acabit. Le *gosier* en ancien français se dit *gargote* et celui qui est gourmand peut tirer son sobriquet de cette partie de son anatomie, comme GARGANT, qui n'est pas sans rappeler l'impayable *Gargantua* de Rabelais.

A contrario, BROUARD rappelle celui qui se nourrit chichement. En effet, le mot est formé sur l'ancien français *brouet*, « potage, bouillon », et le surnom qui en découle désigne celui qui ménage sur la nourriture. En somme, le BROUARD vit pauvrement.

Quant à Bonnechère, il n'a rien du gourmet. Il désigne plutôt celui qui a une figure affable, de l'ancien français *chère*, « figure ».

Séraphin ou Harpagon ? Certains sobriquets stigmatisent le trait de personnalité d'une façon parfois cruelle. C'est le cas de Pelchat, basé sur le verbe *peler*. Son sens premier, c'est « arracher le poil, les plumes ou la peau ». Au sens figuré, il signifie « dépouiller quelqu'un de ses biens ». Le prêteur qui en est rendu à « peler un chat » est capable d'être dur, féroce, voire inhumain, envers un débiteur. Le surnom s'applique donc à l'usurier impitoyable. En Normandie, l'équivalent dialectal sera Pelcat, attesté ici.

De même pour celui qui « pèle le poids », qui fausse la pesée à son profit, sera surnommé *pèle ocquin*, devenu Péloquin. En ancien français, *ocque* désigne un poids et *ocquin* en est un diminutif. Or celui qui est assez radin pour jouer même sur les petits poids… !

En Bretagne, un Pincemin est un voleur, qui « pince avec la main ».

La personne qui possède de grands biens se verra surnommer Leriche, mais le sobriquet peut être facilement ironique et s'appliquer à celui qui fait étalage de sa richesse ou qui joue au riche. Parfois, Leriche est synonyme de « puissant », la puissance accompagnant souvent la richesse.

Dans le même ordre d'idées, l'avare aux doigts croches aura comme sobriquet Ratier, écrit aussi Rattier, « qui se conduit comme un rat ».

Piquer une crise. Le caractère irascible est rarement apprécié en société et les caractères trop bouillants n'ont qu'à bien se tenir. Rajot et Rajotte, diminutifs de *raje*, variante de *rage*, s'appliquent à la personne colérique, facilement irritable. Ces formes ont, semble-t-il, remplacé celles que l'on retrouve dans les documents du Québec ancien, Rageot et Rageotte, alors que Rage est demeuré. En ancien français, le verbe *froissier*, devenu *froisser*, signifie « briser, fracasser ». Les sobriquets Froissard et Frossard, qui en sont issus, s'appliquent à la personne violente, qui brise tout lorsqu'elle est en colère. Chopin, en ancien français, désigne un « coup violent ». C'est donc le sobriquet d'un homme irascible.

Le surnom Arel, écrit Harel, à l'origine, entre dans la catégorie des traits de personnalité. Les dictionnaires anciens définissent les noms *harel* et *harele* comme « émeute, sédition, tumulte, cris » et « association illicite ». L'adjectif *hareleux* signifie « séditieux », et l'adverbe *harelement*, « d'une manière malicieuse ». Tous ces mots viennent de la Normandie. Le sobriquet Arel ou Harel s'applique donc à une personne qui a l'habitude de jouer les trouble-fête.

Les Hiroux, variante de *Iroux*, sont rares au Québec. Le sobriquet est formé sur *ire*, « colère », alors que Grignard, Grignet et, le plus fréquent ici, Grignon, désignent le « grincheux », jamais content, de l'ancien français *grignier*, « grincer des dents ». Si le

REBEL aime toujours affronter l'autorité, le LAZURE ne se laisse pas damer le pion. En effet, LAZURE est la déformation du nom de l'ancêtre *François Hazeur*. En ancien français, *has* signifie «querelle» et *haser*, écrit aussi *hazer*, «chercher querelle». Il est donc évident que le surnom HAZEUR est attribué à la personne belliqueuse. Le passage de HAZEUR à LAZURE est simplement relié à la prononciation voisine des deux mots. Le nom s'est transformé progressivement de HAZEUR, HAZUR, AZUR, AZURE à LAZURE. C'est beaucoup moins poétique et romantique que de tenter en vain d'y chercher un lien avec l'*azur*.

Généalogie 12. Dans la descendance de *Jean Harel dit Janrel*

```
                  Jean Harel dit Janrel
                  Marie Pescher ou Légal
     ┌──────────────────────────┴──────────────────────────┐
Jean-Louis Harel                           Jean-François Harel
Marie-Claude Miville                        Madeleine Brunet dit de LaSablonnière

Eustache Harel                             Jacques Harel dit Saintonge
Marie-Louise Théroux dit Laferté            Marie-Angèle Larose dit Cartier

Pierre Arel                                Jean-Pascal-Joseph Harel
Marie Brouillard                            Marie-Josephte Lefebvre

Louis Arel                                 Jacques-Jean-Baptiste Harel
Marie Brousseau                             Marguerite Brunet dit Belhumeur

Olivier Arel                               Louis-Séraphin Harel
Dorothée Joyal                              Marie-Angèle Tassé

Olivier Arel                               Charles-Séraphin Harel
Salomé Gaudreault                           Geneviève Jacob

Albert Arel                                Delphis-Adolphe-Denis Harel
Bernadette Landry                           Marceline Labrecque dit Lavoie

Gaston Arel                                Jean-Baptiste Delphis Harel
Lucienne L'Heureux                          Marie-Laure Duclos

                                           Delphis-Roger Harel
                                            Mignonne Laroche

                                           Louise Harel
```

Gaston Arel et son épouse, *Lucienne L'Heureux*, organistes de réputation internationale. *Louise Harel*, députée et ministre du gouvernement du Parti québécois.

Gaston Arel   *Louise Harel*

Le *batailleur* se verra surnommer BATAILLE, BATAILLER ou BATAILLARD sinon FRAPPIER. Le sobriquet FRAPPE est la réduction du nom de guerre du soldat surnommé *Frappe-d'Abord*. Il s'agit sans doute d'un sobriquet évoquant le caractère prompt et colérique du porteur, réputé pour être trop enclin à la bagarre. Il frappe et s'explique après. C'est ce que fait aussi le belliqueux COGNARD. L'équivalent italien ou corse est BATTAGLIA, dont BATTAGLINI est le diminutif. De même en est-il pour HURTEAU, de l'ancien français *hurter*, devenu *heurter*, en français moderne, et qui signifie « frapper ». Le surnom s'applique au querelleur qui frappe, comme les NOIZET et les NOISEUX prennent plaisir à « chercher noise », car ce sont des gens « malcommodes », qui « cherchent la chicane ». *Chicane* se dit à l'origine au sujet de procédures juridiques. C'est pourquoi l'avocat procédurier ou celui qui se querelle pour tout et pour rien reçoit le joli sobriquet de CHICOINE. Bien sûr, il n'y a aucune hésitation à classer dans les synonymes de BATAILLE les surnoms GUERRE ou LAGUERRE et GUERRIER ou LEGUERRIER. Le méchant se dit FRADET, en occitan, alors que, en français, on optera pour LATERREUR. Pour ce qui est de BRISARD, écrit aussi BRIZARD, et BRIZOUZ, ils tirent leur origine du verbe *briser*. Le sobriquet s'appliquera sans contredit à la personne colérique, toujours prête à tout briser.

En flamand et en néerlandais, le sobriquet DONCKERWOLKE est formé de deux mots, *doncker*, « ombre », et *wolfe*, « nuage ». Il décrit donc la personne au caractère ombrageux.

Quant à RUDE et son diminutif RUDEL, ils désignent, selon le sens ancien, celui dont le langage est plutôt grossier.

L'homme insensible, celui qui a le cœur dur, est surnommé LEDUR, mais les variantes adoucies par un diminutif sont nombreuses et plus fréquentes : DUREL, féminisé en DURELLE, DUREAU, DURET, aussi féminisé en DURETTE, ainsi que DUROT, DURAS, DURAN, DURIN, DURON et DURY.

CRESTE ou CRÊTE est l'orgueilleux, le hâbleur qui, comme le coq, dresse la crête; les RAISON sont des gens qui n'ont jamais tort; FOL, LEFOL et FOLIE, dont FOGLIA est l'équivalent italien ou corse, sont synonymes de notre *foufou*, plutôt que d'évoquer la folie proprement dite. Les dérivés de *fol* sont FOLLET ou FOLLIET, FOLLIN, FOLLON et FOLLY. Du germanique *bric*, « sot, fou », dérivent les BRIQUET, BRICOUT et BRICAULT. Sont aussi synonymes de *sot* ou *fou* les sobriquets dérivés du mot *corne* : CORNE ou LACORNE, et ses dérivés CORNEL, CORNEAU, CORNET, CORNAT et CORNAZ, mais aussi CORNU ou CORNUT et CORNUDET, sans oublier les formes bretonnes CORNEC et LECORNEC.

L'agaçant vaniteux est dit BOBIN, de l'ancien français *bob*, « orgueil ». Les SAVAGE et SAUVAGE ainsi que leur diminutif SAUVAGEAU rappellent le caractère peu sociable du porteur, comme le solitaire qui vit dans la forêt *sauvage*, qui vient de *salvage* ou *salvaye*, qui en est une variante. Or SALVAYE se transformera en SALVAIL chez nous. LESEUL vogue dans les mêmes eaux, puisque son porteur a tendance à s'isoler.

Bouche bée. BADEAU et BADIN sont des sobriquets. Issus du verbe *bader*, de l'ancien français, variante de *béer*, « ouvrir », ils s'appliquent à celui qui est toujours étonné, qui reste « bouche bée », et évoquent la naïveté. Au Moyen Âge, BADEAU est synonyme de PIGEON et désigne le naïf, un peu niais. Cette naïveté un peu niaise s'exprime aussi par les dérivés de CORNE, tels que CORNEAU, CORNET, féminisé en CORNETTE, CORNAT et CORNU.

Par ailleurs, celui qui n'est pas trop dégourdi ou un peu paresseux sera surnommé GOURD, GOURDET, GOURDIN et GOURDON ou encore FAGNANT, variante de *fainéant*.

En ancien français, les mots formés sur la racine *bob-* ont toujours un sens péjoratif. Ils évoquent le mensonge, la tromperie, l'orgueil, la vanité. Plusieurs sobriquets en découlent, tels BOBET, BOBO, BOBIN et BOBEY.

Chanteur de pomme. Le sobriquet CANTARA rappelle que le porteur aime chanter. En effet, le nom vient du verbe *cantar* ou *canter*, forme dialectale du verbe *chanter*. Rappelons qu'il existe un oiseau de la famille des coucous nommé *guira cantara* et dont Buffon qualifie le chant de « criard ». Serait-ce là l'origine du sobriquet?

Trop tard! Le retardataire ou l'indécis sera un TARD, un TARDIF, écrit aussi TARDY, ou un TARDIVEL, un TARDIVET, ses diminutifs, mais aussi un TARDIEU. Quant à TARDIF ou TARDY, le mot vient du latin vulgaire, qui pourrait ête *tardivum*, dont le sens évoque la lenteur. En ancien français, on surnomme TARDIF celui qui n'est jamais pressé et celui qui n'est pas très vite, au sens propre et au sens figuré, mais aussi l'indécis, lent à se brancher. De même, LÉGARÉ désignera celui qui est toujours perdu, troublé, dépourvu aussi dans les deux sens, selon la signification du mot en ancien français. DELATTRE en est l'équivalent flamand ou néerlandais.

Prise de bec. Le BEC ou ses variantes régionales BECH, BECQUE, parfois adoucis en BEG, soulignent l'habitude de ceux qui ne cessent de bavarder ou de médire de l'un ou de l'autre et leur ont valu ce surnom. Les nombreux dérivés se rattachent à l'un ou l'autre des radicaux : *bec-*, *bech-*, *bèqu-*, *bég-* ou *bégu-* et dénotent que ce trait de personnalité en agace plus d'un. Parmi ces dérivés, on rencontre chez nous BÉCOT, féminisé en BÉCOTTE, BÉCAS et BÉCAN ; BÉCHET, BÉCHARD, ainsi que BÉCHER et son diminutif BÉCHERE ; BÉQUET ; BÉGEL, BÉGEOT, BÉGIN et BÉGARD ; BÉGUIN. La liste contient quelques cas d'homonymie : BÉCHER, une variante de BECKER, est un surnom alsacien de boulanger ; BÉGIN et BÉGUIN sont aussi un sobriquet attribué à des personnes marginales, un brin bigotes ou encore à celui qui bégaie. N'oublions pas BECQUART et BEKAERT, qui en est l'équivalent flamand.

Les dés sont jetés. Certains surnoms rappellent les hasards heureux, réels ou prétendus, au jeu, comme LAFORTUNE et LACHANCE, à moins qu'il ne s'agisse du cas contraire, le surnom étant attribué par ironie à l'éternel perdant. Signalons ici que le sens premier du mot chance est « jeter les dés le premier », ce qui est alors considéré comme de bon augure. Les LACHANCE d'Amérique ont tous le même ancêtre, *Antoine Pépin dit Lachance*.

Trempe. L'ancêtre *Jean Piet* est un soldat du régiment de Carignan. Il a reçu, comme le veut la tradition, un nom de guerre, celui de *Trempe-la-Croûte*. Ainsi est-il l'ancêtre, entre autres, d'une lignée de PIET-PIETTE et d'une autre de TREMPE. Mais comment expliquer ce dernier nom ? Il s'agit sans conteste du verbe *tremper* à l'indicatif présent. *Tremper la croûte* évoque peut-être, au premier degré, l'action de manger, en pensant à celui qui « trempe son pain dans la soupe ». Le sobriquet viendrait alors s'ajouter à ceux qui s'appliquent au gourmand. Toutefois, dans le domaine des sobriquets, l'expérience et la prudence nous amènent à ne pas nous en tenir au sens premier. En effet, les expressions argotiques comportant le verbe *tremper*, comme *tremper son biscuit, tremper son lardon, tremper sa mouillette* ont toutes, selon Claude Duneton, le même sens, celui du rapport sexuel. C'est donc dire que la gourmandise de celui à qui le sobriquet TREMPE est attribué ne relèverait pas nécessairement du même appétit.

Bigoteries. Nous avons vu plus haut que les sobriquets BÉGIN et BÉGUIN peuvent évoquer l'hypocrisie, la bigoterie. Devrait-on inclure dans ce groupe les PATENAUDE ? En effet, ce surnom, une déformation québécoise de PATENOSTRE, est issu du latin liturgique *Pater noster* et est devenu le sobriquet de la personne pieuse ou qui s'affiche comme telle. Le sobriquet BIGOT, malgré les apparences, n'évoque pas la personne « bigote », le sens de ce mot étant beaucoup trop récent. L'étymologie du sobriquet BIGOT serait plutôt le juron *bi go*, ancêtre du *By God* anglais et attribué aux Normands. Toutefois, nous avons vu que, en ancien français, un *bigot* est un outil, une espèce de pioche qui devient le surnom de métier de celui qui s'en sert. Cette explication semble encore plus plausible pour le surnom LEBIGOT ou LE BIGOT, à cause de l'article.

Bélair. Certains traits de personnalité se reconnaissent facilement dans BELHUMEUR ou BEAUPARLANT. BELAIR, écrit aussi BÉLAIR, insiste sur l'allure, l'apparence, l'attitude du porteur. Autrement dit, l'air qu'il a ou l'air qu'il se donne n'a rien de désagréable, au contraire, il a un «bel air». Comme on dit : «Il a fière allure !» Il peut s'agir aussi d'un surnom d'origine, le nom BELAIR évoquant alors un lieu-dit ainsi nommé.

Rester coi. Le surnom COITOU entre dans la catégorie des sobriquets. Le surnom est un diminutif de l'adjectif *coi* signifiant «calme, tranquille, paisible». Il s'applique soit à une personne calme, soit, par ironie, à celui qui ne tient pas en place. Au Québec, le nom COITOU a été supplanté par le nom de guerre de l'ancêtre *Jean Coitou dit Saint-Jean*. SAINT-JEAN est basé sur un calembour avec le prénom de l'ancêtre que, par ironie, l'on gratifie de sainteté, comme c'était la coutume au régiment.

Celui que l'on juge trop *mou* risque d'hériter d'un sobriquet comme MOLLET ou MOLLOT, MOLLAS, MOLLARD et MOLLY, diminutifs de MOLLE, mais qui pourraient aussi être un lieu-dit désignant un terrain marécageux. L'autre qui se sent constamment menacé par un danger, réel ou imaginaire, qui se sent en péril donc, sera surnommé PÉRILLAT ou PÉRILLARD.

À l'inverse, BRIN et FRAPPIER sont des sobriquets qui décrivent celui qui est bruyant, tapageur, selon le sens du mot en ancien français. Pourquoi ne pas ajouter ici le sobriquet Hardel et sa variante HARTEL, issus de l'ancien français *harde*, «corde», qui désigne le voyou qui mérite la corde ?

Quant à TAPIN, issu de l'ancien français *tapir*, «cacher, dissimuler», il s'agit d'un sobriquet qui s'applique à la personne à la franchise douteuse, qui agit en cachette. Dans le même ordre d'idées, l'ancien français *troille*, «tromperie, ruse», a donné TROUILLET, TROUILLOT et TROUILLARD, qui sont des synonymes de TAPIN.

Flatteur, va…! En ancien français, *blant* signifie «flatteur» et donne *bland* en occitan. Le mot est attribué comme sobriquet à celui qui manie facilement la flatterie. Il explique en français les sobriquets BLAND et une suite de diminutifs : BLANDEAU, BLANDIN, BLANDON et BLANDY.

Palardy. On surnommera PAILLARD, écrit aussi PALLARD ou PALARD, celui qui «couche sur la paille», c'est-à-dire le vagabond. PALARDY, écrit parfois PALARDI, est une variante de PAILLARDY ou PALLARDY, formes latinisées de PAILLARD. PAILLARDY et PALLARDY, de même signification, sont attestés en France.

Vous dites ? Les personnes qui ont des difficultés d'élocution voient souvent leur problème faire l'objet de moqueries. L'une des manifestations consiste à leur donner un sobriquet qui met l'accent sur cette caractéristique. Ainsi, BÈGUE et LEBÈGUE désignent-ils celui qui bégaie, alors que celui qui «barbote», marmonne, qui bredouille, qui mâche ses mots sera surnommé BARBOT ou BARBOTIN, son diminutif.

Fredaine. Le mot *fredaine* évoque l'étourderie. Les sobriquets FRADIN et FRADET, féminisé au Québec en FRADETTE, sont des diminutifs issus du germanique *freidi* et signifient « audacieux », de même racine que *fredaine*. Ces sobriquets s'appliquent à celui qui, par légèreté, fait des méchancetés.

DES SURNOMS PAS SI BÊTES

Familiers de la nature, nos ancêtres l'étaient aussi avec les animaux. Il va donc de soi que l'observation, doublée du sens de l'humour, en vienne à établir des analogies entre l'animal et l'homme. C'est ainsi qu'un comportement, une attitude, une forme de ressemblance ont pu entraîner l'attribution du nom de l'animal à la personne. Il s'agit alors d'un sobriquet métaphorique. Du sobriquet ironique au nom de famille… ! Ces sobriquets sont classés ici en trois catégories : les oiseaux, les animaux domestiques et les animaux sauvages.

Des oiseaux rares ? Le terme générique *oiseau* est issu du latin *avicellum*, contracté en *aucellum*. Il aboutit à *oisel*, en ancien français. Il est à l'origine du sobriquet OIZEL, plus fréquent chez nous avec l'article, LOISEL, féminisé en LOISELLE. La forme plus récente *oiseau* ne se rencontre que précédée de l'article, LOISEAU, écrit parfois LOIZEAU ou LOZEAU, mais LOISON est attesté. Quelle que soit la forme, l'oiseau rappelle l'agilité, dans tous les sens. Le volatile symbolise la personne volage, qui saute de branche en branche, d'un nid à l'autre, au propre et au figuré. Toutefois, le surnom de métier du chasseur d'oiseaux ou de l'oiseleur ne peut pas être exclu d'emblée.

En anglais, on rencontre les équivalents BIRD ou BYRD. En d'autres langues européennes, les équivalents sont : VOGEL ou FOGL (all. et als.), MADÁR (hon.), UCCELLO (it. et cor.), VOGHEL (néer. et flam.), PASSARO (ptg.).

L'oiseau qui évoque le mieux le caractère volage de celui qui porte son nom est le *coucou*. Venu du latin *cuculum*, son nom imite le cri de l'oiseau et il a pris plusieurs formes dont la plus célèbre est COCU, toujours attestée dans les noms de famille, même chez nous, mais très rare. Ce n'est qu'à la Renaissance que le sobriquet stigmatisa le mari trompé. Inutile de dire que de nombreux porteurs du nom ont demandé et obtenu un changement de patronyme. Malgré tout, d'autres variantes moins encombrantes ont subsisté : COCHU, COQU.

La consultation des noms d'oiseaux consignés dans le *Thésaurus* de Daniel Péchoin permet de relever quelques noms d'oiseaux homonymes de surnoms déjà mentionnés dans les chapitres précédents. Dans les noms de baptême, on retrouve les GUILLEMOT, MARTIN, MARTINET, JACQUOT ; dans les surnoms d'origine, on rencontre FLAMANT, MILAN ; les surnoms de métiers ou de fonctions, les FOURNIER, CHARBONNIER, PILET, LANIER, CARDINAL, DUC, LEDUC ; dans les sobriquets, BISET, MOINE, LEMOINE, PÈLERIN et PIETTE.

Le ramage. De nombreux noms d'oiseaux sont attribués à une personne par analogie, à cause d'un trait commun, réel ou non, entre l'oiseau et l'individu concerné. Le chanteur à la voix d'or, à moins que l'ironie n'entre en jeu, recevra le sobriquet d'un oiseau reconnu pour son ramage mélodieux : le ROSSIGNOL, le PINSON, le SERIN, le *chardonneret*, contracté en CHARDONNET, le MERLE, le GEAY, écrit aussi LEJAY et LALOUETTE, plus fréquent sous les formes anciennes issues du latin *alauda*, comme dans le diminutif ALAUZET.

Le ROSSIGNOL se voit parfois sous la forme LOSSIGNOL et dans d'autres langues, NIGHTINGALE, en anglais, NACHTIGAL, en alsacien et en allemand, SLAVIK, en tchèque.

En français, le PINSON est présent chez nous, mais on le voit sous la forme auvergnate PICHON et, plus rarement, sous la graphie PINÇON, mais ses équivalents sont plus fréquents : FINCH ou VINK, en anglais, FINK, en alsacien et en allemand et PINZON, en espagnol. Par ailleurs, son diminutif PINSONNAULT est très fréquent au Québec.

Le MERLE est plus souvent précédé de l'article, LEMERLE, et compte plusieurs diminutifs, MERLEAU, MERLET, MERLOT, MERLIN et MERLY. On a de plus quelques équivalents, comme AMSEL, en alsacien et en allemand, et MERLO, en italien. On aura reconnu au passage l'homonyme MERLIN, nom du célèbre magicien de la littérature médiévale.

LALOUETTE est plutôt rare au Québec et semble résulter de la confusion avec LANOUETTE, beaucoup plus répandu, relié surtout à la famille RIVARD. Par ailleurs, l'*alouette des bois*, nommée LULU, y est bien présente.

À l'inverse, le chant aigu et criard de la pie explique PIOT, le petit de cet oiseau, féminisé en PIOTTE, mais surtout LAGACHE, du nom picard de cet oiseau, appelé *agace* ou *agache*, du germanique *agaza*. Ce sobriquet est fréquent au Québec sous la forme de LAGACÉ. On en a fait un sobriquet associé à un individu bavard ou à la voix aiguë. Pour la même raison, le cri agaçant et désagréable de la CORNEILLE explique les surnoms attribués aux personnes criardes. L'importance du sobriquet se manifeste par les innombrables formes qu'il revêt en français seulement. Le surnom CORNEILLE, d'une part, nonobstant le fait qu'il puisse représenter le nom de baptême chrétien *Cornélius*, n'est pas très fréquent chez nous, pas plus que son diminutif CORNILLON. L'équivalent anglais sera CROW, alors que, en alsacien et en allemand, on aura KRÄHE et, en corse et en italien, CORNACCHIA. Avec une signification similaire, PERDRIEL, diminutif de *perdrix*, rappelle le cri peu agréable de l'oiseau.

Oiseau de malheur ! Le *corbeau* a fort mauvaise réputation. En plus de son ramage peu mélodieux, son plumage noir lui a valu sa réputation d'oiseau de malheur. Le sobriquet CORBEAU a été appliqué à celui qui est vêtu de noir ou qui exerce une fonction reliée à la mort : le croque-mort, avec ses vêtements noirs, comme le prêtre, mais aussi le fossoyeur. Le délateur, plus souvent considéré comme un traître, s'est vu affublé du même sobriquet par métaphore. Le volatile est aussi considéré comme un oiseau bruyant et le sobriquet s'applique alors à une personne tapageuse. On aura donc compris pourquoi le surnom a été très productif. CORBEAU vient du latin populaire *corbellum*, diminutif de *corbum*, lui-même issu de *corvum*.

> Ce mot explique les formes de l'ancien français *corb*, CORP et *corf*, ainsi que certaines formes dialectales qui ont survécu dans les noms de famille : CORBEL (bret. et norm.), CORBEIL, féminisé en CORBEILLE (art.), CORBIN (ber.), CORBIAUX (champ.), CORBY (bour.), CORBI (S.), CORBU, CORBET.

GROLEAU, écrit GROSLEAU et, rarement, GROSLOT, est un diminutif de *grole* et un synonyme de CORBEAU ou de CORNEILLE et s'explique de la même façon. En anglais, la corneille ou le corbeau se disent CROW et RAVEN. En d'autres langues européennes, les équivalents sont : RABE (all. et als.), CUERVO (esp.), CORVO (it. et cor.), DE RAEVE (néer. et flam.), CORVO (ptg.), GAVRAN (ser.).

Un autre oiseau noir, le *choucas*, une espèce voisine de la *corneille* et du *corbeau*, a pour nom populaire le *chat-huant* et est à l'origine de quelques sobriquets qui font partie de notre patrimoine, à fréquence variable. C'est le cas de CAHU, d'origine picarde, et de son diminutif CAHOUET ou CAOUET, plus fréquent au Québec sous la forme féminine CAOUETTE. Ce dernier semble avoir supplanté la forme masculine.

Cependant, certains de ces noms sont souvent des lieux-dits désignant des endroits infestés de corbeaux. Il s'agirait alors d'un surnom d'origine appliqué à celui qui habite un lieu portant ce nom. Rappelons que l'ancêtre des CORBEIL et des CORBEILLE d'Amérique est *André Gourbeil dit Tranchemontagne*. Or GOURBEIL n'est qu'une variante régionale de CORBEIL.

Ajoutons, enfin, que le surnom de métier du fabricant de corbeilles ne peut pas être exclu, étant donné que, d'une part, le produit de l'artisan devient souvent son surnom et que, d'autre part, *corbeille*, en ancien français, est un nom masculin et s'écrit *corbeil*.

Une cervelle d'oiseau. D'autres caractéristiques, réelles ou supposées, de certains oiseaux expliquent quelques surnoms. L'ÉTOURNEAU, plus fréquent avec l'article, LÉTOURNEAU ou LESTOURNEAU, a toujours été perçu, à tort ou à raison, comme un oiseau distrait et lunatique, peut-être parce qu'il partage avec l'adjectif *étourdi* ses deux syllabes initiales. Le LINOT est du même acabit, avec sa « tête de linotte ». Tout aussi étourdis sont les PIGEON, LACAILLE, MOINEAU, victimes naïves, si faciles à berner. Le MOINEAU ou PIERROT a ses équivalents en anglais, SPARROW, SPERLING et, en portugais, PARDAL. Le PIGEON s'est appelé COLOMB, dans certaines régions, avec, entre autres, le diminutif COLOMBIN. En Bourgogne, on a l'équivalent COULON. PIGEON est identique, en anglais, sauf pour la prononciation, alors que ses équivalents en d'autres langues européennes sont : TAUBE (all. et als.), PALOMA (esp.), COLOMBO (it. et cor.), POMBO (ptg.).

Par ailleurs, l'AURIOL a pris plusieurs formes en français, ORIOL, ORIEUX, LAURIOL, LAURIOT, LORIOT et LORIAUX, mais il ne semble pas avoir d'équivalents dans d'autres langues. Toutefois, l'oiseau a la réputation d'être volage et le sobriquet s'applique habituellement à la personne infidèle.

Le *pivert* est perçu comme lourdaud et, par ses diminutifs PIVAT, PIVET, PIVIN et PIVETEAU, a valu son sobriquet à celui qui l'est. PICHARD en est l'équivalent dialectal au nord.

Les rapaces. Quelques rapaces ont laissé leur marque dans les noms de famille. Au premier chef, l'*aigle*, du latin *aquilam*, a donné chez nous le sobriquet DAIGLE. Ce nom, en apparence typiquement québécois, serait une adaptation française d'un nom incertain d'origine allemande ou autrichienne que l'ancêtre des DAIGLE aurait modifié ainsi.

Le FAUCON est un oiseau rapace utilisé à la chasse. Mais c'est aussi un nom de baptême d'origine germanique. On le rencontrera plus facilement comme surnom de dresseur de faucons, de FAUCONNIER, en somme, que comme sobriquet, à moins de vouloir évoquer la vue perçante et le caractère agressif du porteur. De plus, le chaperon de cuir que l'on fait porter au faucon pour l'aveugler se nomme un *vel*, en ancien français. Le nom VEL serait alors le surnom de métier du fabricant.

Le sobriquet VAUTOUR ne laisse aucun doute. Il s'applique à la personne sans pitié pour ses créanciers ou ses adversaires, capable de les dépouiller sans vergogne.

Héron. Il arrive parfois que l'oiseau puisse évoquer un trait physique. C'est le cas du HÉRON, écrit parfois HAIRON, qui se dit en anglais HERON ou HERRON. Il devient le sobriquet de celui qui est pourvu de très longues jambes.

LES ANIMAUX SAUVAGES

L'attribution de traits humains à des animaux n'est pas récente. Elle défie le temps. Au Moyen Âge, c'est déjà coutume courante. En effet, dès les premières œuvres littéraires que sont les fabliaux, les exemples pullulent. Le célèbre *Roman de Renart* en est le prototype. Le *renard*, connu alors sous le nom de *goupil*, en est la figure dominante. Tous les personnages qui l'entourent sont des animaux qui évoquent les travers humains. Chaque animal porte un nom. Le *goupil* se nomme RENART et ce nom a supplanté *goupil* dans la langue courante sous la forme *renard*. Plusieurs noms des personnages du *Roman de Renart* sont devenus des sobriquets appliqués aux personnes, puis des noms de famille. On verra, dans le **Tableau 10**, une liste non exhaustive des personnages, avec leur nom et leur trait de caractère dominant. Les animaux domestiques y voisinent les animaux sauvages.

Un fin Renard. Les surnoms issus de la faune sauvage ou domestique n'ont pas tous la même transparence. La ruse proverbiale du RENARD ne fait de doute pour personne. Sa réputation de fourberie lui vient du personnage principal du *Roman de Renart*. Son nom, en ancien français, est *goupil*, du latin *vulpeculam*, « petit renard », lui-même un diminutif de *vulpem*, « renard ». Le mot a survécu dans les noms de famille GOUPIL, GOUPILLE et LEGOUPIL. Le nom a formé plusieurs diminutifs répandus en France comme sobriquets : *Goupillet, Goupilleau, Goupillon*, mais ils ne se sont pas implantés au Québec. D'autres dérivés dialectaux existent cependant chez nous. Du *Verpy* dauphinois nous viennent les diminutifs VERPILLOT et VERPILLEUX ; du *Vurpil* méridional, VURPILLOT ; du *volpil* auvergnat, VOLPON. RENART, plus souvent écrit RENARD, est un nom d'origine germanique, déjà expliqué. Le nombre d'équivalents en diverses langues illustre bien le caractère universel du sobriquet.

En breton, l'équivalent est LOUARN. En anglais, on rencontre FOX et REYNARD, mais ce dernier ne désigne pas l'animal. En d'autres langues européennes, les équivalents sont : FUKS ou FUSCHS (all. et als.), RAEV (dan.), ROKA (hon.), VOLPE, VOLPO, VOLPI et le diminutif VOLPINI (it. et cor.), VOSS et DEVOS (néer. et flam.), REV (norv.), LIS (pol.), RAPOSA (ptg.), VULPESCU, avec la marque de filiation (roum.), LISICA (ser.), LISKA (tch.).

À pas de loup. Un saint du Moyen Âge a porté le nom de *Loup* et son nom a pu être donné comme nom de baptême chrétien et devenir nom de famille. Cependant, il est plus probable que le nom de l'animal soit plutôt à l'origine des sobriquets qui en découlent.

En effet, l'un des personnages du *Roman de Renart* est le loup, nommé *Ysengrin*, cousin du goupil. Contrairement au nom du *goupil*, celui d'Ysengrin n'est pas passé dans les noms de famille. Il n'est pas plus attesté en France. Son personnage est courageux et brave, peu rusé, quelque peu larron, souffre-douleur de Renart. Mais la tradition populaire en a fait, à tort ou à raison, un être féroce, vorace et sans pitié. Il n'est donc pas étonnant que le nom de l'animal se retrouve en bonne place parmi les sobriquets. Établissons d'abord que le mot *loup* vient du latin *lupum* et qu'il aboutit, en ancien français à *leu*, que l'on reconnaît dans l'expression « à la queue leu leu », où le premier *leu* représente l'article *le* et le second, le nom de l'animal.

On le discerne facilement dans les sobriquets LOUP et LELOUP, peu fréquents chez nous, mais aussi dans la forme de l'ancien français LEU, plus souvent précédé de l'article, LELEU ou LELEUX. Le nom a laissé plusieurs diminutifs : LOUVEL, LOUVEAU, LOUVET, LOUVAT, LOUVAIN, LOUVION. Dans le Midi, les dérivés ont une forme en *b* : LOUBEAU, LOUBET et LOUBAT. Toutefois, LOUBIER est un surnom de fonction et s'applique au responsable, auprès du roi ou du seigneur, des préparatifs de la chasse aux loups. On ne peut rejeter que LELOUP ait pu être, à l'occasion, un surnom de chasseur de loups.

En anglais, on rencontre les équivalents suivants : WOLF, WOLFF, WOLFE, écrits aussi avec *oo*, WOOLF, WOOLFE, WOOLFF, ainsi que WOLFSON, avec la marque de filiation. En d'autres langues européennes, les équivalents sont : WOLF et WOLFF, communs avec l'anglais (all. et als.), LOBO et le diminutif LOBATO ainsi que LOPEZ, avec la marque de filiation (esp.), FARKAS (hon.), LUPO et LUPI (it. et cor.), WULF et DEWOLF (néer. et flam.), LOBO et LOPES, avec la marque de filiation (ptg.), LUPESCU (roum.), VOLK (rus.), VUK (ser.).

Tableau 10. Les personnages du *Roman de Renart*

PERSONNAGE	ANIMAL	TRAIT DE PERSONNALITÉ
Renart	Renard (goupil)	Rusé, fourbe, malicieux, mais aussi gourmand
Ysengrin	Loup	Courageux et brave, peu rusé, larron
Noble	Lion (le roi)	Puissant, mais inconstant et faible, cupide
Grimbert	Blaireau, cousin de Renart	Dévoué, affectueux
Primaut	Loup, frère d'Ysengrin	Qui se croit supérieur
Brun	Ours	Balourd
Contereau	Singe	Malin
Tiercelin	Corbeau	Pédant
Rousseau	Écureuil	
Tybert	Chat	Intelligent
Chanteclerc	Coq	
Courtois	Chien	
Frobert	Grillon	
Couard	Lièvre	Peureux
Drouin (Drouinaus)	Moineau	Un peu niais, naïf
Mouflart	Vautour	Un peu naïf
Hermeline	Femme de Renard	Fière de son rang
Malebranche	Fils de Renard	
Belin	Mouton	
Tardif	Limaçon	
Mauvoisin	Dogue du vilain	

Le courageux loup Ysengrin a un frère du nom de *Primaut*, aujourd'hui écrit PRIMEAU et PRIMEAULT, parfois PRIMOT, dans les documents du Québec ancien. Ce personnage a pour trait de caractère le plus marquant de se croire supérieur aux autres. C'est ce comportement qui explique l'attribution du sobriquet. Bien sûr, aujourd'hui, cette signification a été oubliée.

Gros ours mal léché. Comme le loup du paragraphe précédent, l'ours évoque à la fois un nom de baptême chrétien et un sobriquet. Comme nom de baptême, il vient du latin *Ursus*, surnom que les Romains donnaient à un lourdaud. Le nom rappelle saint *Ours*, martyrisé au IIIe siècle. Le nom a survécu dans le toponyme *Saint-Ours*, qui rappelle une église, puis un village où ce saint est honoré. De plus, SAINT-OURS est un surnom d'origine appliqué à celui qui vient d'un lieu portant ce nom. Le parcours québécois du nom SAINT-OURS est amusant. D'une part, le nom SAINT-OURS, le plus souvent écrit ST-OURS, est implanté en Nouvelle-France par *Pierre de Saint-Ours*, capitaine au régiment de Carignan-Salières. L'officier démobilisé se voit concéder une seigneurie qui porte son nom, la *seigneurie de Saint-Ours*, le long de la rivière Richelieu. Aujourd'hui, le nom de la seigneurie a été attribué à la municipalité qui l'a remplacée. C'est ainsi qu'un nom de lieu en France nous arrive comme nom de famille pour redevenir nom de lieu chez nous. Un juste retour des choses ou un simple aller et retour?

Dans *Le Roman de Renart*, l'ours se nomme BRUN; il est fort, certes, mais surtout balourd, peu sociable. Le sobriquet BRUN a sûrement désigné souvent une personne balourde, par analogie avec le personnage du roman. Précédé de l'article, LEBRUN s'est appliqué plus particulièrement à la couleur des cheveux. Quant au mot *ours* lui-même, avec ou sans article, il est absent de notre patrimoine. Il n'en est pas de même de ses dérivés, qui, à fréquence variable, y sont représentés: ORSAT, ORSET et HOURS.

Quelques langues européennes ont leurs équivalents: BEAR ou BEARE, en anglais, ORSI et ses diminutifs ORSINI, ORSETTI, ORSONI, en corse et en italien, ainsi qu'URSO, en portugais.

D'autres personnages du *Roman de Renart* ont vu leur nom servir de sobriquet. C'est le cas du lion, nommé NOBLE ou LENOBLE, symbole du tyran cupide qui impose sa volonté par la force. Est-il besoin d'insister sur le caractère ironique, voire sarcastique de ce sobriquet? Pour sa part, le surnom BELIN, contracté en BLIN et écrit ensuite BLAIN, désigne le *mouton*. Le MOUTON « se laisse manger la laine sur le dos » et, comme l'agneau, sous les formes LANIEL, plus rare au féminin, LANIELLE, il évoque la douceur.

Toujours dans la même œuvre, le chat, le chien, le lièvre, l'écureuil, l'âne et le limaçon se nomment respectivement THYBERT, devenu THIBERT, COURTOIS, COUARD, ROUSSEAU, BAUDOIN et TARDIF. On peut attribuer au roman la popularité des sobriquets, COUARD et TARDIF. En effet, le sobriquet LIÈVRE, plus rare chez nous que LELIÈVRE, comme les diminutifs LEVRET et LEVREAU, écrit aussi LEVROT, s'applique à celui qui court très vite… pour se sauver, car il est poltron. Le nom COUARD correspond donc très bien au caractère présumé du personnage. Aussi COUARD et LELIÈVRE sont-ils, pour ainsi dire, devenus des synonymes. De même, la lenteur proverbiale du limaçon peut expliquer quelques TARDIF. Le lièvre a ses équivalents en d'autres langues européennes et il est fort à parier que la valeur du sobriquet y soit la même.

> Ainsi, on aura en anglais HARE. En d'autres langues, les équivalents sont HASE ou HAASE (all. et als.), LEPORI (it. et cor.), HAESE, DHAESE, DEHAESE, HAAS ou HAZEN (néer. et flam.), ZAJACZ (pol.).

Les cas de THIBERT, BAUDOIN et COURTOIS sont moins sûrs. En effet, THIBERT et BAUDOIN sont d'abord des noms de baptême d'origine germanique. Quant à la *courtoisie* que rappelle le sobriquet COURTOIS, il ne semble pas que la tradition populaire l'ait retenue comme un trait de caractère typique du chien. Il serait plus plausible de relier le sobriquet à l'*amour courtois* de la même période. Enfin, il est douteux de relier la fréquence du sobriquet ROUSSEAU au personnage de l'écureuil au poil roux. Compte tenu des nombreux diminutifs issus de *roux* dans les noms de famille, il est peu probable que ce nom lui doive son origine.

Ménagerie en vrac. D'autres animaux se retrouvent dans les sobriquets, mais le trait de personnalité qu'ils sont censés illustrer n'est pas aussi évident. Les cervidés CERF et LECERF, à cause de ses cornes, désignent le mari trompé, alors que sa femelle, LABICHE, ainsi que son diminutif BICHET, rare au féminin, BICHETTE, est renommée pour sa douceur et sa timidité. Quant au CHEVREUIL, il semble que sa réputation d'agilité soit à l'origine du sobriquet.

Le FURET met son nez partout ; le RAT ou LERAT, peu répandus au Québec, comme d'ailleurs le MULOT, sont réputés vifs et rusés. Les sobriquets VERMOT et VERMET, devenu VERMETTE chez nous, sont des diminutifs de l'ancien français *verm*, « petit ver ». Sa racine se reconnaît dans *vermisseau*. Le surnom rappelle le caractère molasse de la personne. Notre *véreux* moderne a la même origine. Il signifie « gâté par les vers » et a évolué vers le sens moral de « méchant, malhonnête ».

Dauphin. S'il peut, dans certains cas, désigner celui qui vient du Dauphiné, le nom DAUPHIN est le plus souvent un sobriquet rappelant le cétacé qui a, de tout temps, piqué la curiosité, et suscité une certaine admiration par sa sociabilité.

> Il a son équivalent dans plusieurs langues, DOLPHIN, en anglais, DELPHIN, en alsacien et en allemand, DELFIN, en espagnol, et DELFINO, en corse et en italien.

Crapaud. En occitan, *babi* est le nom du crapaud et le surnom s'est appliqué à celui qui n'a pas été gâté par la nature, sous les formes BABY, BABIN et BABIAN. BABIN désigne aussi la personne qui a de grosses lèvres. Dans ce cas, le sobriquet vient de *babine* et son diminutif est BABINEAU.

LES ANIMAUX DOMESTIQUES

L'imagination populaire et l'ironie, souvent méchante, des gens ordinaires sont à l'origine de nombreuses expressions idiomatiques évoquant des animaux domestiques. Elles permettent une comparaison facile à comprendre pour des gens qui vivent près de la nature. On dira du voisin musclé qu'il est «fort comme un *bœuf*», sinon «fort comme un *cheval*», de l'autre, qu'il «mène *une vie de chien*». Ces expressions brillent par la limpidité de leur signification. De même les sobriquets issus de noms d'animaux rappellent-ils par métaphore un trait commun, une analogie entre l'animal et l'individu. Ne pas oublier, toutefois, que, dans bien des cas, il peut s'agir d'un surnom de métier de celui qui élève ou garde l'animal.

Un front de bœuf. La métaphore de l'animal réputé pour sa force herculéenne, le *bœuf* ou le *cheval*, explique les sobriquets BŒUF, plus fréquent avec l'article, LEBŒUF, écrit souvent LEBEUF, et CHEVAL, aujourd'hui presque disparu de notre patrimoine. En effet, l'ancêtre *Joseph-Jacques Cheval dit Chevalier* et *Saint-Jacques* a vu ses surnoms remplacer son nom dans sa descendance. Il subsiste toutefois quelques rares QUEVAL, forme normand-picarde du nom. Les diminutifs comme CHEVALOT, CHEVALLET, CAVALLIN ajoutent une note ironique au sobriquet, signifiant plutôt «qui se croit fort comme un cheval». Les équivalents en d'autres langues sont rares chez nous, sauf en corse et en italien, CAVALLO et CAVALLI et le diminutif CAVALLINI.

En ce qui concerne les variantes régionales de *bœuf*, elles sont moins nombreuses ici. On les rencontre surtout sous la forme de diminutifs avec la même connotation ironique souvent rattachée aux diminutifs. BOVET, qui signifie «petit bœuf», est de loin le plus répandu, mais s'ajoutent aussi quelques BOUVARD, BOUVET, BOUVOT, BOUET et BOYET. Dans ces derniers cas, il est toujours possible d'interpréter ces noms comme des surnoms de gardiens ou d'éleveurs de bovins.

VEAU et LEVEAU sont rares au Québec. Le premier a été implanté chez nous par l'ancêtre *Sylvain Veau dit Sylvain*, mais la descendance a opté pour le surnom SYLVAIN, de sorte que celui-ci semble avoir supplanté VEAU, qui est, à toutes fins utiles, disparu de notre patrimoine. Quant à LEVEAU, s'il est encore vivant en France, il ne compte chez nous que quelques rares porteurs.

Il peut paraître étonnant de constater que les mots *poulain* et *poule* se ressemblent beaucoup. En fait, ils ont, pour ainsi dire, une étymologie commune. Le premier vient du latin *pullamen*, le second, du latin *pulla*. L'un est un dérivé de *pullus*, l'autre en est le féminin. *Pullus* ou POULAIN désigne le petit d'un animal, quel qu'il soit, avant de prendre le sens de «petit de la jument». Appliqué à une personne, c'est un sobriquet qui évoque la fébrilité du jeune animal, son caractère fringant. Soulignons que la forme POULIN est plus fréquente au Québec.

Une tête de cochon. Le porc a une réputation de malpropreté et de gourmandise extrême, sans parler de son caractère buté qui a donné l'expression familière en titre. L'allusion aux mœurs lubriques et aux blagues coquines n'est pas exclue. Ajoutons, comme prix de consolation, qu'il est toujours plausible que le surnom soit un synonyme de PORCHER, l'éleveur ou le gardien de porcs. Voilà les significations du sobriquet COCHON. Le plus souvent, le nom s'écrit CAUCHON et se prononce avec le [o] de *cadeau*, ce qui atténue légèrement la portée du sobriquet.

Une réserve, cependant, s'impose. Nous touchons ici un cas d'homonymie dialectale. En effet, en dialecte normand-picard, le mot *cauchon* est l'équivalent régional de *chausson*. Appliqué à une personne, il devient le surnom de métier de celui qui fabrique et vend des chaussons. On est loin de la gent animale. Or la généalogie nous apprend que le pionnier *Jean Cauchon*, l'ancêtre d'une des deux lignées de CAUCHON d'Amérique, est originaire de Dieppe en Normandie. Le second, *René Cauchon, Sieur de Laverdière*, est tourangeau. Si *Jean* peut prétendre qu'il n'a rien à voir avec l'animal, *René* ne peut éviter le sobriquet parfois difficile à porter.

Toutefois, d'autres sobriquets rappellent le même animal sous des vocables plus anciens aujourd'hui disparus de la langue courante. Ainsi, quelques diminutifs de *porc* se camouflent-ils sous une forme dialectale ou l'autre : PORCHET, POURCHOT, POURCELET, POURCELOT. VERRON serait une variante de *verrat*, le porc reproducteur, dont la femelle, la *truie*, se dit *gore*, en ancien français. Le nom GORE est abondamment représenté parmi les abonnés du téléphone, mais il est difficile de le distinguer de son homographe anglais, *gore*, sorte de lieu-dit qui évoque une pointe de terre d'où le porteur est originaire. Étant donné que *Lagore* n'est pas attesté chez nous alors qu'on le rencontre en France, moins répandu toutefois que GORE, on peut présumer que quelques GORE portent, probablement à leur insu, un sobriquet de la gent porcine. Aucune surprise de constater que le petit de la *gore* se nomme GORET, GORIN ou GOURON, tous représentés au Québec.

Les équivalents de CAUCHON en anglais sont peu nombreux : quelques PORK et plusieurs PURCELL. En corse et en italien, on aura PORCO ou PORCU.

Et le bonnet d'âne ? L'absence de l'âne dans les sobriquets est plutôt étonnante, étant donné que l'animal a toujours été perçu comme le plus représentatif de la bêtise. Le mot *ânerie* date du XIIIe siècle, mais la réalité qu'il évoque est millénaire. *Âne* serait pourtant un sobriquet approprié à bon nombre de gens butés, épais ou niais, qui devrait se retrouver dans tous les dialectes et dans toutes langues. La bêtise, après tout, n'a pas de frontières. Or il n'en est rien. Outre LASNIER, surnom de métier de l'éleveur d'ânes, on rencontre un nombre intéressant de LANE parmi les abonnés du téléphone au Québec. Toutefois, LANE est confronté à au moins deux homographes que la seule consignation dans l'annuaire ne permet pas de distinguer. En effet, en français, LANE pourrait être une variante de LALANNE, sans l'article, équivalent gascon de LALONDE, surnom d'origine désignant un terrain broussailleux. En anglais, LANE est un surnom de voisinage correspondant au français DUCHEMIN ou LARUE et s'applique à celui dont l'habitation donne sur une voie de communication, une traverse de passage. Quant à *bourrique*, emprunté à l'espagnol *borrico*, il est trop récent pour être passé dans les noms de famille. Donc, jusqu'à plus ample informé, faut-il se résigner à croire qu'il n'y a pas d'ânes au Québec… !

Ménager la chèvre… Le nom de la *chèvre* employé seul est absent de notre patrimoine. Avec l'article, il est très rare, LACHÈVRE. Le sobriquet désigne la personne souple et agile comme la chèvre. Issu du latin *cabram*, le mot a subi une évolution très différente d'une région à l'autre. Aussi verra-t-on des variantes dialectales nombreuses du sobriquet, dont quelques-unes, souvent sous la forme de diminutifs, sont présentes au Québec: CHEVREL, CABRE, CABREL, CHABROL, CABROL, CHEVRET, féminisé en CHEVRETTE au Québec, CABRIÉ, CHEVEREAU. Nous avons abordé cet animal à propos des éleveurs.

Rouge comme un coq. Les COQ, LECOQ et LECOCQ sont des séducteurs qui se pavanent pour la galerie. Coureurs de jupons prétentieux, ils se rendent ridicules par leurs vantardises, souvent plus velléitaires que réelles. Les nombreux diminutifs viennent encore ajouter à l'ironie du sobriquet. Non seulement monsieur «fait le coq», il fait même le «petit coq». Parmi ces dérivés se retrouvent chez nous: COQUEL et son diminutif COQUELET, COQUET ou COCHET, COCHEZ, COCHIN, COCHARD ou COQUART et COQUEREAU.

Certaines langues européennes ont leur équivalent: HAHN, en alsacien et en allemand, GALLO, en espagnol et en italien, GALO, en portugais.

Nom d'un chien! Le plus fidèle ami de l'homme ne s'est pas taillé une grande place parmi les sobriquets et les noms de famille. Toutefois, ce n'est pas à cause de sa fidélité que l'animal est devenu sobriquet, mais plutôt parce qu'il est grognon et hargneux. Issu du latin *canem*, il apparaît surtout dans les diminutifs de *cagne*, forme normande du mot: CAGNET, CAGNIN, CAGNON ou CAIGNON, CAGNARD et CAGNY. Les abonnés du téléphone ne comptent qu'un LECHIEN et quelques CHIEN. Cependant, ces derniers ont tous un prénom asiatique, ce qui indique que CHIEN, dans ce cas, est un homographe chinois dans sa transcription en notre alphabet. Par ailleurs, en adoucissant la consonne initiale de CAGNON et CAIGNON, on obtient GAGNON et *Gaignon*. En ancien français, un *gaignon* ou GAGNON correspond à notre *pitbull* du langage populaire. C'est un chien particulièrement féroce. Le sobriquet s'applique à l'homme cruel et méchant, au caractère hargneux. Dans certaines régions, GAGNON a pu être un diminutif de GAGNÉ, surnom de métier désignant celui qui exploite une *gagnerie*, une terre cultivée par un seul homme.

Le germanique *bracco* est à l'origine de *braque*, qui désigne une race de chiens de chasse de haut niveau. Le mot explique quelques surnoms implantés chez nous, dont BRAC, BRACH et BRACKE. En principe, il s'agit d'un surnom de métier, celui du préposé aux chiens lors d'une chasse à courre et que l'on nomme alors BRACONNIER, en français, et BRACHMANN, en alsacien et en allemand. Le BRACONNIER dresse les chiens et les conduit. Le sens moderne du chasseur délinquant est trop récent pour apparaître comme surnom. Cependant, l'expression idiomatique «fou comme braque», devenue chez nous «fou braque», autorise à croire que le sobriquet évoquant cette signification peu élogieuse ne doit pas être éliminé tout à fait. C'est encore plus évident si l'on consulte un dictionnaire anglais où *braque* est traduit par *crazy*.

Le latin *catellum*, «petit chien», aboutit en occitan à plusieurs formes dont CADEAU, CADET, CADOT, CADAN et CADY. CADET et CADOT ont été féminisée en CADETTE et CADOTTE, mais c'est vraiment CADOTTE qui est la forme plus répandue au Québec, alors qu'elle est à peine attestée en France. Le sobriquet est attribué à celui qui est trop fébrile, un peu comme «un petit chien fou».

L'ACCOUTREMENT

Les habitudes vestimentaires originales valent leurs sobriquets à ceux qui en font étalage. Les sobriquets faisant état de ces particularités ne sont pas très nombreux.

Barre. La personne qui porte constamment des vêtements à rayures sera appelée BARRE ou BARRÉ. Dans le Midi, ce sera plutôt BARRAT. Toutefois, BARRE, surtout précédé de l'article, LABARRE, désigne la BARRIÈRE caractéristique de la maison entourée d'une clôture.

Chape de laine. CHAPDELAINE, écrit parfois CHAPDELEINE ou CHAPEDELAINE, s'applique à celui qui se distingue par ce type de vêtement, c'est-à-dire une «chape de laine». Il peut, à l'occasion, être un surnom de métier de celui qui confectionne ou vend ce vêtement.

COTTÉ, devenu parfois CÔTÉ, distingue celui qui porte la cotte, sorte de vêtement, comme la *cotte de mailles*, dont la graphie est *cote* en ancien français, à moins, encore une fois, que le surnom ne désigne le métier du fabricant. Cette même hypothèse s'applique aussi à COTTU, nom porté par l'ancêtre des COUTU d'Amérique. Ajoutons ici COTNOIR pour celui qui se distingue en portant une cotte de cette couleur.

Au Moyen Âge, un *chaperon* est une coiffure. Celui qui arbore une coiffure caractéristique risque donc de se voir surnommer CHAPERON ou, selon la forme picarde, CAPRON. Le surnom du fabricant est aussi plausible.

Quelques autres sont signalés par Albert Dauzat dans son ouvrage intitulé *Traité d'anthroponymie française. Les noms de famille de France.* Les sobriquets qui suivent sont attestés chez nous à fréquence variable, mais peu nombreux: les MANTEL et MANTEAU portent ce vêtement en un lieu ou en un temps inappropriés. Le Toqué porte la *toque*, peut-être celle du cuisinier ou du pâtissier.

Tabard. Large manteau que l'on met par-dessus l'armure, le *tabard* devient le sobriquet de celui qui s'en revêt, Tabard, Tabar et Tabary.

Dignes... ah ! oui... ?

Les noms de dignité sont les titres que portent les autorités ecclésiastiques et les gens de la noblesse. Les motifs d'attribution de ces surnoms à un individu sont de quatre ordres : l'individu vit à proximité de l'habitation du porteur du titre ; il est domestique chez un porteur du titre ; il a interprété ce personnage dans un mystère, un jeu liturgique ou profane du Moyen Âge ; il se prend pour un autre et adopte des attitudes ou des comportements qui lui attirent la moquerie et les sarcasmes de son entourage. Le quatrième motif est le plus fréquent. Ajoutons à cela certains titres de fonctions administratives de service public. La plupart des surnoms qui sont inspirés de ces titres entrent dans la catégorie des sobriquets plutôt que dans celle des noms de métiers, car c'est plus à leur comportement qu'à la fonction exercée que ces gens doivent leur surnom, sauf quelques exceptions difficiles à distinguer. Ce type de sobriquet est quasi universel. La forme varie selon les dialectes et ses équivalents se reconnaissent dans plusieurs langues européennes.

Que le Seigneur vous bénisse ! Les dignités ecclésiastiques sont multiples et elles ont à peu près toutes trouvé place dans les sobriquets. Établissons en principe, compte tenu des règles sévères et séculaires du célibat des membres de la hiérarchie de l'Église, qu'il est peu probable que celui qui se voit attribuer l'un de ces sobriquets le doive à une paternité directe. Plus le titre est élevé dans la hiérarchie, plus ce principe devrait s'avérer juste, quoique... de méchantes langues pourraient peut-être laisser soupçonner... Allons-y donc dans l'ordre hiérarchique décroissant, en ne conservant, il va sans dire, que les cas attestés au Québec.

Sérieux comme un pape. Celui qui se donne des allures un peu trop pontifiantes se verra affubler ironiquement du sobriquet de Pape ou Lepape. Le Pabic est le diminutif breton de Lepape. Depape marque la filiation, non pas au sens de « fils du Pape », mais de « fils de celui que l'on nomme Pape ». En ancien français, *apostol*, du latin *apostolum*, « apôtre », signifie « pape ». Il explique les sobriquets Apostol et Lapostolle.

Par ailleurs, on aura des équivalents en d'autres langues : Pope, en anglais, Bapst, variante de *Papst*, en alsacien et en allemand, Depape, en néerlandais et en flamand, et Papa, dans les langues espagnole, hongroise, italienne, portugaise, roumaine et serbo-croate.

Quant à Cardinal, qui désigne un dignitaire ecclésiastique dont l'une des fonctions est de participer à l'élection du pape, le sobriquet s'applique le plus souvent à celui qui se donne trop d'importance et dont la fierté et la suffisance excessives déplaisent.

Son homonyme, l'oiseau d'Amérique au plumage rouge et au chant mélodieux, doit son nom à sa couleur empruntée aux cardinaux. Il ne peut pas, comme le Pinson ou le Rossignol, servir de sobriquet à celui qui chante bien, car cet oiseau était inconnu au XIIe siècle, au moment de l'implantation des noms de famille. Ajoutons que le même sobriquet existe en anglais avec la même graphie ainsi qu'en corse et en italien sous la forme Cardinale.

Son petit Jean-Lévesque. Un *évêque* remplit de hautes fonctions dans l'administration de l'Église, il dirige un diocèse. Le surnom Lévêque, écrit aussi Lévesque, et parfois Levecque, s'applique occasionnellement à celui qui travaille à l'évêché ou qui habite à proximité, mais, la plupart du temps, il s'agit d'un sobriquet ironique pour se moquer de celui qui fait étalage de ses dévotions ou qui se donne des allures hautaines. À moins que, par ironie, ce soit tout à fait l'inverse, pour souligner la nature plutôt impie de la personne. Le caractère ironique est sûrement accentué quand le sobriquet est tronqué en Vesque, par aphérèse. L'expression québécoise « faire son petit Jean-Lévesque » va dans le même sens, car elle s'adresse à celui qui se prétend connaisseur, un « petit Jos-Connaissant ». En breton, Lescop est l'équivalent de Lévesque.

En anglais, on rencontre Bishop. En d'autres langues européennes, les équivalents sont : Bischof et Bischoff (all. et als.), Komitas (arm.), Piscopo (it. et cor.), Bispo (ptg.), Biskup (tch.).

L'Archevêque est un autre sobriquet employé dans le même sens que le précédent. Il m'est difficile d'éviter de raconter l'anecdote concernant *Joseph-Aquila L'Archevêque* empruntée aux *Cahiers d'histoire du Sault-au-Récollet*. Né dans ce quartier en 1866, le héros est ordonné prêtre et décide d'aller exercer son ministère en Acadie où il sera curé de Cocagne. Au cours d'un voyage en Europe, le curé, en visite au Vatican, se présente : « Joseph-Aquila L'Archevêque, de Cocagne en Acadie. » Il obtient très rapidement une audience privée du pape Pie X et est reçu partout en grandes pompes comme « archevêque de Cocagne en Acadie ». Vous imaginez bien le plaisir du prêtre à entrer dans le jeu.

Manger du curé. Entre le simple prêtre et l'évêque, plusieurs titres ont eu droit de cité au cours des siècles, dont certains ont changé de sens depuis lors. Parmi eux, retenons *chanoine, doyen, curé* et *vicaire*. Le Chanoine, du latin *canonicum*, « conforme aux règles », est un dignitaire ecclésiastique rattaché au chapitre d'une cathédrale. Son titre lui accorde certains privilèges, dont un revenu fixe supplémentaire, une *prébende*, qui a contribué à sa réputation d'homme fortuné, bien nourri, rondouillard et joufflu. Cannone et Canonne sont des variantes régionales du sobriquet.

En anglais, on rencontre les équivalents Canon, Cannon et Chanon.

Le *doyen*, du latin *decanum*, «groupe de dix», désigne celui qui commande un groupe de dix personnes, soldats, moines ou artisans, selon l'époque et l'activité. Le sens a évolué vers un titre ecclésiastique désignant l'évêque le plus ancien, puis celui du chapitre des chanoines. Le titre est devenu un sobriquet, DOYEN et LEDOYEN, rappelant la rigidité, l'arrogance, l'attitude méprisante du porteur.

DIENNE en est la forme picarde et DEGAN, l'occitane. En anglais, on rencontre les équivalents DEAN, DEANE, DEANS et DEEN.

Le *curé*, du latin d'église *curatum*, «qui a charge d'âmes», dirige une cure, une paroisse. Il veille à la vie spirituelle et morale de ses fidèles. Le sobriquet CURÉ ironise à l'endroit de celui qui joue au curé en faisant la morale à tout le monde.

L'équivalent breton est PERSON, qui explique aussi l'irlandais McPHERSON ou MacPHERSON de même origine, et désignant le fils du curé, nommé *pherson* en langue celtique. Ce qui signifie en fait «le fils de celui que l'on appelle *Pherson*». En arménien, on aura DERDERIAN.

Le *vicaire*, du latin *vicarium*, «remplaçant», assiste le curé et le remplace, le cas échéant. Le sobriquet VICAIRE est relativement rare et dénonce celui qui veut se montrer aussi important que celui qu'il remplace.

Le *prêtre* est le terme générique désignant celui qui a reçu le sacerdoce. Le sobriquet ne se rencontre pas seul au Québec, il est toujours précédé de l'article, LEPRÊTRE ou LEPRESTRE. Sûrement ironique, il s'applique à celui qui se montre trop dévot ou à celui qui ne fait que «manger du curé».

BÉLEC ou BELLEC est l'équivalent breton de PRÊTRE. En anglais, on a PRIEST, PREST ou PRESS. En d'autres langues européennes, les équivalents sont: PRIESTER (all. et als.), MacTAGGART ou McTAGGART, fils de celui qu'on appelle *prêtre* (irl.), PRETE, PRETO et PRETI (it. et cor.), PRIESTER (néer. et flam.), POPESCO ou POPESCU (roum.), POPOV, POPOFF (rus.), POPOVIC (ser.)

Le *chapelain*, dérivé de *chapelle*, désigne à l'origine le prêtre qui dessert la chapelle du roi ou du seigneur. Le nom est devenu sobriquet lorsque, à l'instar du moine ou du chanoine, le personnage a fait montre de certains traits de personnalité comme la fatuité, la prédilection pour la bonne chère ou le bon vin. CHAPELAIN est aussi un surnom de métier appliqué à celui qui travaille au service du chapelain. Certaines formes sont d'origine régionale: CHAPLIN (anj. et bret.), CHAPLAIN (champ.), CAPELA (lang.), LECAPELAIN (norm.), CAPELAN, contracté en CAPLAN (occ.), CAPLIN (pic.). En anglais, on rencontre CHAPLIN, CAPLIN, KAPLAN et KAPLIN.

Abbé ou prieur? La vie monastique, dès le Haut Moyen Âge, a joué un rôle prépondérant dans l'expansion du christianisme et l'éclosion de la civilisation occidentale. Les monastères se sont édifiés à travers l'Europe et autour d'eux sont apparus des villages de plus en plus importants. Les monastères se diversifient. L'*abbaye* abrite une communauté dont le supérieur est un *abbé* et qui est tout à fait autonome. Le *prieuré* est dirigé par un *prieur* et se rattache à une abbaye dont il dépend. À tort ou à raison, la tradition populaire attribue à l'abbé et au prieur les travers reconnus au moine : amateur de bonne chère, bien nanti et bedonnant. De plus, il prend plaisir à se prévaloir de son autorité. D'où les sobriquets LABBÉ et PRIEUR attribués à ceux dont la conduite et les attitudes rappellent celles des supérieurs de monastères. LABBÉ est toujours accompagné de l'article chez nous, alors que l'on rencontre PRIEUR plus souvent que LEPRIEUR. Les variantes de LABBÉ sont multiples.

> Certaines formes sont d'origine régionale : LABAT (bret.), ABBATE (daup.), ABAT ou, avec l'article, LABAT et LABBAT (gasc.), ABATE ou DABATE (prov.), ABAT (rous.). En anglais, on rencontre ABBOTT, LABBAT et LABATT. En d'autres langues européennes, les équivalents sont : ABT (all. et als.), ABAD (esp.), MCNAB ou MACNAB, fils de celui qu'on surnomme LABBÉ (irl.), ABATE et ABBATE (it. et cor.).

Un travail de moine. La vie monastique, c'est connu, se consacre à deux activités prioritaires, la prière et le travail. Dans les noms de famille, toutefois, il faut y voir un sobriquet et non pas un surnom de celui qui a embrassé la vie monastique. Oh ! Que non ! MOINE, écrit aussi MOYNE, plus souvent avec l'article, LEMOINE ou LEMOYNE, est un sobriquet. Oublions l'ascète, le mystique, le savant minutieux. Pensons plutôt au surnom qui rappelle avec une ironie mordante les travers que la tradition populaire attribue au moine, amateur de bonne chère et de bons vins, en conséquence plutôt grassouillet et souvent un tantinet lubrique. Le surnom a laissé quelques diminutifs, dont MOINEL, MOINEAU, qui peut aussi évoquer la légèreté de l'oiseau, MOINET, MOINAT, et MOINARD avec une connotation péjorative. La variante occitane MONGE a donné quelques diminutifs dont MONGEL, MONGEAU, écrit aussi MONJEAU, MONGEOT, MONGIN et MONGEON.

> Certaines formes de MOINE sont d'origine régionale : MANAC'H et LE MANAC'H (bret.), MONGE (guy.), MOINAT (pic.), MOINARD (poit.), MOURGUE ou MOURGUES (prov.), MOINET (saint.). En anglais, on rencontre MONK et MUNK. En d'autres langues européennes, les équivalents sont : MUNCH ou MUNK (all. et als.), MONJE (esp.), MONACO (it. et cor.), DE MUNCK (néer. et flam.), MONGE (ptg.).

Rappelons cependant que MONGE et ses diminutifs sont des homophones résultant d'une aphérèse de DEMONGE, variante dialectale de DOMINIQUE, et de ses dérivés DEMONGEL, DEMONGEAU, DEMONGEOT, *Demongin* et DEMONGEON dont on a retranché la première syllabe *de*.

Les laïcs à l'église. Certaines tâches plus terre à terre à l'église sont laissées à des paroissiens. Étant donné que d'aucunes mettent en évidence des personnes, notables ou non, de la communauté, il arrive que des individus cherchent délibérément à se mettre en valeur et se voient par la suite affubler de certains surnoms. Plusieurs se révèlent plutôt cocasses lorsqu'on se donne la peine de remonter jusqu'à leur origine.

Le chant liturgique est important à l'église et celui qui en est responsable en tire parfois vanité. Tout le monde le connaît au village. Sa fonction est très distinctive. Ce qui explique les surnoms CHANTRE, LECHANTRE, CHANTRIER, CHANTEREAU, contracté en CHANTREAU et CHANTREL. CHOREL désignera celui qui chante en chœur. Le surnom se transforme en sobriquet lorsqu'il désigne la personne par un mot latin tiré d'une prière ou d'un chant liturgiques que les voisins ont associé à sa personne ou à sa façon de l'entonner.

Pour bien comprendre, reportons-nous aux temps jadis où nos églises se remplissaient à craquer, la nuit de Noël. Le moment attendu dans la plus grande fébrilité est celui où le « maître chantre » entonne magistralement le *Minuit, Chrétiens*. C'est le triomphe ou la catastrophe ! Au Moyen Âge, un tel rituel aurait valu à la diva le surnom de CHRÉTIEN. Mais ce dernier n'a pas été inspiré par ce chant qui a tant fait vibrer les murs et les verrières de nos églises. Il est trop récent pour cela. Beaucoup d'autres chants, toutefois, recensés par Albert Dauzat, sont à l'origine de noms de famille qui ont survécu jusqu'à nous. La plupart du temps, ils ont subi des modifications qui les rendent parfois méconnaissables. En voici une liste non exhaustive empruntée à Jacques Cellard dans ses *Trésors des noms de famille*. Ne sont retenus que ceux qui sont attestés parmi les abonnés du téléphone au Québec. À l'évidence, leur fréquence chez nous est très variable.

AMEN a sûrement une façon toute personnelle de chanter le répons *Amen*.

AVE doit son nom à l'*Ave Maria*.

DÉOM tire son sobriquet de son chant préféré, le *Te Deum*.

DIES chante avec trémolo le *Dies irae*.

ERGO préfère le *Tantum ergo*.

GLORIA aime beaucoup chanter le *Gloria in excelcis Deo*.

HOMO découle du fameux *Ecce homo* de Ponce Pilate, peut-être relié au rôle d'un mystère.

LAUDE chante les *Laudes*.

OZANNE et OZANAM viennent du *Sanctus* : *Hosanna*.

SEMPER est extrait d'*Et nunc et semper*.

VIRGO s'inspire du chant *Virgo Maria*.

L'un d'eux mérite une explication particulière. Il concerne PATER et PATERNOSTER, surnoms de ceux qui entonnent avec enthousiasme le *Pater noster*. La même prière est à l'origine du sobriquet PATENOSTRE ou PATENOTRE, modifié en PATENAUDE au Québec. Le PRDH a relevé 63 graphies du nom dans les documents du Québec ancien, qui permettent de suivre la transformation de PATENOSTRE, nom porté par l'ancêtre, à *Patenotre, Patenote, Patenaute, Patenode* et PATENAUDE.

Un autre surnom qui semble répondre davantage aux critères permettant de classer les sobriquets est celui d'ÉVANGÉLISTE. Pourquoi serait-ce un sobriquet plutôt qu'un surnom ? Pour la simple raison que le nombre d'évangélistes est trop réduit pour que l'attribution du surnom ne cache pas une grande ironie. Qui peut être surnommé ainsi ? Vraisemblablement le bigot qui fait la morale à tout le monde pour tout et pour rien ; celui qui fait étalage de ces connaissances en Écritures en citant l'Évangile à tort et à travers.

NOBLESSE OBLIGE... ?

Les titres nobiliaires se sont taillé une place de choix dans les noms de famille. Cependant, ce serait une grave erreur de croire que celui qui porte l'un de ces noms pourrait remonter à un éventuel titulaire dans une plus ou moins lointaine ascendance. Loin de là ! En effet, comme pour les titres de dignité abordés aux paragraphes précédents, c'est plutôt de sobriquets ironiques dont il faut parler ici. On se reportera donc au paragraphe qui coiffe le volet intitulé *Dignes… Ah ! Oui… ?* pour comprendre les motifs probables de leur attribution. Toutefois, au cours des siècles, le sens du mot a beaucoup évolué avant qu'il ne soit, pour ainsi dire, consacré titre de noblesse. Pour la commodité de l'exposé, on s'en tiendra ici généralement au titre nobiliaire, dans l'ordre décroissant.

Vive le roi ! Les ROY, LEROY et DEROY du Québec ne sont pas plus souverains que nos nombreux « rois de la patate frite ». Le nom ROY est, de loin, le plus fréquent. Au Québec, il se situe au premier rang et, en France, au 76e. De ce nombre, rarissimes sont ceux qui peuvent rencontrer, dans leur ascendance, quelque Louis XIV de ce monde. C'est d'un roi de carnaval, du roi du tournoi, du roi du camping ou encore du roi issu du « gâteau des Rois » dont il s'agit ici. Son lien avec la monarchie est un fil ténu, celui de la dérision, qui ridiculise celui qui se prend pour un autre. Les seuls cas d'exception seraient ceux des préposés au service d'un roi réel et à qui le surnom a été appliqué à titre de rappel ou encore celui qui a interprété le rôle du roi dans un mystère. Ajoutons que la préposition *de* dans DEROY marque la filiation. Le sobriquet signifie donc non pas « fils du roi », mais « fils d'un dénommé ROY ». La forme dialectale REY est méridionale.

DAROIS, pour sa part, n'est qu'une variante dialectale du nom DEROY, phénomène phonétique qui s'apparente à celui qui transforme la prononciation du *e* devant le *r*, dans « *l'harbe varte* » pour « l'herbe verte », ou dans le juron québécois *viarge* pour *vierge*. Il s'agit là d'une influence dialectale héritée du poitevin.

En anglais, on rencontre KING, très répandu chez nous. En d'autres langues européennes, les équivalents sont : KÖNIG et KOENIG (all. et als.), REY et REYES (esp.), RIGAS (gr.),

KIRÀLY (hon.), RYAN et REGAN ou REAGAN, «petit roi», ainsi qu'O'REGAN et O'REAGAN (irl.), RE, REALE et REALI (it. et cor.), DE CONINCK, DE CONNINCK et DE KONINCK (néer. et flam.), KROL (pol.), REI et REIS (ptg.), RIGA (roum.), KOROL (rus.), KRALJ (ser.), KRÁL (tch.).

L'adjectif ROYAL, outre le sobriquet de la personne qui se donne «l'air royal», peut représenter aussi le surnom de métier du percepteur de l'impôt royal.

Quant au MONARQUE, il relève d'un niveau plus recherché, voire prétentieux, qui cache d'autant plus le caractère ironique du sobriquet. La légèreté du papillon du même nom ne peut pas être évoquée, car cet emploi figuré est trop récent pour être passé au domaine des patronymes dont l'implantation remonte à l'époque médiévale.

LEMPEREUR est très rare au Québec, mais il va dans le même sens que les précédents. De même en est-il pour l'espagnol HIDALGO, qui s'applique à celui qui joue au noble plutôt qu'au porteur du titre.

Soyons bons princes. Le titre de prince ne peut être porté que par un membre de la famille royale qui ne règne pas. D'où son rang, immédiatement après le roi. Il est bien évident que la personne que l'on surnomme PRINCE ou LEPRINCE n'a rien du titre. DEPRINCE marque la filiation, «fils de celui que l'on nomme PRINCE». C'est un sobriquet ironique appliqué au vaniteux qui se donne un genre, soit par ses attitudes prétentieuses, soit par son train de vie «princier», soit encore par la richesse de ses vêtements. On est loin du «bon prince» accommodant.

En anglais, le nom est identique au français, PRINCE, mais on aura aussi PRINS. En d'autres langues européennes, les équivalents sont: PRINZ (all. et als.), PRINCIPE (esp., it. et cor.), VORST (néer. et flam.), PRINCIPE (ptg.), PRINT (roum.), VLADAR (ser.), PRINC (tch.).

La tournée des grands-ducs. Le mot *duc* vient du latin *ducem*, «qui conduit». Celui qui porte ce titre est souverain d'un *duché*, un territoire qui relève directement du roi. Dans la hiérarchie nobiliaire, le duc se place au troisième rang, après le roi et le prince. Il y a peu de chances qu'un DUC ou LEDUC d'aujourd'hui puisse être un descendant d'un vrai duc. Tout au plus, dans le meilleur des cas, le porteur du sobriquet a-t-il servi un duc, fonction qui lui aurait valu le surnom. Le plus souvent, ce surnom est attaché, par dérision, à la personne à qui l'on reproche de se donner un air hautain et méprisant, comme le grand-duc, ce rapace nocturne, qui peut aussi expliquer le surnom. DUQUET et DUQUETTE sont des diminutifs de *duc*, avec la valeur ironique que sous-entend le diminutif. Au Québec, la forme DUQUET a été féminisée en DUQUETTE, mais même la forme masculine DUQUET laisse entendre la consonne finale, comme dans les couples OUELLET-OUELLETTE et OUIMET-OUIMETTE.

En anglais, on rencontre DUKE. En d'autres langues européennes, les équivalents sont: HERZOG (all. et als.), DUQUE (esp.), HERSEG et HERCZEG (hon.), DUCA et DEL DUCA (it. et cor.), HERTUG (norv.), DUQUE (ptg.), DUCA (roum.), KNEZ (ser.), HERTIG (suéd.).

Madame la Marquise. Le nom MARQUIS a déjà été abordé dans le chapitre sur les surnoms de métiers comme tâche pratiquée dans l'armée. Le MARQUIS commande la patrouille de surveillance de la *marche*, frontière régionale. Le mot étant devenu très tardivement un titre nobiliaire, il est probable qu'il ait été employé beaucoup moins souvent que les autres comme sobriquet ironique. Ajoutons que le nom MARQUIS a été implanté en Nouvelle-France surtout par *Marc-Antoine Canac dit Marquis*, soldat et ancêtre des familles CANAC, MARQUIS et CANAC-MARQUIS. Le rapprochement entre le prénom de l'ancêtre *Marc* et le mot *marquis* laisse croire que le nom de guerre de l'ancêtre résulte probablement d'un calembour basé sur la ressemblance des deux mots, comme cela était fréquent au régiment. On a, par exemple, des prénommés *Pierre* surnommés LAPIERRE, *Jean-François Pinel dit* LAFRANCE, *Tourelle dit Touraine*, VERMET dit *Vermeil* et FOREST dit LABRANCHE.

En anglais, on rencontre MARQUIS comme en français. De plus, seuls les équivalents espagnol MARQUEZ et portugais MARQUES sont attestés chez nous.

Monsieur le Comte. Le titre de *comte* vient du latin *comitem*, accusatif de *comes*, «compagnon». Le *comte* possède un comté. Le mot est à l'origine des noms COMTE et LECOMTE, CONTE et LECONTE, COMPTE et LECOMPTE. Comme pour les titres précédents, à moins de désigner l'employé du comte, ces noms sont des sobriquets ironiques appliqués à celui qui affecte des airs de noblesse.

En anglais, on rencontre EARL. En d'autres langues européennes, les équivalents sont: GRAF (all. et als.), CONDE (esp.), GROF (hon.), CONTE, CONTI, CONTINI et DEL CONTE (it. et cor.), DE GRAEVE (néer. et flam.), GREVE (norv.), GROF (ser.), KRABE (tch.).

Baron. Le *baron* est propriétaire d'une *baronnie*. Dans l'échelle nobiliaire, il suit le *comte*. Pendant longtemps, il a symbolisé la puissance et la force, surtout guerrière. Cette force et cette puissance sont sous-jacentes dans l'expression d'aujourd'hui «baron de la drogue». Toutefois, le surnom BARON, souvent précédé de l'article, LEBARON, désigne moins le porteur du titre que celui qui joue au baron ou se prend pour lui, comme pour les autres titres de noblesse. BARONET est un diminutif de BARON et BAROU, sa forme béarnaise.

Le français partage la graphie BARON avec plusieurs langues, dont l'anglais, l'alsacien et l'allemand, l'espagnol, le serbo-croate, le tchèque, le suédois. En d'autres langues européennes, les équivalents sont: BARO (hon.), BARONE et BARONI (it. et cor.), BARAO (ptg.).

Chevalier servant. Le *chevalier*, au Moyen Âge, a souvent peu à voir avec «le preux chevalier» de la légende. Le sobriquet s'applique surtout à celui qui cherche à s'en donner l'allure, quand ce n'est pas tout simplement à celui qui monte à cheval. Comme sobriquet, le nom a pris diverses formes, avec ou sans article: CHEVALIER, LECHEVALIER, CHEVALLIER, LECHEVALLIER, mais aussi CHABALIER ou CHAVALIER, dans le Midi. En Normandie, les équivalents sont CAVALIER, LECAVALIER, CAVELIER et LECAVELIER, alors que, en breton, c'est MARREC.

En anglais, on rencontre KNIGHT ou, avec la marque de filiation, KNIGHTS, ainsi que RIDER ou RYDER. En d'autres langues européennes, les équivalents sont : REITER, RITTER (all. et als.), CABALLERO et CABALLO (esp.), LOVAS (hon.), CAVALERO et CAVALERI (it. et cor.), RIDDER et DE RIDDER (néer. et flam.).

Écuyer. L'*écuyer* médiéval a de nombreux sens. L'ÉCUYER est tour à tour le valet du chevalier, celui qui porte son écu ; plus tard, ce sera celui qui se prépare à devenir chevalier. On donnera ce nom aussi à l'intendant responsable des écuries du seigneur ou du roi. Comme surnom de fonction, seuls ÉCUYER, L'ÉCUYER, LÉCUYER et de rares ESCUDIER, d'après la forme occitane, se sont implantés en Amérique. Le nom ne semble pas avoir donné prise à des sobriquets. Il s'apparente davantage à un surnom de métier.

L'équivalent breton est FLOCH ou LE FLOCH. Pour sa part, le BACHELIER, au sens médiéval, est celui qui aspire à devenir un jour chevalier. En anglais, l'écuyer se dit SQUIRE ou SQUIER et, avec la marque de filiation, SQUIRES et SQUIERS. En d'autres langues européennes, les équivalents sont : ESCUDERO (esp.), PATRON (suéd.), PAN et PANOS (tch.).

Hardi comme un page. Le mot *page* est d'origine obscure. Il désigne d'abord un tout jeune homme au service de quelqu'un. Vers le XIVe siècle, le nom s'est spécialisé en s'appliquant particulièrement au jeune homme attaché à la personne du roi ou du seigneur. Ce dernier sens est trop récent pour qu'il puisse être relié aux noms de famille. C'est donc dire que c'est le sens de jeune valet qu'il faut retenir. Il ne s'agit donc pas d'un véritable sobriquet comme dans le cas des autres noms qui précèdent. Le surnom revêt plusieurs formes : PAGE, LEPAGE et ses variantes PAGÉ, parfois écrit PAGER. Le nom a sa famille de dérivés : PAGEL, PAGEAU ou PAGEAUT, écrit aussi PAJEAU et PAGEAULT, PAGET, PAGEOT, écrit parfois PAJOT, PAGEON et PAGEARD, auxquels s'ajoutent de rares PAGENEL et PAGENEAU.

L'anglais a emprunté au français PAGE et PAGET, anglicisé ensuite en PAGETT. On y retrouve aussi PAIGE, dans le même sens.

Le surnom DAMOISEAU, à l'instar de LÉCUYER, s'applique à celui qui est trop jeune pour devenir chevalier. Au Moyen Âge, le DAMOISEAU essaie de briller à la cour du châtelain et se fait remarquer par sa galanterie affectée. C'est pourquoi DAMOISEAU est vite devenu un sobriquet ironique stigmatisant le galant à la tenue vestimentaire trop ostentatoire et dont les manières sont plutôt efféminées.

À tout seigneur… Le vocabulaire féodal nous a laissé d'autres titres qui se sont retrouvés dans les sobriquets. Abordons d'abord le titre de *seigneur*. Le mot vient du latin *seniorem*, « plus ancien ». Il aboutit, en ancien français, à *seignor*. Une autre forme est plus familière, il s'agit de *sire*, du latin populaire *seior*, est le cas sujet et ne s'emploie que dans la fonction de sujet du verbe. Son correspondant au cas régime, c'est-à-dire dans toutes les fonctions autres que celle de sujet du verbe, est le mot *sieur*, du latin populaire *seiorem*. Ces trois mots sont devenus des sobriquets ironiques, avec ou sans article : SEIGNEUR ou LESEIGNEUR, LESIEUR et SIRE. Chacun a formé sa famille de diminutifs, mais seuls SEIGNEURET, SIGNORET, SIRIN, SIRON et SIRARD se sont implantés chez nous. On y compte aussi quelques SIGNORE et SIGNORI d'origine italienne. En composition, GRANDSIRE existe, mais il est peu fréquent.

Le cas de SIRE présente un intérêt particulier au Québec. Les porteurs d'aujourd'hui du nom CYR ont un ancêtre nommé SIRE, parfois écrit SYRE. Or CYR est un nom de baptême chrétien inspiré de saint *Cyr*, martyrisé au IVᵉ siècle et dont le nom se reconnaît dans le toponyme SAINT-CYR, lui-même devenu nom de famille.

Lord ou Laur ? Les LORD du Québec portent un nom qui a deux origines distinctes selon l'ancêtre auquel ils se rattachent. Disons d'entrée de jeu que LORD, en anglais et en irlandais, au Moyen Âge, signifie « maître, seigneur ». Comme le titre de SEIGNEUR ou de ROY en français, LORD est un sobriquet attribué par dérision à celui qui s'en donne les airs ou qui en adopte les attitudes irritantes. Comme le ROY français est un ROY de foire ou de carnaval, le LORD anglais ou irlandais n'est qu'un LORD de pacotille. Les seuls cas d'exception seraient des personnes qui ont été au service d'un lord réel et à qui le surnom a été appliqué à titre de rappel ou encore qui ont joué un rôle de lord dans l'un des populaires mystères du Moyen Âge. Chez nous, les LORD dont l'ancêtre est d'origine irlandaise ou anglaise ont un nom qui répond à cette explication.

Les autres LORD sont arrivés au Québec après un séjour en Acadie. Ils sont en fait des LAUR dont le nom s'est changé en LORD au cours des siècles. Or LAUR est un nom de baptême chrétien inspiré par saint *Laur*, honoré au Moyen Âge. Plusieurs lieux de culte lui sont consacrés. À l'instar d'un grand nombre de noms de baptême, LAUR est devenu nom de famille. Les noms de famille LAUREL, LAUREAU et LAURIN sont des diminutifs de LAUR. Quant à LORD, il a été emprunté à l'anglais et prononcé à la française. Il est devenu un homophone de LAUR qu'il a supplanté par la suite, vraisemblablement parce que la forme LAUR ne correspondait plus à un nom connu, contrairement à LORD, encore très vivant.

Levasseur. Dans le système féodal, le seigneur concède parfois une portion de sa seigneurie à titre de *fief*. Le fief demeure rattaché à la seigneurie d'origine et le seigneur du fief devient le *vassal* du grand seigneur, appelé alors *suzerain*. Le mot *vassal* dissimule le sens de *serviteur*. Si le vassal concède à son tour un arrière-fief, celui qui le reçoit devient *vassal du vassal* ou *vavasseur*, niveau inférieur de la hiérarchie féodale. Le mot, réduit à VASSEUR, s'est répandu comme sobriquet, avec l'article, LEVASSEUR, évoquant avec ironie l'asservissement.

La variante normande est VASSOR ou LEVASSOR. En anglais, VASS et VASSALL sont les équivalents de VASSAL. En alsacien et en allemand, on aura LEHMANN.

SONT-CE DES FONCTIONNAIRES... ?

Certaines fonctions, parfois simplement honorifiques, au temps de la féodalité, ont donné prise à des surnoms teintés d'ironie. Voici, sans trop de détail sur leurs tâches respectives qui ont trop évolué au fil des siècles, quelques surnoms inspirés par les membres de la fonction publique de l'époque. Je présume que d'aucuns ont dû être la cible facile de bonnes blagues comme nos fonctionnaires d'aujourd'hui. Bon nombre d'entre eux, se prenant trop au sérieux, avaient tendance à exercer une certaine emprise sur leur entourage. D'où l'attribution des surnoms comme sobriquets ironiques appliqués à celui qui mène tout le monde par le bout du nez. En somme, ce serait là plus ou moins les équivalents de notre «petit boss des bécosses», utilisés dans des contextes similaires.

Tout ce qui brille... ! Réglons, d'entrée de jeu, le cas de BRIAND, qui connaît plusieurs variantes dont BRILLANT, BRIANT, BRIEND et, le plus répandu chez nous, BRIEN. Il s'agit d'un sobriquet breton dérivé de la racine *bri*, signifiant «digne, élevé», attribué probablement par ironie à celui qui tient un haut rang dans la société. Le sobriquet est vite devenu un nom de baptême.

En anglais, les équivalents sont BRIAN et ses variantes BRYAN et BRYANT. En irlandais s'ajoute la marque de filiation, O'BRIEN, écrit parfois O'BRIAN, mais aussi McBRIEN.

La magistrature. Il ne faut surtout pas négliger les fonctions administratives qui ont beaucoup évolué tout au long de leur histoire. Aussi demeure-t-il délicat d'en préciser la portée sans s'attarder sur une période précise. C'est pourquoi, dans les paragraphes qui suivent, nous contenterons-nous de notions très sommaires et générales, forcément réductrices, pour la simple commodité de l'exposé.

Voici d'abord quelques fonctions qui se partagent, à des degrés divers, entre autres, la tâche de rendre la justice : le *bailli* ou BAILLY est le gestionnaire d'un territoire nommé *bailliage*. L'équivalent allemand est VOGT. Le PRÉVOST ou PROVOST, devenu PRUVOST, au nord, PROUST, au Poitou, parfois contracté en PROST ou en PROT, au Languedoc, et en PROBST, en Alsace et en Allemagne, est aussi, comme le VIGER ou le VOYER, un officier de justice. La variante PROT a laissé quelques diminutifs dont certains se sont implantés chez nous : PROTEAU, de loin le plus fréquent, mais aussi quelques PROTAT.

La fonction de *bailli* donne lieu à de nombreux sobriquets ironiques lorsque ce représentant du roi ou du seigneur a tendance à tout gérer ou à jouer au justicier. Les sobriquets qui en découlent ont une racine commune et se ressemblent au point de se confondre. Selon la région, on le dira BAIL, BAILLE, BAILE, BAYLE, à quoi s'ajoutent les diminutifs BAILLOT et BAILLET. Le bailli a donné BALLY, BAILLY, LEBAILLY. En corse et en italien, l'équivalent est BAILO et, en anglais, les formes sont multiples, BAILIE, BAILLIE, BAYLEY, BAYLY et BAILEY.

Un autre officier qui rend la justice au nom du roi s'appelle VIGUIER. Selon la région, le nom s'écrit et se prononce différemment : VIGUÉ, VIGER ou VIGÉ, dans le Midi, VOYER, au Poitou, VIGIER, en Auvergne. L'équivalent de VIGUIER en langue gasconne est BIGUÉ. Le sobriquet ironique s'applique à celui qui cherche à s'imposer comme justicier sans en avoir le titre.

Le *mage*, du latin major, « plus grand, plus important », est un juge d'une instance supérieure. MAJEAU, écrit aussi MAGEAU ou MAJOT, en est le diminutif. S'agirait-il d'un sobriquet ironique, qui désigne par un diminutif une fonction dite plus importante ? Poser la question, n'est-ce pas déjà y répondre ?

MAIRE, LEMAIRE, MAJOR et MAYEUR ont la même étymologie, du latin *major*, comparatif de *magnus*, et signifient « plus grand ». Au Moyen Âge, le maire n'est qu'une espèce de contremaître des travaux pour le compte du seigneur. Dans un village, il peut se donner une certaine autorité. En fait, le mot désigne un employé municipal et non pas le magistrat élu de nos démocraties modernes. L'équivalent alsacien et allemand en est SCHULTZ.

Au service du roi. Parmi les serviteurs du roi se trouvent le SÉNÉCHAL, le BOUTEILLER et le CHAMBERLAND. L'aîné des serviteurs, SÉNÉCHAL ou SÉNÉCAL, en Normandie et en Picardie, a vu son rôle se transformer. De valet ou « garçon de table » du roi ou du seigneur, il est devenu grand officier et représentant du roi. De là à s'attribuer de l'importance, le pas est vite franchi, comme celui de l'attribution du surnom comme sobriquet ironique appliqué à celui qui veut mener tout le monde. Le CHAMBERLAND ou CAMBERLAIN est le valet de chambre du roi, de quoi se donner un peu d'importance.

Le BOUTEILLER, parfois avec l'article, LEBOUTEILLER, est le responsable de la bouteille, ou l'échanson, auprès du roi ou du seigneur. Le mot a donné BOUTHILLER et LEBOUTHILLER, en français moderne, et BUTLER, en anglais. Le diminutif de BOUTHILLER, BOUTHILLET, féminisé en BOUTHILLETTE, est très répandu chez nous. Il est toujours possible que le même surnom désigne, dans certains cas, un fabricant ou un vendeur de bouteilles.

Être grand clerc. Le mot *clerc*, en ancien français, s'oppose à *laïque* et désigne un membre du clergé ou celui qui étudie pour le devenir. Peu à peu, le sens s'étend à toute personne qui sait lire et écrire et qui en fait son gagne-pain. Un clerc agit comme secrétaire, comme préposé aux écritures, aux rôles, comme fonctionnaire public ou adjoint d'un homme de loi. Tous ces gens sont susceptibles de recevoir le surnom de CLERC, LECLERC ou CLERGÉ. CLECQ et LECLERCQ sont plus rares ici.

En anglais, l'équivalent est CLERK, CLERKE, CLARK et CLARKE, mais le sens est le même. La forme CLARKE est plutôt irlandaise et vient du gaélique *O'Cleirigh*, « clerc », dont elle est l'adaptation anglaise. En néerlandais et en flamand, l'équivalent sera DE KLERK, alors que, en breton, on aura plutôt CLOAREC.

Le surnom se change en PETITCLERC lorsqu'on ne le trouve pas d'assez grande taille. Cependant, le nom s'écrit parfois PETITCLAIR. Au Québec, cette graphie, comme celle de LECLAIR, n'est qu'une fantaisie orthographique, puisque, dans les deux cas, dans la même famille, on passe d'une graphie à l'autre en changeant de génération. Il n'y a donc aucune relation avec le nom de baptême chrétien CLAIR. Comme l'illustre le tableau d'ascendance **Généalogie 2**, l'épouse de *Gabriel Houde dit Desruisseaux* a transmis son nom PETITCLERC à sa descendance, qui l'a transformé en LECLAIR et CLAIR.

À défaut d'une autre catégorie, plaçons ici le MAILLARD, surnom de celui qui, au Moyen Âge, a pour tâche de collecter la *maille*, l'impôt seigneurial. Le recours au suffixe *-ard* à connotation péjorative laisse percevoir la haute considération dans laquelle le peuple tient les préposés à cette tâche ingrate, mais lucrative, tant pour le *maillard* que pour le seigneur, dont le revenu est parfois discrètement diminué au profit du collecteur. MAILLARD est aussi un surnom de métier appliqué à celui qui se sert d'un *maillet*, comme le tailleur de pierres. Dans le même ordre d'idées, l'ancien français *moison* désigne le droit prélevé en nature sur les grains, les vins ou autres produits importés d'une autre région. MOISON devient ensuite le nom du préposé à la perception.

Huissier. Le mot *huissier* vient de l'ancien français *huis* et signifie « porte ». Le surnom LHUISSIER est à l'origine de LUSSIER et désigne, au Moyen Âge, le portier et non un officier de justice. Ce peut être aussi le surnom du fabricant de portes.

Police. De même, toujours au Moyen Âge, le mot *police* ne recouvre pas la même réalité que de nos jours. Il désigne l'ensemble des règles d'une saine administration, autant dans une corporation professionnelle que dans le gouvernement. On surnommera alors LAPOLICE celui qui est préposé à la préparation de ces règlements. Nous sommes à des années-lumière de notre policier contemporain, qui fait respecter « la loi et l'ordre ».

Amiral. Quant au surnom AMIRAULT, écrit aussi AMIREAULT, il représente une variante du nom *amiral*. Aux temps des croisades, c'est le titre donné au chef suprême des armées sarrasines. Il s'agit d'un sobriquet ironique qui pointe la personne qui « joue à l'amiral », la personne autoritaire et despotique. Le nom a subi certaines transformations au cours des ans. Il est devenu MIRAULT, par aphérèse, c'est-à-dire en coupant la première syllabe, et a adopté les graphies MIREAU et MIREAULT. L'équivalent anglais est ADMIRAL.

LA PARENTÉ EST ARRIVÉE...

Les surnoms qui rappellent un lien familial sont hors catégorie. D'une part, parce qu'ils sont relativement limités en nombre, d'autre part, parce que les motifs d'attribution de tels surnoms ne sont pas évidents. En effet, la raison d'être première des surnoms est de distinguer, par exemple, des homonymes. Or en quoi un PARENT ou un NEVEU sont-ils distinctifs? La réponse ne saute pas aux yeux. Dans quelle catégorie doit-on classer ces surnoms? Dans les sobriquets? Cela supposerait que le surnom met l'accent sur un trait de personnalité. Ce qui est vrai pour BONENFANT et son contraire MALENFANT, comme on le verra plus loin, mais en quoi COUSIN s'apparente-t-il à ce surnom?

Un cas réel permettrait peut-être d'apporter un élément de réponse. Au petit séminaire de Valleyfield, dans les années 40 et 50, le supérieur portait le nom de famille JULIEN. Plusieurs de ses neveux fréquentaient le même collège, des JULIEN et des PERRON. Ils ont tous reçu le surnom de *Mononcle*. Pourquoi pas celui de *neveu*? Comment savoir?

Tel père… Nous avons vu, au chapitre deux que la filiation a contribué à la création des noms de famille. Les procédés pour marquer le lien de parenté sont diversifiés et complexes et ils varient même d'une langue à l'autre. La majorité de ces procédés indiquent au premier chef le lien avec le père par son nom. Rappelons pour mémoire les cas d'ADENIS, AUCLAIR, DEJEAN et DEPIERRE.

Le mot *parent* est issu du latin *parentem* et désigne le père et la mère, surtout au pluriel. Le sens a évolué vers la signification d'aujourd'hui, «qui est de la même famille», puis «qui a les mêmes ancêtres». Le sobriquet PARENT, écrit aussi PARANT, ne désigne sûrement pas le père et la mère, mais plutôt le lien familial plus large. Pour devenir sobriquet autonome, il a dû passer par une phase intermédiaire explicite comme «Jean, parent de Paul», «Jean, parent de Pierre». Après un certain temps, la référence «de Paul» ou «de Pierre» a été sous-entendue pour ne garder que *Jean Parent*. Cette hypothèse est plausible et apporte une explication satisfaisante, mais elle demeure une hypothèse. Elle présente l'avantage de s'appliquer aussi à PÈRE et à MÈRE.

PARENT a comme équivalents, en anglais, PARRENT, en espagnol, PARIENTE, en corse et en italien, PARENTE, PARENTO et PARENTI, et, en portugais, FAMILIAR. PARENTEAU ou PARANTEAU est le diminutif de PARENT.

Père et *mère*, employés seuls, ne sont pas attestés comme noms de famille. Précédés de l'article, LEPÈRE et LAMÈRE sont présents. Quant à DUPÈRE, très répandu chez nous, il est difficile, à cause de l'absence d'accent dans l'annuaire téléphonique, de le distinguer de DUPÉRÉ, équivalent dialectal de *Dupoirier*.

Les équivalents de *Père*, dans les langues occidentales sont, en anglais, FATHER, en alsacien et en allemand, VATER, en espagnol, en corse et en italien, PADRE et, en portugais, PAI.

La *mère* semble moins présente, du moins chez nous. Aucune mention parmi les abonnés du téléphone.

L'anglais *Mother* est aussi absent, mais, en alsacien et en allemand, nous avons MUTTER, et MADRE est si rare qu'il n'est pas possible de savoir s'il s'agit d'un nom espagnol ou italien.

Quant à MIMEAU, écrit le plus souvent MIMEAULT, il se rattacherait à l'occitan *mima*, qui désigne la grand-mère.

… **tel fils.** Plusieurs mots désignant la progéniture sont passés dans les sobriquets. La plupart du temps, ils entrent en composition, précédés de l'article ou d'un qualificatif. Ainsi L'Enfant ou Lenfant, peu fréquents chez nous, alors que Bonenfant ou Bonnenfant et son contraire, Malenfant, «le mauvais enfant», apparaissent en abondance. Fantin et Fanton sont des sobriquets formés sur *enfantin* et *enfanton* par aphérèse. Mis à part quelques Fils, on aura Grandfils, Cherfils, Bonfils et Monfils. Monfils résulte probablement d'une confusion avec Maufils, qui signifie «mauvais fils». Le tandem correspond à Bonenfant-Malenfant. L'enfant peut être parfois désigné par le sobriquet Monpetit, écrit aussi Montpetit. Mais l'allusion au *mont* dans ce cas est d'autant plus fausse que, en réalité, Monpetit est une déformation de Maupetit, «mauvais petit», comme Monfils. Monfilston, qui correspond plutôt à Maufilston, soit «mauvais fils», repose sur un diminutif de *fils*. Parmi les dérivés de *fils*, on retrouve Fillet, qui a formé son propre diminutif *Filleteau*, contracté ici en Filteau, mais aussi Fillion, Fillon ou Filion, très répandus au Québec, qui désignent le dernier des fils. Le rarissime Lafille a assurément le sens d'aujourd'hui. C'est un sobriquet ironique qui stigmatise l'homme efféminé. Par ailleurs, Garceau et Garcin, des diminutifs de *gars* ou *garçon*, sont aujourd'hui disparus de la langue commune. Ils n'ont survécu que dans les noms de famille. Ajoutons cependant Bongarçon, aperçu dans une notice nécrologique, mais non attesté parmi les abonnés du téléphone.

Lorsque père et fils portent le même nom, on les distingue en surnommant l'enfant Jeune, Lejeune. Jeune a eu ses équivalents régionaux dont certains diminutifs nous sont parvenus, comme Junet, Jouneau, Juneau et Jouniaux.

En langue occitane, on aura Jouve et ses diminutifs Jouvet et Jouvin. L'équivalent anglais de Jeune est Young, celui de l'allemand est Jung ou Junger. Ne laissons pas pour compte les Jeune-Homme ou Jeunehomme.

Le rang dans la famille est marqué, entre autres, par Laisné ou Laîné, plus fréquent en anglais sous la forme d'Elder. Au Languedoc, on préfère Aujoulat, du latin *aviolum*, «aîné». Il est plutôt amusant de constater, dans la descendance de l'ancêtre *Bernard Laisné dit Laliberté*, qu'une fille prénommée *Marie*, qui a épousé *Joseph Fortier*, soit présentée sous le patronyme de Lainesse. Il ne s'agit pas d'un cas d'exception. Plusieurs noms de famille ont été féminisés lors du mariage d'une fille.

Si la *sœur* est absente de notre patrimoine, sauf pour les formes méridionales que sont Séror et Sorre, le *frère* s'y est fait une place timide. En effet, Frère est rare, mais il compte quelques dérivés plus ou moins fréquents chez nous, dont Fréret et Frérot, plus souvent écrit Fréreault, dont la graphie est calquée sur les noms d'origine germanique. Toutefois, quelques Beaufrère et Aufrère existent. Ce dernier marque la filiation. Lhoir désigne l'héritier. On aura aussi Lorphelin. Quant à Douaire, issu du latin *dotarium*, «droit d'usufruit», il s'applique à la personne qui détient ce droit.

La naissance de plusieurs enfants au cours du même accouchement fournit son assortiment de surnoms qui permettent de distinguer les individus concernés, tant au sein de la famille que pour les gens du voisinage. En latin, *gemellum*, «gemeau», forme première de *jumeau*, est à l'origine de quelques-uns d'entre eux. La forme de l'ancien français *gemel* a été refaite en JUMEL, qui s'est vocalisée ensuite en *jumeau*, comme *gemel* s'est modifié en *gemeau*, puis en *gémeau*. JUMEZ est une variante picarde. Un synonyme de *jumeau* est très courant chez nous et il se retrouve dans les noms de famille. Il s'agit de BESSON et de son féminin BESSONE.

Par ailleurs, la parenté spirituelle est représentée par le *filleul*, alors que *parrain* et *marraine* brillent par leur absence. FILLEUL est attesté, quoique rare. Mais on le rencontre sous des formes dialectales comme FILLIOUX, FILIOL et FILLIOL, qui sont toutefois peu fréquentes.

Et la belle-mère alors? Au nombre de blagues de belles-mères qui circulent depuis des décennies, son absence dans les sobriquets laisse pantois. BEAUFILS y est pourtant et à une fréquence raisonnable, moins toutefois que son synonyme GENDRE, surtout précédé de l'article, LEGENDRE, dont les diminutifs GENDREAU, GENDRAS et GENDRON sont très représentés. GENDRY et GINDRE sont des formes régionales plus rares alors que MONGENDRE désigne le «mauvais gendre». Enfin, FILIATRE et son diminutif FILIATRAULT, écrit aussi FILIATREAULT, sont aussi synonymes de GENDRE. La BRU est presque oubliée ici. Pourquoi? Mystère!

Mon oncle et ma tante. Si l'*oncle* et la *tante* font partie du folklore de la parentèle, les deux sont absents de notre patrimoine. Il en est tout autrement du *neveu*. En effet, NEPVEU et NEVEU sont deux variantes du même nom qui désignent aujourd'hui le «fils de mon oncle» ou le «fils de ma tante». Avec l'article, seul LENEVEU apparaît. Quelques NEVEUX sont présents. L'équivalent flamand est NÈVE, alors que l'occitan aura NEBOUT et le breton, LE NY. Le mot *neveu* est l'aboutissement, en français moderne, du latin *nepos*, qui fait *nepotem* à l'accusatif (fonction de complément d'objet direct). Il signifie alors «petit-fils». Du latin au français, le *p* entre deux voyelles s'est transformé en *b*, puis en *v*, pour donner, en ancien français, *nevout*, puis *neveu*. Le sens aussi a évolué vers celui d'aujourd'hui. La forme NEPVEU vient d'une mode de la Renaissance où les grammairiens ont rétabli le *p* étymologique du latin *nepos*, en oubliant que cette lettre est comprise dans le *v*, qui vient justement de cette consonne. Quant à la *nièce*, elle manque tout simplement à l'appel.

Il n'en est pas de même du *cousin*. COUSIN, MONCOUSIN et BEAUCOUSIN sont peu fréquents, comme CUSIN, variante dialectale dauphinoise. Il a laissé quelques diminutifs dont un seul s'est implanté au Québec, COUSINEAU. En catalan, COUSIN se dit GERMA.

L'ami de la famille. D'autres liens se retrouvent dans les surnoms. L'un d'eux est celui de l'amitié, très productif dans le patrimoine des noms de famille, ici et ailleurs. Du latin *amicus*, le mot *ami* a pu avoir plusieurs sens en ancien français et, comme tel, être attribué comme surnom. Il évoque, bien sûr, l'amitié et se rencontre sous diverses formes : AMI, LAMY, LAMI, LAMEY, mais aussi dans de nombreux dérivés diminutifs, AMIOT et AMYOT, féminisés chez nous en AMIOTTE et AMYOTTE, et d'autres, moins fréquents, comme AMIEL, AMIAUD et AMIGUET.

En anglais, on aura FRIEND. Les équivalents en d'autres langues européennes sont : FREUD (all. et als.), AMIGO (esp. et ptg.), AMICO et AMICI, DAMICO et D'AMICO (it. et cor.).

LES SURNOMS ANECDOTIQUES

Les surnoms anecdotiques sont reliés à un événement qui a valu au porteur son surnom. Étant donné qu'il s'agit, pour la plupart, de noms de guerre, cette sous-catégorie est très justifiable. Il existe sûrement un grand nombre de surnoms à classer dans cette catégorie, mais dont on ne connaît pas l'histoire, faute de témoignage écrit. Quelques rares cas permettent de croire que ce sont effectivement des surnoms de ce type. *François Séguin dit* LADÉROUTE ne peut devoir son nom de guerre qu'à sa participation à une expédition militaire qui a mal tourné. De même, LABRÈCHE ou LABRECQUE rappellent vraisemblablement une autre expédition où le soldat a dû *battre en brèche*. D'autres surnoms se retrouvent ici parce qu'ils ne peuvent qu'évoquer un événement ponctuel survenu dans la vie du porteur.

Le survenant. Le surnom ARRIVÉ, LARRIVÉ ou, le plus fréquent au Québec, LARRIVÉE, s'applique au nouveau venu dans le village, à l'étranger dont on ne connaît pas l'origine. Parfois, ce nouvel arrivé reçoit un surnom différent selon la région. En Alsace, l'étranger sera un WALSH ou un WAHL, dont le sens est « l'étranger ». Ailleurs, ce sera tout simplement « le nouveau », que l'on reconnaît dans les surnoms NOUVEL, NOVEL et, en Lorraine, NEY.

En anglais, on préférera NEWMAN, souvent modifié en NIEMAN ou en NYMAN. En alsacien et en allemand, ce sera NEUMANN, NEUMAN ou NAJMANN, alors que l'équivalent en tchèque sera NOVOTNY ou NOVAK.

L'histoire du nom WALSH est plutôt originale, voire tortueuse. WALSH est un mot d'origine germanique relié à la racine *wahl*, signifiant « étranger ». Le surnom s'applique, comme on l'a dit, à toute personne qui n'est pas du village ou de la région. C'est le sens que le surnom a conservé en anglais d'où il nous est venu. Il semble que, dans la « Grande-Bretagne » médiévale, on surnomme ainsi celui qui est d'une autre ethnie : pour le Breton d'origine celtique, du pays de *Galles*, forme française de *Wales*, WALSH désigne le Saxon ou l'Angle, sinon le Scot. À l'inverse, un Breton devient un WALSH ou un synonyme comme WELCH, WALLIS ou WALLACE, pour un non breton. En Alsace, province française de langue germanique, le surnom désigne celui qui ne parle pas la langue majoritaire, particulièrement celui dont la langue est d'origine latine, l'espagnol, l'italien et le français. En arrière-plan, le sens de « langue étrangère » est toujours présent. Enfin, dans cette province, WALSH s'applique spécialement au Français qui y vit. L'équivalent breton pour désigner l'étranger est GAL, GALL et GALLO, plus souvent précédés de l'article, LE GAL, LE GALL et LE GALLO. Ces sobriquets se sont surtout appliqués aux Français. Ailleurs, l'étranger est un *forain*, écrit aussi FORAN ou FORAND. Or le pionnier *André Forand*, ou *Foiran*, est l'ancêtre des FORAND, des FARAND et des PHARAND d'Amérique. La forme PHARAND ne constitue, somme toute, qu'une variante orthographique du premier.

Le bâton du pèlerin. Le cas du PÈLERIN, écrit surtout PELLERIN, pourrait se rattacher à une anecdote, en ce sens qu'il évoque un événement de la vie du porteur. Le mot vient du latin *pelegrinum*, « voyageur ». On reconnaît cette racine latine dans plusieurs surnoms attribués à celui qui est revenu d'un pèlerinage, PELLEGRIN, contracté en PELGRIN, dont la variante corse ou italienne est PELLEGRINO et PELLEGRINI. La coutume veut, à l'époque, que celui qui va en pèlerinage en revienne avec des palmes attestant de la véracité de son voyage. Le sobriquet LAPALME, en anglais PALMER, désigne donc le pèlerin qui porte des palmes.

> Le nom a plusieurs variantes : PALMIER, PAUMIER, PAULMIER. En Alsace et en Lorraine, on aura PALMER, comme en anglais. L'équivalent corse ou italien est PALMIERI, en flamand et en néerlandais, c'est plutôt PALMEN.

Le même événement est rappelé par le bâton du pèlerin, appelé BOURDON, au Moyen Âge. Le bâton, par métaphore, devient synonyme de PELLERIN. Mais le surnom BOURDON peut aussi désigner l'insecte. Il est alors attribué à celui qui ne cesse de grommeler, comme l'insecte qui bourdonne constamment.

Celui qui a effectué un pèlerinage dans la ville éternelle se voit vite auréolé d'un prestige personnel qui le distingue de son entourage. On le surnomme rapidement ROME ou DEROME.

> Le même pèlerin, en anglais, recevra l'un des surnoms suivants, tous évoquant la capitale italienne, ROMME et ses variantes ROOM et ROOME, mais aussi ROMER. En alsacien ou en allemand, ce sera ROMER et, en italien, DI ROMA.

Tranchons la montagne ! Un sobriquet très intéressant que celui de TRANCHEMONTAGNE. En moyen français, *trancher la montagne* signifie la franchir. Étant donné que cette action peut parfois exiger un effort physique important, le sobriquet est attribué par métaphore à celui qui se montre un peu trop fanfaron, à celui qui fait le matamore. Le verbe *trancher* entre en composition dans plusieurs noms de personnes. En voici quelques-uns attestés en France et au Québec : TRANCHE, TRANCHECOSTE, TRANCHECÔTE, TRANCHEFEUX, TRANCHEFORT, TRANCHEMER, TRANCHEPAIN, TRANCHESSEC, TRANCHEVEUX et TRANCHEMONTAGNE.

Deux remarques s'imposent ici. Une analogie de sens unit TRANCHECOSTE, TRANCHECÔTE, TRANCHEMER et TRANCHEMONTAGNE. La naissance d'un seul TRANCHEMONTAGNE en France sur un siècle permet de présumer qu'il peut s'agir d'un bébé de parents québécois né dans l'hexagone. TRANCHEMONTAGNE a été associé à une trentaine de noms dans les documents du Québec ancien, mais seul *François Thomas* semble l'avoir transmis à sa descendance.

Date ou rang? Il est indubitable que les noms qui correspondent aux jours de la semaine, aux mois de l'année, aux saisons, à des institutions sont des sobriquets de circonstance, en ce sens qu'ils indiquent le jour ou le mois, la saison ou le lieu de naissance de l'enfant ou encore, dans le cas d'un enfant trouvé, le jour ou le mois, la saison ou l'institution où on l'a découvert. Ces noms ont probablement été attribués comme noms individuels d'abord et, par la suite, sont devenus des noms de famille héréditaires par le truchement de la filiation.

Voici les jours de la semaine recensés parmi les abonnés du téléphone au Québec. Le **Tableau 11** facilite la comparaison avec d'autres langues.

Tableau 11. Les jours de la semaine en six langues

JOURS	FRANÇAIS	ANGLAIS	ESPAGNOL	PORTUGAIS	ITALIEN	ALLEMAND
DIMANCHE	DIMANCHE	SUNDAY	DOMINGO	DOMINGO	*Domenica*	SONNTAG
LUNDI	LUNDI	MONDAY	*Lunes*		*Lunedi*	MONTAG
MARDI	MARDI	*Tuesday*	MARTES			*Dienstag*
MERCREDI	MERCREDI	*Wednesday*				*Mittwoch*
JEUDI	JEUDI	*Thursday*				*Donnerstag*
VENDREDI	*Vendredi*	FRYDAY	VIERNES		*Venerd*	FREITAG
SAMEDI	SAMEDI	*Saturday*	SABADO	SABADO	*Sabato*	*Samstag*

Les noms en italique dans le tableau sont attestés aux États-Unis, ceux qui sont en petites capitales font partie de notre patrimoine et les cases vides indiquent les formes absentes des noms de famille dans la langue concernée. En français, seul *Vendredi* n'apparaît pas dans nos noms de famille. Mais il est dûment attesté en France. Le nom DIMANCHE peut être aussi une variante de DEMANGE, forme régionale de DOMINIQUE, comme l'est DOMINGO, en espagnol et en portugais. SAMEDI se rencontre aussi sous la forme de SAMEDY.

Tableau 12. Les mois dans les noms de famille

Mois	Français	Anglais	Espagnol	Portugais	Italien	Allemand
Janvier	Janvier	*January*	Enero	*Janeiro*	Gennari	*Januar*
Février	Février	*February*	Febrero	*Fevereiro*	Febbraio	
Mars	Mars	March	*Marzo*	Março	Marzo	März
Avril	Avril	April	Abril	Abril	Aprile	April
Mai	Mai	May	Mayo	Maio	Maggio	Mai
Juin	Juin	*June*	Junio		*Giugno*	*Juni*
Juillet	Juillet	July	Julio	*Julho*		Juli
Août	Daoust	August	Agosto	Agosto	Agosto	August
Septembre	Septembre	*September*			Settembre	*September*
Octobre	Octobre	*October*	Octubre		Ottobre	*Oktober*
Novembre	Novembre	*November*			Novembre	*November*
Décembre	Décembre	*December*			*Dicembre*	*Dezember*

Quelques remarques s'imposent concernant les mois dans les noms de famille. Les noms en italique dans le **Tableau 12** sont attestés aux États-Unis, ceux qui sont en petites capitales font partie de notre patrimoine et les cases vides indiquent les formes absentes des noms de famille.

Très souvent Janvier représente le nom de baptême chrétien rappelant saint *Janvier*. L'équivalent breton du mois de janvier est Guenver. Mars a plusieurs explications. Outre le mois, il s'agit aussi d'un toponyme et d'une variante populaire du nom de saint *Médard*, contracté en *Mard*, puis en Mars. On le reconnaît dans le nom de lieu Saint-Mars, devenu Cinq-Mars, chez nous. En anglais, March est aussi l'équivalent de notre Lamarche, qui désigne une frontière régionale. Le mois d'avril symbolise le printemps, c'est pourquoi il est si fréquent comme nom de baptême, Avril ou D'Avril. Il se dit aussi Abril en occitan, comme en espagnol et en portugais, et April, en anglais et en allemand. Abrieu est une variante occitane. Avrilleau et Avrillon sont des diminutifs d'Avril. Éviter de confondre l'anglais May et le français May. Ce dernier évoque le domaine rural, le *may* comme le *mas*, que l'on reconnaît dans Dumay. Il peut aussi représenter un lieu-dit May, planté d'ormes, comme dans Lemay. De plus, Mai laisse perplexe, puisque les prénoms accompagnant ce patronyme, dans l'annuaire téléphonique, portent à croire que certains sont d'origine asiatique. Jugnot est un diminutif de Juin. Les équivalents de Juillet peuvent être aussi des noms de baptême chrétiens.

Août se présente sous la forme ancienne de D'Aoust ou Daoust avec quelques Davoust. L'évocation de ce mois est souvent reliée à la période des récoltes et peut s'appliquer au journalier engagé pendant ce mois. Étant donné que le nom de ce mois vient de celui de l'empereur Auguste, il est normal que, dans les langues autres que le français, le nom du mois se confonde avec l'équivalent d'Auguste. Enfin, *September* et *November* sont aussi communs à l'anglais et à l'allemand.

Les saisons ont contribué modestement à l'enrichissement des noms de famille. Il est probable que ces surnoms aient été attribués, au premier chef, à des enfants trouvés. Comme le montre le **Tableau 13**, le phénomène n'est pas propre au français, vraisemblablement pour la même raison.

Tableau 13. Les saisons dans les noms de personnes

Mois	Français	Anglais	Espagnol	Portugais	Italien	Allemand
Printemps	Printemps	Spring	Primavera	Primavera	Primavera	*Fruhling*
Été	Lété	Summer	Verano		*Estate*	Sommer
Automne	*Automne*	Fall	*Otono*			Herbst
Hiver	*Hiver*	Winter	Inverno	Inverno	Inverno	Winter

Comme dans les tableaux précédents, les noms en italique sont absents ici, mais attestés en France ou aux États-Unis. Les porteurs de noms de saisons sont beaucoup moins nombreux que ceux des autres catégories, sauf en anglais.

Cardinal ou ordinal. Les motifs expliquant le recours à un nombre pour nommer quelqu'un ne sont pas évidents. Du nombre un jusqu'à la vingtaine, on peut penser au rang de l'enfant dans la progéniture ou, en allant jusqu'à la trentaine, à sa date de naissance dans le mois. Au-delà de ce nombre, il ne reste comme hypothèse que le rang de la personne à son entrée comme membre d'une corporation professionnelle. On parlerait aujourd'hui de son numéro de membre. Enfin, faudrait-il envisager le numéro matricule du soldat ou du bagnard transmis ensuite à la postérité?

Tableau 14. Les nombres-noms

CHIFFRE	LETTRES	CHIFFRE	LETTRES	CHIFFRE	LETTRES
1	UN	9	*Neuf*	20	*Vingt*
2	*Deux*	10	DIX	22	*Vingtdeux*
3	*Trois*	12	DOUZE	23	*Vingttrois*
4	*Quatre*	13	*Treize*	30	*Trente*
5	CINQ	14	QUATORZE	40	*Quarante*
6	SIX	15	*Quinze*	100	*Cent*
7	*Sept*	16	SEIZE	1000	MILLE
8	*Huit*	19	DIXNEUF		

Ici encore, les noms en italique sont attestés en France, mais non au Québec.

LES NOMS À EXPLICATIONS MULTIPLES

Tout au long des chapitres précédents, nous avons abordé de nombreux exemples de surnoms en n'apportant, dans la plupart des cas, qu'une seule explication. Pourtant, nombre d'entre eux donnent lieu à plusieurs pistes de solution, de sorte que le même surnom figurera dans diverses catégories selon l'explication envisagée ou les circonstances qui ont pu favoriser le changement de catégorie. D'autres ont une origine obscure, probablement dialectale. Ces surnoms ont résisté aux chercheurs et conservé leur mystère. Je voudrais ici brosser à grands traits quelques pistes.

Breau ou Brault? Le patronyme BRAULT s'écrit couramment BREAU et BREAULT, mais plus de 30 graphies différentes ont été recensées dans les documents du Québec ancien, dont les plus fréquentes sont BRO, BRAU, BREAU, BRAULT et BRAUD. Cette constatation ouvre la porte à plusieurs hypothèses.

La plus répandue voit dans BRAULT une contraction de BÉRAULT. Ce dernier est un nom d'origine germanique, *Berwald*, formé des racines *ber-*, «ours», et *-wald*, «gouverner», ainsi qu'on l'a dit au chapitre concerné

Une deuxième explication repose sur l'ancien français *brau*, «boue», et désigne un bourbier. Le patronyme serait alors un surnom de voisinage appliqué à celui qui habite à proximité d'un endroit marécageux.

Enfin, le latin *barbarum*, «sauvage», a donné *brau* en occitan. Le mot désigne un jeune taureau sauvage, fougueux. Il est donc possible que, dans le Midi, le surnom BRAULT soit un sobriquet évoquant la fougue du porteur ou son caractère un peu solitaire, sauvage.

On ne peut laisser pour compte la variante Breau qui s'est souvent calquée sur l'orthographe des autres formes. Il s'agit dans ce cas de la vocalisation de Brel, variante de *breuil*, où la consonne *l* s'est transformée en la voyelle *u*. Breau est alors synonyme de Dubreuil.

Toucher du bois. Depuis longtemps, le patronyme Brisebois pique ma curiosité. Il vient du pionnier *René Dubois dit Brisebois*, émigrant du Poitou, qui arrive à Québec vers 1658. Jusqu'à ce jour, rien ne dit que l'ancêtre soit un soldat démobilisé. Par ailleurs, la juxtaposition de Dubois et de Brisebois m'apparaît comme un calembour, ce qui ne serait pas unique dans les noms de famille. Ni surtout dans les noms de guerre des soldats. Peut-être devrait-on s'arrêter là. Pourtant, quelque chose me dit que non. J'énonce l'hypothèse d'un surnom anecdotique le reliant à un événement, un accident, par exemple, au cours duquel le pionnier aurait «brisé du bois». Serait-ce en défrichant pour s'installer ou pendant la construction de sa maison, ou quoi encore? Vos hypothèses valent autant que les miennes.

Le bel ange. Les auteurs ne s'entendent pas au sujet du nom Bélanger. Voici les principales hypothèses avancées par l'un ou par l'autre.

La première, énoncée par Albert Dauzat et retenue par plusieurs auteurs, veut que Bélanger soit une forme modifiée du nom germanique Béranger dont le *r* se serait changé en *l*.

La seconde voit dans Bélanger une variante régionale de Boulanger et le classe dans la catégorie des surnoms de métiers.

Selon la troisième hypothèse, il s'agit plutôt d'un nom composé de l'adjectif *Bel* placé devant le nom germanique Anger. Cette forme de composition est relativement fréquente en France avec plusieurs noms. Les patronymes comme *Beaumartin, Beauclaude, Beaujean* y sont attestés, mais inconnus chez nous.

La troisième hypothèse me semble plus satisfaisante, mais mon opinion n'est pas «parole d'Évangile».

De Dubec à Dubé. Le patronyme Dubé est un exemple typique de la nécessité de recourir à l'étymologie et à la généalogie pour savoir précisément quelle est la signification du nom. Selon l'origine du porteur, le patronyme Dubé peut s'expliquer de quatre façons différentes. Disons d'entrée de jeu que le nom original devait s'écrire Dubec et se prononcer Dubé.

Le *bec*, en Normandie, est un ruisseau. On nommera donc Dubec celui dont le domaine est caractérisé par la présence d'un ruisseau ou dont l'habitation est située tout près d'un ruisseau.

Bec, en langue gauloise du nord *becco*, «pointe», désigne une pointe de rocher en hauteur. Dubec alors s'applique à celui dont l'habitation est juchée sur une hauteur ou est construite à proximité.

Dans le Limousin, *Bech* et *Le Bech* se rencontrent à plusieurs reprises en France comme noms d'un village construit sur une hauteur. Le patronyme DUBÉ serait alors une variante de *Dubech*, surnom de celui qui vient d'un hameau portant ce nom.

En Bretagne, le *bec* est un pigeon. Il s'agirait donc d'un sobriquet appliqué à un individu naïf et crédule. Un « bon pigeon », quoi ! À moins que ce ne soit un surnom d'éleveur de pigeons.

Les DUBÉ ont donc le choix, d'autant plus que leur ancêtre, *Mathurin Dubé*, était originaire du Poitou. Nous sommes donc de retour à la case départ.

Il ne manque pas de bardeaux. Le nom BARDEAU n'est pas un nom de tout repos. Un éventail d'explications sont plausibles.

Selon la première, BARDEAU dérive du nom de baptême germanique BARD dont il est un diminutif affectif.

Une seconde et une troisième hypothèses y voient un surnom de métier. BARDEAU désignerait le métier de couvreur qui se spécialise dans les toits de *bardeaux* ; ou encore, on surnommerait BARDEAU le charpentier qui utilise la hache nommée *bardeau*.

Enfin, le surnom s'applique aussi à l'éleveur ou au gardien de *bardots*, une espèce de mulet hybride du cheval et de l'ânesse. Il ne faut pas se laisser leurrer par la graphie, toujours flottante.

Brochu. Le latin *bruscia* signifie « broussaille ». Il a donné selon les régions *brousse*, dans le Midi, *broche*, au Poitou, ou *brosse*, en Bourgogne et dans le Lyonnais, et désigne un endroit broussailleux. Les surnoms LABROSSE, LABROUSSE et leurs dérivés BROSSEAU, BROUSSEAU, BROSSOIT et BROCHU s'appliquent alors à celui qui habite à proximité d'un endroit rempli de broussailles.

Le mot gaulois *brocca* aboutit aussi, en ancien français, à *broche* et désigne toutes sortes d'objets pointus et a servi de surnom au fabricant : BROCHANT, BROCHET, BROCHU et BROQUET.

Par ailleurs, le BROC, au Moyen Âge, désigne un vase à goulot utilisé par le marchand de vin. BROCHU peut donc être un surnom de métier appliqué au marchand de vin. Mais, il ne faudrait pas oublier l'ironie qui ferait de BROCHU le sobriquet de celui qui abuse du broc, soit un synonyme de PICHET, de BIBEAU et de BOIVIN, qui stigmatise le buveur invétéré.

Chasseur ou musicien ? Le patronyme CHEVRETTE est intéressant. En précisant les divers sens du mot au Moyen Âge, on constate que le surnom peut changer de catégorie.

CHEVRETTE est le nom d'une « petite chèvre ». Ce qui fait du patronyme un surnom de métier, celui du gardien ou de l'éleveur de chèvres. Il est alors synonyme de CHEVRIER ou CHABRIER.

La CHEVRETTE est aussi la femelle du *chevreuil*. Dans ce cas, CHEVRETTE devient, comme LELOUP, un surnom de chasseur.

En ancien français, on appelle *chevrette* un instrument de musique, une sorte de *biniou* ou de *cornemuse*, muni d'une poche à air en peau de chevrette. Le dénommé CHEVRETTE serait donc un musicien surnommé d'après son instrument.

Caya. Le nom CAYA, écrit parfois CAIA, pique la curiosité. En effet, il donne lieu à plusieurs interprétations qui le classent dans une catégorie différente. Dans tous les cas, CAYA est une variante de *caille* ou de *caye*.

Le mot *caille* désigne d'abord l'oiseau. Dans ce cas, CAYA serait un sobriquet appliqué à celui qui, comme LACAILLE, est un peu trop frivole ou encore rondelet comme une caille dodue.

Dans certaines régions, comme au Dauphiné, CAYA est l'équivalent dialectal de *truie*, sobriquet de la personne malpropre. Mais l'ancêtre des CAYA venant plutôt du Poitou, cette explication ne peut pas être retenue pour les CAYA d'Amérique.

En ancien français, *caille* évoque aussi le *caillou*. Or CAILLA est une forme fréquente du nom CAYA dans les documents du Québec ancien. Il s'agirait alors du surnom d'origine de celui qui habite près d'un terrain pierreux, comme le nom CAYER qui suit et ses nombreuses variantes.

Un tas de cailloux ? Les porteurs du nom CAYER ou CAILLÉ ont une grande liberté de choix pour expliquer l'origine de leur nom. Au Moyen Âge, sous diverses graphies, il a eu des significations variées. Le PRDH a relevé 56 graphies dans les actes du Québec ancien, parmi lesquelles certaines dominent, CAYER et CAILLÉ, bien sûr, mais aussi *Cayé, Cahier,* CAILLIER, CAILLET et *Cayet*. Tous ces noms se prononçaient [kayé].

On peut voir dans ce nom des sobriquets. Au Moyen Âge, un *caillier* est un vase servant à boire le vin nouveau. Peut-être, l'ironie étant souvent de la partie, le sobriquet *Caillier*, aujourd'hui réécrit CAILLÉ ou CAYER, se rapproche-t-il de sobriquets comme BOILEAU, BOIVIN, PICHER, PICHET, féminisé en PICHETTE, BIBEAU et SOULARD, qui fustigent le buveur invétéré trop porté sur le *caillier*.

En ancien français, *Cayet* est un diminutif de CAYA, nom régional de la truie. Il s'agit donc d'un sobriquet désignant un petit cochon et évoquant la malpropreté.

Le nom CAILLÉ peut être aussi un surnom de métier, de plusieurs métiers. La graphie CAYER, variante de *caier,* est synonyme de « bougeoir suspendu » servant à porter des bougies, des chandelles, un flambeau ou une torche. Le surnom s'applique au fabricant ou au vendeur de bougies ou de ce type de lampes.

Certains voient dans CAILLER une forme de l'ancien français *caelier*, fabricant de *caels*, c'est-à-dire de chaises.

Un CAILLÉ est un appât à cailles et devient alors un surnom de chasseur de cailles que l'on appelle aussi CAILLIER.

Mais CAILLÉ et CAILLET sont des dérivés de *cail*, «lait caillé», et sont des surnoms de fromagers.

Les mêmes sont aussi des diminutifs de *caille*, qui a survécu dans notre *caillou* moderne. Le surnom s'applique à celui qui habite près d'un terrain caillouteux.

Bien coté ou bon côté? Le Drouin rouge identifie six CÔTÉ comme pionniers en Nouvelle-France, dont quatre sont prénommés *Pierre*. De plus, pour ces mêmes ancêtres, on ignore leur lieu de provenance en France. Aussi l'origine du nom CÔTÉ n'a-t-elle rien d'évident. Explorons quelques pistes.

On peut supposer qu'il s'agit d'une variante de *Cotet*, prononcé [té], forme tronquée de *Jacquotet*, diminutif affectif de JACQUES.

Plus probable est le nom topographique *côte*, synonyme de *coteau*, et s'appliquant à celui qui habite sur une hauteur, au sommet de la côte. CÔTÉ serait alors apparenté aux patronymes LACOSTE et DESCÔTEAUX. L'un des ancêtres des CÔTÉ d'Amérique se nomme *Jean Costé*, ce qui vient confirmer l'hypothèse.

La *côte* au sens de «rivage» est un emploi trop récent pour servir de surnom d'origine.

Enfin, certains auteurs avancent l'hypothèse du surnom de métier, désignant le fabricant de *cottes* ou celui qui porte la cotte, sorte de vêtement, comme la cotte de mailles, dont la graphie est *cote* en ancien français.

Même un ami… On a vu que certains noms ont une histoire très simple et transparente et se comprennent facilement. D'autres, comme le patronyme COUTU, sont plus problématiques.

D'entrée de jeu, disons que l'ancêtre des COUTU d'Amérique est *François Cottu*, originaire de la Picardie. Le passage de COTTU à COUTU ne peut être qu'un phénomène de prononciation dialectale. Les deux formes sont rares en France. Entre 1891 et 1990, on a recensé 41 naissances de COUTU et 184 de COTTU. Sur un siècle, c'est peu.

L'explication la plus plausible concernant l'origine du nom COTTU veut qu'il s'agisse d'un surnom de métier appliqué à celui qui fabrique ou vend des *cottes*, ou le sobriquet de celui qui porte une *cotte*. Au Moyen Âge, la cotte est une sorte de tunique de protection, comme la cotte de mailles du chevalier. Elle est à l'origine des noms de famille COTTE, LACOTTE et, peut-être aussi, de COTTÉ, devenu CÔTÉ.

Guedon ou Guindon? Certains patronymes sont plus difficiles à expliquer. On dit alors que leur origine est obscure. D'autres donnent prise à plusieurs hypothèses. Il semble que le patronyme GUINDON appartienne à cette dernière catégorie.

Pour plusieurs auteurs, le surnom GUINDON vient de l'ancien français *guinde*, signifiant «treuil», et de *guinder*, «hisser à l'aide d'un treuil», ce qui ferait de GUINDON un surnom de métier appliqué à celui qui travaille avec cet outil.

Par ailleurs, en Bourgogne, le *guindon* est une petite cerise. Employé comme surnom, il désignerait celui qui cultive ou vend des guindons. Cette explication est non avenue, car l'ancêtre des GUINDON d'Amérique, *Pierre Guindon* ou *Guédon*, est originaire du Poitou.

D'un autre côté, la deuxième forme du patronyme de l'ancêtre, GUÉDON, rappelle l'ancien français *geldon*, devenu *guedon*. Ce mot désigne, au Moyen Âge, un paysan mobilisé de force et « promu » fantassin, un peu empêtré dans sa lance trop longue. Cette dernière hypothèse semble plus séduisante que les deux autres.

Une réponse de Normand. Les noms GORIN ou GAURIN, GAUREAU et GAURON peuvent avoir plusieurs origines. En Normandie, par exemple, ils pourraient représenter des diminutifs de l'ancien français *gore*, « truie ». Il s'agirait alors d'un sobriquet appliqué à une personne malpropre. Si l'on y voit un dérivé du verbe *gourer*, « tromper », le sobriquet désigne alors celui qui cherche à berner les autres.

Daniel ou d'agnel ? Il existe dans les dialectes des similitudes de prononciation entre des noms voisins comme DENEAU, DANEAU et DAGNEAU. Dans les documents du Québec ancien, ils ont souvent été confondus et ont tous abouti à une lignée de DAIGNEAULT, même si chacun survit encore aujourd'hui. Qu'il suffise de rappeler que, à une certaine époque, la prononciation dialectale de la graphie finale *-au* était [io], comme dans la chanson « Troupiau, troupiau, je n'en avais biau… »

DENEAU, écrit aussi DENEAUX ou DE NEAUX, dans les documents anciens, est un surnom d'origine, et indique que le porteur vient d'un lieu nommé *Neau* ou *Neaux*. On lui attribue le surnom DENEAU, parfois prononcé DENIAU. Le toponyme *Neau* ou *Neaux* s'applique habituellement à un endroit marécageux. Le même nom DENEAU, écrit aussi DENAUD ou DENAULT, a une autre explication. Il peut s'agir du nom NEAU, écrit aussi NAUD ou NAULT, précédé de la préposition *de* marquant la filiation, « fils d'une personne nommée NAULT ».

La forme DANEAU, variante de DANIAU, est dérivée de DANIEL, personnage biblique de l'Ancien Testament, célèbre pour avoir été jeté à deux reprises dans la fosse aux lions sans avoir été importuné par les bêtes.

DAGNEAU est un nom de métier. Il désigne un gardien ou un éleveur d'agneaux. Sous l'influence dialectale, la prononciation du [a] est passée à [è] et explique la prononciation et la graphie actuelles, DAIGNEAU.

Ajoutons que la graphie DAIGNEAU est la seule justifiée. La plus répandue, DAIGNEAULT, n'est que pure fantaisie orthographique. Elle est calquée sur celle de nombreux noms comme THIBAUD, PERROT, VIGNEAU et d'autres qui ont tous adopté à tort la graphie en *-eault*.

Mallet. Les noms MALET ou MALETTE, MALLET ou MALLETTE s'expliquent de diverses façons.

La première consiste à voir dans ce nom un diminutif de *malle*, au sens de « bagage ». C'est alors un surnom de métier de celui qui assure la distribution du courrier par la *malle-poste*, qui transporte aussi voyageurs et bagages d'une localité à l'autre. Cette hypothèse ne peut être retenue, car le service postal est trop récent pour trouver place dans les noms de famille dont l'implantation remonte au Moyen Âge.

La seconde hypothèse veut que MALET soit un diminutif affectif du nom de baptême MALO, lui-même une forme populaire bretonne du nom de baptême *Maclou*.

La troisième solution est la plus probable en ce qui concerne ce nom au Québec. MALET ou MALLET est une variante de MAILLET et devient alors un surnom de métier appliqué à celui qui utilise cet outil, comme le menuisier ou le tailleur de pierres. D'ailleurs, il faut noter que les difficultés de lecture des documents anciens ont pu favoriser la confusion entre les noms MALLET et MAILLET et entraîner le passage de l'un à l'autre en changeant de génération.

Au Québec, comme pour la plupart des noms en *-et*, le nom MALET ou MALLET a été féminisé en MALETTE et MALLETTE.

Néron. NÉRON est relativement fréquent comme lieu-dit. Plusieurs rivières et de nombreux hameaux portent ce nom. Le toponyme vient du latin *negrum*, qui évoque la couleur noire, trait caractéristique du lieu ainsi nommé.

Peut-être, cependant, pourrait-on voir dans ce surnom un sobriquet synonyme de LENOIR ou NOIRET, qui rappelle la couleur de la chevelure du porteur ou son teint très foncé.

Un bœuf à la guerre. Il existe des sobriquets plus osés, voire plus difficiles à assumer lorsqu'on en connaît l'étymologie. Ainsi en est-il de COUILLARD, dérivé de *couilles*, « testicules ». Au Moyen Âge, le mot désigne le taureau qui a de gros testicules. Le surnom est passé du bœuf à son maître par ironie. Appliqué à l'homme par dérision, le surnom qualifie celui qui est bien pourvu ou qui se vante de l'être.

Toutefois, il ne faut pas exclure d'emblée le surnom du soldat préposé au COUILLARD, sorte de catapulte qui compte deux paniers dont la position, aux yeux des soldats, lui confère une forme suggestive qui lui a valu son nom. Le surnom COUILLARD irait alors rejoindre les BOMBARDIER et PORTELANCE parmi les noms de guerre.

Une histoire de pêche. Le nom CHABOT est fascinant. En effet, il donne lieu à plusieurs interprétations qui, selon le cas, l'amènent à changer de catégorie.

Nous avons dit plus haut que le *chabot* est un poisson qui a la particularité d'être muni d'une grosse tête. On surnommera CHABOT celui qui a une grosse tête, au propre ou au figuré. C'est donc un sobriquet ironique.

Puisque le mot désigne un poisson, on peut y voir un surnom de métier, celui du pêcheur qui s'adonne à la pêche au CHABOT. Il rejoint alors TURGEON, forme coupée d'*esturgeon*, et GOUGEON chez les amateurs de pêche.

CHABOT est aussi un lieu-dit issu du latin *caput*, «tête». Il signifie «colline, cime». Il se classe alors parmi les surnoms d'origine et s'applique à celui qui habite à proximité de ce lieu-dit.

Au Québec, la prononciation la plus fréquente laisse entendre la consonne finale.

Choquet. Le nom CHOQUET, féminisé en Choquette chez nous, mérite une attention spéciale et une explication à plusieurs volets.

Disons d'abord que CHOQUET viendrait de l'ancien français *soquet*, devenu CHOQUET en Picardie. C'est ainsi que l'on nomme l'impôt sur les vins. Le surnom s'applique alors au percepteur de cette taxe et, pour cette raison, a sûrement une valeur péjorative.

Toujours en langue picarde, *choque* est une *souche* et CHOQUET, une petite souche. Le surnom vient sûrement d'un lieu-dit caractérisé par la présence de nombreuses souches et est attribué à la personne qui habite ce lieu ou assez près pour que le «champ de souches» serve de point de repère pour situer sa maison.

D'aucuns prétendent que CHOQUET est formé sur le verbe *choquer*, au sens de «heurter». Dans ce cas, il s'agit d'un sobriquet qui décrit celui qui prend plaisir à heurter tout le monde, le batailleur caractériel, si l'on veut.

Le même verbe *choquer* a un sens plus récent, celui de *trinquer*, comme dans «choquer sa chope» et serait un surnom de buveur. Ce surnom est peu probable, compte tenu de l'usage tardif de cet emploi.

Quelle que soit l'explication que l'on retient, un fait est certain, le nom de famille CHOQUET s'est implanté en Nouvelle-France dans sa forme masculine. La forme féminine CHOQUETTE a suivi la tendance québécoise des noms en *-et*.

Gasse ou gache? Les surnoms GASS, GASSE et GASSER ont une origine différente selon que le porteur vienne de l'Alsace-Lorraine ou d'une autre province de la France comme la Bourgogne ou la Normandie.

En terre de langue germanique, le mot signifie «petite rue, ruelle» et le surnom s'applique à celui dont l'habitation donne sur une telle rue. Les variantes GASMAN et GASSMANN sont de même sens.

Ailleurs, le surnom GASSE n'a pas la même étymologie. Ce serait une variante de *gache*, qui signifie «flaque d'eau», et désigne un endroit marécageux. Le surnom s'apparente donc à MARAIS, MAROIS ou LANOUE et, comme eux, sera appliqué à celui qui habite près d'un endroit humide. GASSE a laissé quelques diminutifs, dont GASSEAU et GASSET.

Faille. Le nom de famille FAILLE s'explique de plusieurs façons selon les divers sens du mot au Moyen Âge.

Le mot latin *facula*, «petite torche», avec l'évolution de la prononciation, aboutit à *faille*, en français moderne, et désigne une espèce de torche. FAILLE est donc un surnom de métier et s'applique au fabricant de torches.

Si FAILLE évoque la mantille portée par les femmes en Flandre, c'est encore un surnom de métier, mais de celui qui fabrique ou vend des mantilles, à moins qu'il ne soit le sobriquet de la personne qui la porte.

Au sens de «fissure de la croûte terrestre», FAILLE et LAFAILLE sont des surnoms d'origine appliqués à celui qui habite dans le voisinage de ladite faille. Cependant, cet emploi est peut-être trop récent pour être retenu.

L'hypothèse la plus plausible et qui réunirait les quatre formes du nom veut que l'on parte du nom *faye*, issu du latin *fagea*, «hêtre». Les surnoms FAYE et LAFAYE désignent celui qui habite non loin d'une hêtraie ou dont la propriété comprend une telle plantation. LAFAYETTE en est un diminutif. Les formes FAILLE et LAFAILLE ne seraient, dans ce cas, que de simples variantes orthographiques de FAYE et LAFAYE.

La pointe de l'île. Deux ancêtres, entre autres, ont pour surnom LAPOINTE. Ce sont *Nicolas Audet* et *Pierre Desautels*.

S'ils sont militaires, leur surnom peut rappeler l'extrémité aiguë et menaçante de leur lance de combat. Le sobriquet ironique n'est pas non plus à négliger, la «pointe» suggérant une certaine connotation sexuelle qui caractérise le coureur de jupons ou celui qui se vante de ses conquêtes. Le même sobriquet, parfois, dénonce le soldat au caractère acrimonieux, qui lance des pointes, dont les propos sont blessants pour ses compagnons de régiment.

Dans la vie civile, le surnom représente un outil, couteau ou autre, du métier exercé par le porteur, comme le MARTEL, ancienne forme du *marteau*, est un surnom de forgeron ou de casseur de pierres.

Enfin, une autre piste non négligeable est celle du lieu-dit. Il s'agit alors d'un surnom d'origine, le porteur venant d'un lieu dit *La Pointe*, nommé ainsi à cause de sa situation géographique, «à l'extrémité», ou en évoquant sa forme qui s'avance en pointe. Pensons, par exemple, à la *Longue-Pointe* de MONTRÉAL.

Payeur. Le trésorier ou le caissier, appelé tantôt PAYEUR, tantôt PAYER ou PAYÉ, voire PAYMENT, est le préposé à la paye. PAYOT et PAYET, ce dernier féminisé en PAYETTE au Québec, seraient des diminutifs affectifs de ce surnom de métier.

Une autre hypothèse voit dans PAYEUR et PAYET une variante graphique de PAILLEUR et PAILLET, écrit aussi PAILLÉ ou PAILLER. Il s'agirait alors d'un autre surnom de métier, le métier de celui qui construit des maisons en torchis avec de la paille.

Enfin, une troisième explication relie PAYET à PAYSAN, à partir du latin *paganum*, qui a donné aussi les noms PÉAN, PAYAN, PAYEN, PAYANT, qui n'a rien à voir avec la paye, mais désigne celui qui vient du *pays*, division territoriale millénaire dont il reste encore quelques vestiges en France, comme le pays de Caux, le pays basque.

Pauzé. Le surnom Pauzé, parfois écrit Pausé, mais plus souvent encore, dans les documents du Québec ancien, sous la forme *Posé*, s'explique de plusieurs façons.

La première voit dans Pauzé un lieu-dit désignant une ère de repos pour le troupeau en transhumance où s'arrête le berger pour faire reposer ses bêtes. Le lieu-dit a pu devenir un véritable nom de lieu. Le surnom s'applique à celui qui en est originaire.

La deuxième hypothèse fait de Pauzé un sobriquet dont est affublé le paresseux trop enclin à rechercher les lieux de détente.

Pion. Le nom de famille Pion fait partie de ceux qui font appel à de multiples explications, compte tenu des nombreux sens du mot en ancien français et à son évolution tout au long de l'implantation du système des noms de famille.

D'entrée de jeu, disons que le mot vient du latin *pedonem*, dérivé de *pes*, *pedis*, signifiant « pied ». Il a donné l'ancien français *péon*, devenu *pion*. Il signifie « marcheur ou piéton » et désigne le soldat à pied, appelé plus tard *fantassin*. À ce titre, Pion entre dans la catégorie des surnoms de métiers. Il rejoint, dans les surnoms reliés à la vie militaire, les Bombardier, les Archer ou Larcher, les Carabin et les Hérault.

Une autre étymologie rattache le nom *pion* aux verbes de l'ancien français *pier* et *pionner*, « boire ». Il s'agit alors d'un sobriquet synonyme de Boileau, Boivin, Soulard et Pichet, qualifiant celui qui abuse du vin.

Pion peut être aussi un surnom d'origine rappelant un lieu nommé *Pion* ou *Le Pion* d'où vient la personne à qui s'applique le surnom.

Ti-Paul ou Ti-pou ? Le nom Pouliot n'est pas de tout repos, mais il présente cependant l'avantage pour le porteur de choisir l'étymologie qui lui convient. Voici quelques pistes susceptibles de donner lieu à une bonne discussion de famille, selon le sens que l'on donne au mot en ancien français.

Le nom *poule* a une forme masculine *poul* qui désigne un jeune coq et *Pouliot* en est un diminutif. Dans ce cas, il faut voir dans le surnom un sobriquet ironique appliqué à celui qui « fait le coq », c'est-à-dire qui est un peu trop fanfaron, vaniteux.

Pouil est une variante de *pou*, que l'on reconnaît dans l'adjectif *pouilleux*. Le diminutif est un sobriquet peu élogieux et désigne celui qui est infesté de pous.

On appelle *pouliot* une sorte de menthe ou de thym. Pouliot est ainsi un surnom de métier attribué à celui qui cultive ou vend le pouliot.

La racine *poul-* se rattache au nom de baptême Paul dont Pouliot serait un diminutif affectif, comme Perrot et Jeannot par rapport à Pierre et à Jean, déjà mentionnés. *Poul* correspond à une forme régionale de Paul. Pouliot signifie alors « petit Paul » ou « le petit de Paul ».

Comme il arrive souvent, le PRDH a relevé une vingtaine de graphies du nom Pouliot dans les actes du Québec ancien, parmi lesquelles se retrouvent

Pouilliot, Pouillot et *Polliot*. Trois ont survécu jusqu'à ce jour, Pouliot, Pouliote et Pouliotte.

Blanchard. Le nom Blanchard présente un intérêt particulier. Implanté en Nouvelle-France par plusieurs ancêtres, il a été aussi associé à une vingtaine de patronymes dont Renaud ou Raynault, Turenne et Larose.

Le surnom peut avoir des origines diverses : comme sobriquet, c'est un diminutif de Blanc, avec valeur péjorative ; comme nom d'origine germanique, *Blankhard*, il est formé des racines *blank*, « brillant », et -*hard*, « dur, fort », dont l'équivalent corse et italien est Biancardi ; Blanchard peut être aussi une variante de Planchard, écrit parfois Planchar, surnom associé à celui de l'ancêtre *Jean Raynaud dit Planchard* et *Blanchard*.

Le surnom Planchard est un diminutif de Planche ou Laplanche, dont la forme picarde est Planque, évoquant le métier du fabricant de *planches*. Planchet, féminisé en Planchette, est le seul autre diminutif du nom qui se soit implanté chez nous, quoique rare.

Planche vient du latin *planca* et désigne, à l'origine, une surface plane, étroite et longue, puis une pièce de bois aplanie. Ensuite, par analogie, il a désigné un pont de planches servant à traverser un cours d'eau. En ancien français, on appelle une *planche*, une portion de terre cultivée, étroite et longue. Enfin, employé comme lieu-dit, le nom *planche* s'est appliqué à une étendue plane. C'est ainsi qu'il se retrouve aussi parmi les noms de lieux et, comme tel, justifie les diverses explications du patronyme.

Les surnoms obscurs ou particuliers. Certains noms de famille sont difficiles à expliquer. On dit que leur origine est obscure. Le chercheur en est alors réduit à ne fournir que des pistes à explorer jusqu'à ce que de nouvelles données inconnues à l'heure présente viennent ouvrir de nouveaux sentiers.

Le nom Fiset, féminisé en Fisette chez nous, comme la plupart des noms en -*et* et -*ot*, fait partie de ces noms mystérieux. Un élément du nom est sûr à 99 % : Fiset est un diminutif, comme l'indique sa terminaison en -*et*.

De même qu'un Piquet est un petit *pic*, un Barret, une petite *barre*, un Bissonnet, un petit Bisson, forme normande de *buisson*, un Frenet, un petit *frêne*, Fiset ne peut être qu'un petit [fiz]. Le problème, c'est que ce mot n'est consigné dans aucun des ouvrages, dictionnaires de tous ordres, consultés à ce jour. De plus, le nom de famille est disparu en France où l'on n'a recensé que deux naissances sous ce nom entre 1891 et 1915.

L'ancêtre des Fiset d'Amérique est venu de la Normandie. Il est possible que le mot fasse partie du vocabulaire dialectal, où il peut désigner un instrument servant à un métier, un lieu-dit caractéristique, ou quoi encore ! Le mot le plus ressemblant trouvé dans un dictionnaire du patois normand est *fisset,* diminutif régional de *fils,* comme *fillette* est celui de *fille.* Ce qui suppose que la consonne *s* se soit adoucie en *z* dans la prononciation. Si l'hypothèse s'avérait, FISET s'insérerait dans la série des noms de parenté marquant les liens familiaux, comme PARENT et son diminutif PARENTEAU, LEGENDRE et ses diminutifs GENDREAU et GENDRON, COUSIN et ses diminutifs COUSINET et COUSINEAU. À ceux-là, on pourrait ajouter FILION, diminutif régional de *fils,* FILIATRE et son diminutif FILIATREAULT, qui compte plusieurs graphies. FISET serait donc «le petit du fils» ou le «fils qui est petit».

Marchildon. Le nom MARCHILDON est d'origine linguistique inconnue. Dans les documents du Québec ancien, on relève une quinzaine de graphies du patronyme dont les plus fréquentes sont *Macheledon, Machelidon, Machiledon, Marchelidon, Marchidon* et MARCHILDON. Seules les formes *Machelidon* et *Marchelidon* sont attestées en France. Au Québec, l'annuaire *Canada 411* recense 2 MACHIDON, écrits à l'irlandaise, 1 MACHILDON et 363 MARCHILDON. La même recherche aux États-Unis a donné les résultats suivants : 1 *Machelidon,* 6 *Machidon* et 294 MARCHILDON. Or l'ancêtre des porteurs de ce nom en Amérique, quelle que soit sa forme, est probablement le même, soit *René Marchildon,* arrivé du Poitou au XVIIᵉ siècle.

Quelles hypothèses peut-on avancer pour retracer l'origine du patronyme ? Il peut s'agir d'un nom de lieu-dit ou de hameau reculés du Poitou d'où seraient venus les ancêtres de *René Marchildon.* Le nom n'a pas été retracé dans les ouvrages de toponymie française consultés à ce jour. Cependant, beaucoup de noms de lieux sont sortis de l'usage.

MARCHILDON serait un mot d'un dialecte poitevin qui évoque un métier ou un outil ancien, sinon un mot qui rappelle une caractéristique physique ou morale de la personne à qui l'on attribue le surnom. La finale en *-on* laisse à penser qu'il peut s'agir d'un diminutif.

Ce sont là des pistes à explorer, à moins qu'un heureux hasard, comme cela se produit parfois au détour d'une lecture, ne réserve la surprise d'une découverte inattendue.

Jutras. Comme le précédent, le patronyme JUTRAS est difficile à expliquer. Dans les documents du Québec ancien, on relève une quinzaine de graphies du patronyme dont les plus fréquentes sont : *Joutra, Joutras,* JUTRA et JUTRAS. En France, on a recensé 19 naissances de *Joutras* et 1 de JUTRAS au cours du dernier siècle.

Les graphies en *ou* permettent de supposer que le patronyme soit de la famille des *Joutel, Jouteau, Joutreau,* issus de l'ancien français *jote,* désignant un légume en général. Le nom de ce vendeur de légumes est *Joutier* ou JUTIER. Les dérivés de ces noms attestés en France sont *Joutereau,* contracté en *Joutreau* et *Jutreau, Joutras* et JUTRAS. JUTRAS serait donc un surnom de métier de celui qui cultive ou vend des légumes.

Les frères JUTRAS, *Claude* et *Dominique*, ancêtres des JUTRAS, sont originaires de la région parisienne à leur arrivée en Nouvelle-France. On ne peut donc présumer de quelle province de France vient leur nom. À défaut de confirmer ou infirmer l'hypothèse proposée ici, il faudra attendre que de nouvelles pistes plus satisfaisantes soient explorées.

Trudel-Trudeau. Le tandem TRUDEL-TRUDEAU représente un certain mystère. En effet, dans la plupart des ouvrages, l'hypothèse retenue est celle d'Albert Dauzat, qui y voit des diminutifs affectifs du nom germanique féminin *Gertrud*, dont *Gertrudel-Gertrudeau* seraient devenus TRUDEL-TRUDEAU, par aphérèse. Cette explication est peu satisfaisante, puisqu'il s'agirait là d'un cas unique d'aphérèse d'un nom féminin.

Par ailleurs, la majorité des tandems en *el-eau* sont issus de noms communs, le plus souvent monosyllabiques, auxquels le suffixe diminutif a été ajouté. Une solution plausible serait donc de rattacher TRUDEL et TRUDEAU à un nom **trud* ou *trude* issu du latin, à l'instar de *chatel-château*, d'un dialecte, comme *pinel-pineau*, voire du francique, à l'exemple de *hamel-hameau*. Le mot désignerait un outil, comme *martel-marteau* et *ratel-râteau*, un produit, comme *drapel-drapeau* et *burel-bureau*, un élément topographique, comme *campel-campeau*. À ce jour, les dictionnaires de langue consultés n'ont pas répertorié la forme **trud* ou *trude*, mais le nom *Trude* est attesté en France, quoique rare. Son étymologie est toujours obscure. Jusqu'à plus ample informé, mon hypothèse mérite d'être considérée comme une piste sérieuse. Au Québec, la forme TRUDEL a aussi son pendant féminin TRUDELLE.

Un autre élément, toutefois, vient apporter un bémol à l'explication de Dauzat. En effet, l'ancêtre des TRUDEAU d'Amérique est *Étienne Truteau*. Or TRUTEAU est un nom d'origine germanique à une seule racine, *trut*, « force », encore attestée dans les noms de famille en France et au Québec, sous la graphie TRUT. Le nom a laissé des diminutifs dont seuls TRUTEAU et TRUTET sont présents ici. TRUDEAU serait alors une variante de TRUTEAU, avec l'adoucissement du second *t* en *d*. Il ne s'agirait pas d'un cas unique de modification de consonne.

Volant. Le surnom VOLANT, écrit aussi VOLLANT et VOLAND, s'explique de plusieurs façons selon les divers sens du mot en ancien français.

Le mot VOLANT est d'abord synonyme de *volage*. Le surnom s'applique donc à celui qui « butine ».

Un *volant* est aussi un manteau et désigne la personne qui se distingue des autres en le portant.

Un *volant* est un outil, une sorte de faucille, qui devient le signe distinctif de celui qui s'en sert, comme le moissonneur, le faucheur ou le vigneron.

Enfin, VOLLAND est aussi un nom de lieu, donc un surnom d'origine de la personne qui en vient.

Un cas difficile. Certains noms de famille ont une origine obscure sur laquelle les auteurs ne sont pas d'accord. C'est le cas du nom BÉRUBÉ. Disons, d'entrée de jeu, que tous s'accordent à dire que le nom ne se rencontre qu'en Normandie. Il s'agirait donc d'un nom régional. Ce que confirme le pionnier *Damien Bérubé*, ancêtre des BÉRUBÉ d'Amérique, lui-même originaire de la Normandie.

Marie-Thérèse Morlet voit dans le nom BÉRUBÉ un lieu-dit, *Belru*, signifiant « beau ruisseau », auquel se serait ajoutée la syllabe finale *bé*, autre forme de *bel*, une fois que le sens original du nom eut été oublié. Le nom BÉRUBÉ serait alors un surnom d'origine appliqué à celui qui habite à proximité d'un lieu nommé *Bérubé*. Cette explication, quoique intéressante, n'est pas convaincante. Elle paraît un peu tordue.

Pour Jean Tosti, il s'agirait plus simplement d'une forme locale de BARABÉ, déformation probable du nom chrétien BARNABÉ, popularisé par saint *Barnabé*, disciple de saint Paul. Originaire de l'île de Chypre, saint *Barnabé* y subit le martyre au 1er siècle.

Cette seconde hypothèse n'est pas beaucoup plus satisfaisante compte tenu du détour un peu forcé par BARABÉ, non moins obscur. Jusqu'à plus ample informé, on ne peut que s'en tenir à l'une ou l'autre de ces hypothèses.

Prendre le taureau par les cornes. Cette protubérance appelée *corne* a, de tout temps, servi de métaphore pour marquer un trait de personnalité. Le premier qui vient à l'esprit est celui du *cocu*. Or ce sens est trop récent pour être passé dans les noms de famille, qui datent du Moyen Âge. En ancien français, le mot *corne* a plusieurs sens et bien malin celui qui peut prétendre avancer une explication avérée. Il est vraisemblable de croire que, selon la région d'origine, une hypothèse ait préséance sur les autres, mais comment le savoir ?

Établissons d'abord les formes que prend le nom : CORNE et LACORNE, puis les diminutifs, CORNEL, CORNEAU et ses variantes CORNAUD et CORNEAULT, CORNET, CORNAT, CORNIN, CORNY et CORNU.

D'entrée de jeu, on est en droit de penser que le porteur des surnoms est celui « qui joue de la corne », soit le berger qui appelle ses moutons en soufflant dans sa corne de bovin ou celui qui, à la chasse ou à la guerre, sonne le cor à l'aide d'une corne.

Le surnom désignerait le métier de l'artisan qui fabrique des cors de chasse ou du marchand qui les vend.

Un autre sens est celui de « coin, pointe ». Est « cornu » ce qui n'est pas cohérent, ce qui est bizarre. Ainsi, en ancien français, une *conardie*, mot dérivé de *corne*, est une sottise, une bêtise. De là à assimiler la corne à la sottise… D'où le sens le plus généralement retenu par les auteurs, celui du niais, du sot.

À la recherche de pistes. Certains noms, relativement répandus au Québec, n'ont pas encore livré les secrets de leur origine, en dépit de tous les efforts déployés. Ils ne sont pas consignés dans les dictionnaires connus de noms de famille et ne sont plus attestés en France. Dans cet ouvrage, plusieurs noms inconnus en France ont pu être expliqués à partir de constantes déjà observées qui permettent d'énoncer des hypothèses plausibles.

D'autres, plus coriaces, résistent à l'analyse. En voici quelques-uns, demeurés hermétiques : ARLEM, PLOUFFE ou BLOUF, RACICOT, RIOPEL, SIROIS et VALOTAIRE.

Tout espoir n'est pas perdu !

CHAPITRE SIX

LES NOMS
DANS UNE SOCIÉTÉ
« DISTINCTE »

J'habiterai mon nom.
SAINT-JOHN PERSE

Dans le domaine des noms de famille comme en bien d'autres, le Québec se distingue. En effet, même si nos ancêtres ont apporté en Nouvelle-France le système français de dénomination des personnes, nous n'en avons pas moins adopté de nombreuses façons de faire qui nous sont propres. Nous avons, j'allais dire, « québécisé » le système. Pour illustrer cette assertion, les exemples sont légion, mais limitons-nous aux grandes lignes, d'autant plus que les recherches sur ce plan sont loin d'être terminées.

LES « NOMS DITS »

Une proportion importante des pionniers de la Nouvelle-France sont d'anciens soldats démobilisés qui se sont établis ici à demeure. Aux temps jadis où chacun ne portait qu'un nom individuel, la coutume s'est implantée au régiment que l'officier attribue à chaque soldat de sa division un surnom qui lui permet de distinguer les homonymes. Chacun reçoit au moins un surnom, qui devient son « nom de guerre ». À sa convenance ou selon son intuition, son humeur ou le caprice du moment, l'officier décide de choisir tantôt des noms de fleurs, tantôt des noms de métiers, tantôt des lieux d'origine, etc.

Après la généralisation des noms de famille, cette coutume s'est perpétuée. C'est ainsi que nos ancêtres militaires portent tous un « nom de guerre ». Après leur démobilisation, la majorité des anciens soldats s'établissent sur la seigneurie concédée à leur officier. Se retrouvant entre eux, les nouveaux censitaires et le seigneur continuent à utiliser les surnoms du régiment qui leur sont plus familiers que les noms de famille. C'est donc tout naturellement que les « noms de guerre » se sont, par la suite, appliqués aux enfants et se sont transmis aux générations suivantes au point que certains descendants en ont oublié leur véritable nom de famille. Voilà comment s'explique le phénomène des « noms dits » propre au Québec.

Ainsi, l'ancêtre poitevin *Pierre Duranceau dit Brindamour* n'a pas transmis à sa descendance son nom de guerre *Brindamour*. En effet, lorsqu'il a quitté la seigneurie de la Rivière-du-Sud, il s'est fait connaître sous son patronyme et son surnom a été oublié, de sorte qu'aucun des Brindamour d'aujourd'hui ne le compte pour ancêtre.

En principe, un surnom vise à différencier les homonymes et vient enrichir le patrimoine des noms de famille. Chez nous, on se distingue. En effet, plusieurs douzaines d'individus portaient des noms de famille différents et nous les avons tous appelés Larose, Lafleur, Lafontaine ou Saint-Jean. Les noms de guerre se rattachant à peu près toujours aux mêmes catégories, les surnoms reviennent souvent d'un régiment ou d'une division à l'autre. Ce qui explique la prolifération des mêmes « noms dits ». Si l'on retrouve en général dans les noms de guerre les mêmes catégories que dans les noms de famille, il reste que certaines particularités sont plus nettement associées à l'armée. Les pages qui suivent décrivent quelques constantes observées ici et qui n'ont pas à ce jour été étudiées ailleurs. C'est ce que j'appelle « des comportements qui nous sont propres ».

Un surnom pour plusieurs patronymes. Le même surnom a été associé parfois à plusieurs dizaines de noms différents. Le procédé a forcément contribué à l'appauvrissement de notre patrimoine de noms de famille.

Pour illustrer ce propos, contentons-nous des cas les plus marquants, un peu moins d'une vingtaine de surnoms sur plusieurs centaines. Le **Tableau 15** donne le nombre de patronymes auxquels chaque surnom a été associé. Ce nombre explique bien l'ampleur du phénomène sans qu'il soit indispensable de préciser davantage. Le nombre d'associations mentionné est emprunté au PRDH, qui considère chaque graphie d'un même nom comme un patronyme distinct.

Tableau 15. Les associations surnoms-patronymes

Surnoms	Noms	Surnoms	Noms	Surnoms	Noms
Lafleur	232	Jolicœur	141	Saint-Louis	95
Saint-Jean	214	Sansoucy	138	Lacroix	93
Larose	198	Saint-Pierre	126	Champagne	92
Laviolette	173	Larivière	117	Poitevin	92
Lafontaine	155	Deslauriers	100	Sanschagrin	74
Lajeunesse	147	Lespérance	96	Laverdure	65

Une fleur à la baïonnette. Les noms de fleurs sont un indice qui ne trompe pas. Les LAFLEUR, ROSE ou LAROSE, VIOLETTE ou LAVIOLETTE, LATULIPE, DESROSIERS, LAGIROFLÉE, BELLEROSE, BELLEFLEUR, LAPENSÉE, JASMIN et LŒILLET d'aujourd'hui sont tous, sans l'ombre d'un doute, les descendants d'un militaire appartenant à l'un des régiments appelés au secours de la Nouvelle-France. En effet, mis à part LAGIROFLÉE, tous ces surnoms ont fait souche, en ce sens qu'ils comportent une ou plusieurs lignées qui ont survécu jusqu'à ce jour. C'est donc dire que les porteurs de ces noms de guerre devenus patronymes autonomes doivent établir leur généalogie jusqu'à la première génération s'ils veulent savoir à quel nom se rattache celui qui les identifie. La plupart de ces noms de guerre ont été associés à plusieurs patronymes dont le nombre est indiqué entre parenthèses. Toutefois, cette association a une fréquence variable. Certains noms sont aujourd'hui disparus de notre patrimoine. Ont-ils été supplantés par le nom de guerre ? La lecture des paragraphes suivants fournit l'occasion de se poser la question.

Le nom LAFLEUR (232) est associé de 2 fois, pour la plupart des noms, à 677 fois, pour le nom BÉIQUE. Il a, à toutes fins utiles, supplanté BIROLEAU et GIPOULOU.

ROSE-LAROSE (212) est relié de 2 à 748 fois (avec BELLEAU). A-t-il contribué à faire disparaître COUSSY et CHEDEVERGNE ? C'est probable.

VIOLETTE-LAVIOLETTE (175) est uni de 2 à 375 fois (à RANGER). CROQUELOIS lui doit peut-être son absence de nos jours.

LATULIPE (63) ne dépasse pas 312 fois (QUÉRET) et ce dernier n'a subsisté que dans sa forme féminine, QUÉRETTE. LATULIPE semble avoir remplacé CHANTELOY. Ajoutons que QUÉRET s'est souvent confondu avec son paronyme GUÉRET, à la suite de mauvaise lecture des documents anciens.

DESROSIERS (60) est associé 390 fois à LAFRENIÈRE, mais, au premier coup d'œil n'a pas éliminé de patronyme.

LAGIROFLÉE (57) ne dépasse pas la centaine d'associations au même nom. C'est d'ailleurs le seul nom de guerre de ce groupe qui n'ait pas fait souche.

BELLEROSE (55) est associé à MÉNARD 482 fois, mais n'a supplanté aucun nom.

BELLEFLEUR (37) est relié 66 fois à RÉMY. Il a peut-être remplacé GORDIEN.

LAPENSÉE (18) est surtout associé au poitevin *Jean Roy* ou *Leroy* et à sa descendance, 460 fois dit le PRDH.

Le JASMIN (15) ferait bon ménage avec la CAILLE.

LŒILLET (1) est très rare et pour cause. On ne le rencontre qu'avec PRÉGENT, si peu d'ailleurs qu'il serait étonnant que le porteur du nom qui est recensé parmi les abonnés du téléphone puisse remonter à l'ancêtre PRÉGENT.

Certains noms ont été supplantés par le nom de fleur : le hockeyeur *Guy Lafleur* descend de *Pierre Biroleau*. CHEDEVERGNE, variante de CHEFDEVERGNE, a été remplacé par LAROSE. CHEFDEVERGNE désigne l'emplacement de la maison « plus haut » que la *vergne*, autre nom de l'*aulne*. LAVIOLETTE s'est substitué à CROQUELOIS, sobriquet d'origine normande appliqué à celui qui « frappe l'oie », de l'ancien français *crocher*, « accrocher, frapper ».

Les faux saints. Au régiment, rien de sacré ! Du jardin, on passe facilement au paradis. En effet, une autre tradition séculaire dans les noms de guerre consiste à canoniser les recrues. Voici un relevé à peu près exhaustif des surnoms précédés du mot *saint* tel qu'il est établi à partir du *Dictionnaire* de René Jetté, du Drouin Rouge et du *Dictionnaire* de Tanguay. La seule différence est la correction de l'abréviation *st*, non conforme à la règle grammaticale qui refuse d'abréger un nom propre.

SAINT-AIGNAN 10-0*

SAINT-AMAND 42-765*

SAINT-AMOUR 36-1027*

SAINT-ANDRÉ 54-236*

SAINT-ANGE 6-8*

SAINT-ANTOINE 30-76*

SAINT-ARNAUD 2-614

SAINT-AUBIN 23-434*

SAINT-BRIEUX 3-0

SAINT-CERNY 8-7

SAINT-CHARLES 9-47*

SAINT-CHRISTOPHE 8-0*

SAINT-CLAIR 2-30*

SAINT-CLAUDE 9-0*

SAINT-CÔME 5-4*

SAINT-CYR 16-1087*

SAINT-DENIS 22-1068*

SAINT-DIZIER 8-2*

SAINT-ÉLOI 4-4*

SAINT-ÉTIENNE 35-0*

SAINT-EUSTACHE 2-0*

SAINT-FÉLIX 14-13*

SAINT-FORT 1-14*

SAINT-FRANÇOIS 45-47*

SAINT-GELAIS 3-886*

SAINT-GEMME 6-0

SAINT-GEORGES 19-644*

SAINT-GERMAIN 108-1623*

SAINT-GILLES 1-2*

SAINT-GODARD 6-6

SAINT-HILAIRE 32-1537*

SAINT-HUBERT 3-7*

SAINT-JACQUES 28-993*

SAINT-JEAN 214-2524*

SAINT-JORRE 3-0

SAINT-JOSEPH 19-0*

SAINT-JULES 1-60*

SAINT-JULIEN 0-44*

SAINT-LAMBERT 3-0*

SAINT-LAU OU LÔ 2-1*

SAINT-LAURENT 55-2361*

SAINT-LÉGER 27-5*

SAINT-LÉONARD 3-0*

SAINT-LOUIS 97-1060*

SAINT-LUC 7-1*

SAINT-MALO 18-0*

SAINT-MARSEILLE 2-81

SAINT-MARTIN 86-705*

SAINT-MAURICE 15-103*

SAINT-MÉDARD 2-0*

SAINT-MICHEL 72-219*

SAINT-NICOLAS 7-0*

SAINT-OMER 7-0*

SAINT-PAUL 26-13*

SAINT-PIERRE 128-5384*

SAINT-RÉMI 6-1*

SAINT-ROCH 6-44*

SAINT-ROMAIN 12-0 *

SAINT-SAUVEUR 15-116*

SAINT-SÉVERIN 2-0*

SAINT-SIMON 5-1*

SAINT-SURIN 4-12

SAINT-THOMAS 4-9*

SAINT-VICTOR 1-9*

SAINT-VINCENT 19-134*

SAINT-YVES 6-322*

Une fois la liste complète dressée, une vérification s'imposait. Elle a été effectuée en trois temps : d'abord, dans la base du PRDH, qui associe noms et surnoms ; ensuite, dans l'annuaire *Canada 411*. Les chiffres à la droite de chaque nom donnent les résultats de cette vérification : le premier représente le nombre de noms auxquels chaque nom dit a été associé ; le second, le nombre d'abonnés du téléphone au Québec. Enfin, l'astérisque (*) indique que le nom est attesté dans le *Quid.fr 2005* comme toponyme en France. Au total, 83 noms dits ont été relevés dans les dictionnaires, mais ceux qui n'étaient consignés ni dans le *Quid* ni dans l'annuaire *Canada 411* ont été éliminés. Il en est resté 65. On aura noté que les surnoms Saint-Germain, Saint-Jean, Saint-Louis, Saint-Martin et Saint-Pierre sont ceux qui ont été associés au plus grand nombre de patronymes, Saint-Jean l'emportant haut la main sur tous les autres.

Une analyse partielle de ces noms de « saints » à partir des renseignements d'usage fournis par les trois dictionnaires de généalogie ont permis de les regrouper en quatre catégories.

La première comprend ceux dont le prénom ou le nom sont identiques au surnom « sanctifié » :

André ACHIN dit SAINT-ANDRÉ ;

Étienne CHAZAL *dit* SAINT-ÉTIENNE ;

Pierre BOUCHARD dit SAINT-PIERRE ;

Jean COITOU dit SAINT-JEAN ;

Hilaire FRAPPIER dit SAINT-HILAIRE ;

Louis HERTEL dit SAINT-LOUIS ;

Jacques-Joseph CHEVAL dit CHEVALIER et dit SAINT-JACQUES ;

Joseph L'ENFANT dit SAINT-JOSEPH ;

Pierre MARTIN dit SAINT-MARTIN ;

Joseph MICHEL dit SAINT-MICHEL.

La deuxième réunit ceux qui sont originaires d'un lieu portant ce nom. Ce nom de lieu s'appelle *hagiotoponyme* parce qu'il est composé du mot *saint* comme premier élément :

Nicolas BONIN dit SAINT-MARTIN (de *Saint-Martin*, île de Ré, Aunis) ;

Pierre BRUN dit SAINT-ANTOINE (de *Saint-Antoine-du-Pison*, Guyenne) ;

Léonard FAUCHER dit SAINT-MAURICE (de *Saint-Maurice* de Limoges, Limousin) ;

Pierre TRÉMOULET dit SAINT-LÉONARD (de *Saint-Léonard*, Gascogne) ;

Pierre LAPORTE dit SAINT-GEORGES (de *Saint-Georges*, Guyenne) ;

Pierre NIVARD dit SAINT-DIZIER (de *Notre-Dame de Saint-Dizier*, Champagne) ;

Jacques-Joseph DUBOIS dit SAINT-AIGNAN (de *Saint-Aignan*, Orléanais) ;

Jean FORTON dit SAINT-JEAN (de *Saint-Jean-d'Angély*, Saintonge) ;
Jean-Baptiste BIRABIN dit SAINT-DENIS (de *Saint-Denis* de Paris, île de France) ;
Didier BOURGOUIN dit SAINT-PAUL (de *Saint-Paul* de Paris, île de France).

Entrent dans le troisième groupe ceux qui tirent leur surnom de celui d'un fief qui leur a été concédé et portant aussi un hagiotoponyme :
Joseph CREVIER, Sieur de SAINT-FRANÇOIS ;
François-Michel MESSIER, Sieur de SAINT-MICHEL ;
Joseph-Alexandre de L'ESTRINGANT, Sieur de SAINT-MARTIN ;
François CIRCÉ, Sieur de SAINT-MICHEL ;
ANDRÉ CHARLY, Sieur de SAINT-ANGE.

La dernière catégorie regroupe tous les « saints » qui ne répondent pas aux critères leur permettant de faire partie de l'une ou l'autre des trois catégories précédentes, faute de renseignements pertinents plus précis fournis par les dictionnaires consultés :
Guillaume GUÉRIN dit SAINT-HILAIRE, originaire de *Saint-Symphorien-des-Monts*, Normandie ;
Claude GOURGON dit SAINT-MAURICE, d'origine inconnue ;
Louis ANDRÉ dit SAINT-AMAND, originaire de *Saint-Jean-d'Angély*, Saintonge ;
Isaac CHRISTIN dit SAINT-AMOUR, venu *Niort*, Poitou ;
Étienne MONTABERT dit SAINT-LOUIS, originaire de *Saint-Jean-de-Parissière*, lyonnaises ;
Pierre DUPUIS dit SAINT-MICHEL, originaire de *Bordeaux*, Guyenne ;
Léonard JUSSEAUME dit SAINT-PIERRE, venu de *Saint-Martin*, Saintonge ;
Pierre PAYET dit SAINT-AMOUR, originaire de *Sainte-Florence de Bordeaux*, Gascogne ;
Pierre BOTQUIN dit SAINT-ANDRÉ, venu de *Saint-Pierre de Saumur*, Anjou ;
Robert GROTON dit SAINT-ANGE, originaire de *Saint-Jean de Châtillon-sur-Seine*, Bourgogne.

Il faut classer à part *Étienne* DE SAINT-PÈRE, dont le patronyme, malgré les apparences de l'orthographe, est une variante régionale de SAINT-PIERRE. SAINT-PÈRE est un nom de lieu répandu en France.

Moins de saintes. Si les saints pullulent dans les noms de guerre, les saintes se font plus rares. Des sept rencontrées jusqu'ici, *Sainte-Catherine*, *Sainte-Claire*, *Sainte-Foy*, *Sainte-Hélène*, SAINTE-MARIE, *Sainte-Marthe* et *Sainte-Suzanne*, une seule a survécu, SAINTE-MARIE, et encore, son histoire n'est pas limpide. Disons, d'entrée de jeu, que ce nom a été implanté en Nouvelle-France comme surnom. Autrement dit, aucun SAINTE-MARIE n'a immigré en Amérique sous ce nom. Une vingtaine de noms ont été associés au surnom SAINTE-MARIE et seule la généalogie peut permettre de relier un SAINTE-MARIE d'aujourd'hui à l'ancêtre qui convient, d'autant plus que l'explication du nom varie selon le pionnier concerné. Quatre de ces ancêtres susceptibles d'avoir des SAINTE-MARIE parmi leurs descendants méritent notre attention.

D'abord, *Louis Marie dit Sainte-Marie*, soldat du régiment de Carignan, que plusieurs nomment plutôt MARIER. Il est évident que ce pionnier doit son surnom à un calembour avec son patronyme. Le cas est habituel, au régiment. Très souvent, c'est le prénom du soldat qui est « sanctifié » : on aurait pu le surnommer SAINT-LOUIS comme on l'a fait pour plusieurs autres.

Le deuxième pionnier est *Gabriel Lambert Sieur de Sainte-Marie*. SAINTE-MARIE est le nom de la terre dont il hérite de son père, *Eustache*, et que ce dernier avait nommée *Habitation Sainte-Marie*. L'origine du surnom est donc claire.

Nicolas Bonin dit Sainte-Marie est le fils de *Nicolas Bonin dit Saint-Martin*. Aucun indice, à ce jour, ne permet de comprendre le changement de surnom. Il est établi que le père est originaire de *Saint-Martin de l'île de Ré*. Le surnom SAINTE-MARIE résulterait-il d'une erreur de lecture et d'une fausse écriture, de la part du curé ou du notaire ? On serait alors passé de SAINT-MARTIN à SAINTE-MARIE et l'erreur se serait perpétuée par la suite. L'hypothèse est plausible. Ce ne serait sûrement pas un cas isolé de mauvaise transcription.

Quant à *Pierre Racine dit Sainte-Marie*, aucun motif limpide n'explique l'adoption du surnom. On sait par ailleurs que ses frères ont fait d'autres choix : *Joseph* est *dit Beauchesne* et *François-Clément* est *dit Clément*, pour une raison évidente. Il reste à vérifier si le premier a eu des descendants nommés BEAUCHESNE et le second, des CLÉMENT.

D'amour et d'eau fraîche. La réputation de macho des militaires n'a pas à être démontrée. Comme le matelot qui compterait une fille dans chaque port, le soldat qui part en permission se vante qu'une flopée de jupons se bousculent à la sortie. Au retour à la garnison, le récit épique des multiples conquêtes et de la meilleure cuite à vie vaut parfois à son auteur des surnoms qui ramènent à la dure réalité.

En effet, au régiment, les noms de guerre qui évoquent les prouesses amoureuses réelles ou prétendues sont multiples. Les L'AMOUR ou LAMOUR, les LAMOUREUX ou sa variante LAMOUROUX, dont l'équivalent alsacien est LIEBMANN ou LIEBERMANN, les AMORY, les D'AMOURS, les BRINDAMOUR, les AMOURETTE ou DAMOURETTE de même que les JOLICŒUR ont de bonnes chances de masquer l'amoureux éconduit autant que le coureur de jupons. BRINDAMOUR ou BRIND'AMOUR, dans les documents du Québec ancien, a été associé à plus de 50 noms, la plupart portés par d'anciens soldats dûment identifiés comme tels. Sa valeur ironique ne fait pas de doute. FRANCŒUR ne peut être entendu que dans son sens étymologique, celui de « cœur libre », tout en sachant que, l'ironie aidant, le sobriquet veut sûrement mettre en évidence le trait de personnalité de celui qui porte toujours le « cœur en bandoulière ».

Le sobriquet Lavigueur vogue assurément dans les mêmes eaux en évoquant autant la *vigueur* rêvée ou proclamée que la réelle. Quant à Ladébauche, quoique le surnom soit associé surtout à l'ancêtre *Jean Casavant* dont on ne connaît pas de carrière militaire, il n'est pas perçu comme un intrus dans les noms de guerre. On ne peut exclure de ce paragraphe Saint-Amand, souvent écrit Saint-Amant, et Saint-Amour, qu'une connotation ironique transforme en calembour, même si le rappel d'un lieu d'origine est probable dans ces deux cas. Ajoutons le fleuron *Vive l'Amour*, associé à cinq patronymes, mais qui n'a pas été transmis à la descendance, et pour cause.

Vice ou vertus? Parmi les noms de guerre dont les soldats sont friands figurent ces qualités que la tradition appelle les *vertus*. Le terme générique d'abord, il va de soi, avec ou sans article, Vertu et Lavertu, chacun étant parfois gratifié d'un *e* tout à fait injustifié, Vertue et Lavertue. Précisons toutefois que le mot, en ancien français, est surtout synonyme de *courage* et que son étymologie, du latin *virtus*, évoque la *virilité*. D'où, peut-être, sa présence à côté des surnoms de coureurs de galipote. Quant aux théologales, *Lafoy* ou Defoy, L'Espérance et Lacharité, elles sont relativement populaires. S'agit-il d'un emploi ironique? Une réponse négative serait pour le moins douteuse. Mentionnons aussi, dans l'ordre alphabétique, d'autres noms de guerre évoquant des vertus, sans oublier que, très souvent pour ne pas dire toujours, c'est à son contraire qu'il faudrait penser. Belhumeur, Boncourage, Bonsecours, Bonvivant, Bonvouloir, Labonté, Ladouceur, Lafantaisie, Laforce, Lafranchise, Lagrandeur d'âme peut-être, Lajeunesse du cœur, Lajoie de vivre communicative, Laliberté, Larigueur, Latendresse ou, à l'inverse, Laterreur, Lavolonté, Léveillé, Tranquille, Vadeboncœur. Certains d'entre eux se rencontrent dans les documents du Québec ancien, mais n'ont pas fait souche. C'est le cas de Bonsecours, Bonvivant et Larigueur.

Les noms de guerre anecdotiques. Certains surnoms de soldats peuvent être considérés comme des surnoms anecdotiques, en ce sens qu'ils sont probablement reliés à un événement précis survenu au cours d'une campagne ou d'une manœuvre. Ladéroute, Laruine, Lavictoire et Passepartout sont attestés dans les documents, mais Laruine et Passepartout ont été abandonnés par la descendance.

Quant à Frappe-d'abord et Prêtàboire, tout en étant aussi circonstanciels, ils évoquent aussi un trait de personnalité ou une habitude de vie. Le premier a été réduit à Frappe, chez les descendants. Prêtàboire n'a pas survécu. Pourquoi?

Les «surnoms sans». Parmi les noms de guerre, un groupe se démarque des autres. Il s'agit d'une série commençant par la préposition *sans*. Le sens de ces surnoms semble plutôt limpide et ne devrait pas nécessiter d'explication. Pour la plupart, ils sont évocateurs d'attitudes et de comportements qui dénotent des traits de personnalité. Les voici donc en vrac: Sanscartier, Sancartier ou Sansquartier, Sanschagrin ou Sanchagrin, *Sanscomplaisance*,

Sansoucy, Sanssoucy ou Sansouci, *Sanscrainte*, Sansfaçon ou Sanfaçon *Sanspeur, Sanspitié,* Sansregret, *Sansrémission*. Les noms en italique ne se sont pas rendus jusqu'à nous.

Si Sanscartier désigne le combattant impitoyable qui « ne fait pas de quartiers », il peut aussi s'appliquer à la jeune recrue qui ne connaît pas encore « ses quartiers », c'est-à-dire qui ignore où est son cantonnement. Il s'agirait ici d'un surnom de type anecdotique, puisqu'il évoque un événement précis de la vie de la recrue, qui s'est trompée de quartier et qui a conservé son surnom par la suite. On peut supposer que la situation se présentait souvent dans l'armée, car ce nom de guerre semble plutôt fréquent. Le PRDH l'associe à près de 70 noms.

Les tâches militaires. D'autres surnoms rappellent le rôle particulier dévolu à un soldat au régiment ou pendant une campagne. On surnomme Bellegarde ou Lagarde celui qui monte la garde ; un Desmarteaux est habile à manier le marteau d'arme ; le Grenade, Lagrenade ou Grenadier est préposé au lancement de cet engin ; le Dragon est le porte-étendard du régiment ; le surnom de Laflamme revient au canonnier, celui de Lalime, à celui qui se sert de l'outil, peut-être pour réparer les armes. Lagarde peut être aussi le surnom d'origine de celui qui vient d'un endroit nommé *Lagarde*, souvent associé au poste de garde du château. Quant au Bombardier, c'est le préposé à la *bombarde*, cet ancêtre du canon qui sert à projeter par-dessus le rempart des boulets de pierre rougis au feu, appelés *bombes*, et destinés à incendier les maisons. On surnommera Perrière ou Laperrière et Couillard le soldat responsable de la machine de guerre portant ce nom, utilisée lors du siège d'une ville fortifiée, alors que le Portelance doit le sien à son arme.

En ancien français, la *route* désigne une bande de vagabonds, le plus souvent formée de soldats déserteurs qui pillent et volent ceux qu'ils rencontrent. Routhier devient alors un sobriquet désignant celui qui fait partie de cette route.

Au régiment, le nom de guerre Course ou Lacourse est attibué à celui qui s'est signalé à la *course de quintane*. Cet exercice, populaire au Moyen Âge, consiste pour le cavalier à foncer à bride abattue sur le *quintan*, un trophée formé de cinq pièces d'équipement du chevalier, et à le frapper au milieu. Touché au centre, le mannequin tourne sur lui-même et c'est le triomphe. Atteint ailleurs, le *quintan* se défait et les pièces s'éparpillent, et le malheureux cavalier essuie les huées et les rires des spectateurs.

Un cas mérite une attention particulière, celui des patronymes Marteau, Dumarteau, Demarteau et Desmarteaux, qui ont été implantés en Amérique par un même ancêtre, *Étienne Birtz dit Desmarteaux*, originaire de la Lorraine et soldat du régiment de Béarn. Le nom Birtz est un sobriquet peu délicat. En effet, il évoquerait l'arrière-train proéminent du porteur, ce qui lui confère une allure de « bas sur pattes ». Quant à Desmarteaux ou Démarteau, ils représentent à l'évidence le « nom de guerre » de l'ancêtre. À la fin du Moyen Âge, le mot désigne une arme offensive à main, nommée *marteau d'armes*, véritable hache plutôt que *marteau*. L'arme permet de briser les défenses de l'adversaire pour mieux le poignarder. Le surnom est attribué au soldat qui se révèle particulièrement habile et efficace dans le maniement de cette arme. On sait déjà que le surnom MARTEAU peut simplement rappeler le métier où le *marteau* constitue l'outil principal. Comme chez le forgeron, le chaudronnier, le couvreur, le menuisier, à l'instar de MARTEL, forme ancienne de *marteau*, et la plus fréquente comme nom de personne. Or des recherches récentes révèlent que l'ancêtre *Étienne Birtz* exerçait, comme son père, le métier de maréchal-ferrant, autre nom du forgeron. C'est donc dire que, comme pour bon nombre de militaires, son nom de guerre évoquait le métier exercé dans la vie civile[6].

Le soldat qui porte l'arc est surnommé ARCHER, LARCHER ou LARQUIER, comme celui qui fabrique les arcs. En anglais, on aura BOW et BOWMAN.

Des surnoms calembours. On a évoqué souvent l'ironie dans les surnoms. Le sens de l'humour entraîne parfois la création d'un surnom à partir d'un calembour, d'un jeu de mots. Dans les exemples qui suivent, ce procédé pourrait fournir une explication satisfaisante. Commençons par un cas typiquement québécois, qui n'est probablement pas réservé au régiment, celui du surnom LAPIERRE.

Traditionnellement, le surnom LAPIERRE entre dans la catégorie des lieux-dits, c'est-à-dire un nom descriptif attribué à un endroit précis caractérisé par la présence d'un mégalithe, d'une pierre d'une taille importante ou encore d'un sol pierreux. Le surnom LAPIERRE s'applique à celui qui habite à proximité de ce lieu-dit. Ensuite, le nom devient un véritable toponyme et est attribué à celui qui est originaire d'un endroit, commune, village ou hameau, portant ce nom. En effet, plusieurs communes, en France, se nomment *La Pierre*, simplement ou comme élément d'un nom composé, sans parler des multiples lieux-dits disséminés à travers la France ni des dérivés désignant des endroits pierreux comme PERRIER, PERRIÈRE et LAPERRIÈRE. Par ailleurs, le surnom LAPIERRE a été associé à plus de cent noms différents dans les documents du Québec ancien, dont près d'une quinzaine à une fréquence suffisante pour aboutir aujourd'hui à une souche de LAPIERRE. L'un des ancêtres est *Charles Lesieur, Sieur de LaPierre*, du nom de l'arrière-fief de LAPIERRE, au Cap-de-la-Madeleine. La plupart des autres dits LAPIERRE sont prénommés *Pierre* et doivent leur surnom à un calembour, *Pierre dit Lapierre*. C'est dire que, contrairement à ce qui se fait ailleurs, on ne distingue pas vraiment au Québec le nom de famille PIERRE, inspiré par l'apôtre saint *Pierre*, et le nom commun *pierre*, synonyme de *roche*. L'ambiguïté de l'homonymie est même exploitée. Voilà donc un autre comportement qui nous est propre dans la façon de nommer les personnes.

---

6. Gilles Birtz, «Étienne Birtz (1730-1786)», document manuscrit prêté par son auteur.

Marin Forest est surnommé LAVERDURE et *Joseph Forest*, LABRANCHE.

Claude Huguet, qui ne semble pas être militaire, reçoit le surnom de LATOUR. On peut y voir le calembour « la tour du guet ». Serait-ce un indice d'une carrière militaire qui n'était pas connue à ce jour ?

Honoré Langlois, chapelier de son métier, est dit LACHAPELLE.

Le soldat *Jacques Labossée* a pour nom de guerre LABROSSE.

Louis Motard est dit LAMOTHE.

François Pampalon est aussi surnommé LABRANCHE, car PAMPALON est une variante de l'occitan *pampanhon*, qui désigne un lieu couvert de *pampres*, qui sont des branches de vigne.

DES « NOMS DITS » CHEZ LES CIVILS

L'habitude des « noms dits » ne s'est pas limitée aux militaires. Comme par un effet d'entraînement, les surnoms ont été exploités aussi par ceux qui ont immigré en Nouvelle-France sans passer par le service militaire. Les motifs d'attribution de ces surnoms ajoutés aux patronymes ne sont pas toujours évidents, car la documentation disponible n'est pas souvent explicite à ce propos. On en est donc quitte à énoncer, ici encore, des hypothèses que la découverte de nouveaux documents viendra peut-être un jour confirmer ou infirmer. Quoi qu'il en soit, dans chaque cas, nous disposons d'exemples en nombre suffisant pour qu'il nous faille effectuer un choix qu'imposent les contraintes du présent ouvrage.

Un surnom de fief. Certains fiefs ou arrière-fiefs de seigneurie donnent leur surnom à leur propriétaire, conformément à la tradition féodale héritée de la mère patrie. À défaut d'un anoblissement officiel par décret royal, ce qui a été le privilège de quelques individus seulement, le seigneur se coiffe d'un surnom qui est celui de son fief. Ce surnom se transmettra aux générations suivantes.

Je n'entrerai pas dans le détail des concessions de seigneuries et des nombreux changements de noms entraînés par les multiples contrats de vente et d'achat. La plupart des noms qui suivent ont été abordés ailleurs dans ce livre. Ils réapparaissent ici parce qu'il est toujours possible que l'un ou l'autre conserve une lignée qui tire son nom de celui du fief. Il est bien évident que la vérification détaillée de cette hypothèse pour chacun de ces noms relève de la généalogie plus que de l'anthroponymie. C'est pourquoi je ne commenterai ici que quelques exemples particuliers. Voici donc, dans l'ordre alphabétique, une liste de patronymes d'aujourd'hui dont l'origine s'explique, au moins pour certaines lignées de porteurs, par le nom de la terre ou du fief, réels ou fictifs, auquel il a été emprunté.

ALEXIS	DE CARUFEL	GOSSELIN	MOREL
ANTAYA	DE CHAVIGNY	GRANDCHAMP	MORIN
AUBERT	DE COURVAL	GRANDMAISON	MURRAY
AUBIN	DE GRANDPRÉ	GRANDPRÉ	NEUVILLE
BAILLEUL	DE L'ESPINAY	GRONDINES	NICOLET
BEAUCHAMP	DE LADURANTAYE	HÉRISSON	NORMANVILLE
BEAUJEU	DE LÉRY	HERTEL	NOYAN
BEAULAC	DE LOTBINIÈRE	HOPE	PACHOT
BEAUPORT	DE MONTARVILLE	HUBERT	PAPINEAU
BEAUPRÉ	DE NIVERVILLE	HUNTER	PRÉVILLE
BEAUVAIS	DE REPENTIGNY	L'ÉTANG	PRIMEAU
BÉLAIR	DE RIGAUD	LA CHEVROTIÈRE	RHÉAUME
BELLECHASSE	DE ROUVILLE	LACORNE	RICHELIEU
BELLEVUE	DE TONNANCOUR	LAFERTÉ	SABLÉ
BELOEIL	DE VARENNE	LAFOND	SAINT-CHARLES
BERTHIER	DEGUIRE	LAFRAMBOISE	SAINT-DENIS
BESSON	DEJORDY	LAFRENAYE	SAINTE-CROIX
BOISBRIAND	DELAPOTERIE	LAMARTINIÈRE	SAINTE-MARIE
BOURDON	DELISLE	LAMBERT	SAINT-ÉTIENNE
BRUYÈRES	DELORME	LANOUE	SAINT-FÉLIX
CABANAC	DENEAU	LAPERRIÈRE	SAINT-FRANÇOIS
CALDWELL	DESCHAMBAULT	LAPIERRE	SAINT-GEORGES
CARION	DESPRÉS	LAPLAINE	SAINT-JEAN
CARUFEL	DESRUISSEAUX	LAPRAIRIE	SAINT-JOSEPH
CHAMPIGNY	DESSAULLES	LASALLE	SAINT-MICHEL
CHAMPLAIN	DORVILLIER	LAUZON	SAINT-OURS
CHARNY	DOUVILLE	LEGARDEUR	SAINT-PAUL
CHARON	DUBUISSON	LEPAGE	SAINT-PIERRE
CHENEY	DUCHESNAY	LEPARC	SAINT-ROCH
CHICOINE	DUMONTIER	LÉRY	SAINT-SAUVEUR
CHOISY	DUPUY	LESIEUR	SAINT-SIMON
COCHU	DUQUET	LESSARD	SASSEVILLE
COULONGE	DUTREMBLAY	LOTINVILLE	SAUREL
COURCELLES	DUVERNAY	MAILLOU	SENNEVILLE
COURNOYER	FORTIN	MAINVILLE	SIMONNET
COURTEMANCHE	FOSSENEUVE	MARANDA	SOREL
COURVAL	FOUCAULT	MARSOLET	SYLVAIN
CREVIER	FOURNIER	MARTEL	TASCHEREAU
CUGNET	GAGNÉ	MITIS	THIBIERGE
D'ORSAINVILLE	GAMACHE	MIVILLE	TILLY
DAUTRAY	GASTINEAU	MONTLOUIS	TREMBLAY
DE BEAUJEU	GATINEAU	MONTMAGNY	VALLIÈRE
DE BOUCHERVILLE	GODEFROY	MONTPLAISANT	VAUDREUIL

Les Antaya sont les descendants de *François Pelletier dit Anataya*, seigneur de la seigneurie du même nom. Les Dautray et Dorvilliers ou D'Orvilliers tirent leurs noms de fiefs de la même seigneurie.

Il est évident que les Boucher de Boucherville, descendants de *Pierre Boucher*, fondateur et premier seigneur de *Boucherville*, ont adopté le nom de la seigneurie.

De même les de Tonnancourt et de Tonnancour sont-ils de la descendance de la famille Godefroy, héritière de nombreuses seigneuries qui expliquent vraisemblablement quelques surnoms actuels, dont, entre autres, Normanville et DeNormanville, Tonnerre et Saint-Paul.

Enfin, la famille Guyon s'est vu concéder l'arrière-fief Dubuisson de la seigneurie de Beauport et le surnom s'est transmis à la postérité. Comme suite à l'ajout d'autres parcelles, au cours des années et des générations ultérieures, d'autres noms se sont ajoutés de la même façon, dont, entre autres, Després, Dumontier ont fait souche.

Au nom Juchereau se sont greffés de nombreux surnoms. L'origine du nom Juchereau est topographique. En effet, le nom est un dérivé du verbe *jucher* et désigne, sous forme de lieu-dit, un endroit où viennent jucher les oiseaux. Les Juchereau ont eu une nombreuse progéniture d'une génération à l'autre. Famille riche et influente, elle s'est vu concéder plusieurs seigneuries et les seigneurs ont adopté comme surnom le nom de leur fief. C'est ainsi que le patronyme Juchereau n'est plus attesté parmi les abonnés du téléphone. Vraisemblablement, le nom a été supplanté par l'un des surnoms suivants : Duchesnay, Laferté, Saint-Denis ou Beaumarchais. Seule une étude généalogique plus approfondie permettrait de vérifier cette hypothèse.

Le cas de la famille Legardeur ressemble à celui de la famille Juchereau à laquelle elle s'est d'ailleurs alliée. Pour les mêmes raisons, les descendants ont adopté les surnoms Repentigny, avec ou sans particule, Tilly, Villiers, Sanssoucy, Saint-Pierre, Beauvais, De l'Isle, Courtemanche et Croizille. Plusieurs de ces surnoms sont aussi précédés de la particule *de* marquant l'origine.

Ajoutons à ce qui précède la liste non exhaustive suivante où le nom dit désigne un fief devenu nom de famille distinct qui relie à l'ancêtre seigneur du lieu, en France ou ici :

Brisset dit Courchesne	Morin dit Valcourt
Brunet de LaSablonnière	Poulin de Courval
Couillaud de Roquebrune	Seigneuret De l'Isle
Hamelin dit Grondines	Sicard de Carufel
Joly de Lotbinière	Testard de LaForest
Leber de Senneville	Toupin Du Sault
Miguet dit Latrimouille	Trottier Des Ruisseaux

Le prénom de l'ancêtre. Tous les généalogistes connaissent le cas de l'ancêtre *Grégoire Deblois* dont les descendants ont adopté, comme surnom d'abord, puis comme nom de famille, le prénom du pionnier. C'est ainsi que le cardinal *Paul Grégoire* a pour ancêtre direct ce même *Grégoire Deblois*. Cependant, il ne s'agit pas là d'un cas unique. En dépouillant les dictionnaires de généalogie existants, il a été possible de dresser une liste relativement importante de patronymes d'aujourd'hui qui sont en fait le prénom de l'ancêtre. Le motif principal qui puisse justifier un tel emprunt est sans doute le désir de rendre hommage à l'ancêtre. En voici donc la liste, sans plus d'explication :

Loupien Baron, père du pionnier *Nicolas Baron dit Lupien*, ancêtre d'une lignée de BARON et des LUPIEN ;

Bernard Brouillet, ancêtre des BROUILLET et d'une branche de BERNARD, prénom du père de *Jean* ;

Clément Charles, ancêtre d'une lignée de CHARLES et de CLÉMENT, prénom du père d'*Antoine* ;

Robert Chartier, ancêtre des CHARTIER et d'une branche ROBERT ;

Vincent Chrétien, ancêtre des CHRÉTIEN et des VINCENT ;

Léonard Clément, ancêtre d'une lignée CLÉMENT et de LÉONARD ;

Dugal Cotin, ancêtre des COTIN et des DUGAL ;

Robert Drousson dit Lafleur, dont les descendants semblent avoir adopté le prénom ROBERT comme patronyme, DROUSSON étant disparu ;

Robert Fasche est l'ancêtre des FASCHE et d'une branche de ROBERT. Le patronyme ROBERT a, à toutes fins utiles, fait disparaître le nom FASCHE ou FACHE de notre patrimoine ;

Robert Forbes, ancêtre des FORBES et d'une lignée de ROBERT ;

Liévain Fournier, ancêtre d'une branche de FOURNIER et des LIÉVAIN ;

Bernard Gonthier, ancêtre des GONTHIER et d'une lignée de BERNARD ;

Julien Hellot, ancêtre des HELLOT et des JULIEN. Le surnom JULIEN a supplanté HELLOT ;

Paul Hus, ancêtre entre autres des HUS, des PAUL et des PAULHUS ;

Vincent Jarret dit Beauregard est aussi l'ancêtre d'une lignée de VINCENT ;

Joseph Jean dit Vivien ou *Vien*, du prénom de l'ancêtre *Vivien Jean*, ancêtre des VIEN ;

Raymond Labrosse, ancêtre d'une branche de RAYMOND et des LABROSSE ;

Charles-Bonaventure Lejeune dit Bonaventure, ancêtre des LEJEUNE et des BONAVENTURE ;

Rolland Lenoir, père du pionnier *François Lenoir dit Rolland*, ancêtre des LENOIR et des ROLLAND ;

Grégoire Leroux, ancêtre d'une branche de GRÉGOIRE et de LEROUX ;

Jean-Bernardin Lesage, ancêtre des LESAGE et des BERNARDIN ;

Barnabé Martin, ancêtre des BARNABÉ et d'une lignée de MARTIN ;

Martin Massé, ancêtre d'une branche de MARTIN et des MASSÉ ;

Martin Ondoyer, dont le fils est dit MARTIN ;
Fabien Presseau, ancêtre des PRESSEAU et des FABIEN ;
Raymond Ratier, ancêtre des RATIER et d'une lignée des RAYMOND ;
Léonard Simon, ancêtre des LÉONARD et des SIMON ;
Roch Thouin, ancêtre des ROCH et des THOUIN ;
Bastien Vanasse, ancêtre des VANASSE et des BASTIEN ;
Sylvain Veau, ancêtre des SYLVAIN.

Le patronyme de la pionnière. Il arrive parfois qu'un descendant, sans qu'on sache pourquoi, sinon pour lui rendre hommage, adopte comme nom de famille celui de l'épouse du premier ancêtre. Dans certains cas, cela a permis à des patronymes de faire partie de notre patrimoine. Autrement, ils n'y seraient pas présents. En voici quelques exemples dont la liste n'est pas exhaustive.

Voyons d'abord l'exemple typique de l'ancêtre *Nicolas Marsolet*. Après une carrière d'interprète auprès des Amérindiens, il épouse une jeune fille de 16 ans, *Marie LeBarbier*, qui lui donne dix enfants. Cinq d'entre eux ont survécu jusqu'à l'âge adulte, dont quatre filles qui ont laissé une progéniture. Le nom MARSOLET, aussi écrit MARSOLAIS, s'est transmis à la postérité par sa fille *Louise Marsolet*, épouse de *Jean Lemire*. L'un de ses fils, *Jean-François Lemire*, a adopté le nom de sa mère comme surnom. Tous les MARSOLET d'Amérique sont donc des descendants de *Jean Lemire* et de *Louise Marsolet*.

Généalogie 13. *Lemire* ou *Marsolet*

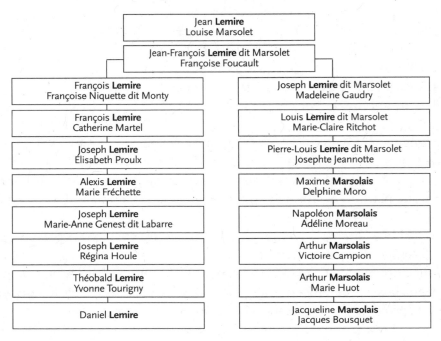

Jean **Lemire**
Louise Marsolet

Jean-François **Lemire** dit Marsolet
Françoise Foucault

François **Lemire**	Joseph **Lemire** dit Marsolet
Françoise Niquette dit Monty	Madeleine Gaudry
François **Lemire**	Louis **Lemire** dit Marsolet
Catherine Martel	Marie-Claire Ritchot
Joseph **Lemire**	Pierre-Louis **Lemire** dit Marsolet
Elisabeth Proulx	Josephte Jeannotte
Alexis **Lemire**	Maxime **Marsolais**
Marie Fréchette	Delphine Moro
Joseph **Lemire**	Napoléon **Marsolais**
Marie-Anne Genest dit Labarre	Adéline Moreau
Joseph **Lemire**	Arthur **Marsolais**
Régina Houle	Victoire Campion
Théobald **Lemire**	Arthur **Marsolais**
Yvonne Tourigny	Marie Huot
Daniel **Lemire**	Jacqueline **Marsolais**
	Jacques Bousquet

Daniel Lemire est humoriste; Jacqueline Marsolais et son époux, *Jacques Bousquet,* sont des voisins.

Le mariage de Jacqueline Marsolais et Jacques Bousquet

Louis Chapacou dit Pacaud a emprunté le nom de sa mère, *Marie* PACAUD. Le nom CHAPACOU est disparu, mais il n'est pas sûr que les PACAUD d'aujourd'hui ne descendent pas d'*Antoine Pacaud*.

Les descendants de *François Bigot dit Duval* et de sa femme, *Marie Bouchard dit Dorval*, ont remplacé le surnom *Duval* de leur père pour celui de leur mère, Dorval. Six générations plus tard, Dorval devenait autonome, jusqu'à la comédienne, *Anne Dorval*. (Voir le tableau d'ascendance **Généalogie 6.**)

Les descendants du pionnier *Henri Bélisle dit Lamarre* ont adopté le surnom Levasseur, du nom de la mère de l'ancêtre, *Marguerite Levasseur*.

Si *Guillaume Chevreul dit Duval* s'est servi du nom de sa mère, *Jeanne Duval*, ce n'est pas d'elle que nous vient ce patronyme Duval.

Il en est de même de *Joseph Couillard dit Hébert*, du nom de sa grand-mère, *Guillemette Hébert*. Ce n'est pas d'elle que vient la souche des Hébert.

Les oncles du précédent, par ailleurs, *Louis* et *Jacques Couillard sieurs Després*, doivent leur surnom au fief Després, nommé en l'honneur de leur mère, *Geneviève Després*. Leur descendance a ensuite adopté le nom de Després. C'est donc un autre cas de transmission par la mère.

L'ancêtre *Émery Fournier* adopte ici le nom de sa mère, *Pauline Fournier*, qui n'est jamais venue en Nouvelle-France.

Jacques-Joseph Gamelin dit Maugras a emprunté à sa mère le surnom Maugras. Ce cas s'apparente à celui de *Nicolas Marsolet*, en ce sens que *Jacques Maugras* n'ayant eu que des filles, son patronyme a survécu jusqu'à nous par sa fille *Marguerite*, épouse de *Jean-Baptiste Gamelin*.

Joseph-Marie Gariépy dit Picard, du nom de sa mère, *Marie-Josephte Picard*. Elle n'a pas à elle seule transmis son nom à sa descendance, si tant est qu'une lignée de Picard émane d'elle.

François Laviolette dit Aubry a bien choisi le nom de sa mère, *Hélène Aubry*, mais le nom Aubry ne vient pas d'elle en particulier.

Les Levasseur dit Chaverlange doivent leur surnom à *Jeanne Chaverlange*, épouse de *Pierre Levasseur dit Lespérance*, qui a apporté ce nom en Nouvelle-France. Toutefois, le nom Chaverlange n'est plus attesté parmi les abonnés du téléphone.

Venu de la Nouvelle-Angleterre, *William Longpré dit Allard* a emprunté le nom de sa mère, *Jeanne Allard*. Dans cette famille, on est passé, d'une génération à l'autre, de Longpré à Allard pour revenir à Longpré.

Jean-Baptiste Morand dit Grimard a pris le nom de sa mère, *Marie-Madeleine Grimard*. L'histoire du nom Grimard ressemble à celle de Marsolet. L'ancêtre des Grimard a eu un seul fils, *Jean*, qui a fait souche. Ce dernier a donné naissance à une fille, *Marie-Madeleine Grimard*, dont le fils mentionné ci-dessus a légué à sa progéniture le nom Grimard.

Jacques Philippe dit Lebel a ajouté au sien le nom de sa grand-mère, *Marie Lebel*, mais ce n'est pas d'elle que nous vient le nom Lebel.

Jean Rougeau dit Berger, adopte le nom de sa mère, *Catherine Berger*.

Nicolas Perthuis dit Decelles, adopte le nom de sa mère, *Marguerite* CELLES dit DUCLOS.

Jean Régnier dit Brion a adopté le nom de sa mère, *Marguerite Brion*, mais ne l'a pas transmis à sa descendance.

De même, *Jacques Roy dit Sauvage* a pris le nom de sa mère, *Catherine Sauvage*, sans pour autant le faire perpétuer par ses enfants.

Pierre Roy dit Dagenais a associé au sien le nom de sa femme, *Françoise Dagenais*, sans le transmettre aux générations suivantes.

Le nom du premier époux de la mère. Les enfants adoptent le nom de l'époux de la mère lors d'un précédent mariage.

Pierre Dussault dit Leblanc, fils *d'Élide Dussault* et de *Madeleine Nicolet*, fait sien le nom de *Jean Leblanc*. Il reste à vérifier si une lignée des LEBLANC d'aujourd'hui remonte à *Pierre Dussault*.

Pierre Renaud dit Canard, fils de *Mathurin Renaud* et de *Marie Pelletier*, prend comme surnom le patronyme de *Pierre Canard*, deuxième époux de sa mère. Le nom CANARD ne s'est pas perpétué jusqu'à aujourd'hui.

Un seul ancêtre lègue plusieurs patronymes. L'un des phénomènes spécifiques au Québec dans le domaine des noms de famille est celui de la transmission de plusieurs surnoms par un même ancêtre. De toute évidence, le motif principal de ce recours aux surnoms vise alors à distinguer les branches de la descendance d'un même ancêtre, à plus forte raison lorsque ces descendants sont établis dans la même région. Il existe des douzaines d'exemples de ce comportement. C'est le cas des patronymes suivants : BONHOMME, BOUCHER, CHAPDELAINE, DULIGNON, GUYON, HAMELIN, HOUDE, HUS, RIVARD et TROTTIER. Limitons-nous donc à quelques patronymes particulièrement éloquents, à ce propos.

BONHOMME. *Nicolas Bonhomme dit Beaupré*, seigneur de Beaupré, est l'ancêtre des BONHOMME, des BEAUPRÉ, des BÉLAIR et des DULAC. Si l'on en croit Cécile Dulac-Pearson[7], dont il est l'ancêtre, c'est un long conflit d'héritage qui expliquerait ces changements. Les descendants ont voulu marquer leur mécontentement en se dissociant des autres branches de la famille. Le surnom BEAUPRÉ ne rappelle pas un nom de lieu de la France, mais la *Côte-de-Beaupré* peut-être nommée ainsi par Samuel de Champlain lui-même, ébloui par la beauté du paysage et dont l'ancêtre est seigneur. De même pour le surnom DULAC qui est inspiré par la présence du lac *Bonhomme* sur la seigneurie *Bélair*, nom d'un fief voisin acquis par le successeur de l'ancêtre et qui a, lui aussi, donné son nom à une branche de descendants de *Nicolas Bonhomme*.

---

7. Cécile Dulac-Pearson, «Nicolas Bonhomme-Dulac (1603-1683) et sa descendance canadienne», dans *Mémoires de la Société généalogique canadienne-française*, vol. 30, p. 3.

DULIGNON. *Pierre Dulignon Sieur de Lamirande* est l'ancêtre des MIRAND, MYRAN, MIRANDE et LAMIRANDE du Québec.

GUYON. La prononciation du patronyme GUYON, de l'ancêtre *Jean Guyon*, a subi plusieurs modifications qui ont laissé des traces : GUYON devient tour à tour GUION, DION, HION et YON, dont les porteurs d'aujourd'hui remontent tous au même ancêtre. L'artiste québécoise *Céline Dion* fait partie de cette descendance. Mais il faut ajouter aussi, entre autres, des noms de fiefs comme DUBUISSON, DUMONTIER et DESPRÉS dont il a été question plus haut.

HAMELIN. Le nom HAMELIN vient de la racine germanique *haim*, qui en fait un nom d'origine germanique ou un surnom d'origine. Ainsi que l'illustre très bien le tableau **Généalogie 14**, la descendance des ancêtres *Louis* et *François Hamelin* a adopté aussi les noms de LAGANIÈRE et de GRONDINES, ce dernier emprunté à la seigneurie du même nom.

Généalogie 14. Les *Hamelin dit Grondines*

	Nicolas **Hamelin** / Jeanne Levasseur	
Louis **Hamelin** / Antoinette Aubert	François **Hamelin** / Marie-Madeleine Aubert	
Jacques **Hamelin** de Grondines / Antoinette Richard	François **Hamelin** dit Grondines / Madeleine-Marie Dumontier	Joseph **Hamelin** dit Lacavée / Madeleine Trottier
Louis **Hamelin** / Marie-Charlotte Lécuyer	François-Xavier **Hamelin** / Angélique Trottier	René **Hamelin** dit Laganière / Josephte Dubord
Louis **Hamelin** / Marie-Anne Rivard	Eustache **Hamelin** / Marie-Josephte Gauthier	Alexis **Hamelin** dit Laganière / Marguerite-Adélaïde Hamelin
Louis **Hamelin** / Marie-Archange Trottier	François **Hamelin** dit Grondines / Marie-Louise Naud	Placide **Laganière** / Thaïsse Rivard
Louis **Hamelin** / Félicité Arcand	Zéphirin **Grondines** / Philomène Grégoire	Alfred **Laganière** / Alvine Fournier
Télesphore **Hamelin** / Emma Houde	Philippe **Grondines** / Rébecca Sauvageau	Charles-Henri **Laganière** / Béatrice-Simone Lesage
Charles **Hamelin** / Corina Tessier	Clorinthe **Grondines** / Joseph Sauvageau	
Roger **Hamelin** / Micheline Lecours		
Michel **Hamelin**		

Michel Hamelin a été président de la Communauté urbaine de Montréal ; les deux autres couples sont inconnus.[8]

---

8. Les ascendances de *Clorinthe Grondines* et de *Charles-Henri Laganière* ont été établies par Jean-Guy Sauvageau, *Généalogies des familles Hamelin, Grondines, Laganière.*

Michel Hamelin

HOUDE. *Louis Houde* est l'ancêtre des HOUDE et des HOULE, mais aussi des DESRUIS-SEAUX, des DESROCHERS, des BELLEFEUILLE et des LEHOUX, des CLAIR, CLERC, LECLAIR et LECLERC. La seule explication concernant ces nombreux surnoms est le désir de distinguer les multiples branches de cette très nombreuse famille. (Voir le tableau d'ascendance **Généalogie 2**.)

HUS. *Paul Hus dit Cournoyer* se révèle particulièrement intéressant. Disons d'entrée de jeu que le Tanguay dresse une liste de 17 surnoms associés au patronyme HUS : AMAND, BEAUCHEMIN, CAPISTRAN, CORPORAL, COURNOYER, HU, HUST, LATRAVERSE, LAVENTURE, LEHUS, LEMOINE, MIET, MILIER, MILLET, PAUL, PAULET, PAULUS. On aura remarqué que les formes HU, HUST et LEHUS sont des variantes orthographiques du nom original. De plus, la série des PAULHUS vient de la juxtaposition du prénom et du nom de l'ancêtre, comme on l'a vu plus haut, alors que les PAUL, dont PAULET est un diminutif, ont, à l'instar des GRÉGOIRE et des LÉONARD, adopté comme patronyme le prénom de leur ancêtre. Enfin, d'autres surnoms sont plutôt reliés à la terre occupée ou à son environnement. C'est le cas de LEMOINE, terre située en bordure du *Chenal-du-Moine*, et de BEAUCHEMIN, dont la terre longe une route ainsi nommée. De même en est-il de LATRAVERSE, terre sise non loin du lieu d'où l'on traverse en bac sur la rive opposée, cette *traverse* est vraisemblablement exploitée par l'occupant. Quant à MILIER, MILLET et sa variante MIET, on peut attribuer ce surnom à la production du mil dont le porteur a fait sa spécialité. LAVENTURE ouvre la porte au surnom anecdotique du coureur des bois. Il reste les AMAND, CAPISTRAN et CORPORAL, pour lesquels c'est la totale obscurité. Aucun élément ne permet, à l'heure présente, de percevoir quelque piste de solution que ce soit. Le tableau **Généalogie 15** montre bien comment les nombreux surnoms des descendants de *Paul Hus* se rattachent à l'ancêtre. Un tableau plus détaillé aurait donné en parallèle, entre plusieurs autres, les ascendances de la comédienne *Louise Latraverse*, de l'auteur-compositeur *Michel Latraverse dit Plume*, de *Jean Cournoyer*, homme politique et animateur, du comédien feu *Jean-Louis Millette* et de *Louis Lemoyne*, historien. Au sommet de chacune d'elles dominerait l'ancêtre commun, *Paul Hus*.

Généalogie 15. La descendance de *Paul Hus*

	Millette		Hus	
	Millet		Paul	
Beauchemin				Paulet
		Paul Hus		Paul-Hus
Lemoine				
	Latraverse		Paulhus	
	Cournoyer	Capistran		

Ce tableau illustre bien la multiplication des surnoms chez les *Hus*.

RIVARD. Le cas de la famille RIVARD est assez spécial. En effet, les RIVARD ne forment qu'une seule famille et, pourtant, ils comptent à eux seuls 14 surnoms dont 8 ont fait souche. Deux frères RIVARD sont venus s'établir en Nouvelle-France, *Nicolas* et *Robert*, tous deux fils de *Pierre Rivard*, de Tourouvre, dans le Perche. *Nicolas Rivard dit Lavigne* s'établit à Trois-Rivières, puis à Batiscan. Son surnom LAVIGNE rappelle un lieu-dit de sa ville d'origine, sur la propriété de ses parents. Son frère *Robert Rivard dit Loranger* vient le rejoindre. L'origine du surnom LORANGER n'est pas connue. Chaque frère aura dans sa descendance une lignée de RIVARD. Étant donné que toute la famille s'établit dans la même région, il a bien fallu distinguer les diverses branches à l'aide de nouveaux surnoms. C'est ce qu'illustre le tableau **Généalogie 16**.

Généalogie 16. La famille Rivard

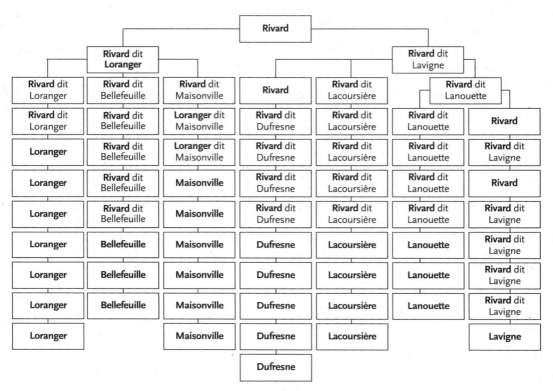

Le tableau permet de constater que tous les surnoms ne sont pas devenus autonomes à la même génération. Les descendants de *Nicolas* opteront pour Lavigne, Dufresne, Lacoursière ou Lanouette. Les surnoms Lacoursière et Lanouette sont des lieux-dits de leur région d'origine et ont été expliqués plus haut. Dufresne est le surnom d'*Élisabeth Thunes dit Dufresne*, épouse de *Julien Rivard*, fils de *Nicolas*. La descendance de *Robert* choisira plutôt Loranger, Bellefeuille et Maisonville. Ces sept surnoms ont fait souche et se sont perpétués jusqu'à nous. Les autres, *Feuilleverte, Gervais, Giasson, Montendre, La Glanderie* et *Préville* n'ont pas survécu.

Si l'on ajoute à cette liste quelques variantes orthographiques du patronyme Rivard lui-même, on aura dressé un tableau assez complet de ce phénomène anthroponymique exceptionnel. En voici donc quelques-unes relevées sur le site Web des Rivard : Revard, Rivord, Revord.

Une dernière remarque s'impose ici. Il est plutôt étonnant de constater que le nom Tremblay n'ait pas été affecté par cette « mode » des surnoms, étant donné le nombre astronomique de branches que compte cette famille. C'est d'autant plus surprenant qu'elles se retrouvent, pour la majorité, dans la région de Charlevoix ou au Saguenay, deux régions historiquement reliées, puisque les TREMBLAY du Saguenay sont venus de Charlevoix.

Un même patronyme, mais un surnom par famille. Certains noms de famille ont été implantés en Nouvelle-France par plusieurs porteurs qui n'avaient aucun lien de parenté. Les surnoms ont donc été relativement utiles pour distinguer les familles, même s'il faut bien reconnaître que c'est souvent la carrière militaire qui explique l'ajout d'un surnom. On pourrait illustrer ce comportement par des douzaines d'exemples. C'est le cas des patronymes suivants : BENOÎT, BERNARD, BOUCHER, BOYER, BRUNET, CHAPDELAINE, CLÉMENT, COUILLARD, DENIS, DROUET, DUBOIS, DUPUIS, FOURNIER, GAGNÉ, GAUTHIER, GIRARD, GODEFROY, GODIN, HÉBERT, JEAN, LANGLOIS, LAURENT, LEBLANC, LECLERC, LECOMTE, LEFEBVRE, LEMAÎTRE, MARTIN, MÉNARD, MICHEL, PERRAULT, PETIT, POIRIER, RENAUD, ROBERT, ROY, SIMON, TESSIER et TROTTIER. Limitons-nous donc à quelques patronymes particulièrement éloquents, à ce propos, soit BOUCHER, BRUNET, DUBOIS, LEFEBVRE et ROY.

Dans les paragraphes qui suivent, les surnoms en caractères italiques sont ceux qui ne sont pas attestés dans l'annuaire téléphonique du Québec.

BOUCHER. Plusieurs pionniers ont contribué à l'implantation du patronyme BOUCHER au Québec. Au premier chef, il faut penser à l'ancêtre *Marin*, que la majorité des Québécois de souche plus ancienne retrouvent inévitablement dans leur généalogie, avec, entre autres, les CLOUTIER et les GUYON. Si l'on s'en tient aux BOUCHER qui ont eu une descendance et qui sont consignés dans le dictionnaire de René Jetté, il est impératif de mentionner les ancêtres *Gaspard, Pierre*, seigneur de Boucherville, *François*, deux prénommés *Jean, Élie* et *Georges*. On aura compris que les noms dits associés au patronyme sont multiples, même au sein de la même famille, ce qui ne simplifie pas les choses. Voici donc une liste partielle de ces surnoms. Je laisse au lecteur le plaisir de démêler l'imbroglio en ne donnant pas à quel pionnier le surnom est relié : *de Grosbois*, DE BOUCHERVILLE, *Pitoche*, DESROCHES, DESROSIERS, *Vin d'Espagne*, DE MONTBRUN, BELLEVILLE, SAINT-PIERRE, LAJOIE, LAPERRIÈRE, DE NIVERVILLE et SAINT-MARTIN.

BRUNET. René Jetté, à lui seul, a identifié huit BRUNET qui se sont établis en Nouvelle-France et y ont fait souche. Outre le patronyme BRUNET et sa forme féminine BRUNETTE, la plupart ont adopté un surnom qui est devenu le patronyme d'une branche autonome de la descendance. C'est donc dire que les BELHUMEUR, les BOURBONNAIS, les DAUPHIN, les LAFAILLE sont peut-être des descendants d'un ancêtre BRUNET, alors que les LASABLONNIÈRE et les L'ÉTANG le sont sûrement. En effet, ces deux derniers surnoms ont très peu été associés à d'autres noms que BRUNET. Il est donc permis de présumer que chacun de ces ancêtres a laissé une branche de BRUNET, une autre de BRUNETTE et une troisième portant le surnom.

Dubois. Selon le PRDH, le nom Dubois a été associé à plus de 75 surnoms dans les documents du Québec ancien ou il est devenu lui-même le surnom de plusieurs ancêtres. C'est ainsi que l'on rencontrera des Dubois dit Brisebois, Lafrance, Laviolette, Berthelot, mais aussi des Quentin, des Clément, des Filiau, des Laguerre dits Dubois.

Lefebvre. Les Lefebvre ne sont pas en reste puisque l'on compte plus d'une vingtaine de pionniers porteurs de ce nom qui sont venus s'établir en Nouvelle-France et y laisser une descendance plus ou moins nombreuse. Presque autant de surnoms ont été associés au patronyme, dont *Batanville*, Angers, Lacroix, Boulanger, Saint-Jean, Descôteaux, Bélisle, *LaSiseraye*, Chartrand, Ladouceur, Duplessis, Lataille, *Duchouquet*, *Belleran*, Faber, Courville, Senneville et Beaulac.

Roy. Terminons avec les Roy, Leroy et Deroy, dont les noms ont tous abouti au patronyme Roy. On compte près d'une trentaine de pionniers de ce nom. Ce qui explique la présence de multiples surnoms : Desjardins, Châtellerault, Lapensée, *LaCerène*, Audy, *Chouigny*, *Saint-Lambert*, Poitevin, Léveillé, Lauzier, Saint-Louis, *Lillois*, *Tintamarre*.

DES DISTINCTIONS QUÉBÉCOISES

De nombreux noms, une fois rendus en Nouvelle-France, ont subi des modifications de divers ordres qui ont contribué parfois à les transformer complètement.

Créons un prénom-nom. Un comportement tout à fait québécois consiste à unir le prénom et le nom de l'ancêtre et à former ainsi un nouveau patronyme qui se transmet d'une génération à l'autre. Jusqu'à ce jour, le seul cas connu semble être celui du pionnier *Gaston Guay*, ancêtre des Guay, mais aussi des Gastonguay et des Castonguay. Pourtant, ce n'est pas le seul cas. En dépouillant les dictionnaires de généalogie, j'ai pu dresser la liste que voici :

Paul Hus dit Cournoyer, ancêtre des Hus, des Paulhus, écrit aussi Polhus ou Polus, des Cournoyer et de plusieurs autres lignées déjà mentionnées ;

Jean Bard, ancêtre des Bard, des Jean Bard, des Jeanbard, des Jean-Bard et des Jembard ;

Louis Seize, ancêtre des Seize, des Louiseize, des Louis-Seize et même de l'anachronique Louis XVI, attesté pendant plusieurs années dans l'annuaire téléphonique de Montréal, mais aujourd'hui disparu. Peut-on présumer que le porteur a pu donner prise à quelques taquineries et décider de modifier son tir ?

Jean Harel dit Janrel, dont le surnom est la contraction de *Jean Arel*. Janrel n'a pas survécu ;

Michel-Jean Moneau dont le nom s'est modifié en Moineau dit aussi *Michel Janmoneau*. Janmoneau est disparu du patrimoine ;

René de Coteret est l'ancêtre des de Cotret et des René-De Coteret.

Mais deux, c'est mieux ! Une mode a eu cours dans la haute aristocratie bourgeoise du Québec et s'est continuée jusqu'à ce jour. Elle consiste à unir par un trait d'union le patronyme de l'ancêtre et son surnom pour former un patronyme double. Il ne s'agit pas ici de l'application du nouveau code civil qui autorise les parents à donner à leurs enfants le nom de famille de la mère et celui du père. Voici quelques exemples de cette mode dont la majorité vous est déjà familière :

AUBERT-DE GASPÉ	GÉRIN-LAJOIE	PALASCIO-MORIN
BEAUGRAND-CHAMPAGNE	GROS-D'AILLON	PANET-RAYMOND
BERTHIAUME-DU TREMBLAY	HOMIER-ROY	PAPINEAU-COUTURE
BOUCHER DE BOUCHERVILLE	JARRET-BEAUREGARD	PERSILLIER-LACHAPELLE
BOUCHER DE LABRUYÈRE	JOLY-DE LOTBINIÈRE	PETIT-MARTINON
BRIGNON-LAPIERRE	LARUE-LANGLOIS	RICHER-LAFLÈCHE
BRISSET-DES NOS	LE NOBLET-DUPLESSIS	RUDEL-TESSIER
CANAC-MARQUIS	LE TELLIER-DE SAINT-JUST	SUZOR-CÔTÉ
DE GASPÉ-BEAUBIEN	MIVILLE-DESCHESNE	TESSIER-LAVIGNE
DUPONT-HÉBERT	NOËL-DE TILLY	

Le cas de SUZOR-CÔTÉ est particulier. En effet, le porteur du nom est l'artiste *Marc-Aurèle Côté dit Suzor-Coté*, qui a adopté le nom de sa mère, SUZOR, joint à celui de son père pour créer son pseudonyme.

Des noms transformés. De nombreux noms ont subi au cours des ans des transformations dans la prononciation, la plupart du temps reliées aux particularités dialectales, qui ont rendu méconnaissable le nom d'origine. Parfois le changement est dû à un cas de paronymie, c'est-à-dire que le nom d'origine et le nom modifié sont relativement voisins sur le plan de la forme. Les autres cas sont reliés à un simple phénomène de prononciation dialectale qui a eu des conséquences sur la graphie. Le cas de HEURTEBISE devenu HURTIBISE ou HURTUBISE a déjà été abordé.

Entre *paysan* et *pesant*, la différence de prononciation est très mince, surtout si l'on tient compte de l'accent. Il n'est donc pas étonnant que le pionnier *Antoine Paysan* soit l'ancêtre des PESANT et que le nom PAYSAN soit presque disparu.

Le sens du nom PATENOSTRE, « qui récite les prières » à l'église, dont le *Pater Noster*, ayant été oublié, le nom de *Nicolas Patenostre* s'est transformé de PATENOSTRE à PATENOTE, puis à PATENAUDE, seule forme qui se soit rendue jusqu'à aujourd'hui.

Qui reconnaît le nom actuel BESNER dans le nom BAZANAIRE devenu BESSENAIR puis BESNER? On trouvera plus haut une hypothèse d'explication quelque peu audacieuse concernant l'origine de ce nom.

Jean Chicot est l'ancêtre des SICOTTE.

Mathieu CHAURÉ, CHORET ou CHAURET est l'ancêtre des CHORET, des CHAURET et des CHAURETTE, mais aussi des CHAREST et des CHARRETTE, par attraction paronymique, les formes étant voisines sur le plan de la prononciation, elles ont été facilement confondues.

François DRUINEAU devient BRUNEAU par confusion auditive.

Le patronyme du notaire *Jean-Robert* DUPRAC se serait transformé en DUPRAS, nouvelle victime de l'attraction, comme HILERET, diminutif de HILAIRE, remplacé par LIRET en combinant deux procédés linguistiques. Le premier, la métathèse, intervertit les deux premières syllabes : de HILERET à *Heliret*. Le second, par coupure de la première syllabe, donne LIRET, que la féminisation bien québécoise a transformé en LIRETTE.

GOGUET s'est modifié en GOYET, féminisé en GOYETTE, comme LHUISSIER en LUSSIER, RASSET en RACETTE, TRUTEAU en TRUDEAU, VOYNE en VENNE.

François-Jacques Cotineau dit Champlaurier a vu son surnom tronqué par aphérèse en LAURIER. Ce pionnier est l'ancêtre de *Sir Wilfrid Laurier*.

Joachim Reguindeau, par un phénomène de prononciation, a vu progressivement son nom se transformer en RIENDEAU, forme qui a remplacé le nom original dont le sens est d'ailleurs obscur. Pour comprendre le phénomène, il suffit de prononcer à haute voix REGUINDEAU en escamotant légèrement le *e* de la première syllabe. On se rapproche alors de la prononciation de RIENDEAU.

Jean Rolandeau verra son nom modifier par métathèse, c'est-à-dire par interversion de syllabes, en LAURENDEAU. ROLANDEAU n'est plus présent chez nous.

La plupart des descendants d'*André Sire* ont modifié leur nom en CYR, sauf quelques SIRE survivants.

Le nom de *Marin Supernon* deviendra SURPRENANT.

Les descendants de *Jean-Jacques de Gerlaise* sont aujourd'hui des DESJARLAIS et des DÉJARLAIS. On aura compris qu'il s'agit ici d'un pur phénomène de prononciation. *Gerlaise* est un surnom d'origine de celui qui vient d'un lieu ainsi nommé en Belgique.

René Jetté accole au nom du pionnier *René Arnaud* celui de RENAUD, conformément au phénomène phonétique encore vivant aujourd'hui où le groupe de lettres *re* se prononce [ar]. Rien d'étonnant donc à ce que les descendants soient tantôt des ARNAUD, tantôt des RENAUD. C'est le même type de changement qui a fait du patronyme HERVÉ le nom HARVEY.

Le cas de l'ancêtre *Bertrand Lart dit Laramée* est mystérieux. Chez Jetté et Drouin, la graphie standardisée est LART, alors que le PRDH préfère LARC. Le nom de guerre

Laramée est commun aux trois et semble reposer sur le calembour *Lart-Laramée,* mais le PRDH est le seul à y associer le surnom Alary. Par ailleurs, d'autres documents de généalogie présentent ses enfants sous les dénominations variées de Lart-Laramée, Lart-Alarie ou Lart-Allard.

Les descendants de *Jean Delguel dit Labrèche* comptent des Delguel, des Delgueil, des Labrèche, des Labrecque et des Déziel. Le *PRDH* a relevé 53 graphies différentes du nom dans les documents du Québec ancien, de *Dédiel* à *Tisiel*. Réglons d'abord la signification du surnom Delguel. La syllabe *del* est l'article contracté *de le* ou *de la,* comme on le reconnaît dans les noms Delcourt, Delfosse, Delmas ou Delpèche. Quant au nom *guel,* il s'agit d'une variante de *gué,* cette partie peu profonde d'un cours d'eau qui permet de le traverser à pied. Delguel est donc l'équivalent régional de Dugué, appliqué à celui qui habite à proximité de ce lieu-dit. L'évolution de Delguel à Déziel relève strictement de la transformation progressive de la prononciation que les nombreuses graphies du nom permettent de situer dans l'ordre chronologique : Delguel, *Desguel, Déguel, Déguiel, Dédiel* et Déziel.

C'est un phénomène semblable qui explique que le surnom Delomay se soit rendu jusqu'à nous sous la forme Denommé ou Denommée. La trentaine de graphies peut encore servir de guide. Disons d'abord que le nom d'origine Delomay désigne une plantation d'ormes et devient le surnom de celui qui a une telle plantation sur sa propriété. De Delomay, le nom est passé à *Deslomay, Délomay, Dénomay,* Denommé ou Denommée.

Par un double phénomène de prononciation et de graphie, le pionnier *Pierre Maguet* est devenu l'ancêtre des Maillet, Maillé, Mailler et Mayer. La ressemblance orthographique des noms Malet et Maillet a pu entraîner des confusions par mauvaise lecture et le passage plus ou moins fréquent d'un à l'autre chez les descendants. La preuve en est que, dans le Drouin rouge, les deux sont regroupés sous la même rubrique, celle de Maillet.

Le nom Bourg venu de l'Acadie s'est modifié en Bourque.

Le nom Choisnard s'est transformé en Chouinard.

Les descendants de *Pierre Miville dit Deschesnes* sont des Miville, des Minville, des Mainville et des Deschesnes, ces derniers comptant plusieurs graphies.

Les descendants de *Romain de Trépagny* ont non seulement perdu la particule, mais ils ont même changé Trépagny en Trépagnier et en Trépanier.

Les noms Ancelin et Asselin se sont souvent confondus, comme le montre le PRDH. En effet, lorsqu'on lui demande de donner les graphies de l'un ou de l'autre, le nom standardisé est toujours Asselin.

Les descendants de *Pierre Andirand* sont devenus des Landirand, puis des Languirand. La parenté d'articulation des syllabes *di* et *gui* explique le glissement du premier au second. On aura peut-être remarqué que le mouvement s'est effectué en sens inverse de Guyon à Dion.

Rappelons que Lazure est la déformation de celui de l'ancêtre *François Hazeur*. Un sobriquet qui est passé progressivement de Hazeur à Hazur, à Azur, à Azure et, enfin, à Lazure.

Les Pontbriand d'aujourd'hui descendent de l'ancêtre *Jean-Baptiste Briand dit Sansregret*. C'est à la troisième génération que le surnom Pontbriand apparaît dans les documents. Il est encore associé à Briand et à Sansregret. Aucun indice ne permet jusqu'ici de motiver le passage de Briand à Pontbriand. S'agirait-il d'un simple calembour Briand/Pontbriand? Peut-on y voir plutôt un surnom ironique Briand/Pontbriand évoquant en blague le nom de l'évêque du temps à cause de la ressemblance entre les deux noms? En l'absence d'une documentation pertinente, toutes les hypothèses sont permises. Rappelons toutefois que la descendance du même ancêtre comprend aussi une branche de Sansregret.

Des noms bretons adaptés. La langue bretonne n'est pas, comme le poitevin ou le picard, un dialecte français. Elle est plutôt, avec l'irlandais, l'écossais et quelques autres idiomes, un vestige des langues celtiques. Cette langue, encore vivante, a marqué profondément la toponymie locale et les noms de famille dont notre patrimoine conserve de nombreuses traces transmises par les ancêtres venus de cette province de France. L'immigration bretonne en terre d'Amérique a fait l'objet de plusieurs études, parfois contradictoires. Celle de Marcel Fournier, intitulée *Les Bretons en Amérique française*, parue en 2005, vient de faire le point d'une façon remarquable sur le sujet. De nombreux noms d'origine bretonne se sont adaptés au français et ont subi des modifications telles qu'ils sont parfois méconnaissables. D'autres ont été supplantés par le surnom du porteur et sont disparus de notre patrimoine. En voici quelques illustrations.

Kirouac. L'ancêtre *Maurice-Louis Le Bris de Kervoac* est l'ancêtre des Kirouac et des Kérouac. Kirouac n'est qu'une transformation du toponyme *Kervoac*.

Théoret. Quand au surnom Théoret, il s'agit d'une adaptation québécoise du sobriquet purement breton, *Tréhoret*. L'ancêtre des Théoret d'Amérique est le Breton *Jacques Triolet dit Larivière*. Le nom Triolet est une déformation de *Tréhoret*, diminutif de *tréhour*, «vainqueur». Le passage de *Tréhoret* à Théoret résulte d'un phénomène de dissimilation qui amène deux consonnes semblables, plus ou moins voisines dans un mot, à se distinguer. C'est ainsi que l'ancien français *frireux* a donné *frileux*, l'un des deux r devenant un *l*. Dans *Tréhoret*, le r de *tré*, pour se distinguer du r de *ret*, s'est amuï, il s'est effacé, pour aboutir à *Téhoret*, puis à notre *Théoret*. On recense quelques Théorêt parmi les abonnés du téléphone.

Rioux. Le nom de famille Rioux a été implanté au Québec par le pionnier *Jean Riou*, premier seigneur de Trois-Pistoles. Il était originaire de Ploujean, en Bretagne. Les recherches généalogiques ont permis de constater que les ancêtres de *Jean Riou* se nommaient plutôt *Roch'iou*, contraction du breton *Kerroch'iou*. Le patronyme québécois résulterait donc de la contraction du nom breton *Roch'iou*, probablement causée par la perception auditive des notaires et curés qui ont eu à l'écrire, compte tenu des accents dialectaux des divers locuteurs.

Kerroch'iou est un nom de lieu. Il désigne un hameau, marqué par la racine *ker*. Ce hameau se situe sûrement sur une hauteur rocheuse, comme l'évoquent la racine *roch* et son pluriel en *-iou*. Le surnom *Kerroch'iou* s'est appliqué à la personne originaire d'un hameau portant ce nom ou d'un lieu présentant les mêmes caractéristiques.

Au sud de la France, le patronyme RIOUX rappelle plutôt le voisinage. Il représente une forme occitane du mot *ruisseau* et le surnom s'applique alors à celui qui habite à proximité de ce type de cours d'eau. Cependant, cette explication n'est pas applicable aux RIOUX d'Amérique, puisque leur unique ancêtre est d'origine bretonne.

BOULERICE. Les descendants de *Jean Bourhis* ou *Le Bourhis dit LeBreton* sont, pour la plupart, des BOULERICE, par métathèse, c'est-à-dire par interversion de syllabes.

CAOUETTE. Le nom CAHOUET s'est transformé en CAOUETTE au Québec. Il évoque le *choucas*, une espèce voisine de la *corneille* et du *corbeau*, appelé aussi le *chat-huant*. Le sobriquet rappelle sûrement la voix criarde du porteur.

MALTAIS. Logiquement, on pourrait penser que MALTAIS est un surnom d'origine évoquant un habitant de l'île de Malte. Les noms de famille réservant leur lot de surprises, il nous faut constater qu'il n'en est rien. En effet, l'ancêtre des MALTAIS est le Breton *Jean-Marie Maleteste*. MALTESTE est le sobriquet de celui qui a mauvais caractère, qui fait la « mauvaise tête ».

MANGUY. MANGUY, ou sa variante MENGUY, est un nom breton formé des racines *maen-*, « puissant », et *-ki*, « chien ».

Le nom des pionniers bretons qui suivent semble avoir été supplanté par leur surnom :

Nicolas Estiambre dit SANSFAÇON ;

Julien Bouin dit DUFRESNE ;

François Quémeneur dit LAFLAMME ;

Jean Coitou dit SAINT-JEAN ;

Jean Hayet dit MALO ;

Nicolas Rotureau dit BÉLISLE.

Plusieurs patronymes aboutissent à un seul. Un certain nombre de patronymes ou de surnoms qui comportent des ressemblances d'orthographe ou, surtout, de prononciation en viennent à se fondre en un seul patronyme. Nous analyserons les patronymes BLAIN et BLAIS.

343

BLAIN est l'aboutissement des noms BELLIN, BELIN, ABELIN et HABELIN, mais aussi de BLIN. En somme, BLAIN est la contraction de BELIN, dont le *e* est muet. Il en est ainsi, pour les mêmes raisons, pour BELÉ, BELLET, BLAY et BLAISE, qui ont abouti à BLAIS. Dans les actes, les différentes formes se rencontrent et se confondent parfois.

Le nom DAIGNEAULT et ses liens avec les noms DENEAU, DANEAU et DANIAU a déjà été exposé plus haut.

Des noms étrangers adaptés au français. Le Québec a toujours été une terre d'accueil. La Nouvelle-France a accueilli des immigrants de diverses origines ethniques, des prisonniers de guerre venus de la Nouvelle-Angleterre ; sous le régime anglais, ce sont des mercenaires allemands venus gonfler les armées anglaises, des immigrants irlandais, des loyalistes américains, et bien d'autres. Une fois établis ici, beaucoup d'entre eux se sont fondus à la population, ont épousé des filles du pays. Certains ont même modifié leur nom, soit en le traduisant, soit en lui donnant une consonance française. Je me contenterai ici de quelques exemples, glanés au fil de mes lectures. Ici encore, la recherche de l'exhaustivité dépasserait les paramètres de cet ouvrage.

Des noms italiens. Un pionnier italien, *Bonaventure Tuelle* ou *Stalla dit L'Italien*, a francisé son nom en adoptant un mot d'une consonance plutôt approximative. Il est l'ancêtre des L'ÉTOILE, des DE L'ÉTOILE et, bien sûr, des L'ITALIEN ou LITALIEN.

Des noms anglais. Un adolescent prisonnier de guerre capturé en Nouvelle-Angleterre et nommé *Mathias Farnsworth dit Fanef* est l'ancêtre des PHANEUF. Vraisemblablement, il a trouvé son nom difficile à prononcer pour sa famille adoptive. *Farnsworth* serait un nom de lieu en Angleterre.

Le cas de *John Stebbens* est similaire. Prisonnier de guerre avec sa famille, il francise son nom en STÉBENNE. Son patronyme STEBBENS ou STEBBINS est un surnom d'origine, car il désigne un lieu en Angleterre.

Autre prisonnier de guerre des Amérindiens, originaire de Terre-Neuve, *Jean-Louis Dicker* change son nom en DICAIRE. En anglais, DICKER est un surnom de métier, celui du terrassier.

Tous les TEASDALE et les THISDEL, quelle que soit la graphie, sont les descendants de *Samuel-Charles Nuhalt dit Tesdale*, du nom de sa mère. TEASDALE est un surnom d'origine. Il s'applique à celui qui vient d'un lieu portant ce nom.

Des noms allemands. Les descendants du mercenaire allemand *Andreas Schäffer*, surnom d'intendant, ont transformé successivement leur patronyme en SHEFFER, CHEFFER, CHÈFRE, CHEFVRE, CHÈVRE, CHEFF et CHEF.

L'allemand *Georges Herbeck* est l'ancêtre des Arbic et des Arbique. De même le mercenaire allemand *Griedrich Wilhem Nürnberger* a francisé son nom en le simplifiant en *Frédéric-Guillaume* Berger.

Le nom de *Christian Adolphus Schumpschen* s'est modifié en Schump, Schumpf, Schumpfe pour aboutir à Jomphe, pour la branche francophone, et à Schomph, pour la branche anglophone.

Généalogie 17. Un nom francisé, *Jomphe*

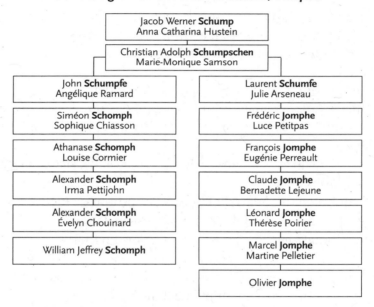

On voit dans ce tableau comment s'est effectuée, d'une génération à l'autre, l'adaptation française, lignée de droite, et anglaise, lignée de gauche, du nom de l'ancêtre allemand[9].

Par ailleurs, les patronymes suivants, d'origine allemande, sont portés par des gens qui sont aussi francophones que les Bélanger ou les Beauchamp, même si la prononciation respecte toujours celle d'origine : Hoffman, Keable, Maher, Meyer, Reichenbach, Wagner, Widmer, pour ne donner que ceux-là.

Des noms irlandais ou écossais. Beaucoup de noms d'origine irlandaise se sont implantés chez nous et ont survécu jusqu'à aujourd'hui. Immigrant au Canada par centaines, au milieu du XIXᵉ siècle, les Irlandais arrivent ici affligés du choléra et sont mis en quarantaine à Grosse-Île. Beaucoup d'enfants orphelins qui ont survécu ont été

9. Les données généalogiques de ce tableau ont été empruntées à Marcel Jomphe à l'adresse Internet suivante : http://www.cactuscom.com/marceljomphe.

adoptés par des familles francophones, tout en conservant leur patronyme irlandais. C'est ce qui explique que certains noms à consonance anglaise sont portés par des francophones dits «pure laine».

Voici une brève explication de l'origine et de la signification de quelques noms irlandais portés par des Québécois de langue française:

AIRD, du gaélique *Arzhur*, correspond à ARTHUR.

BLACKBURN est un surnom d'origine de celui qui vient d'un lieu ainsi nommé, comme il y en a plusieurs en Écosse.

BOYLE, du gaélique *o Baoghill*, «promesse inutile», est un sobriquet appliqué à celui qui ne respecte pas ses engagements. Il a laissé aussi O'BOYLE, «petit-fils de BOYLE».

BRADY vient du gaélique *Bradaigh*, de signification obscure. Il a donné aussi O'BRADY, «petit-fils de BRADY».

BURNS est un surnom de voisinage écossais et irlandais correspondant au français LARIVIÈRE ou DURUISSEAU, désignant celui qui habite au bord d'un cours d'eau.

CAMPBELL, sobriquet écossais, est issu du gaélique *Cathmhaoil*, signifiant «qui a la bouche croche».

CAVANAGH ou KAVANAGH est d'origine gaélique, *Coamhanach*, signifiant «doux, affable». Il s'agit donc d'un sobriquet.

CLARKE est l'équivalent irlandais du français du surnom de métier CLERC. Il vient du gaélique *O'Cleirigh*, «clerc», dont il est l'adaptation anglaise.

CONNELL, du celtique *Connall*, signifie «fort comme un loup» et a donné O'CONNELL, «petit-fils de CONNELL».

CRAIG vient du gaélique *creag* ou *carraig*, désignant un rocher sur lequel est construite une forteresse. Ce surnom écossais s'applique donc à celui qui y habite ou y travaille.

DERMOT, du gaélique *Diarmaid*, signifie «oubli» et explique chez nous McDERMOT, «fils de DERMOT».

DOYLE est un sobriquet issu du gaélique *dubh ghall*, qui signifie «étranger à la peau foncée».

DUFF est un sobriquet écossais et irlandais issu du gaélique *o Dufaigh*, signifiant «noir». Il s'applique à celui dont la chevelure est noire. McDUFF marque la filiation.

FLYNN vient du gaélique *o Floinn* et est l'équivalent de notre sobriquet ROUX ou LEROUX. Il a un synonyme aussi fréquent, ROSS.

Le nom FRASER est typiquement écossais, mais son origine véritable serait normande. En effet, le patronyme aurait été implanté en Écosse par un soldat de Guillaume le Conquérant, après la conquête de l'Angleterre en 1066. Le nom a été importé au Canada et au Québec par le régiment Fraser des Highlanders au moment de la guerre de Sept Ans, sous le commandement de James Wolfe.

L'étymologie du patronyme remonterait au français *frasier*, forme ancienne de *fraisier*. Il s'agit donc d'un surnom de métier de celui qui cultive ou vend des fraises. Aussi n'est-il pas étonnant que les divers blasons du clan Fraser d'Écosse se caractérisent par la présence de fraisiers.

Au Québec, comme d'ailleurs en Nouvelle-Écosse, où il est fréquent, le nom compte quatre graphies : FRAZIER, FRAZER, FRASIER et FRASER. La forme FRASER est de loin la plus répandue et se rencontre un peu partout au Québec.

Les FRASER ont acquis la seigneurie de Rivière-du-Loup et se sont alliés à plusieurs familles francophones dont celle de *Philippe-Aubert de Gaspé*. Ce qui explique que le nom soit porté par de nombreux francophones, même s'il a conservé sa consonance d'origine.

GLEN ou GLENN vient du celtique *Glen*, « terre, pays ».

GRIFFIN et GRIFFITH sont deux variantes du nom gaélique *Gruffydd*, formé des racines *cryf*, « fortes », et *iud*, « seigneur ».

Grath et sa variante *Graw*, d'origine gaélique, signifient « grâce », c'est-à-dire « bénédiction », et ne se rencontrent chez nous qu'avec la marque de filiation McGRATH et McGRAW, « fils de la grâce ».

Le nom *Hugh* et sa variante HUGHES sont les équivalents du français HUGUES, forme savante de HUE, lui-même du germanique *Hugo*, « intelligence ». La forme *Hugh* seule n'est pas attestée chez nous, mais on la rencontre avec la marque de filiation McHUGH.

KELLY, écrit aussi KELLEY, est issu du gaélique *ceallaigh*, « querelleur », et nous vient de l'Écosse et de l'Irlande. Il est rare avec la marque de filiation, O'KELLY.

LEARY, du celtique *Laoghaire*, « gardien de veaux », a donné aussi O'LEARY, « petit-fils de Leary ».

LINDEN et LINDSAY sont des surnoms d'origine de lieux plantés de tilleuls.

MACLEOD ou McLEOD est une variante de *MacCleod* ou *McCleod*, adaptation de CLAUDE, et signifie « fils de CLAUDE ».

MURPHY est l'adaptation anglaise du celtique *Murchadh*, signifiant « guerrier de la mer ».

NEAL, du gaélique *Niall*, au sens de « champion », justifie, avec les marques de filiation, McNEAL et O'NEAL, écrits aussi McNEIL et O'NEIL, respectivement « fils » et « petit-fils de NEIL ».

O'BRIEN est un nom typiquement irlandais avec sa marque de rattachement à la lignée de celui qu'on appelle BRIAN. O'BRIEN signifie « petit-fils de BRIEN », alors que McBRIEN, « fils de BRIEN ».

OWEN, du gaulois *Ewen*, équivaut au français EUGÈNE. Avec la marque de filiation, il donne McOWEN.

REGAN, écrit aussi REAGAN, est un sobriquet ironique venu du gaélique *Riagain*, « petit roi ». On le rencontre aussi sous la forme d'O'REGAN et O'REAGAN, au sens de « petit-fils de REGAN » ou « de la lignée de REGAN ».

REID évoque la couleur rousse des cheveux ou le caractère sanguin de la figure. C'est l'équivalent du français LEROUX ou ROUGEAU et de l'anglais RED.

RYAN est un sobriquet d'origine celtique, *rix*, « roi ». En somme, RYAN est une variante de REGAN.

SWEEN est une variante de SWEENEY, peut-être d'origine viking, et signifie « d'un commerce agréable ». Le sobriquet donne, avec les marques de filiation, MCSWEEN écrit aussi MACSWEEN, ou MCSWEENEY.

WHELAN vient du gaélique *o Faolain*, « le loup ». Il s'agit d'un sobriquet rappelant vraisemblablement la ruse, la férocité de l'animal.

Même si les noms SMITH et JOHNSON, expliqués dans les chapitres antérieurs, sont vraiment des noms anglais, ils sont aussi, à l'instar de nombreux autres surnoms, très fréquents chez les Irlandais. On les retrouve particulièrement chez les ancêtres de familles francophones du Québec portant ces noms.

Un cas typique de francisation. Devinez comment se nomme aujourd'hui celui qui est arrivé au Québec, de sa Lituanie natale, sous le nom d'*Aloyzas Stankevicius*. Il est devenu *Alain* STANKÉ et sa fille, *Sophie* STANKÉ.

Drôles de féminins. Des patronymes ont changé de genre au mariage d'une fille. La documentation ne permet pas de savoir si c'est la fille qui a choisi le changement ou le curé qui a modifié le nom. Tous les exemples qui suivent ont été relevés dans le Drouin rouge.

Marie LAINESSE *dit Laliberté* est la fille de *Jean* LAISNÉ *dit Laliberté*.

Louise GARGOTTINE est la fille de *Jacques* GARGOTTIN.

La pionnière *Madeleine Bergeron*, épouse de l'ancêtre *Raymond Pagé*, est nommée BERGERONNE dans le dictionnaire Drouin.

J'ajoute, de mémoire, un cas dont j'ai oublié la référence. Il s'agit du nom féminin RENAUDE, attribué à la mariée, mais dont le père était un RENAUD.

La prononciation des consonnes finales. Un trait distinctif de l'anthroponymie québécoise est l'abondance des formes féminines en *-ette* et en *-otte*. Presque tous ces noms se sont implantés en Nouvelle-France sous la forme masculine et se sont féminisés au cours des deux ou trois générations suivantes. Vraisemblablement, ce phénomène s'est produit sous l'influence dialectale. En effet, les parlers dits « poitevins » avaient l'habitude de prononcer la consonne finale des mots. C'est ainsi que les AUDET, les BISSONNET et les OUELLET sont devenus des AUDETTE, des BISSONNETTE et des OUELLETTE. Est-ce un relent d'un certain matriarcat non avoué ? Une chose est sûre, ce phénomène affecte une multitude de noms.

Les noms suivants ont une prononciation calquée sur l'orthographe : Bujold a été longtemps prononcé en articulant les consonnes finales -ld. La prononciation [jo] de la dernière syllabe est relativement récente. On la doit à la comédienne *Geneviève Bujold* qui a fait connaître la prononciation correcte [bujo] lors de ses fréquentes apparitions à la télévision. Les noms Pouliot, Talbot, Huot, Méthot, Mailhot et Chabot, comme Bourget, Drolet, Rinfret, Forget et Nicolet ont une consonne finale sonore, mais n'ont pas de forme féminine à l'écrit.

Le cas de *Chabot* me rappelle une anecdote significative. Un monsieur *Chabot* insiste pour me dire : « Moi, c'est *Chabot*, avec un *t* au bout. Ce n'est pas *Chabo*. Je ne suis pas un pète-sec d'Outremont. » C'est donc dire que la forme masculine, sans sonorisation de la consonne finale, est teintée de snobisme aux yeux de certains.

D'autres patronymes n'ont conservé que la forme féminine à l'oral, même si la forme masculine existe aussi. Ils ont une seule prononciation pour les deux formes écrites. En voici une liste très partielle :

Amyot-Amyotte	Choquet-Choquette	Niquet-Niquette
Audet-Audette	Doucet-Doucette	Ouellet-Ouellette
Barret-Barrette	Duquet-Duquette	Ouimet-Ouimette
Baudet-Baudette	Fiset-Fisette	Paquet-Paquette
Billet-Billette	Fréchet-Fréchette	Payet-Payette
Binet-Binette	Frenet-Frenette	Picot-Picotte
Blanchet-Blanchette	Gaudet-Gaudette	Pradet-Pradette
Brisset-Brissette	Gillet-Gillette	Ringuet-Ringuette
Brouillet-Brouillette	Goulet-Goulette	Ritchot-Ritchotte
Brunet-Brunette	Guénet-Guenette	Touchet-Touchette
Cadoret-Cadorette	Malet-Malette	Turcot-Turcotte
Cadot-Cadotte	Millet-Millette	Veillet-Veillette
Charet-Charette	Monet-Monette	Vermet-Vermette
Cholet-Cholette	Morisset-Morissette	Vinet-Vinette

Les formes masculines Bouvret, Caouet, Chevret, Couvret, Guéret, Joannet, Lizot, Marcot et Massicot ont été, à toutes fins utiles, éliminées par les formes féminines correspondantes, Bouvrette, Caouette, Chevrette, Couvrette, Guérette, Joannette, Lizotte, Marcotte et Massicotte. Le nom Rageot a adopté la graphie Rajotte, calquée sur la prononciation, et Rajot est presque disparu.

Un autre cas bizarre est celui de THIBOUTOT, qui n'a qu'une forme masculine, mais dont le dérivé par aphérèse BOUTOT voit son *t* final toujours sonorisé.

Quelques noms ont tout de même échappé à cette tendance. En effet, ceux qui suivent ont une seule prononciation et elle est masculine. Sauf exception, ils sont plus rares, ce qui constitue en soi une explication suffisante. Voici d'abord quelques noms assez répandus chez nous : BAZINET, BELLOT, BOURRET, BOVET, LEBIGOT, DECOTRET, GRENET, GUILLOT, JOLIVET, LANCTOT, MAILLET, NOLET, PANET et RACICOT.

Le même phénomène de la double forme, masculine et féminine, a aussi affecté les noms en *-el*. En voici quelques cas : AREL-ARELLE, BRUNEL-BRUNELLE, GRAVEL-GRAVELLE, ISABEL-ISABELLE, JANEL-JANELLE, LAURENCEL-LAURENCELLE, LOISEL-LOISELLE, RATEL-RATELLE, ROUSSEL-ROUSSELLE, RUEL-RUELLE, TRUDEL-TRUDELLE, mais les noms LANIEL, MARTEL, MICHEL et NANTEL sont restés masculins.

DES NOMS DISPARUS

En principe, on peut affirmer qu'un nom est en voie de disparition lorsqu'il n'a qu'un seul porteur. Or de nombreux patronymes du patrimoine québécois doivent leur existence à un seul pionnier qui est venu s'établir en Nouvelle-France. Le cas le plus probant est celui de l'ancêtre *Pierre Tremblay*, dont la lignée de descendants couvre le Québec, voire le Canada, sans compter ceux qui ont succombé à la vague de migration vers les États-Unis. En comparaison, plus de 30 LEFEBVRE ou ROY-LEROY, nés en France, sont venus en Nouvelle-France avant 1730. Pourtant, nombreux sont les noms qui ont eu leurs porteurs en Nouvelle-France et qui ne font plus partie de notre patrimoine.

À la suite de plusieurs questions sur ce point souvent posées au cours de mes conférences, j'ai cherché à identifier quelques-unes de ces pertes. Pour y parvenir, j'ai d'abord établi les motifs susceptibles d'expliquer cette disparition. Ensuite, j'ai parcouru les pages du *Dictionnaire* de René Jetté, à la recherche d'individus répondant à chaque critère. Quoi qu'il en soit, aux fins de la démonstration, seuls sont conservés les noms disparus avant 1730. Ils sont classés dans l'ordre alphabétique du patronyme.

Les engagés retournés en France. Il va de soi que les engagés qui, une fois leur contrat terminé, sont retournés en France n'ont pas laissé d'autre trace de leur passage sinon quelques mentions dans des contrats ou des actes où ils apparaissent comme témoins. Les noms qui suivent sont consignés par Jetté avec la mention *engagé* ou *domestique*, sans date de décès. Ce qui permet de présumer qu'ils sont rentrés en France à l'échéance de leur contrat d'engagement.

AUBARD, *Jacques*, engagé de *Guillemette Hébert*, veuve de *Guillaume Couillard*.

AUCHOIS, *Nicolas*, engagé de *Jean Jobin*.

AUDIGER, *Pierre*, engagé de *Charles Aubert*.

BÉGUIGNY, *François*, domestique de *Jacques Asselin*.

CAMIN, *Charles*, domestique.

CANADOU, *Pierre*, domestique de *Bertrand Chesnay*.

CHAFRISADE, *Mathias*, autre domestique de *Guillemette Hébert*, veuve de *Guillaume Couillard*.

DEVESNE, *Gilles dit Chagnolet*, domestique de *Jean Gervaise*.

FOGUENET, *Guillaume*, domestique de *Joseph Renaud*.

FOUEL, *Antoine*, domestique de *Charles Bazire*.

GIDET, *Olivier*, engagé de *Charles Bazire*.

HUNNE, *Henri*, domestique de *Mathurin Gouin*.

JARDAY, *Toussaint*, domestique de *Gabriel Gosselin*.

JUMAR, *Jean*, domestique de *Jean Catelan*.

LAFLÛTE, *Pierre*, domestique du séminaire de Québec.

LAMPÉRIER, *Pierre*, domestique des sœurs de la congrégation Notre-Dame.

LOUVIGNEAU, *Pierre*, domestique de *Mathieu Damours*.

MESEAU, *Jacques*, domestique des sœurs de la congrégation Notre-Dame.

MEZEREAU, *Noël*, domestique de *François Bélanger*.

MOIDRUX, *René*, serviteur des Jésuites.

PACREAU, *Jean*, travaille à la maison des Jésuites.

PEUPLAT, *André*, engagé d'*Antoine Rouillard*.

POURTET, *Pierre*, engagé de *Charles Aubert*.

POUTOUNÉ, *Gervais*, domestique des Jésuites.

PUTIN, *Jean*, domestique.

QUILLET, *Jean*, domestique de *Joseph Giffard*.

RECHEAU, *Isaac*, domestique de *Vincent Renaud*.

REMINVILLE, *Michel*, domestique chez les Ursulines.

RIGOULET, *Pierre*, domestique de *Richard Dumesnil*.

Les porteurs célibataires. Prennent place ici ceux qui ne se sont pas mariés et qui, par conséquent, n'ont pas transmis leur patronyme aux générations ultérieures. Font partie de ce groupe les soldats célibataires décédés avant 1730, les prêtres et religieux qui ont exercé leur ministère en Nouvelle-France. On y trouve aussi des engagés, morts avant 1730, sans avoir contracté mariage.

ALLENOU, *René-Jean*, prêtre.

CADAIGNAN, *Antoine*, soldat décédé en 1717, à Montréal.

CANAILLE, *Pierre dit Laviolette*, soldat de Carignan mort à 25 ans.

DAGÉ, *René*, militaire décédé à l'Hôtel-Dieu de Québec en 1740.

DRUÉ, *Juconde*, récollet.

FABULET, *Michel*, soldat et domestique de *Robert Cavelier*, décédé à 22 ans.

FLICOURT, *Bonaventure*, récollet.

GÉLASE, *Mathurin*, récollet.

GÉTREAU, *Guillaume*, jésuite.

JOGUES, *Isaac*, jésuite.

LAFITAU, *Joseph-François*, jésuite.

PARISET, *Lazare*, récollet.

RAFRE, *Julien*, matelot.

RANNYER, *Mathieu*, sulpicien.

REBICHER, *Louis*, dont le statut est inconnu.

RELEP, *Jean-Baptiste dit Decampe*, soldat décédé à l'âge de 22 ans.

SABOUREAU, *Jean dit Lalancette*, soldat.

SAGARD, *Gabriel*, récollet.

SAINT-PONS, *Flavien*, prêtre.

SENNEMAUD, *Pierre*, prêtre.

SOUART, *Gabriel*, sulpicien.

TOURMIER, *Jean*, domestique des Sulpiciens.

TURPOT, *Pierre*, domestique de *Charles Bazire*.

VAQUELIN, *Pierre*, domestique des Jésuites.

VENCELO, *Urbain*, chirurgien.

VIMONT, *Barthélemi*, jésuite.

Les mariages sans postérité. Bon nombre de noms n'ont pas survécu parce que l'époux, mort avant 1730, n'a pas laissé de postérité. Seul le nom de l'époux est indiqué ici, car l'épouse peut s'être remariée.

AUFROY, *Pierre*

AUGERON, *Antoine*

BEAUCERON, *François*

BELONCLE, *Charles dit Fougère*

BLANVERT, *Charles*

BLÉRY, *François*

BONDÉ, *Gilles*

CARSI, *François dit Laviolette*

CHAPELÉ, *François-Mathurin*

COROLLAIRE, *Christophe-Jean*

CROISET, *Mathurin*

DARME, *Simon*

DE CRISAFY, *Antoine*

DELBŒUF, *François dit Desjardins*

DESCAILHAULT, *Jacques*

DESMONTS, *Jean dit Périgord*

DORMET, *François dit Lalande*

FORTUNEAU, *Jean dit Laverdure*

FORU, *Thomas*

GORGET, *Nicolas dit Jasmin*

GUIGNON, *Jacques*

GUINAUT, *Guillaume*

HOUDAN, *Jean dit Gaillarbois*

JOURNET, *Jean dit Guespin* et *François dit Bourguignon*

DE KARDEVIEL, *Bernard*

LAFILÉ, *Martin*

LAMBERTON, *Jean dit Aubois*

LECANÉ, *Marc dit Brindamour*

LEPICQ, *Jean*

LOUVARD, *Michel dit Desjardins*

MADRY, *Jean*

MARZEAU, *Jacques*

MAUNY, *Pierre*

MENOIL, *François*

MONGENEAU, *Simon*

MONJOLY, *Arnaud dit Sansfaçon*

MOSSARD, *Jean dit Labrise*

NERVAUX, *Nicolas dit Poitou*

PALENTIN, *Charles dit Lapointe*

PAULMIER, *Michel*

PAUPERET, *Claude*, dont le seul fils survivant, *David*, n'a pas eu d'enfant.

PERDRIEL, *Julien*

PICHOU, *Antoine dit Duvernay*

PLANIOL, *Antoine*

PLUCHON, *Joseph*

POUILLARD, *Pierre*

PRÉVIRAULT, *Jacques*

QUESLA, *Jacques*

RADUMAY, *Thomas dit Langevin*

RAGEAT, *Étienne dit LeLyonnais*

RODEREAU, *André*

SANSART, *Claude*

SAUGERON, *Julien dit Laverdure*

SELEURIER, *Jean dit Deslauriers*

SICATEAU, *Pierre*

SIRET, *René dit Lafleur*

SOLINGUE, *Jean-Adam*

SORBÉ, *Pierre*

STILET, *Thomas*

TALUA, *Julien dit Vendamont*

TÉMOINS, *Louis dit Jolibois*

THIÉRAND, *Maurice dit Saint-Jean*

THOÉRY, *Roch sieur de L'Ormeau*

TIFROY, *Jean*

TISSIAU, *Charles dit Saint-Germain*

TRAJOT, *André*

VALERON, *Jean dit Lacroix*

VALTEAU, *Jean dit Lajeunesse*

VAUQUELIN, *Jacques*

VEDET, *Antoine*

ZAPAGLIA, *Octave de Ressan*

Les mariages sans postérité masculine survivante. Des noms ne se sont pas rendus au-delà de la deuxième génération faute d'une postérité masculine qui ait survécu.

ANET ou ANEST, *Robert*, dont le fils *Jacques*, malgré deux mariages, n'a pas laissé d'enfants survivants.

AUGEARD, *Pierre*, dont les trois fils sont morts à la naissance.

BAUVE, *Pierre*, et son fils *Nicolas*, qui a eu 13 enfants, mais aucun garçon n'a dépassé l'âge de trois ans.

BRULON ou BURLON, *Pierre*, dont le seul fils, *Antoine*, s'est noyé à l'âge de 22 ans.

CAILLONNEAU, *Pierre*, dont le seul fils, *Louis*, n'a pas eu de postérité.

CASSAN, *André*, dont seule la fille *Françoise* a eu une descendance.

CHATOUTEAU, *Mathias*, dont le fils, *Étienne*, n'a pas eu de descendance.

DEROIGNY, *Jean-Baptiste*, dont seule la fille *Geneviève-Marguerite* a survécu.

DE VANCHY, *Pierre*, dont le seul fils est demeuré célibataire.

FENIOU, *Guillaume*, dont le fils, *Guillaume*, est mort sans survivant.

HÉRODEAU, *Pierre*, dont seule sa fille *Françoise-Rose* a survécu.

LESOT, *Jacques*, dont les deux petits-fils n'ont pas eu de postérité.

MINGOU, *Jean*, dont seules les filles ont survécu.

NAFRECHOU, *Isaac*, dont le seul fils de ses dix enfants ne semble pas s'être marié.

NAVERS, *Jean*, dont le seul fils survivant de ses dix enfants est resté célibataire.

PASSARD, *Jacques*, dont les deux fils ne se sont pas mariés.

PICORON, *Henri dit Descôteaux*, dont aucun fils n'a survécu.

POUPARDEAU, *Pierre*, dont le seul fils survivant, *Jean*, n'a eu qu'une fille.

POUPEAU, *Pierre*, dont le seul fils survivant, *Vincent*, n'a eu qu'une fille.

QUATRESOUS, *Damien*, dont seules les filles ont vécu.

SENELÉ, *Jean*, dont le seul fils est décédé en bas âge.

TOURNEROCHE, *Robert*, dont le seul fils est mort-né.

VAUVRIL, *Charles de Blason*, dont le fils, *Pierre*, est mort vers l'âge de deux ans.

La postérité exclusivement féminine. On a vu plus haut que certains ancêtres ont pu transmettre leur nom à la postérité par leur fille parce que les descendants de celle-ci ont adopté le patronyme de la femme du pionnier. Rappelons à cet égard les noms MARSOLET et GRIMARD qui se sont perpétués jusqu'à aujourd'hui. Les noms qui suivent n'ont pas connu la même bonne fortune et sont disparus de notre patrimoine parce que la postérité du porteur du nom n'a compté que des filles.

ACHON, *Jacques*

BELLINIER, *Étienne dit LaRuine*

BÉNASSIS, *Guillaume*

BROCHARD, *Thomas*

CADDÉ, *Antoine*

CANAPLE, *André dit Valtagagne*

DAUBIGEON, *Julien*

DE BERCY, *Thomas dit Beausoleil*

DOISON, *Sébastien dit Larose et Lacroix*

DUCARREAU, *François*

GRENAT, *Sébastien dit Lachapelle*

GUITAULT, *Jacques dit Jolicœur*

JAROUSSEAU, *Pierre*

LABOSSÉE, *Jacques dit Labrosse*

LANGARD, *Nicolas*

LECORGNE, *Guillaume*

LEFETTEY, *Jean dit Lamontagne*

MERCADIER, *Mathrin dit Lahaye*

PAILLEREAU, *Pierre*

PLUMETEAU, *Antoine*

POUPIN, *Jacques*

POUSSET, *Jean*

PRINSEAU, *Louis*

PROUTOT, *Mathieu dit Larose*

PTOLOMÉE, *Charles*

REMONDIÈRE, *Jacques*

RENNEREAU, *Lucas dit Laframboise*

RICOSSE, *Samuel*

ROINAY, *François*

RONCERAY, *Jean*

ROULOIS, *Noël*

SAMUS, *Nicolas*

SAUVIN, *François dit Larose*

SIMIOT, *Joseph-Laurent*

STEMS, *Georges*

THÉPHANIE, *Jean*

VIGNIER, *Samuel*

Le patronyme LAJOUE n'était pas destiné à se perpétuer en terre d'Amérique. En effet, il a été implanté en Nouvelle-France par les deux frères, *François* et *Christophe*. Le premier a eu huit enfants, des filles. Quant à *Christophe*, il n'a pas laissé de postérité. Voilà pourquoi le nom LAJOUE est vite disparu.

De noms supplantés par le surnom. Les pionniers de la liste suivante ont eu une postérité assez importante pour que leurs noms se soient perpétués jusqu'à aujourd'-hui. Pourtant, aucun d'eux n'est attesté parmi les abonnés du téléphone. Or chacun de ces ancêtres porte aussi un surnom qui a survécu. On est donc en droit de croire que le surnom a supplanté le patronyme. Pour vérifier cette hypothèse, il faudrait établir la généalogie de chacun, ce qui dépasse le cadre du présent ouvrage. Jusqu'à plus ample informé, présumons donc que le surnom a remplacé le patronyme, appauvrissant ainsi notre patrimoine.

Les frères LEPELLÉ semblent avoir transmis à leur descendance leurs surnoms respectifs, soit LAHAYE et DESMARAIS. Le nom LEPELLÉ n'est plus attesté.

AIGRON dit LAMOTHE

BÉCARD dit GRANVILLE

BERLOUIN dit NANTEL

BISSOT dit LARIVIÈRE

BLÉNIER dit JARRY

BOUGRET dit DUFORT

CÉLORON dit BLAINVILLE

CHEVAUDIER dit LÉPINE

DECHAMBRE dit LACHAMBRE

DEFONTROUVER dit DEFOND

DEHORNAY dit LA NEUVILLE

DIVELLEC dit QUIMPER

DIZY dit MONPLAISIR

DULIGNON de LAMIRANDE

DUPUYEAU dit LEMARQUIS ou MARQUIS

GESSERON dit BRÛLOT devenu BRULOTTE

GRESLON dit LAVIOLETTE

GRIVEAU dit BOISJOLI

HÉDOUIN dit LAFORGE

HUBOU dit DESLONGSCHAMPS

JALADON dit CHAMPAGNE

LABRICE dit KÉROUAC

LAPERCHE dit SAINT-JEAN

LARIOU dit LAFONTAINE

LEMARCHÉ dit LAROCHE

MAGNERON dit LAJEUNESSE

MENEUX dit CHÂTEAUNEUF

MERDIEU dit BOURBON

MINET dit MONTIGNY

PATOILE ou PATOUEL dit DESROSIERS

PEZARD, Étienne, Sieur de LA TOUCHE

POITIERS dit DUBUISSON

POURVEU dit LAFORTUNE

RAPIDIEU dit LAMER

RAVION dit BOISJOLY

REBOU dit LÉVEILLÉ

REGEAS dit LAPRADE

REGNARD dit DUPLESSIS

REPOCHE dit DUCHARME

RIPAULT dit ROLLET

RUPARON dit SAINT-MICHEL

SARGNAT dit LAFOND

TAVARE dit MIRANDE

TEF dit LAVERGNE

TINON dit DESROCHES

TRESNY dit LAVERDURE

TROTTAIN dit SAINT-SURIN

VERNAS dit DUFRESNE

Les descendants de *Denis Berdin dit Lafontaine* se sont fondus aux BERTIN et aux LAFONTAINE. Le nom BERDIN serait disparu.

FAUSSES ORIGINES ET VRAIS SURNOMS

On a vu qu'un assez grand nombre d'ancêtres québécois portent un surnom évoquant un lieu d'origine, un pays, une région ou une province de la France, une ville, un village ou un hameau. Or, pour plusieurs d'entre eux, il n'y a pas concordance entre le lieu rappelé par leur nom dit et l'endroit réel de leur origine établi d'après les actes connus. Faute de documentation pertinente disponible, on ne peut fournir d'explication à ce phénomène bizarre. On doit donc se contenter d'un simple constat, voire, parfois, d'une hypothèse. Les paragraphes qui suivent mentionnent quelques cas dans chaque groupe, établis à partir des dictionnaires de Jetté et de Drouin et vérifiés dans le *Fichier origine*.

Des surnoms de pays. Les cas qui suivent concernent des surnoms qui ne concordent pas avec le pays d'origine connu du porteur.

Michel Condrat dit LANGLOIS, mais originaire d'Allemagne. Peut-être est-il venu en Nouvelle-France en passant par la Nouvelle-Angleterre.

François Frigon dit L'ESPAGNOL, mais originaire de la France. Ses ancêtres seraient-ils des immigrés de souche récente en France de l'Espagne?

Jacques Jousseleau dit L'AFRICAIN, mais originaire du Poitou.

Étienne Lalande dit LANGLICHE, mais originaire du Maine, en France.

André Loup dit POLONAIS, mais originaire de Dantsig, en Allemagne.

André Marsil dit L'ESPAGNOL, mais originaire de l'Artois. Même hypothèse que pour *François Frigon*.

Abraham Martin dit L'ÉCOSSAIS, dont l'origine est inconnue, mais qui ne serait pas écossais.

Des surnoms de régions ou de provinces. On a déjà traité ailleurs le cas particulier de la Champagne. Celle-ci sera donc absente de la liste qui suit. À moins que le nom dit associé au pionnier ne résulte d'une erreur, la seule explication plausible est qu'un ancêtre plus ou moins récent du porteur ait quitté sa province natale pour s'établir dans une autre où il aurait reçu son surnom.

Pierre Bourgoin dit Bourguignon, mais originaire du Poitou, à cause de son patronyme qui est synonyme de *bourguignon*.

Alexis Brunet dit Dauphiné, mais originaire de Nantes, en Bretagne.

Jean Caillé dit Le Picard, mais originaire de Jouaignes, diocèse de Soissons, Île-de-France.

André Charly dit Saintonge, mais originaire de Saint-Gervais de Paris, Île-de-France.

Pierre Criquet dit Poitevin, mais originaire de Saint-Nicolas-du-Chardonnet de Paris, Île-de-France. Il s'agit peut-être d'un Poitevin établi à Paris.

François Degrais dit Langevin, mais originaire de Marly, en Provence.

Pierre Denis dit Lapicardie, mais originaire de l'Île-de-France.

Louis-Étienne Dequoy dit Picard, mais originaire de l'Île-de-France.

Robert Desforges dit Picart, mais originaire de l'Île-de-France.

Jean Gareau dit Saintonge, mais originaire de La Rochelle, Aunis.

Louis Guérin dit Berry, mais originaire du Poitou.

Louis Guionnet dit Lionais (attraction paronymique), originaire du Poitou.

Simon La Bétolle dit Limousin, mais originaire du Poitou.

Jean Lemelin dit Tourangeau, mais originaire de l'Orléanais.

Germain Leroux dit Provençal, mais dont le grand-père *François* est dit originaire du Poitou.

François Marquet dit Périgord, mais originaire de la Guyenne.

Jean-Philippe Martineau dit Saintonge, mais fils de *Mathurin Martineau*, originaire de l'Angoumois.

Georges Niof dit Lafrance, originaire du Languedoc.

Marc Olivier dit Lepicard, mais originaire de l'Île-de-France.

François Phénis dit Dauphiné, mais originaire de Suisse.

Jacques-Guillaume Pouqueville dit Normand, mais dont le père, *Jacques Poupeville*, est originaire de la Guyenne.

Jean Ride dit Beauceron, mais originaire du Perche.

Pierre Roche dit Le Gascon, mais originaire du Languedoc.

Jean-Baptiste Royer dit Comptois, mais originaire du Maine.

Louis Simon dit Tourangeau, mais originaire de Nantes, Bretagne.

CONCLUSION

U ne recherche est-elle vraiment exhaustive? Bien sûr que non! Au terme de cet ouvrage, force est de constater que ce livre ne fait qu'amorcer la démarche. Il reste encore beaucoup de points obscurs, un grand nombre de patronymes non expliqués. Il faut voir en cet ouvrage une première pierre à un monument qui ne sera jamais vraiment terminé.

Mon objectif était de jeter la base d'une recherche scientifique sur les noms de famille du Québec. Le titre même, *Votre Nom et son histoire,* en fixait jusqu'à un certain point les limites.

Un grand nombre de pistes sont maintenant ouvertes. Il reste à les emprunter pour poursuivre plus loin les connaissances et, le cas échéant, corriger les erreurs inévitables que quiconque relèvera dans ces pages, sinon même proposer des hypothèses nouvelles pour expliquer certains patronymes.

On aura noté, au passage, que souvent seule la généalogie est en mesure d'apporter une réponse à certains «comportements» mystérieux. Quelles ont été les étapes de la disparition des noms qui ont été supplantés par les surnoms? Y a-t-il eu un déroulement similaire pour tous les patronymes qui ont abouti à une souche de LAFONTAINE, de LAFLEUR ou de LAROSE? Comment expliquer que certains noms soient disparus et d'autres, non?

Cette étude n'aborde que les noms du Québec. Il n'est pas négligeable de savoir comment ont évolué nos patronymes après l'immigration de Québécois dans les provinces anglaises du Canada. Si certains sont restés intacts, d'autres ont sûrement été anglicisés, dans la prononciation sinon dans l'orthographe, voire les deux. Rappelons à ce propos le cas du patronyme DAZÉ qui s'est modifié en DAUSEY, en Ontario. Combien ont été traduits?

En effet, des LEBLANC sont devenus des WHITE, des BOISVERT, des GREENWOOD, des PELLETIER, des PELKEY, chez les Franco-Américains. Il serait intéressant d'approfondir la recherche. Pour paraphraser René Jetté, je dirais que cette étude «attend encore son ouvrier». À bon entendeur, salut!

GLOSSAIRE

On trouvera ici une explication de toutes les expressions et de tous les mots techniques employés dans le corps de l'ouvrage. Le cas échéant, l'explication est illustrée d'au moins deux exemples, l'un proprement linguistique, l'autre plus particulièrement relié aux noms de personnes.

Dans les exemples, on a recours aux signes suivants : < et > Le mot situé à la pointe désigne le résultat du changement :

Table < *tabulam* signifie : le mot *table* vient de la transformation du mot latin *tabulam*.
Tabulam > *table* signifie : le mot latin *tabulam* s'est transformé en *table*.

Agglutination. Deux mots, comme le déterminant et le nom ou la préposition et le nom, se soudent pour former un seul mot. L'inverse s'appelle la *déglutination*.

Ta ant s'est soudé en *tante*.
Le roy > LEROY et *du pont* > DUPONT
De Rainville > DRAINVILLE

Amuissement. Disparition d'un ou plusieurs sons dans la prononciation d'un mot. Ces sons sont devenus muets. Le *e* final ou placé entre deux consonnes a tendance à disparaître. Le résultat en est la contraction du mot d'origine.

La finale du mot *journaliste* se prononce [ist].
Le *tabula* latin a abouti au français *table*.
À Montréal, *université* se prononce souvent [unvèrsté].
Charretier > CHARTIER.

Anthroponymie. Partie de la linguistique qui étudie les noms de personnes, appelés *anthroponymes*. Avec la *toponymie*, qui porte sur les noms de lieux, elle forme les deux branches de l'étude des noms propres, appelée *onomastique*.

PAUL est un anthroponyme, puisqu'il sert à désigner une personne.
Fontaine est un nom commun souvent utilisé comme anthroponyme, lorsqu'on l'emploie comme nom de personne.

Antonomase. Utilisation d'un nom commun pour désigner une personne ou inversement.

Dire d'une personne qu'elle est *séraphin* d'après le personnage de roman *Séraphin Poudrier.*
Goupil devient nom de famille, GOUPIL.
Le nom de métier *boucher* > BOUCHER, nom de famille.

Aphérèse. Coupure du début du mot pour ne garder que la fin. L'*aphérèse* s'oppose à l'*apocope*. L'*aphérèse* est relativement rare dans la langue courante, mais très fréquente dans les noms de famille.

De *autocar* et *autobus* ne sont restés que *car* et *bus*.
NICOLAS > COLAS ; SÉBASTIEN > BASTIEN ; SIMONET > MONET.

Apocope. Coupure à la fin du mot pour ne garder que le début. L'*apocope* s'oppose à l'*aphérèse*. L'*apocope* est très fréquente dans la langue courante, mais relativement rare dans les noms de famille.

Moto, *métro*, *prof* et *géo* sont, respectivement, des apocopes de *motocyclette*, *métropolitain*, *professeur* et *géographie*.
MAXIME > MAX.

Assimilation phonétique. Tendance de deux sons voisins de se prononcer de la même façon. Contraire de *dissimilation*.

Les voyelles *e* et le *i* de *deviner* se prononcent parfois *i*, [diviné] au Québec.
Le nom de personne GRANDMONT s'écrit aussi GRAMMONT, parce que la consonne *d* s'est assimilée à la consonne voisine *m*.

Attraction homonymique. Deux formes anciennes, à cause de l'évolution phonétique, aboutissent à une forme si apparentée qu'il est difficile d'expliquer l'étymologie précise de chacun.

LECLERC et LECLAIR viendraient de *clair* ou de *clerc* ?

Attraction paronymique. Changement ou confusion de forme ou de sens entre deux mots à cause d'une ressemblance parfois subtile. Ce phénomène s'appelle aussi *étymologie populaire*.

Le verbe *ouvrer* signifie «travailler». Il a donné l'adjectif *ouvrable*, signifiant «jour où l'on travaille». L'adjectif a été rapproché du verbe *ouvrir*, qui lui ressemble. Ainsi, un *jour ouvrable* a été compris comme «un jour où les magasins sont ouverts». En fait, *jour ouvrable* s'oppose à *jour férié*.

Le nom CHAURET a été confondu avec CHARET et CHAREST.
GASNIER, variante de GARNIER s'est confondu avec GAGNÉ.

Cas régime. Vestige des cas du latin classique, le cas régime est la forme que prend le mot, en ancien français, pour toutes les fonctions autres que celle de sujet dans la phrase.

Garçon et *compagnon* sont d'anciens cas régimes devenus des mots autonomes du vocabulaire français. Ils correspondent au cas sujet *gars* et *copain*.
Dans les noms de personnes, GUYON est le cas régime de GUY.

Cas sujet. Vestige des cas du latin classique, le cas sujet est la forme que prend le mot, en ancien français, lorsqu'il remplit la fonction sujet dans la phrase.

Gars et *copain* sont d'anciens cas sujets. Le cas régime correspondant est *garçon* et *compagnon*.
Dans les noms de personnes, GUY est le cas sujet de GUYON.

Composition. Formation d'un mot en en juxtaposant plusieurs, unis ou non par un trait d'union.

Terre, pomme et *de* forment le nom composé *pomme de terre*.
DESTROISMAISONS est un patronyme composé de trois mots.

Déglutination. Un mot se divise en deux, le premier étant confondu avec un déterminant. C'est le contraire de l'*agglutination*.

Ma amie devient *m'amie* puis *ma mie*.
MONTMORENCY devient MORENCY, la première syllabe étant perçue comme le déterminant *mon*. De «mon MORENCY», on passe à «MORENCY».

Dérivation. Mot nouveau formé par l'ajout d'un suffixe à un mot existant.

Fille a donné *fillette*.
BISSON a donné BISSONNET et BISSONNETTE.

Dérivation régionale. Lorsqu'un suffixe est particulier à une région ou à un dialecte, on parle de *dérivation régionale*.

Le suffixe *-ec* est particulièrement fréquent en breton.
LAGADEC, PENNEC.

Diminutif. Forme dérivée d'un mot auquel on a ajouté un suffixe ayant une valeur évoquant la petitesse.

Garçonnet et *maisonnette* évoquent un « petit garçon » et une « petite maison ».
SIMONET et SIMONEAU sont des diminutifs de SIMON.

Dissimilation phonétique. Deux sons voisins tendent à se distinguer en deux sons différents. Contraire d'*assimilation*.

La deuxième consonne *r* se change en *l* dans *frireux* pour donner *frileux*.
Bannerole > banderole
BÉRARD > BÉLARD, TRUTEAU > TRUDEAU.

Épenthèse. Ajout d'une voyelle ou d'une consonne non étymologique, souvent pour faciliter la prononciation.

Ajout de la consonne *b* dans *cameram*, qui explique le nom *chambre*.

Équivalent linguistique. Mot correspondant dans des langues autres que le français.

Eau se dit *water*, en anglais, *wasser*, en allemand, *agua*, en espagnol et en portugais, et *acqua*, en italien.
Le surnom de métier MEUNIER a pour équivalents MILL, en anglais, MOLINERO, en espagnol, FARINHA, en portugais, et MOLINARI, en italien.

Évolution orthographique. Transformation de l'orthographe d'un mot au cours des siècles. L'orthographe n'était pas fixée au Moyen Âge.

Le *s* ancien d'*asne* ou de *chesne* a été remplacé par l'^ : *âne, chêne*, mais la forme ancienne se reconnaît dans les noms de personnes.
Dans les noms de personnes, on retrouve souvent les deux graphies :
LASNIER et LANIER, DUCHESNE et DUCHÊNE.

Évolution phonétique. Transformation de la prononciation d'un mot au cours des siècles, du latin au français d'aujourd'hui.

Le nom latin *canem* devient *chien*.
Le nom latin *sabiniacum*, «domaine de Sabin», s'est transformé en Savignac.

Hagiotoponyme. Nom de lieu composé de *Saint-* et évoquant le saint auquel le lieu est dédié. Le préfixe *dom-*, parfois écrit *dam-* ou *dan-*, joue le même rôle.

Saint-André, Saint-Jean, Saint-Ours, Dompierre et *Dandurand* sont des hagiotoponymes.
Saint-André, Saint-Jean, Saint-Ours, Dompierre et Dandurand sont aussi des noms de famille.

Hydronyme. Un hydronyme désigne un cours d'eau.

Le mot *rivière* est un hydronyme générique.
Il se reconnaît dans le surnom de voisinage Larivière.

Hypocoristique. Forme affective d'un nom, la plupart du temps comme diminutif.

Pierrot est une forme hypocoristique de Pierre, comme Margot l'est de Marguerite.

Lamdacisme. La consonne *r* se change en l. L'inverse est le *rothacisme*.

Le nom Rochereau > Rocheleau

Matronyme. Nom ou prénom de la mère adopté comme nom de famille par les enfants. Forme féminine d'un nom masculin.

Martine explique Lamartine.
Massicot a été féminisé en Massicotte.

Métaphore. Comparaison en raccourci.

«Le soleil *darde* ses rayons», pour «lance ses rayons comme des dards».
Une personne trop portée sur le *pichet* sera surnommée Pichet ou Piché par métaphore.

Métathèse. Inversion de deux sons, de deux lettres ou de deux syllabes qui se suivent dans un mot.

Berbis devient *brebis*, comme *formage* s'est transformé en *fromage* par métathèse.
La prononciation d'*infarctus* en [infractus] est un phénomène de métathèse.
BERMONT devient BRÉMONT et SUPERNON, SURPRENANT, par le même procédé.

Mutation consonantique. La consonne *r* se change en *s*.

Chaire > chaise
Les noms BERNARD, CHARLES et GARNIER se sont respectivement mutés en BESNARD, CHASLES
et GASNIER.

Nom biblique. Nom d'un personnage de la Bible adopté comme patronyme. Ceux
de l'Ancien Testament, plus fréquents chez les Israélites et les huguenots français, se
rencontrent aussi en grand nombre chez les catholiques. Mais ces derniers ont davantage opté pour les noms du Nouveau Testament.

ADAM, nom du premier homme selon la Genèse.
DAVID, roi d'Israël et ancêtre du Christ.
PIERRE et PAUL sont des personnages du Nouveau Testament.

Nom chrétien. Relent de l'hagiographie chrétienne du Moyen Âge, le nom chrétien
est celui d'un saint qui a été l'objet de la vénération populaire, selon la mode de la
période de l'histoire où naît le patronyme.

MARTIN, en l'honneur de saint *Martin*.
NICOLAS, d'après saint *Nicolas*.

Nom de guerre. Surnom donné à un soldat à son arrivée au régiment. Bon nombre
des noms de guerre se sont transmis aux descendants de nos ancêtres soldats.

BELHUMEUR, LAFONTAINE, LADOUCEUR, LAFLEUR.

Nom germanique. À la suite de la conquête de la Gaule par les Francs, il y a eu, chez
les Gaulois, une mode florissante d'emprunts de noms d'origine germanique. Le fait
de porter un tel nom ne fait pas pour autant du porteur un descendant d'un guerrier
franc.

THIBAULT, HUBERT, HOUDE et THIVIERGE sont des noms d'origine germanique portés
par les Francs et empruntés par les Gaulois.

Onomastique. Science linguistique qui étudie les noms propres. Elle compte deux volets, l'*anthroponymie*, qui se penche sur les noms de personnes, et la *toponymie*, qui porte sur les noms de lieux. On appelle *onomasticien* le spécialiste de cette discipline.

Oronyme. Nom de lieu désignant un accident du relief.

Les mots *montagne, mont, colline, vallée* sont des oronymes.
Ils sont fréquents dans les noms de famille, souvent précédés du déterminant : DUMONT, LAMONTAGNE, VALLÉE et LAVALLÉE.

Patronyme. Nom de famille transmis par le père. Jusqu'à la réforme du code civil au Québec, le nom de famille était rarement celui de la mère.

La majorité des noms de famille au Québec sont des patronymes.

Prénom d'un ancêtre. Un descendant adopte comme patronyme le prénom d'un ancêtre.

GRÉGOIRE est le patronyme de certains descendants de *Grégoire Deblois*.
Le patronyme ROCH vient du prénom de l'ancêtre *Roch Thouin*.

Pseudonyme. Nom différent du patronyme reçu à la naissance et adopté volontairement par un individu, artiste, auteur, etc.

Renée Bélanger est mieux connue sous le pseudonyme de *Renée Claude*
et *Aimée Sylvestre*, sous celui de *Dominique Michel*.

Régionalisme. Emploi particulier d'un mot, d'un sens, d'une expression dans une région donnée.

La brunante est un régionalisme québécois.
Quesne est la forme picarde du mot *chêne*. Elle explique la différence entre les deux noms de famille, DUCHESNE et DUQUESNE.

Rhotacisme. La consonne *l* se change en r. L'inverse est le *lambdacisme*.

L'ancien français *bellue* s'est modifié en *berlue*.
Le nom BASILE > BASIRE, *Chambellan* > CHAMBERLAND.

Sobriquet. Surnom donné en dérision et évoquant un trait physique ou moral, souvent par antiphrase.

LADOUCEUR, attribué à quelqu'un qui a mauvais caractère.

Surnom analogique. Surnom attribué à quelqu'un à cause d'une ressemblance réelle ou non entre la personne et ce qu'évoque le surnom.

LEBŒUF sera donné comme sobriquet à celui que l'on juge, à tort ou à raison, « fort comme un bœuf ».

Surnom anecdotique. Surnom relié à un événement particulier de la vie du porteur.

LALIBERTÉ, LADÉROUTE, GÂTEBOIS, contracté en GADBOIS.

Surnom hypocoristique. Forme d'un nom employée pour exprimer sa tendresse, son affection à l'endroit du porteur. Souvent, ce surnom prend la forme d'un diminutif.

Mon loup pour désigner son époux ou son épouse à qui l'on s'adresse.
JEANNOT et JEANNOTTE pour JEAN ; *Mado* pour *Madeleine* ; PIERROT pour PIERRE.

Surnom professionnel. Nom désignant la profession exercée par le porteur ou par son ancêtre. On dit aussi « surnom de métier ».

BOUCHER, CHARPENTIER, MEUNIER.

Surnom tiré de la faune. Nom d'un animal, d'un oiseau…

PAPILLON, MOINEAU, CAUCHON, ROSSIGNOL.

Surnom tiré de la flore. Nom de fleur, d'arbre…

LAVIOLETTE, POIRIER, LAVIGNE, DUCHESNE.

Survivance d'un nom ancien. Un mot de l'ancien français survit dans un nom propre à celui qui l'a supplanté dans la langue commune.

FOURNIER, remplacé par BOULANGER.
SUEUR, remplacé par *cordonnier*, survit dans le nom de famille LESUEUR.

Syncope ou contraction. Une syllabe non accentuée a tendance à disparaître. La syncope est une forme d'amuïssement.

Larrecin a donné *larcin*.
FERRY est la contraction de FRÉDÉRIC.

Titre ironique. Titre de noblesse ou de dignité attribué, souvent de façon ironique, à un roturier ou à quelqu'un qui cherche à en imposer.

LEDUC, LEROY, LÉVESQUE.

Toponyme. Le *toponyme est un nom de lieu*. Comme nom de famille, il désigne le pays, la région, la ville, le village d'origine du porteur, celui où il a vécu ou celui qu'on lui attribue d'une façon ironique.

TOURANGEAU est originaire de la Touraine.
LANGLOIS ou LANGLAIS vient d'Angleterre ou prétend y être allé.

Toponymie. Partie de la linguistique qui étudie les noms de lieux, appelés *toponymes*. Avec l'*anthroponymie*, qui porte sur les noms de personnes, elle forme les deux branches de l'étude des noms propres, appelée *onomastique*.

Trait moral. Sobriquet basé sur un trait de caractère vrai ou faux, souvent par ironie.

LADOUCEUR, BELHUMEUR.

Trait physique. Sobriquet basé sur une caractéristique physique, souvent par dérision.

LEGRAND, LEGROS, LEBLOND, LEROUX.

Variante dialectale. Forme équivalente d'un mot dans un dialecte régional.

Chèvre se dit *crabo* en provençal et *crabe*, en gascon.
Le surnom du forgeron a donné FABRE, en languedocien, FAIVRE, en lorrain, et FÈVRE, en français.

Vocalisation. Transformation d'une consonne en voyelle. Placée entre une voyelle et une consonne ou en syllabe finale *-el*, la consonne [l] s'est transformée en la voyelle graphique *u*.

Talpa, en latin, a donné *taupe*, prononcé [top].

Hamel est la forme ancienne de *hameau*.
Albert devient Aubert.
Marcel a engendré Marceau.

BIBLIOGRAPHIE

L a présente bibliographie est sélective. On y trouvera les principaux ouvrages consultés, classés par thème.

ÉTUDES LINGUISTIQUES

BAL, W. *Introduction aux études de linguistique romane, avec considération spéciale de la linguistique française*, Paris, Didier, 1966.

BOURCIEZ, Edmond. *Éléments de linguistique romane*, Paris, Klincksieck, 1947.

_____. *Phonétique française. Étude historique*, Paris, Klincksieck, 1971, 243 p.

DUBOIS, Jean, René LAGANE et Alain LEROND. *Dictionnaire du français classique. Le XIIe siècle.* «Trésors du français», Paris, Larousse, 1992, 511 p.

GODEFROY, Frédéric. *Dictionnaire de l'ancienne langue française et de tous ses dialectes du IXe au XVe siècle*, Paris, Vieweg (I-IV) et Bouillon (V-X), 10 vol. Numérisé par la Bibliothèque nationale de France, sur le site Internet de Gallica.

GREIMAS, Algirdas Julien. *Dictionnaire de l'ancien français. Le Moyen Âge*, «Trésors du français» Paris, Larousse, 1994, 630 p.

GREIMAS, Algirdas Julien et Teresa Mary KEANE. *Dictionnaire du moyen français. La Renaissance*, «Trésors du français» Paris, Larousse, 1992, 668 p.

REY, Alain. *Dictionnaire historique de la langue française*, Paris, Le Robert, 1992, 3 vol., 2380 p.

WALTER, Henriette. *Le Français dans tous les sens*, Paris, Laffont, 1988, 384 p.

_____. *Le Français d'ici, de là, de là-bas*, Paris, JC Lattès, 1998, 416 p.

OUVRAGES DE GÉNÉALOGIE ET D'HISTOIRE

CHARBONNEAU, Hubert et collab. *Naissance d'une population. Les Français établis au Canada au XVIIe siècle*, Paris-Montréal, PUF-PUM, 1987.

COURVILLE, Serge et Jacques, FORTIN. *Seigneuries et fiefs du Québec, nomenclature et cartographie*, «Dossiers toponymiques du Québec», Québec, Celat, 1988, 202 p.

DROUIN, Gabriel. *Dictionnaire national des Canadiens français (1608-1760)*, Montréal, Institut généalogique Drouin, 1965, 2 vol., 1352 p.

FOURNIER, Marcel. *Les Bretons en Amérique française (1504-2004)*, Rennes, Éditions Les Portes du large, 2005, 511 p.

_____. *De la Nouvelle-Angleterre à la Nouvelle-France*, Montréal, SGCF, 1992, 280 p.

GODBOUT, Archange. *Origine des familles canadiennes-françaises : extrait de l'état civil français : première série*, Montréal, Élysée, 1979, 262 p.

JETTÉ, René. *Dictionnaire généalogique des familles du Québec des origines à 1730*. Montréal, PUM, 1983, xxx-1180 p.

_____. *Traité de généalogie*, Montréal, PUM, 1991, 716 p.

LEMOYNE, Louis. *Les institutions militaires de la Nouvelle-France et les archives*. Montréal, Loisirs Saint-Édouard, 1981, 53 p.

RHEAULT, Marcel J. *La Médecine en Nouvelle-France. Les chirurgiens de Montréal 1642-1760*, Sillery, Septentrion, 2004, 336 p.

VAILLANCOURT, Émile. *La Conquête du Canada par les Normands. Biographie de la première génération normande du Canada*, Montréal, Ducharme, 1933, 262 p.

WILHELMY, Jean-Pierre. *Les Mercenaires allemands au Québec (1776-1783)*, Sillery, Septentrion, 1997, 266 p.

OUVRAGES DE TOPONYMIE

CHAURAND, Jacques et Maurice LEBÈGUE, *Noms de lieux de Picardie*, « La Passion de votre région », Paris, Éditions Bonneton, 2000, 223 p.

DAUZAT, Albert et Charles ROSTAING. *Dictionnaire étymologique des noms de lieux de France*. Paris, Guénégaud, 1978, 772 p.

DUGUET, Jacques. *Noms de lieux des Charentes*, « La Passion de votre région », Paris, Éditions Bonneton, 1995, 232 p.

FABRE, Paul. *Noms de lieux du Langudoc*, « La Passion de votre région », Paris, Éditions Bonneton, 1995, 232 p.

GAUTHIER, Pierre. *Noms de lieux du Poitou*, « La Passion de votre région », Paris, Éditions Bonneton, 1996, 232 p.

GENDRON, Stéphane. *Noms de lieux du Centre*, « La Passion de votre région », Paris, Éditions Bonneton, 1998, 232 p.

LASSUS, François et Gérard TAVERDET, *Noms de lieux de Franche-Comté*, « La Passion de votre région », Paris, Éditions Bonneton, 1995, 232 p.

LEPELLEY, René. *Noms de lieux de Normandie et des îles anglo-normandes*, « La Passion de votre région », Paris, Éditions Bonneton, 1999, 223 p.

MULON, Marianne. *Noms de lieux d'Île-de-France*, « La Passion de votre région », Paris, Éditions Bonneton, 1997, 232 p.

NÈGRE, Ernest. *Toponymie générale de la France. Étymologie de 35 000 noms de lieux. Formation pré-celtique, celtique, romane*, Genève, Droz, 1990, 3 vol.

TAVERDET, Gérard. *Noms de lieux de Bourgogne*, « La Passion de votre région », Paris, Éditions Bonneton, 1994, 232 p.

DICTIONNAIRES ET ÉTUDES DES NOMS DE FAMILLE

BEAUCARNOT, Jean-Louis. *Les Noms de famille et leurs secrets*, « Le Livre de Poche », Paris, Laffont, 1988, 334 p.

BEAUVILLÉ, Guillemette de « Les Noms de famille de France tirés des noms de métiers, de charges et de dignités », dans *Revue internationale d'onomastique*, Paris, vol. V, VI et VII, 1953-1954, (V) p. 45-59, 139-155, 201-208, 295-306, (VI) p. 53-65, 137-142, 221-234, 301-313, (VII) p. 59-72, 147-159, 225-234, 289-303.

BEUCLER, Serge. « Noms de famille », dans *Merveilles et secrets de la langue française*, Montréal, Sélection Reader's Digest, 2001, p. 435-495.

CACQUERAY, Aurélie de, et Christophe BELSER. *Les Noms de famille en Bretagne. (Histoires et anecdotes)*, Paris, Archives et culture, 1998, 240 p.

_____. *Les Noms de famille en Charente, Poitou, Vendée. (Histoires et anecdotes)*, Paris, Archives et culture, 1998, 240 p.

CELLARD, Jacques. *Trésor des noms de famille*, « Le français retrouvé », Paris, Bélin, 1984, 335 p.

COUGOULAT, C.G.H. *Sacré nom de nom. Histoire des mots-racines qui ont généré les noms de famille*, à compte d'auteur, 1994, 137 p.

DAUZAT, Albert. *Les Noms de personnes. Origine et évolution*, « Bibliothèque des chercheurs et des curieux », Paris, Delagrave, 1950, 213 p.

_____. *Les Noms de famille de France. Traité d'anthroponymie française*. Paris, Guénégaud-Payot, 1988.

_____. *Dictionnaire étymologique des noms de famille et prénoms de France*, « Références Larousse », mise à jour de Marie-Thérèse Morlet, Paris, Larousse, 1989, 625 p.

DELACOURT, Frédéric. *Le Grand livre des noms de famille : origine, histoire et signification de plus de 2500 patronymes*, Paris, De Vecchi, 1998, 158 p.

DIVANACH, Marcel. *5000 patronymes bretons francisés*, Nantes, Éditions du vieux meunier breton, 1975, 127 p.

DOLAN, J. R. *English Ancestral Names. The evolution of the Surname from Medieval Occupations*, New York, Clarkson N. Potter, 1972, 381 p.

DUPÂQUIER, Jacques, Jean-Pierre PÉLISSIER et Danielle RÉBAUDO. *Le Temps des Jules, les prénoms au XIXe siècle*, Paris, Éd. Christian, 1987, 201 p.

FABRE, Paul. *Les noms de personnes en France*, « Que sais-je ? », Paris, PUF, 1998, 127 p.

FORDANT, Laurent. *Atlas des noms de famille de France*, « Archives et culture », Paris, Éd. Swic, 1999.

GONZALEZ, Pierre-Gabriel. *Le Livre d'or des noms de famille*, Alleur, Belgique, Marabout, 1990, 507 p.

GROSCLAUDE, Michel. *Dictionnaire étymologique des noms de famille gascons, suivi de Noms de baptême donnés au Moyen Âge en Béarn et Bigorre*, Paris, Radio Pais, 1992, 271 p.

HERZ, Louis. *Dictionnaire étymologique de noms de famille français d'origine étrangère et régionale*, Paris et Montréal, Éditions L'Harmattan, 1997, 266 p.

JETTÉ, René et Micheline LÉCUYER. *Répertoire des noms de famille du Québec des origines à 1825*. Montréal, Institut généalogique J.-L. et associés inc., 1988, iii-201 p.

LAGARDE, Olivier de, et collab. *Les Noms de famille en Normandie. (Histoires et anecdotes)*, Paris, Archives et culture, 1998, 215 p.

MERGNAC, Marie-Odile et collab. *Dictionnaire historique des noms de famille*, Paris, Éditions Nouveau Monde Archives & culture, 913 p.

MERGNAC, Marie-Odile et collab. *Encyclopédie des noms de famille*, Paris, Archives et culture, 2002, 592 p.

MORLET, Marie-Thérèse. *Dictionnaire étymologique des noms de famille*, Paris, Librairie académique Perrin, 1991, 1028 p.

_____. *Les Noms de personnes sur le territoire de l'ancienne Gaule, du VIe au XIIe siècle. I. Les noms issus du germanique continental et les créations gallo-germaniques*, Paris, CNRS, 1968, 237 p.

_____. *Les Noms de personnes sur le territoire de l'ancienne Gaule, du VIe au XIIe siècle. II. Les noms latins ou transmis par le latin*, 1972, Paris, CNRS, 201 p.

REANEY, Percy Hide. *The Origin of English Surnames*, London, Routledge and Kegan Paul Ltd, 1967, xix-415 p.

_____. *A Dictionary of British Surnames*, London, Routledge and Kegan Paul Ltd, 1958-1966, lxii-366 p.

TOSTI, Jean. *Dictionnaire des noms*, site Web à l'adresse suivante : http://jeantosti. com/noms/a. htm.

VROONEN, Eugène. *Les Noms du monde entier et leurs significations*, Paris, Archives et culture, 2001, 531 p.

LISTE DES TABLEAUX

LISTE DES CARTES

Liste des tableaux de généalogie

Crédit des photos

INDEX

Table des matières

Suivez les Éditions de l'Homme sur le Web

Consultez notre site Internet et inscrivez-vous à l'infolettre pour rester informé en tout temps de nos publications et de nos concours en ligne. Et croisez aussi vos auteurs préférés et l'équipe des Éditions de l'Homme sur nos blogues!

www.editions-homme.com

Achevé d'imprimer au Canada
sur papier Enviro 100% recyclé